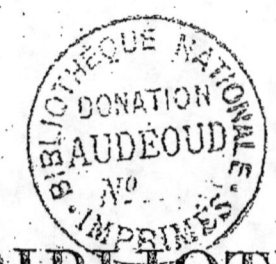

BIBLIOTHÈQUE
LATINE-FRANÇAISE

PUBLIÉE

PAR

C. L. F. PANCKOUCKE.

PARIS, IMPRIMERIE DE C. L. F. PANCKOUCKE,
Rue des Poitevins, n. 14.

INSTITUTION

ORATOIRE

DE QUINTILIEN

TRADUCTION NOUVELLE

PAR C. V. OUIZILLE

CHEF DE BUREAU AU MINISTÈRE DE L'INTÉRIEUR

TOME SIXIÈME.

PARIS

C. L. F. PANCKOUCKE

MEMBRE DE L'ORDRE ROYAL DE LA LÉGION D'HONNEUR
ÉDITEUR, RUE DES POITEVINS, N° 14.

M DCCC XXXV.

QUINTILIEN.

SUITE DU
LIVRE DOUZIÈME.

M. FABII QUINTILIANI

ORATORIÆ INSTITUTIONIS

LIBER XII.

CAPUT III.

Necessariam juris civilis oratori esse scientiam.

Juris quoque *civilis* necessaria huic viro *scientia* est, et morum ac religionum ejus reipublicæ, quam capesset: nam qualis esse suasor in consiliis publicis privatisve poterit, tot rerum, quibus præcipue civitas continetur, ignarus? Quo autem modo patronum se causarum non falso dixerit, qui, quod est in causis potentissimum, sit ab altero petiturus? pæne non dissimilis iis, qui poetarum scripta pronunciant. Nam quodammodo mandata perferet, et ea, quæ sibi a judice credi postulaturus est, aliena fide dicet; et ipse litigantium auxiliator egebit auxilio.

Quod ut fieri nonnunquam minore incommodo possit, quum domi præcepta et composita, et sicut cetera, quæ in causa sunt, in discendo cognita ad judicem

QUINTILIEN
DE L'INSTITUTION ORATOIRE
LIVRE XII.

CHAPITRE III.

La connaissance du droit civil est nécessaire à l'orateur.

Mon orateur ne pourra pas non plus se dispenser de posséder le droit civil, ainsi que la connaissance des mœurs et de la religion du pays qu'il sera appelé à régir. Comment, en effet, pourra-t-il donner son avis dans les assemblées publiques ou dans les conseils privés, s'il ignore tant d'élémens qui entrent dans la constitution d'un état? Comment encore se prétendra-t-il à juste titre le défenseur de ses cliens, s'il faut qu'il s'en rapporte à un autre, pour ce qu'il y a de plus essentiel dans une cause? il sera à peu près comme ceux qui récitent les vers qu'ils n'ont pas faits. Réduit, en quelque sorte, au rôle de truchement, il affirmera sur la foi d'autrui des choses où le juge lui demandera sa conviction personnelle; et, chargé de porter secours aux plaideurs, il en aura besoin lui-même.

J'admets cependant que cela ait moins d'inconvénient, si l'orateur a eu soin de ne porter devant le juge qu'une cause bien étudiée, et dont il se sera bien fait instruire;

1.

perferet : quid fiet in iis quaestionibus, quae subito inter ipsas actiones nasci solent? non deformiter respectet, et inter subsellia minores advocatos interroget? Potest autem satis diligenter accipere, quae tum audiet, quum ei dicenda sunt? aut fortiter affirmare, aut ingenue pro suis dicere? possit in actionibus : quid fiet in altercatione, ubi occurrendum continuo, nec libera ad discendum mora est? Quid, si forte peritus juris ille non aderit? Quid, si quis non satis in ea re doctus, falsum aliquid subjecerit? Hoc enim est maximum ignorantiae malum, quod credit eum scire, qui moneat.

Neque ego sum nostri moris ignarus, oblitusve eorum, qui velut ad arculas sedent, et tela agentibus subministrant; neque idem Graecos quoque nescio factitasse, unde nomen his *pragmaticorum* datum est : sed loquor de oratore, qui non clamorem modo suum causis, sed omnia, quae profutura sunt, debet. Itaque eum nec inutilem, si ad horam forte constiterit, neque in testationibus faciendis esse imperitum velim : quis enim potius praeparabit ea, quae, quum aget, esse in causa velit? Nisi forte imperatorem quis idoneum credit in proeliis quidem strenuum et fortem, et omnium, quae pugna poscit, artificem; sed neque delectus agere, nec copias contrahere atque instruere, nec prospicere commeatus, nec locum capere castris scientem : prius

mais que sera-ce dans ces questions imprévues qui naissent soudainement au milieu d'un plaidoyer? Promènera-t-il des regards inquiets pour implorer les lumières de ces avocats du second ordre qui sont sur les bancs? Pourra-t-il recueillir assez promptement ce qu'ils lui suggèreront pour le redire à l'instant même? Osera-t-il l'affirmer avec sécurité, l'énoncer avec assurance pour ses cliens? Je suppose encore qu'il s'en tire pendant le plaidoyer même, mais que sera-ce dans l'altercation, où il faut avoir réponse à tout, et où l'on n'a pas le temps d'être édifié? Que sera-ce, s'il ne trouve pas là de jurisconsulte, ou s'il tombe à un demi-savant qui ne lui donne que de fausses notions? Car ce qu'il y a de plus fâcheux pour l'ignorance, c'est d'avoir une confiance aveugle dans ceux qu'elle est obligée de consulter.

Ce n'est pas que je sois étranger à nos usages, au point de ne pas savoir qu'il existe au barreau des hommes préposés à une espèce d'arsenal pour fournir des armes aux combattans; je sais qu'il en était de même chez les Grecs, d'où est venu le nom de *praticiens* donné à ces sortes d'auxiliaires. Mais je parle d'un véritable orateur qui doit à son client non-seulement le secours de sa voix, mais encore tout ce qui peut contribuer au gain de sa cause. Je veux donc qu'il ne soit pas plus inutile dans les enquêtes préliminaires, pour lesquelles il recevrait un ajournement fixe, qu'inhabile à dresser, au besoin, des formules de témoignages. Qui peut mieux, en effet, préparer tous les moyens d'une cause, que celui qui doit la plaider? à moins qu'on ne reconnaisse les qualités d'un bon général à un militaire qui paierait bravement de sa personne sur le champ de bataille et serait bon tacticien, mais qui ne saurait ni faire des revues, ni

est enim certe parare bella, quam gerere. Atqui simillimus huic sit advocatus, si plura, quæ ad vincendum valent, aliis reliquerit; quum præsertim hoc, quod est maxime necessarium, nec tam sit arduum, quam procul intuentibus fortasse videatur.

Namque omne jus, quod est *certum*, aut *scripto*, aut *moribus* constat; *dubium* æquitatis regula examinandum est. Quæ scripta sunt, aut posita in more civitatis, nullam habent difficultatem; cognitionis sunt enim, non inventionis: at quæ consultorum responsis explicantur, aut in verborum interpretatione sunt posita, aut in recti pravique discrimine: vim cujusque vocis intelligere, aut commune prudentium est, aut proprium oratoris; æquitas optimo cuique notissima. Nos porro et bonum virum et prudentem inprimis oratorem putamus, qui quum se ad id, quod est optimum natura, direxerit, non magnopere commovebitur, si quis ab eo consultus dissentiet; quum ipsis illis diversas inter se opiniones tueri concessum sit : sed etiam si nosse quid quisque senserit volet, lectionis opus est; qua nihil est in studiis minus laboriosum. Quod si plerique, desperata facultate agendi, ad discendum jus declinaverunt; quam id scire facile est oratori, quod discunt, qui sua quoque confessione oratores esse non possunt?

lever des troupes et les discipliner, ni assurer ses approvisionnemens, ni prendre ses positions ; car, avant de faire la guerre, il faut savoir s'y préparer. Il en est exactement de même de l'avocat, s'il laisse faire à d'autres la plupart des choses qui peuvent lui assurer la victoire : et remarquez que ces choses, d'ailleurs indispensables, sont loin d'être aussi difficiles qu'elles le paraissent, vues de loin.

En effet, tout point de droit est *certain*, ou *douteux* : certain, il résulte d'une disposition écrite, ou de l'usage ; douteux, il faut l'examiner suivant les règles de l'équité. Ce qui est écrit ou passé en usage, ne présente aucune difficulté : il s'agit là de connaître et non d'inventer. Quant aux points douteux, et soumis par conséquent à la décision des jurisconsultes, ils consistent ou dans le sens qu'on attache aux mots, ou dans l'appréciation du juste et de l'injuste. Or, connaître la force des mots, c'est le partage de tous les gens éclairés ou le propre de l'orateur ; et quant à l'équité, nul homme de bien n'en méconnaît les caractères. Si donc l'idée que nous nous faisons, avant tout, de l'orateur, est celle d'un homme vertueux et éclairé, une fois qu'il se sera déterminé pour ce qu'il y a de meilleur, il se mettra peu en peine de différer d'avis avec quelques jurisconsultes, d'autant plus que ceux-ci ont le privilège de soutenir des opinions contradictoires. Que s'il veut connaître les sentimens de chaque auteur sur la matière, il n'aura besoin que de lire, et c'est ce qu'il y a de moins pénible dans les études. Enfin, s'il est vrai que la plupart de ceux qui se sont tournés vers l'étude du droit ne l'ont fait qu'après avoir reconnu leur impuissance à plaider, combien n'est-il pas facile à un

Verum et M. Cato quum in dicendo præstantissimus, tum juris idem fuit peritissimus; et Scævolæ Servioque Sulpicio concessa est etiam facundiæ virtus; et M. Tullius non modo inter agendum nunquam est destitutus scientia juris, sed etiam componere aliqua de eo cœperat; ut appareat, posse oratorem non discendo tantum juri vacare, sed etiam docendo.

Verum ea, quæ de moribus excolendis studioque juris præcipimus, ne quis eo credat reprehendenda, quod multos cognovimus, qui tædio laboris, quem ferre tendentibus ad eloquentiam necesse est, confugerint ad hæc deverticula desidiæ : quorum alii se ad album ac rubricas transtulerunt, et formularii, vel, ut Cicero ait, *leguleii quidam* esse maluerunt, tamquam utiliora eligentes ea, quorum solam facilitatem sequebantur; alii pigritiæ arrogantioris, qui subito fronte conficta, immissaque barba, veluti despexissent oratoria præcepta, paulum aliquid sederunt in scholis philosophantium, ut deinde in publico tristes, domi dissoluti, captarent auctoritatem contemptu ceterorum : philosophia enim simulari potest, eloquentia non potest.

orateur de savoir ce qu'apprennent des hommes qui, de leur propre aveu, sont incapables d'être orateurs?

Mais d'ailleurs M. Caton fut à la fois un homme fort éloquent et un très-habile jurisconsulte; les Scévola, les Servius Sulpicius, savans légistes, ont aussi eu des talens oratoires; et Cicéron, outre qu'en plaidant il ne fut jamais pris au dépourvu sur le droit, avait même ébauché un traité sur cette science : ce qui démontre qu'un orateur peut trouver le temps de l'apprendre, et qui plus est, de l'enseigner.

Qu'on se garde bien, au surplus, de blâmer ce que je recommande touchant la double étude de la philosophie et du droit, sous prétexte que ç'a été la dernière ressource de beaucoup de gens, que nous avons vus, dégoûtés du travail et des efforts qu'exige l'éloquence, se rabattre sur ces études qui flattaient leur paresse. Les uns, en effet, se bornant à enregistrer les décisions des magistrats, ou à compiler des titres et des formules de lois et d'ordonnances, ont mieux aimé, comme dit Cicéron, être de simples praticiens, et, en paraissant s'attacher de préférence à quelque chose de plus utile, n'ont fait, au fond, que choisir ce qui leur semblait plus aisé; les autres, joignant l'orgueil à la nonchalance, ont trouvé plus commode de se composer un extérieur sévère, de laisser croître leur barbe, et, dans leur dédain affecté pour l'art oratoire, ils ont fréquenté quelque peu les écoles des philosophes; puis, affichant au dehors une gravité dont ils ne se dédommageaient que trop dans leur intérieur, ils ont cherché à acquérir de l'autorité par un air de mépris pour les autres hommes.

CAPUT IV.

Necessariam oratori cognitionem historiarum.

Inprimis vero abundare debet orator *exemplorum copia*, quum veterum, tum etiam novorum; adeo ut non ea modo, quae conscripta sunt historiis, aut sermonibus velut per manus tradita, quaeque quotidie aguntur, debeat nosse; verum ne ea quidem, quae sunt a clarioribus poetis ficta, negligere. Nam illa quidem priora, aut testimoniorum, aut etiam judicatorum obtinent locum; sed haec quoque aut vetustatis fide tuta sunt, aut ab hominibus magnis praeceptorum loco ficta creduntur. Sciat ergo quam plurima: unde etiam senibus auctoritas major est, quod plura nosse et vidisse creduntur; quod Homerus frequentissime testatur: sed non est exspectanda ultima aetas, quum studia praestent, ut, quantum ad cognitionem pertinet rerum, etiam praeteritis seculis vixisse videamur.

CAPUT V.

Quae sint alia oratori instrumenta.

Haec sunt, quae me redditurum promiseram, instrumenta, non artis, ut quidam putaverunt, sed ipsius

C'est que la philosophie est chose qui peut se contrefaire; on ne contrefait pas l'éloquence.

CHAPITRE IV.

La connaissance de l'histoire est nécessaire à l'orateur.

L'ORATEUR doit faire aussi une ample provision d'exemples tant chez les anciens que chez les modernes. Et ce n'est pas assez qu'il connaisse ce qui est consigné dans l'histoire, transmis par tradition, ou qui se passe de son temps. Je ne veux pas même qu'il néglige ces récits fabuleux créés par l'imagination des poètes célèbres; car, si les faits historiques tiennent souvent lieu de témoignages et acquièrent quelquefois la force de choses jugées, les fables des poètes ont aussi, grâce à leur antiquité, une sorte de sanction, ou tout au moins on les considère comme d'utiles préceptes que de grands hommes nous ont donnés sous le voile de la fiction. L'orateur ne saurait donc trop enrichir sa mémoire. Qu'est-ce qui donne tant d'autorité aux vieillards? c'est qu'ils sont supposés avoir vu et connu plus de choses. Homère le témoigne assez fréquemment : mais n'attendons pas que nous soyons vieux pour étudier l'histoire; car les études historiques produisent cette illusion, qu'elles nous rendent, pour ainsi dire, contemporains des siècles passés.

CHAPITRE V.

Quels sont les autres instrumens ou moyens qu'emploie l'orateur.

TELS sont les instrumens que je m'étais engagé à faire connaître*, instrumens, non de l'art, comme quelques-

---
* *Voyez* l'Exorde du livre Ier.

oratoris. Hæc arma habere ad manum, horum scientia debet esse succinctus, accedente verborum figurarumque facili copia, et inventionis ratione, et disponendi usu, et memoriæ firmitate, et actionis gratia : sed plurimum ex his valet *animi præstantia,* quam nec metus frangat, nec acclamatio terreat, nec audientium auctoritas ultra debitam reverentiam tardet : nam ut abominanda sunt contraria his vitia confidentiæ, temeritatis, improbitatis, arrogantiæ; ita citra constantiam, fiduciam, fortitudinem, nihil ars, nihil studium, nihil profectus ipse profuerit; ut si des arma timidis et imbellibus. Invitus mehercule dico, quoniam et aliter accipi potest, ipsam verecundiam, vitium quidem, sed amabile, et quæ virtutes facillime generet, esse inter adversa, multisque in causa fuisse, ut bona ingenii studiique in lucem non prolata, situ quodam secreti consumerentur.

Sciat autem, si quis hæc forte minus adhuc peritus distinguendi vim cujusque verbi leget, non probitatem a me reprehendi, sed verecundiam, quæ est timor quidam, reducens animum ab iis, quæ facienda sunt; unde confusio, et cœpti pœnitentia, et subitum silentium. Quis porro dubitet vitiis ascribere affectum, propter quem facere honeste pudet ? Neque ego rursus nolo eum, qui sit dicturus, et sollicitum

uns l'ont pensé, mais de l'orateur lui-même. Voilà les armes qu'il doit toujours avoir en main, voilà les connaissances dont il doit toujours être pourvu, en y joignant une abondance facile d'expressions et de figures, l'invention, la méthode, la disposition, une mémoire sûre et la grâce du débit. Mais ce que j'estime bien au dessus de tous ces avantages, c'est une force d'âme qu'aucune crainte n'ébranle, qu'aucun cri n'intimide, qu'aucune considération n'arrête, après avoir toutefois payé à ses auditeurs le tribut d'égards qui leur est dû; car, autant on a raison de détester les vices opposés, la présomption, l'audace, la méchanceté, l'arrogance, autant le manque de fermeté, d'assurance et de courage, paralyse à la fois l'art, l'étude et les progrès. Il en est comme des armes que l'on confierait à des mains timides ou impuissantes. En vérité, c'est à regret que je le dis, de peur qu'on ne l'interprète mal, mais la pudeur même, ce défaut si aimable, et qui est la source de tant de vertus, la pudeur est ce qu'il y a de plus nuisible : c'est par elle que beaucoup de gens, pour n'avoir pas osé produire au grand jour ce qu'ils avaient d'esprit et de connaissances, ont vu leurs talens s'altérer et s'enfouir dans l'obscurité.

Qu'au surplus, celui qui me lira sans savoir encore attacher à chaque mot sa véritable signification, se persuade bien que ce n'est point une honnête retenue que je blâme, mais cette honte qui agit sur une âme timide, et la rend infidèle à ses devoirs, cette honte qui fait que nous nous troublons, que nous reculons devant ce que nous avons entrepris, et que nous nous condamnons tout à coup au silence. Or, comment ne pas inscrire au nombre des défauts, un sentiment qui nous rend honteux de bien faire? Ce n'est pas que je veuille, d'un autre côté,

surgere, et colorem mutare, et periculum intelligere; quæ si non accident, etiam simulanda erunt: sed intellectus hic sit operis, non metus; moveamurque, non concidamus. Optima est autem emendatio verecundiæ *fiducia*; et quamlibet imbecilla frons magna conscientia sustinetur.

Sunt et naturalia, ut supra dixi, quæ tamen et cura juvantur, instrumenta, *vox, latus, decor*: quæ quidem tantum valent, ut frequenter famam ingenii faciant. Habuit oratores ætas nostra copiosiores: sed quum diceret, eminere inter æquales *Trachalus* videbatur: ea corporis sublimitas erat, is ardor oculorum, frontis auctoritas, gestus præstantia, vox quidem non, ut Cicero desiderat, pæne tragœdorum, sed super omnes quos ego quidem audierim tragœdos. Certe quum in basilica Julia diceret primo tribunali, quatuor autem judicia, ut moris est, cogerentur, atque omnia clamoribus fremerent; et auditum eum, et intellectum, et, quod agentibus ceteris contumeliosissimum fuit, laudatum quoque ex quatuor tribunalibus memini. Sed hoc votum est et rara felicitas: quæ si non adsit, sane sufficiat ab iis quibus quis dicit audiri. Talis esse debet orator et hæc scire.

que l'orateur se lève pour parler, sans témoigner aucune inquiétude, qu'il ne change jamais de couleur, et qu'il ait l'air de ne pressentir aucun danger : tout cela est bon à feindre, quand même on ne l'éprouverait pas, mais ce doit être l'effet d'un calcul oratoire, et non de la crainte ; en un mot, montrons-nous émus, mais non consternés. Le meilleur correctif à la honte, c'est une juste confiance en soi : le front le moins aguerri est soutenu par le témoignage d'une bonne conscience.

Il est aussi, comme je l'ai dit au commencement de cet ouvrage*, des instrumens naturels susceptibles d'être perfectionnés par l'art, tels que l'organe, la force des poumons et la grâce ; et ces avantages sont si considérables, qu'ils font souvent autant pour la réputation que le génie lui-même. Nous avons eu, de nos jours, des orateurs plus éloquens que Trachalus ; mais quand celui-ci parlait, on eût dit qu'il effaçait tous ses rivaux, tant il captivait l'admiration par l'élévation de sa taille, le feu de ses regards, la majesté de son front, la noblesse de ses gestes et la beauté de sa voix, qui était non-seulement telle que Cicéron la demande, c'est-à-dire approchant du ton de la tragédie, mais supérieure à toutes les voix d'acteurs tragiques que j'aie jamais entendues. Je me souviens que, plaidant un jour à l'un des quatre tribunaux qui s'assemblaient, suivant l'usage, dans la basilique Julia, au milieu des cris confus dont l'enceinte retentissait, il se fit entendre et écouter ; et, ce qui fut plus humiliant pour les autres avocats, il se fit applaudir par les quatre tribunaux à la fois. Mais ce n'est qu'un vœu que je forme ici, en parlant de Trachalus : une pareille organisation est rare. Si l'on ne l'a pas, qu'il

---

* Livre 1, Exorde.

CAPUT VI.

Quod sit incipiendi causas agere tempus.

AGENDI autem initium sine dubio secundum vires cujusque sumendum est : neque ego annos definiam, quum *Demosthenem* puerum admodum actiones pupillares habuisse manifestum sit; *Calvus, Caesar, Pollio,* multum ante quaestoriam omnes aetatem gravissima judicia susceperint; praetextatos egisse quosdam sit traditum; *Caesar Augustus* duodecim natus annos aviam pro Rostris laudaverit.

Modus mihi videtur quidam tenendus, ut neque praepropere destringatur immatura frons, et quicquid est illud adhuc acerbum proferatur : nam inde et contemptus operis innascitur, et fundamenta jaciuntur impudentiae, et, quod est ubique perniciosissimum, praevenit vires fiducia. Nec rursus differendum est tirocinium in senectutem : nam quotidie metus crescit, majusque fit semper, quod ausuri sumus; et, dum deliberamus, quando incipiendum sit, incipere jam serum est : quare fructum studiorum viridem et adhuc dulcem promi decet, dum et veniae spes est, et paratus favor, et audere non dedecet; et, si quid desit operi, supplet aetas; et, si qua

suffise de se faire entendre de ceux devant qui l'on parle. Voilà ce que doit être un orateur, voilà ce qu'il doit savoir.

CHAPITRE VI.

Dans quel temps l'orateur doit commencer à plaider.

Avant de se mettre à plaider, point de doute qu'il ne faille consulter ses forces ; aussi ne déterminerai-je point d'âge à cet égard. On sait, en effet, que Démosthène, à peine sorti de l'enfance, soutint une action contre ses tuteurs ; que Calvus, César, Pollion, se sont tous chargés de causes fort importantes, avant l'âge fixé pour la questure* : on dit même de quelques-uns, qu'ils ont plaidé, portant encore la robe prétexte** ; et César-Auguste, âgé de douze ans, prononça à la tribune aux harangues l'éloge de son aïeule.

Mais il me semble qu'il y a un milieu à tenir, si l'on ne veut ni exposer un front trop jeune à contracter une assurance qui le dépare, ni hasarder prématurément ce qui n'a encore que de la crudité ; car cette précipitation fait naître dans les jeunes gens le mépris du travail ; elle est le germe de l'effronterie ; et, ce qui est en tout d'un dangereux effet, elle inspire une confiance qui devance les forces. D'un autre côté, il ne faut pas prolonger son apprentissage jusqu'à la vieillesse ; car chaque jour on devient plus timide, chaque jour on se grossit davantage les difficultés, et, pendant qu'on délibère si l'on commencera, il est déjà tard pour commencer. Je veux donc que le fruit des études ne se produise que quand, encore

* C'était vingt-sept ans.
** On la quittait à dix-sept ans pour prendre la robe virile.

sunt dicta juveniliter, pro indole accipiuntur : ut totus ille Ciceronis pro Sexto Roscio locus, *Quid enim tam commune quam spiritus vivis, terra mortuis, mare fluctuantibus, littus ejectis?* Quæ quum sex et viginti natus annos, summis audientium clamoribus dixerit, defervisse tempore, et annis liquata jam senior idem fatetur.

Et hercule quantumlibet secreta studia contulerint, est tamen proprius quidam fori profectus, alia lux, alia veri discriminis facies; plusque, si separes, usus sine doctrina, quam citra usum doctrina valet. Ideoque nonnulli senes in schola facti stupent novitate, quum in judicia venerunt, et omnia suis exercitationibus similia desiderant : at illic et judex tacet, et adversarius obstrepit, et nihil temere dictum perit; et, si quid tibi sumas, probandum est; et laboratam congestamque dierum ac noctium studio actionem aqua deficit; et omisso magna semper flandi tumore in quibusdam causis loquendum est; quod illi diserti minime sciunt. Itaque

un peu vert, il a néanmoins déjà quelque saveur, lorsque l'âge est un titre à l'indulgence, et dispose même à accueillir favorablement certaines hardiesses, lorsqu'enfin tout porte à croire que le temps suppléera à ce qui manque encore, et que les saillies échappées à la fougue de la jeunesse passent pour les indices d'un heureux naturel. C'est l'effet que produisit ce passage de Cicéron, dans l'oraison pour Sextus Roscius : *Quoi de plus commun, Messieurs, que l'air pour les vivans, la terre pour les morts, la mer pour ceux qui sont le jouet de ses flots, et ses rivages pour ceux qu'elle rejette hors de son sein ?* Il avait vingt-six ans lorsqu'il prononça ces paroles aux grandes acclamations de ses auditeurs ; mais, dans un âge plus avancé, il avoue lui-même qu'elles s'étaient bien refroidies avec le temps, et que les années en avaient fait évaporer tout le feu.

Avouons pourtant, quel que soit le fruit qu'on retire des études du cabinet, qu'il y a des progrès qu'on ne peut bien faire qu'au barreau, où le véritable état des choses se montre sous un tout autre jour, sous un tout autre aspect ; et que, prises séparément, la pratique fait plus sans la théorie, que celle-ci sans la pratique. Voilà pourquoi presque tous ceux qui ont vieilli dans les écoles, sont si dépaysés et si neufs, quand ils paraissent devant nos tribunaux ; ils ont l'air de chercher quelque chose qui leur rappelle leurs exercices ordinaires. C'est que, là, le juge garde le silence, tandis que l'adversaire vous étourdit par ses cris ; rien de ce qui est hasardé ne tombe sans être relevé ; si vous prenez sur vous d'avancer une proposition, il faut la prouver. C'est qu'au milieu d'un plaidoyer qui vous a coûté bien des travaux et bien des veilles, l'eau venant à manquer, on lève tout à coup

nonnullos reperias, qui sibi eloquentiores videantur, quam ut causas agant.

Ceterum illum, quem juvenem tenerisque adhuc viribus nitentem in forum deduximus, et incipere a quam maxime facili ac favorabili causa velim, ferarum ut catuli molliore praeda saginantur; et non utique ab hoc initio continuare operam, et ingenio adhuc alendo callum inducere; sed jam scientem, quid sit pugna, et in quam rem studendum sit, refici atque renovari. Sic et tirocinii metum, dum facilius est audere, transierit, nec audendi facilitatem usque ad contemptum operis adduxerit.

Usus est hac ratione M. Tullius; et quum jam clarum meruisset inter patronos, qui tum erant, nomen, in Asiam navigavit, seque et aliis sine dubio eloquentiae ac sapientiae magistris, sed praecipue tamen Apollonio Moloni, quem Romae quoque audierat, Rhodi rursus formandum ac velut recoquendum dedit. Tum dignum operae pretium venit, quum inter se congruunt praecepta et experimenta.

l'audience*; c'est que, dans certaines causes, il faut sacrifier l'emphase et les grands mots pour prendre un langage simple et uni, ce que ne savent pas du tout les gens diserts dont je parle. Aussi en voit-on beaucoup qui se croient, de bonne foi, trop éloquens pour plaider.

Au reste, le jeune orateur que j'introduis au barreau, pour y essayer ses forces, fera bien de n'entreprendre d'abord que les causes les plus faciles et les plus favorables, comme les animaux cherchent pour la nourriture de leurs petits la proie la plus tendre et la plus délicate. Je ne veux pas non plus, qu'après avoir ainsi commencé, il continue sans interruption cet exercice, ni que son esprit, qui a besoin encore de croître et de se développer, contracte une sorte de calus; mais je veux, qu'après avoir appris ce que c'est que combat, et par quelles études il faut s'y préparer, il se refasse et se retrempe. Par là, il surmontera la timidité inséparable d'un apprentissage, dans l'âge où il est plus facile d'oser, et cette assurance n'ira pas jusqu'à lui faire croire qu'il peut se dispenser de tout travail.

C'est la méthode dont a usé Cicéron. Il avait déjà un nom illustre parmi les avocats de son temps, quand il passa en Asie, où, entre autres maîtres de philosophie et d'éloquence, il s'attacha particulièrement à Apollonius Molon, de Rhodes, dont il avait déjà suivi les leçons à Rome, et se livra à lui de nouveau pour se perfectionner et se refondre. En effet, quand les préceptes et l'expérience se donnent la main dans un ouvrage, c'est alors qu'il acquiert un véritable prix.

---

* Le temps de l'audience était réglé par une horloge d'eau ou clepsydre. (*Voyez* livre II.)

CAPUT VII.

Quæ in suscipiendis causis oratori observanda sint.

Quum satis in omni certamine virium fecerit, prima ei cura in suscipiendis causis erit; in quibus defendere quidem reos profecto quam facere vir bonus malet: non tamen ita nomen ipsum accusatoris horrebit, ut nullo neque publico neque privato duci possit officio, ut aliquem ad reddendam rationem vitæ vocet: nam et leges ipsæ nihil valeant, nisi actoris idonea voce munitæ; et si pœnas scelerum expetere fas non est, prope est, ut scelera ipsa permissa sint; et licentiam malis dari, certe contra bonos est. Quare neque sociorum querelas, nec amici, vel propinqui necem, nec erupturas in rempublicam conspirationes inultas patietur orator, non pœnæ nocentium cupidus, sed emendandi vitia, corrigendique mores: nam qui ratione traduci ad meliora non possunt, solo metu continentur. Itaque ut accusatoriam vitam vivere et ad deferendos reos præmio duci, proximum latrocinio est; ita pestem intestinam propulsare, cum propugnatoribus patriæ comparandum: ideoque principes in republica viri non detrectaverunt hanc officii partem; creditique sunt etiam clari juvenes obsidem reipublicæ dare malorum civium accusationem, quia nec odisse

CHAPITRE VII.

Ce que l'orateur doit observer dans les causes qu'il entreprend.

Lorsque l'orateur aura acquis assez de forces pour affronter toutes les chances, son premier soin devra se diriger vers le choix de ses causes; et, en sa qualité d'homme de bien, il aimera mieux, sans doute, défendre des accusés, que de se porter accusateur. Cependant, ce dernier nom ne devra pas lui faire tellement horreur, qu'il ne puisse, par aucune considération d'intérêt public ou privé, citer quelqu'un à rendre compte de ses actions; car les lois elles-mêmes seraient sans force, si elles ne trouvaient un organe pour les invoquer; et s'il n'était pas permis de châtier les crimes, ce serait presque les autoriser : c'est d'ailleurs agir contre les bons, que de donner pleine licence aux méchans. Ainsi, l'orateur se fera un devoir de ne laisser sans vengeance ni les justes plaintes de nos alliés, ni le meurtre d'un ami ou d'un proche, ni des conspirations flagrantes contre l'état, moins jaloux en cela de faire punir des coupables, que de réprimer les vices et de corriger les mœurs : car ceux que la raison ne peut ramener au bien, ne sauraient être contenus que par la crainte. Autant donc c'est une espèce de brigandage que de vivre, pour ainsi dire, d'accusations et de déférer des coupables à la justice, dans la vue d'une récompense; autant c'est s'assimiler aux véritables défenseurs de la patrie, que de flétrir et repousser de son sein ceux qui la déshonorent. Aussi les personnages les plus éminens de la république n'ont-ils pas décliné cette partie des devoirs civils, et,

improbos, nec simultates provocare, nisi ex fiducia bonae mentis videbantur : idque quum ab Hortensio, Lucullis, Sulpicio, Cicerone, Caesare, plurimis aliis, tum ab utroque Catone factum est; quorum alter appellatus *sapiens*, alter nisi creditur fuisse, vix scio, cui reliquerit hujus nominis locum.

Neque defendet omnes orator, idemque portum illum eloquentiae suae salutarem non etiam piratis patefaciet, duceturque in advocationem maxime causa. Quoniam tamen omnes, qui non improbe litigabunt, quorum certe bona pars est, sustinere non potest unus, aliquid et commendantium personis dabit, et ipsorum, qui judicio decernent, ut optimi cujusque voluntate moveatur; namque hos et amicissimos habebit vir bonus. Summovendum vero est utrumque ambitus genus, vel potentibus contra humiles venditandi operam suam, vel illud etiam jactantius, minores utique contra dignitatem attollendi : non enim fortuna causas vel justas, vel improbas facit.

Neque vero pudor obstet, quo minus susceptam, quum melior videretur, litem, cognita inter disceptandum iniquitate, dimittat, quum prius litigatori dixerit verum : nam et in hoc magnum, si aequi judices sumus, benefi-

chez les jeunes gens appartenant aux familles les plus illustres, on regardait comme un gage de patriotisme d'accuser les mauvais citoyens; on croyait que cette haine des méchans, qu'ils faisaient éclater au risque de s'attirer de mortelles inimitiés, ne pouvait se puiser que dans le courage d'une bonne conscience. C'est ce qu'on a vu faire à Hortensius, aux Lucullus, à Sulpicius, à Cicéron, à César et à plusieurs autres ; c'est ce qu'ont fait les deux Catons, dont l'un fut appelé *sage*; pour l'autre, si on lui conteste ce nom, je ne sais à qui l'on pourra le donner.

L'orateur ne défendra pas non plus toutes les causes : son éloquence doit être un port de salut, et non un refuge de pirates. Ce sera donc la nature même de la cause qui le décidera à s'en charger. Toutefois, comme un seul homme ne peut suffire à tous les plaideurs qui ont le bon droit, et le nombre en est grand, il donnera quelque chose aussi aux recommandations, et à la qualité de ces plaideurs, de manière à ne céder jamais qu'à une influence honorable, car un homme de bien ne peut avoir pour amis que des gens de bien comme lui. Il se mettra aussi en garde contre deux sortes d'ambition : l'une, de ne prêter l'appui de son talent qu'aux puissans contre les faibles; et l'autre, dans laquelle il entre peut-être encore plus d'orgueil, de ne plaider que pour les petits contre les grands; car enfin, ce n'est pas le rang qui fait que les causes sont justes ou injustes.

S'il s'est chargé d'une cause, lorsqu'elle lui paraissait la meilleure, et que, dans les débats, il en reconnaisse l'iniquité, qu'il ne rougisse pas de s'en démettre, après avoir dit la vérité à son client. En effet, si je suis bon juge en cette matière, le plus grand service à rendre à

cium est, ut non fallamus vana spe litigantem : neque est dignus opera patroni, qui non utitur consilio; et certe non convenit ei, quem oratorem esse volumus, injusta tueri scientem : nam si ex illis, quas supra diximus, causis falsum tuebitur, erit tamen honestum, quod ipse faciet.

Gratisne ei semper agendum sit, tractari potest : quod ex prima statim fronte dijudicare, imprudentium est : nam quis ignorat, quin id longe sit honestissimum, ac liberalibus disciplinis et illo quem exigimus animo dignissimum, non vendere operam, nec elevare tanti beneficii auctoritatem? quum pleraque hoc ipso possint videri vilia, quod pretium habent. Caecis hoc, ut aiunt, satis clarum est; nec quisquam, qui sufficientia sibi (modica autem haec sunt) possidebit, hunc quaestum sine crimine sordium fecerit.

At si res familiaris amplius aliquid ad usus necessarios exiget, secundum omnium sapientium leges patietur sibi gratiam referri; quum et Socrati collatum sit ad victum; et Zeno, Cleanthes, Chrysippus mercedes a discipulis acceptaverint. Neque enim video, quae justior acquirendi ratio, quam ex honestissimo labore, et ab iis, de quibus optime meruerint, quique si nihil invicem praestent, indigni fuerint defensione : quod quidem non justum modo, sed necessarium etiam est, quum

un plaideur, c'est de ne pas le bercer d'un vain espoir;
et s'il résiste aux conseils de son défenseur, il ne mérite
pas qu'on se donne de la peine pour lui. Quant à
l'homme que je veux pour orateur, il ne lui sied pas
de défendre ce qu'il sait être injuste; car, à l'égard de
ces causes dont j'ai parlé, où il plaide sciemment le
faux, il est absous par le motif qui le fait agir.

Doit-il toujours plaider gratuitement ? c'est ce qu'on
peut débattre, mais qu'il serait imprudent de résoudre
à la première vue. Il n'est pas douteux qu'il ne fût beaucoup plus honorable, beaucoup plus conforme à la dignité des lettres et au caractère que nous exigeons de
l'orateur, de ne pas vendre son ministère, ni affaiblir
l'autorité d'un si grand bienfait; d'autant plus que la
plupart des choses ne nous semblent viles, que par cela
même qu'on y met un prix : cela, comme on dit, saute
aux yeux. Ainsi, tout orateur qui aura de quoi se suffire, et il n'en faut pas tant, sera, avec raison, taxé
d'avarice, s'il se fait payer son talent.

Mais pour peu que son patrimoine exige un supplément qui lui procure l'honnête nécessaire, tous les
sages l'absoudront de recevoir une marque de reconnaissance, puisque Socrate lui-même se laissa assurer de
quoi vivre, et que Zénon, Cléanthe, Chrysippe, accep-
tèrent des présens de leurs disciples. Est-il, en effet, de
bien plus justement acquis, que celui qui nous vient d'un
travail honorable et de la gratitude des gens à qui nous
avons rendu d'importans services ? et ceux-là en seraient-
ils dignes, qui se croiraient dispensés de les reconnaître ?
Un salaire est donc, en ce cas, non-seulement juste,

hæc ipsa opera, tempusque omne alienis negotiis datum, facultatem aliter acquirendi recidant.

Sed tum quoque tenendus est modus; ac plurimum refert, et *a quo* accipiat, et *quantum*, et *quousque*. Paciscendi quidem ille piraticus mos, et ponentium periculis pretia procul abominanda negotiatio etiam mediocriter improbis aberit; quum præsertim bonos homines bonasque causas tuenti non sit metuendus ingratus; quod si futurus, malo tamen ille peccet. Nihil ergo acquirere volet orator ultra quam satis erit; ac ne pauper quidem tamquam mercedem accipiet, sed mutua benevolentia utetur, quum sciat se tanto plus præstitisse : non enim, quia venire hoc beneficium non oportet, perire oportet : denique ut gratus sit, ad eum magis pertinet, qui debet.

CAPUT VIII.

Quæ in discendis causis oratori observanda sint.

Proxima *discendæ causæ* ratio, quod est orationis fundamentum : neque enim quisquam tam ingenio tenui reperietur, qui, quum omnia, quæ sunt in causa, diligenter cognoverit, ad docendum certe judicem non sufficiat. Sed ejus rei paucissimis cura est : nam ut taceam de negligentibus, quorum nihil refert, ubi litium cardo

mais nécessaire; car la profession même de l'orateur, et le temps qu'il sacrifie aux affaires d'autrui, tarissent pour lui toute autre source de gain légitime.

Mais, en cela même, il y a une mesure à garder, et il importe beaucoup de considérer de qui l'on reçoit, combien et comment. Loin cet usage que l'on croirait emprunté à la piraterie, de mettre son client à contribution, calcul infâme qui tarife, pour ainsi dire, les dangers, et qui répugnerait aux hommes les moins scrupuleux! D'ailleurs, quand on ne défend que d'honnêtes gens et de bonnes causes, on n'a pas à redouter d'ingrats; que s'il s'en rencontre un, j'aime mieux qu'il en ait seul la honte. L'orateur donc ne voudra rien gagner au delà de ce qui lui suffit; et, fût-il pauvre, il n'acceptera pas sur le pied de salaire, mais à titre d'échange, et sachant fort bien qu'il a donné plus qu'il ne reçoit; car enfin, de ce que l'éloquence ne doit pas être vénale, ce n'est pas une raison non plus pour qu'elle ne rapporte rien. Quant à la reconnaissance, elle est plus étroitement imposée à celui qui est le redevable.

CHAPITRE VIII.

Du soin que l'orateur doit mettre à étudier ses causes.

Vient ensuite la manière de bien étudier une cause, ce qui est le fondement de tout plaidoyer. Il n'est pas d'avocat, si peu qu'on lui suppose de mérite, qui, après avoir soigneusement approfondi une affaire, ne soit au moins en état d'instruire le juge. C'est pourtant ce dont fort peu de gens s'occupent aujourd'hui; car, sans parler de ces insoucians qui ne tiennent aucun compte du

vertatur, dum sint, quae vel extra causam ex personis, aut communi tractatu locorum occasionem clamandi largiantur; aliquos et ambitio pervertit, qui partim tamquam occupati, semperque aliud habentes, quod ante agendum sit, pridie ad se venire litigatorem, aut eodem matutino jubent, nonnunquam etiam inter ipsa subsellia didicisse se gloriantur; partim jactantia ingenii, ut res cito accepisse videantur, tenere se et intelligere prius paene quam audiant mentiti, quum multa et diserte, summisque clamoribus, quae neque ad judicem neque ad litigatorem pertineant, decantaverunt, bene sudantes beneque comitati per forum reducuntur.

Ne illas quidem tulerim delicias eorum, qui doceri amicos suos jubent; quamquam minus mali est, si illi saltem recte discant, recteque doceant. Sed quis discet tam bene, quam patronus? Quomodo autem sequester ille, et media litium manus, et quidam interpres, impendet aequo animo laborem in alienas actiones, quum dicturis tanti suae non sint?

Pessimae vero consuetudinis, libellis esse contentum, quos componit aut litigator, qui confugit ad patronum, quia liti ipse non sufficit; aut aliquis ex eo genere advocatorum, qui se non posse agere confitentur, deinde faciunt id quod est in agendo difficillimum : nam qui judicare, quid *dicendum*, quid *dissimulandum*, quid

point fondamental du procès, pourvu qu'ils y trouvent matière à faire des digressions sur les personnes ou à traiter des lieux communs, il en est que leur ambition aveugle et perd. Les uns, prétextant de nombreuses occupations et ayant toujours à faire autre chose que ce qu'ils devraient faire avant tout, font venir le plaideur chez eux la veille ou le matin de l'assignation, et se glorifient même quelquefois de n'avoir été instruits que sur les bancs de l'audience; d'autres, pour faire parade de leur esprit et de leur pénétration, affirment, sans rougir, qu'ils comprennent et qu'ils possèdent une affaire avant presque de l'avoir entendue : puis, après avoir débité, aux acclamations de l'auditoire, force belles choses qui n'intéressent ni le juge, ni le plaideur, haletans et tout en nage, ils sortent escortés de leurs admirateurs.

Je ne puis supporter non plus la nonchalance de ceux qui commettent à des amis le soin d'étudier un procès, quoiqu'il y ait à cela moins de danger, si ces amis l'étudient, en effet, de manière à le leur bien faire connaître. Mais qui peut mieux l'instruire que celui qui est chargé de le défendre ? et comment espérer que cet entremetteur, qui fait l'office d'une main tierce, cette espèce d'interprète enfin, donne consciencieusement tous ses soins aux causes d'autrui, quand ceux qui les doivent plaider n'en font pas plus de cas ?

C'est encore une fort mauvaise habitude que de s'en tenir à des mémoires, soit qu'ils viennent de la partie elle-même, puisqu'elle reconnaît son insuffisance, en ayant recours à un défenseur; soit qu'ils aient été composés par quelqu'un appartenant à cette classe d'avocats qui, en même temps qu'ils se confessent hors d'état de plaider, font pourtant ce qu'il y a de plus difficile quand on

declinandum, mutandumve; fingendum etiam sit, potest, cur non sit orator, quando, quod difficilius est, oratorem facit? Hi porro non tantum nocerent, si omnia scriberent, uti gesta sunt : nunc consilium et colores adjiciunt, et aliqua pejora veris : quæ plerique quum acceperunt, mutare nefas habent, et velut themata in scholis posita custodiunt : deinde deprehenduntur, et causam, quam discere ex suis litigatoribus noluerunt, ex adversariis discunt.

Liberum igitur demus ante omnia iis, quorum negotium erit, *tempus* ac *locum*; exhortemurque ultro, ut omnia quamlibet verbose et unde volent repetita ex tempore exponant : non enim tam obest audire supervacua, quam ignorare necessaria. Frequenter autem et vulnus et remedium in iis orator inveniet, quæ litigatori in neutram partem habere momentum videbantur.

Nec tanta sit acturo memoriæ fiducia, ut subscribere audita pigeat : nec semel audisse sit satis; cogendus eadem iterum ac sæpius dicere litigator, non solum quia effugere aliqua prima expositione potuerunt, præsertim hominem (quod sæpe evenit) imperitum ; sed etiam, ut sciamus, an eadem dicat. Plurimi enim mentiuntur, et, tamquam non doceant causam, sed agant, non ut cum

plaide; car celui qui peut juger ce qu'il importe de *dire ou de ne pas dire*, *d'éluder*, *de pallier*, *de feindre* même dans une cause, pourquoi n'est-il pas orateur, quand il a l'art, bien autrement difficile, de faire un orateur? Or, ces avocats ne seraient pas si dangereux, s'ils se contentaient de présenter les choses comme elles se sont passées: mais ils se mêlent maintenant de donner des conseils, d'ajouter des couleurs, et font quelquefois pis que d'altérer la vérité. Voilà pourtant l'œuvre que respectent la plupart des orateurs, au point de n'y pas changer un mot, comme ferait un écolier de sa matière. Qu'en résulte-t-il? ils se trouvent pris au dépourvu, quand ils plaident; et pour n'avoir pas voulu s'instruire de la cause avec les parties intéressées, ils l'apprennent, à leurs dépens, de la bouche de leurs adversaires.

Donnons donc, avant tout, à nos cliens pleine liberté, et pour le *temps* et pour le *lieu* ; exhortons-les nous-mêmes à nous exposer leur affaire aussi verbeusement et d'aussi haut qu'ils le voudront ; car il y a moins d'inconvénient à écouter des détails oiseux, qu'à en ignorer d'essentiels. Et, souvent, dans des choses qui sont sans conséquence aux yeux de son client, l'orateur trouvera à la fois le mal et le remède.

Un avocat ne doit pas non plus se fier à sa mémoire, jusqu'à négliger de tenir note de ce qu'il aura recueilli. Ce n'est pas assez d'avoir entendu une fois sa partie; il faut l'obliger à revenir sur les mêmes circonstances, d'abord parce qu'il a pu lui échapper quelque chose dans une première exposition, surtout si c'est un homme sans expérience des affaires, comme on en rencontre tant ; ensuite, pour s'assurer s'il ne varie pas

patrono, sed ut cum judice loquuntur. Quapropter nunquam satis credendum est, sed agitandus omnibus modis, et turbandus, et evocandus : nam ut medicis non apparentia modo vitia curanda sunt, sed etiam invenienda, quæ latent, sæpe ipsis ea, qui sanandi sunt, occulentibus; ita advocatus plura, quam ostenduntur, aspiciat.

Nam quum satis in audiendo patientiæ impenderit, in aliam rursus ei personam transeundum est; agendusque adversarius, proponendum quicquid omnino excogitari contra potest, quicquid recipit in ejusmodi disceptatione natura; interrogandus quam infestissime, ac premendus; nam, dum omnia quærimus, aliquando ad verum, ubi minime exspectavimus, pervenimus : in summa, optimus est in discendo patronus incredulus; promittit enim litigator omnia, testem populum, paratissimas consignationes, ipsum denique adversarium quædam non negaturum; ideoque opus est intueri omne litis instrumentum : quod videre non est satis, perlegendum erit; nam frequentissime aut non sunt omnino, quæ promittebantur, aut minus continent, aut cum alio aliquo nocituro permixta sunt, aut nimia sunt et fidem hoc ipso detractura, quod non habent modum. Deni-

dans ses déclarations ; car il y a des plaideurs qui ne se font pas scrupule de mentir, et qui, oubliant que leur rôle est de faire connaître la cause, et non de la plaider, parlent à leur avocat, comme ils parleraient à leur juge. Ne nous hâtons donc pas de les croire, mais retournons-les dans tous les sens, tourmentons-les, harcelons-les pour leur arracher la vérité. De même que les médecins n'ont pas seulement à guérir les maux extérieurs et apparens, et ont encore à découvrir des maux cachés que, souvent, les malades eux-mêmes dissimulent; ainsi l'avocat doit savoir pénétrer au delà de ce que lui dit son client.

Après l'avoir écouté avec toute la patience convenable, l'orateur devra passer à un autre personnage, et, se mettant à la place de la partie adverse, il fera à la sienne toutes les objections qu'il pourra imaginer contre sa cause, ou qu'elle comporte naturellement. Il sera pressant dans ses interrogations, il se fâchera même ; car c'est à force de chercher ainsi, qu'on parvient quelquefois à surprendre la vérité où l'on s'y attendait le moins. En définitive, le meilleur avocat pour instruire une cause, est celui qui n'a pas de crédulité; car le plaideur est toujours prodigue d'assurances : à l'entendre, il a le peuple entier pour témoins, il produira, s'il le faut, des attestations signées et cachetées; il est même certains points que son adversaire n'osera pas nier; ne vous fiez pas à tout cela. Voyez toutes les pièces du procès, et ne vous contentez pas d'y jeter un coup d'œil; lisez-les toutes attentivement. Souvent ces pièces ne contiennent rien de ce qu'on promettait, ou elles disent beaucoup moins, ou il s'y trouve quelque chose de nuisible, ou il y règne tant d'exagération, que, faute

3.

que linum ruptum, aut turbata cera, aut sine agnitore signa frequenter invenies : quæ, nisi domi excusseris, in foro inopinata decipient, plusque nocebunt destituta, quam non promissa nocuissent.

Multa etiam, quæ litigator nihil ad causam pertinere crediderit, patronus eruet, modo per omnes, quos tradidimus, argumentorum locos eat. Quos ut circumspectare in agendo, et attentare singulos minime convenit, propter quas diximus causas; ita in discendo rimari necessarium est, quæ *personæ*, quæ *tempora*, quæ *loca*, *instituta*, *instrumenta*, ceteraque, ex quibus non tantum illud, quod est artificiale probationis genus, colligi possit, sed qui metuendi testes, quomodo sunt refellendi : nam plurimum refert, invidia reus, an odio, an contemptu laboret; quorum fere pars prima superiores, proxima pares, tertia humiliores premit.

Sic causam perscrutatus, propositis ante oculos omnibus, quæ prosint, noceantve, tertiam deinceps personam induat judicis, fingatque apud se agi causam, et, quod ipsum movisset de eadem re pronunciaturum, id

de mesure, on n'y croira pas; enfin, ce sont des écrits dont le lien est rompu, le sceau dénaturé, la signature équivoque, circonstances assez fréquentes, et qui, vous étant opposées à l'improviste, vous déconcerteraient à l'audience, si vous ne les aviez préalablement vérifiées chez vous : car des pièces dont on ne peut faire usage nuisent plus à une cause, que l'absence de ces mêmes pièces.

Il est aussi une foule de détails que le client jugera n'avoir aucun intérêt pour sa cause, et dont l'avocat saura tirer parti, pour peu qu'il exploite avec art toutes les sources d'argumens dont j'ai traité* ailleurs. Autant il convient peu, pour les raisons que j'ai déduites, d'être à la piste de ces argumens pendant qu'on plaide, et de les tâter, pour ainsi dire, un à un, autant il est essentiel, quand on étudie une cause, de scruter soigneusement tout ce qui a rapport aux personnes, au temps, aux lieux, aux coutumes, aux pièces du procès, et autres incidens ; car c'est de tout cela que se forment les preuves que nous appelons artificielles, et c'est aussi ce qui nous fait connaître quels sont les témoins à redouter, et comment leurs dépositions peuvent être infirmées ; il importe beaucoup en effet de savoir si un accusé est sous le poids de l'envie, ou de la haine, ou du mépris. On éprouve généralement de l'envie à l'égard de ses supérieurs, de la haine contre ses égaux, du mépris pour ses inférieurs.

Après avoir ainsi fouillé une cause, et s'être mis devant les yeux tout ce qui peut aider ou nuire à son succès, il ne reste plus à l'orateur qu'à revêtir un troisième

* Liv. v, chap. 10.

potentissimum, apud quemcunque agetur, existimet. Sic eum raro fallet eventus, aut culpa judicis erit.

CAPUT IX.

Quæ servanda in agendis causis oratori sint.

Quæ sint in agendo servanda, toto fere opere exsecuti sumus: pauca tamen propria hujus loci, quæ non tam dicendi arte, quam officiis agentis continentur, attingam.

Ante omnia, ne, quod plerisque accidit, ab utilitate eum causæ præsentis cupido laudis abducat. Nam ut gerentibus bella non semper exercitus per plana et amœna ducendus est, sed adeundi plerumque asperi colles, expugnandæ civitates quamlibet præcisis impositæ rupibus, aut operum mole difficiles; ita oratio gaudebit quidem occasione lætius decurrendi, et æquo congressa campo totas vires populariter explicabit: at si juris anfractus, aut eruendæ veritatis latebras adire cogetur, non obequitabit, nec illis vibrantibus concitatisque sententiis velut missilibus utetur; sed operibus, et cunicu-

personnage, celui de juge. Qu'il se figure donc que c'est devant lui que l'on plaide, et qu'il tienne pour constant, que ce qui le toucherait, s'il avait à prononcer sur la même affaire, est aussi ce qu'il y a de plus propre à faire impression sur tout autre magistrat. De cette manière, l'issue trompera rarement ses espérances, ou la faute en sera au juge.

CHAPITRE IX.

De ce que l'orateur doit observer en plaidant.

Dans presque tout le cours de cet ouvrage, j'ai fait voir ce qu'il convenait d'observer en plaidant. J'en toucherai ici quelques mots d'une application plus spéciale, moins sous le rapport de l'éloquence proprement dite, que sous le rapport des devoirs imposés à celui qui plaide.

Avant tout, que l'orateur se garde bien de sacrifier l'intérêt de sa cause au vain désir de briller pour le moment. A la guerre, un général n'a pas toujours à conduire son armée dans de grandes et belles plaines; il lui faut le plus souvent gravir des hauteurs inaccessibles, assiéger des places situées sur un roc escarpé, ou défendues par l'art. Ainsi l'orateur peut bien, dans l'occasion, se complaire à se mettre au large, et, s'il combat sur un terrain uni, déployer toutes ses forces, pour plaire à la multitude; mais s'il est obligé de s'engager dans les anfractuosités du droit, ou de poursuivre la vérité jusque dans ses derniers retranchemens, il ne s'amusera pas à caracoler autour de son sujet, ni à décocher, comme autant de traits, des pen-

lis, et insidiis, et occultis artibus rem geret. Quæ omnia non, dum fiunt, laudantur, sed quum facta sunt: unde etiam minus cupidis opinionis plus fructus venit: nam quum illa dicendi vitiosa jactatio inter plausores suos detonuit, resurgit veræ virtutis fortior fama; nec judices, a quo sint moti, dissimulant; et doctis creditur; nec est orationis vera laus, nisi quum finita est.

Veteribus quidem etiam dissimulare eloquentiam fuit moris; idque M. Antonius præcipit, quo plus dicentibus fidei, minusque suspectæ advocatorum insidiæ forent: sed illa dissimulari, quæ tum erat, potuit; nondum enim tantum dicendi lumen accesserat, ut etiam per obstantia erumperet: quare artes quidem et consilia lateant, et quicquid, si deprehenditur, perit: hactenus eloquentia secretum habet. Verborum quidem delectus, gravitas sententiarum, figurarum elegantia, aut non sunt, aut apparent: sed propter hoc ipsum ostendenda non sunt, quod apparent; ac si unum sit ex duobus eligendum, causa potius laudetur, quam patronus: finem tamen hunc præstabit orator, ut videatur optimam causam optime

sées vives et scintillantes; il élèvera, au contraire, des ouvrages avancés, pratiquera des mines, disposera des pièges, et épuisera toutes les ruses de l'art. Ce n'est pas, il est vrai, dans le temps qu'on les emploie, que ces moyens font fortune, mais c'est par leur résultat qu'ils sont appréciés; aussi le fruit qu'on retire d'un plaidoyer est-il en raison inverse de l'empressement qu'on a mis à courir après la renommée. En effet, une fois que cette éloquence, toute de parade, a fait explosion au milieu des applaudisseurs, il n'en reste plus rien, tandis que la réputation du vrai mérite lui survit, et s'élève à son tour plus brillante et plus forte : les juges rendent hommage à qui les a touchés; le sentiment des hommes éclairés prévaut, et l'on reconnaît que, pour louer véritablement un discours, il faut attendre qu'il soit fini.

C'était l'usage chez les anciens de cacher l'éloquence; et M. Antonius en fait un précepte, afin d'inspirer plus de confiance dans l'orateur, et de mettre moins en garde contre ses pièges : mais l'éloquence, telle qu'elle était de son temps, pouvait se dissimuler; elle n'avait pas encore acquis cet éclat qui lui fait percer tous les voiles. Contentons-nous donc, aujourd'hui, de masquer au moins nos manœuvres, nos desseins et tous ces artifices qui manquent leur effet, dès qu'on les devine. L'éloquence, d'ailleurs, a encore ses mystères; ainsi le choix des expressions, la force des pensées, l'élégance des figures, ou ne sont pas dans un discours, ou s'y manifestent. Eh bien, c'est précisément lorsque ces qualités se révèlent qu'il faut éviter d'en faire montre; et, s'il faut opter entre les deux, j'aime mieux qu'on loue la cause que l'avocat. Quant à l'issue, l'orateur la fera telle, qu'il paraîtra avoir

egisse : illud certum erit, neminem pejus agere, quam qui displicente causa placet; necesse est enim, extra causam sit, quod placet.

Nec illo fastidio laborabit orator non agendi causas minores, tamquam infra eum sint, aut detractura sit opinioni minus liberalis materia : nam et suscipiendi ratio justissima est officium, et optandum etiam, ut amici quam minimas lites habeant; et abunde dixit bene, quisquis rei satisfecit. At quidam etiam si forte susceperunt negotia paulo ad dicendum tenuiora, extrinsecus adductis ea rebus circumliniunt, ac, si defecerint alia, conviciis implent vacua causarum; si contingit, veris; si minus, fictis : modo sit materia ingenii, mereaturque clamorem dum dicitur : quod ego adeo longe puto ab oratore perfecto, ut eum ne vera quidem objecturum, nisi id causa exigit, credam. Ea est enim prorsus *canina*, ut ait Appius, *eloquentia*, cognituram male dicendi subire : quod facientibus etiam male audiendi præsumenda patientia est : nam et in ipsos fit impetus frequenter, qui egerunt, et certe petulantiam patroni litigator luit : sed hæc minora sunt ipso illo vitio animi; quod maledicus a malefico non distat, nisi occasione. Turpis voluptas et inhumana et nulli audientium bono grata a litigatoribus quidem frequenter exigitur, qui ultionem malunt, quam defensionem : sed neque alia multa ad arbitrium

parfaitement plaidé une cause excellente ; car il est certain qu'on ne peut pas plus mal plaider qu'en réussissant à plaire dans une cause qui déplaît, puisque ce qui plaît, en ce cas, est nécessairement hors de la cause.

L'orateur ne dédaignera pas non plus de se charger des petites affaires, sous prétexte qu'elles sont au dessous de lui, ou que leur peu d'importance affaiblirait l'opinion qu'on a de son talent : car, d'abord, c'est notre devoir de nous en charger, et je ne connais pas de motif plus déterminant ; ensuite, nous devons souhaiter que les procès de nos amis soient les plus petits possible ; enfin, on a toujours assez bien parlé, quand on a pleinement satisfait à son sujet. Quelques-uns, cependant, lorsqu'ils défendent de ces causes qui prêtent peu à l'éloquence, les surchargent à l'envi de hors-d'œuvres étrangers à l'affaire, et, à défaut d'autres ressources, remplissent les vides de leurs plaidoiries par des invectives, sans s'embarrasser si elles sont fondées ou non, pourvu qu'ils aient l'occasion de faire briller leur esprit, et d'exciter des cris d'admiration, quand ils parlent. Pour moi, je juge cette conduite tellement indigne du parfait orateur, que je ne crois pas qu'il veuille descendre à des injures même méritées, à moins que l'intérêt de sa cause ne l'exige. En effet, c'est, comme dit Appius, ravaler l'éloquence jusqu'au cynisme, que d'affronter le renom odieux qui s'attache à la médisance ; et ceux qui agissent ainsi, doivent faire à leur tour provision de patience pour s'entendre traiter comme ils ont traité les autres : car on se déchaîne contre eux, et le moins qu'il arrive, c'est que le plaideur paye pour l'insolence de son avocat. Mais tout cela est peu de chose en comparaison du vice en lui-même ; vice tel, qu'il n'y

eorum facienda sunt : hoc quidem quis hominum liberi modo sanguinis sustineat, petulans esse ad alterius arbitrium ?

Atqui etiam in advocatos partis adversae libenter nonnulli invehuntur : quod, nisi si forte meruerunt, et inhumanum est respectu communium officiorum, et quum ipsi, qui dicit, inutile (nam idem juris responsuris datur), tum causae contrarium, quia plane adversarii, fiunt et inimici, et quantulumcunque eis virium est, contumelia augetur. Super omnia perit illa, quae plurimum oratori et auctoritatis et fidei affert, modestia, si a viro bono in rabulam latratoremque convertitur, compositus non ad animum judicis, sed ad stomachum litigatoris.

Frequenter etiam species libertatis deducere ad temeritatem solet, non causis modo, sed ipsis quoque, qui dixerunt, periculosam : nec immerito Pericles solebat optare, ne quod sibi verbum in mentem veniret, quo populus offenderetur : sed quod ille de populo, id ego de

a guère que l'occasion qui mette de la différence entre dire du mal et en faire. C'est un plaisir honteux, inhumain, et qui ne peut être partagé par aucune âme honnête : à la vérité, il n'est pas rare que les parties elles-mêmes en fassent une loi, quand elles sont plus jalouses de se venger que de se défendre ; mais il y a tant d'autres choses où il ne faut pas se plier à leurs caprices ! et quel est l'homme, pour peu qu'il se respecte, qui consente à devenir impudent, au gré d'un autre ?

Quelques-uns ne se font même pas scrupule d'outrager l'avocat de la partie adverse; or, à moins que celui-ci ne se le soit attiré, c'est un procédé révoltant, ne fût-ce qu'à cause des égards qu'on se doit entre gens de la même profession. J'ajouterai que c'est non-seulement inutile, puisque l'offensé a le droit de représailles, mais encore nuisible à la cause, parce qu'on se fait de son adversaire un ennemi déclaré, qui, autant que ses forces le lui permettent, renchérit à son tour sur les outrages. Mais, ce qu'il y a de plus fâcheux, c'est que ce caractère de modération qui donne tant de crédit et d'autorité à l'orateur, disparaît entièrement, si, au lieu de s'adresser à l'esprit du juge, on se rend l'organe des passions de son client, et si l'on dépouille ainsi la qualité d'homme de bien, pour descendre au rôle de vociférateur et d'énergumène.

Il y a même une sorte de franchise brusque qui dégénère en témérité, et qui n'est pas moins dangereuse pour les causes, que pour ceux qui les ont plaidées. Périclès avait raison de souhaiter qu'il ne lui vînt jamais à l'esprit un mot qui pût choquer les Athéniens. Ce qu'il disait de ce peuple, je le pense de tous ceux qui peuvent

omnibus sentio, qui tantumdem possunt nocere: nam quæ fortia, dum dicuntur, videbantur, stulta, quum læserunt, vocantur.

Nunc quia varium fere propositum agentium fuit, et quorumdam cura tarditatis, quorumdam facilitas temeritatis crimine laboravit; quem credam fore in hoc oratoris modum, tradere non alienum videtur.

Afferet ad dicendum curæ semper quantum plurimum poterit: neque enim hoc solum negligentis, sed mali, et in suscepta causa perfidi ac proditoris est, pejus agere, quam possit: ideoque ne suscipiendæ quidem sunt causæ plures, quam quibus suffecturum se sciat. Dicet scripta quam res patietur plurima, et, ut Demosthenes ait, si contingat, et sculpta. Sed hoc aut primæ actiones, aut quæ in publicis judiciis post interjectos dies dantur, permiserint: at quum protinus respondendum est, omnia parari non possunt; adeo ut paulo minus promptis etiam noceat scripsisse, si alia ex diverso, quam opinati fuerint, occurrerint. Inviti enim recedunt a præparatis, et tota actione respiciunt requiruntque, num aliquid ex illis intervelli, atque ex tempore dicendis inseri possit: quod si fiat, non cohæret, nec commissuris modo, ut in opere male juncto, hiantibus, sed ipsa coloris inæqualitate detegitur. Ita nec liber est impetus, nec cura

nuire; car tel mot, qu'on ne trouve que fort quand on le dit, devient sottise quand il a blessé.

Maintenant, comme chacun apporte, en plaidant, des dispositions différentes, et que, chez les uns, ce qui annonce le travail est taxé de pesanteur d'esprit, tandis que, chez les autres, la facilité passe pour de la présomption, il ne me paraît pas hors de propos de marquer ici quel milieu l'orateur doit tenir.

Je veux qu'il apporte à sa plaidoirie tout le soin, toute l'application dont il est capable; car c'est être non-seulement négligent, mais malhonnête homme, et, je dis plus, quand on s'est chargé d'une cause, c'est se montrer perfide et traître, que de ne la pas défendre du mieux qu'on le peut; aussi n'en doit-il pas entreprendre au delà du nombre auquel il peut suffire. Il plaidera, autant que l'affaire en sera susceptible, sur ce qu'il aura écrit, et, s'il est possible, *gravé en creux*, pour parler comme Démosthène: ce qui, toutefois, n'est guère praticable que dans les premières audiences, ou dans celles qui sont accordées, après quelques jours d'intervalle, dans les causes publiques. Mais lorsqu'il s'agit de répondre sur-le-champ, comme on ne peut pas avoir tout prévu, ceux dont l'esprit est moins prompt se trouvent embarrassés précisément à cause de ce qu'ils ont écrit, si l'on vient à leur faire d'autres objections que celles auxquelles ils s'attendaient: car c'est à regret qu'ils s'écartent de ce qu'ils avaient préparé, et, tant que dure la plaidoirie, ils cherchent, ils épient, comment ils pourront distraire quelque chose de leur composition écrite pour le fondre dans ce qu'ils ont à improviser; et malheur à eux s'ils y

contexta; et utrumque alteri obstat : illa enim, quæ scripta sunt, retinent animum, non sequuntur : itaque in his actionibus *omni*, ut agricolæ dicunt, *pede standum est*.

Nam quum in propositione ac refutatione causa consistat, quæ nostræ partis sunt, scripta esse possunt: quæ etiam responsurum adversarium certum est (est enim aliquando certum), pari cura refelluntur. Ad alia unum paratum afferre possumus, ut causam bene noverimus; alterum ibi sumere, ut dicentem adversarium diligenter audiamus. Licet tamen præcogitare plura, et animum ad omnes casus componere; idque est tutius stilo, quo facilius et omittitur cogitatio, et transfertur.

Sed sive in respondendo fuerit subito dicendum, sive quæ alia exegerit ratio, nunquam oppressum se ac deprehensum credet orator, cui disciplina et studium et exercitatio dederit vires etiam facilitatis; quemque armatum semper, ac velut in procinctu stantem, non magis unquam in causis oratio, quam in rebus quotidianis

parviennent! car, alors, tout ce qu'ils disent est incohérent; on y remarque non-seulement un défaut d'emboîtement comme dans des pièces de rapport mal jointes, mais encore une bigarrure de style qui rend les couleurs disparates. Ainsi, l'on se prive des élans de l'inspiration, sans conserver les avantages d'un travail soigné : tous deux se nuisent réciproquement. En effet, ce qui est écrit fixe l'essor de l'imagination, et ne le suit pas. Il faut donc, dans ces sortes de plaidoiries, *se tenir*, comme disent nos gens de campagne, *ferme sur les deux pieds*.

Or, comme tout plaidoyer consiste à avancer des propositions et à en réfuter, on peut, d'abord, écrire tous les argumens en faveur de sa partie, et combattre de la même manière ce qu'on prévoit qu'y répondra la partie adverse; car il y a de ces réponses qui sont infaillibles. Pour le reste, il est une préparation qu'on peut apporter à l'audience, c'est d'avoir bien étudié la cause; il en est une qu'on peut y prendre, c'est d'écouter attentivement ce que dit l'adversaire. L'orateur peut, d'ailleurs, méditer à l'avance sur bien des points, et se mettre en mesure de parer à tous les incidens. Cela même est plus sûr encore que d'écrire, parce qu'on dispose plus aisément de ses pensées, pour les abandonner ou les transporter à son gré.

Mais, soit qu'il ait à parler sur-le-champ pour répondre, soit que toute autre raison l'y oblige, l'orateur ne se verra jamais déconcerté ni pris au dépourvu, quand la science, l'étude et l'exercice lui auront donné, de concert, cet aplomb qui se joue des difficultés. Toujours armé, toujours prêt à entrer en lice, l'éloquence ne lui manquera pas plus dans un plaidoyer que les paroles

ac domesticis sermo deficiet; nec se unquam propter hoc oneri subtrahet; modo sit causæ discendæ tempus: nam cetera semper sciet.

CAPUT X.

De genere dicendi.

Superest, ut dicam *de genere orationis*: hic erat propositus a nobis in divisione prima locus tertius; nam ita promiseram, me de *arte*, de *artifice*, de *opere* dicturum: quum sit autem rhetorices atque oratoris opus *oratio*, pluresque ejus formæ, sicut ostendam; in omnibus his et *ars* est et *artifex*: plurimum tamen invicem differunt; nec solum specie, ut signum signo, et tabula tabulæ, et actio actioni; sed genere ipso, ut græcis tuscanicæ statuæ, ut Asianus eloquens Attico. Suos autem hæc operum genera, quæ dico, ut auctores, sic etiam amatores habent; atque ideo nondum est perfectus orator, ac nescio an ars ulla, non solum quia aliud in alio magis eminet, sed quod non una omnibus forma placuit, partim conditione vel temporum, vel locorum, partim judicio cujusque atque proposito.

Primi, quorum quidem opera non vetustatis modo

dans les entretiens journaliers et domestiques. Jamais, pour un pareil motif, il ne se soustraira à son devoir, pourvu qu'il ait le temps de bien se pénétrer de sa cause. Quant au reste, il le saura toujours assez.

CHAPITRE X.

Des genres d'éloquence.

Il me reste à parler des genres d'éloquence ; c'est ce que je m'étais proposé, dans la première division de mon ouvrage, de traiter en troisième lieu : car j'avais promis de m'occuper d'abord de l'art, puis de l'artiste, et enfin de l'ouvrage. Or, comme le discours est l'ouvrage de la rhétorique et de l'orateur, et qu'il revêt plusieurs formes, ainsi que je le ferai voir, c'est dans ces formes qu'il faut considérer l'art et l'artiste, et elles diffèrent singulièrement entre elles, non-seulement par l'espèce, comme une statue diffère d'une autre statue, un tableau d'un autre tableau, un plaidoyer d'un autre plaidoyer, mais encore par le genre ; comme les statues toscanes diffèrent des statues grecques, et le style attique du style asiatique. De plus, ces genres d'ouvrages ont leurs partisans comme leurs auteurs. Aussi, n'y a-t-il pas encore d'orateur parfait ; je ne sais même s'il est aucun art qu'on reconnaisse pour tel : en effet, outre que l'un excelle dans une chose, et l'autre dans une autre, la même forme ne plaît pas également à tout le monde, cela étant subordonné en partie à l'influence des temps et des lieux, et en partie à la manière de voir et de sentir de chacun.

Les premiers peintres qui acquirent de la célébrité,

gratia visenda sunt, clari pictores fuisse dicuntur *Polygnotus* atque *Aglaophon*, quorum simplex color tam sui studiosos adhuc habet, ut illa prope rudia, ac velut futuræ mox artis primordia maximis, qui post eos exstiterunt, auctoribus præferant, proprio quodam intelligendi, ut mea opinio fert, ambitu.

Post *Zeuxis* atque *Parrhasius* non multum ætate distantes, circa peloponnesia ambo tempora (nam cum Parrhasio sermo Socratis apud Xenophontem invenitur), plurimum arti addiderunt. Quorum prior luminum umbrarumque invenisse rationem, secundus examinasse subtilius lineas traditur: nam Zeuxis plus membris corporis dedit, id amplius atque augustius ratus, atque, ut existimant, Homerum secutus, cui validissima quæque forma etiam in feminis placet; ille vero ita circumscripsit omnia, ut eum *legum latorem* vocent, quia deorum atque heroum effigies, quales ab eo sunt traditæ, ceteri, tamquam ita necesse sit, sequuntur.

Floruit autem circa Philippum, et usque ad successores Alexandri pictura præcipue, sed diversis virtutibus: nam cura *Protogenes*; ratione *Pamphilus* ac *Melanthius*; facilitate *Antiphilus*; concipiendis visionibus, quas φαντασίας vocant, *Theon Samius*; ingenio et gratia, quam in se ipse maxime jactat, *Apelles* est præstantis-

et dont les ouvrages méritent d'être vus, indépendamment de leur antiquité, sont, dit-on, *Polygnote et Aglaophon*. Le ton simple de leurs couleurs a encore aujourd'hui des amateurs si zélés, qu'ils préfèrent ces ébauches presque grossières, et où l'on ne peut qu'entrevoir les germes de l'art, aux productions des plus grands maîtres qui les ont suivis ; mais, à mon avis, il y a dans ce jugement quelque chose de paradoxal.

Après ces deux peintres, et à un intervalle qui n'en est pas très-éloigné, vinrent *Zeuxis et Parrhasius* qui vécurent vers le temps de la guerre du Péloponnèse, car on trouve dans Xénophon un dialogue entre Socrate et le second de ces peintres : ils firent faire un grand pas à l'art. On dit que le premier inventa la distribution des lumières et des ombres, et que le second eut plus de pureté dans le trait, et de correction dans le dessin. Zeuxis peignait ses figures plus grandes que nature, croyant leur imprimer ainsi un caractère plus auguste, et, en cela, on croit qu'il se modela sur Homère, qui se plaît à donner, même aux femmes, une beauté colossale. Parrhasius mit de si justes proportions en tout, qu'on l'appelle le législateur des peintres ; aussi, ceux qui sont venus après lui se sont-ils crus obligés de représenter les dieux et les héros, d'après ses traditions.

Mais c'est vers le règne de Philippe, et jusqu'aux successeurs d'Alexandre, que la peinture jeta le plus d'éclat, toutefois avec des qualités diverses ; car *Protogène* brilla éminemment par le fini, *Pamphile* et *Mélanthe* par la science du dessin, *Antiphile* par la facilité, *Théon* de Samos par l'imagination, et *Apelle* par le génie et surtout par la grâce dont il se glorifiait lui-même. Le plus

simus. *Euphranorem* admirandum facit, quod et ceteris optimis studiis inter præcipuos, et pingendi fingendique idem mirus artifex fuit.

Similis in statuis differentia : nam duriora, et tuscanicis proxima *Callon* atque *Hegesias*, jam minus rigida *Calamis*, molliora adhuc supra dictis *Myron* fecit. Diligentia ac decor in *Polycleto* supra ceteros, cui quamquam a plerisque tribuitur palma, tamen, ne nihil detrahatur, deesse pondus putant : nam ut humanæ formæ decorem addiderit supra verum, ita non explevisse deorum auctoritatem videtur; quin ætatem quoque graviorem dicitur refugisse, nihil ausus ultra leves genas.

At quæ *Polycleto* defuerunt, *Phidiæ* atque *Alcameni* dantur : *Phidias* tamen diis quam hominibus efficiendis melior artifex creditur, in ebore vero longe citra æmulum, vel si nihil nisi *Minervam Athenis*, aut *Olympium* in Elide *Jovem*, fecisset; cujus pulchritudo adjecisse aliquid etiam receptæ religioni videtur; adeo majestas operis deum æquavit! Ad veritatem *Lysippum* ac *Praxitelem* accessisse optime affirmant : nam *Demetrius* tamquam nimius in ea reprehenditur, et fuit similitudinis quam pulchritudinis amantior.

In oratione vero si species intueri velis, totidem pæne reperias ingeniorum quot corporum formas : sed fuere

étonnant de tous fut *Euphranor*, qui, possédant au plus haut degré toutes les autres qualités des meilleurs maîtres, fut aussi admirable comme statuaire que comme peintre.

La sculpture a eu les mêmes phases. Les statues de *Callon* et d'*Hégésias* sont d'un style dur, et assez approchant de la manière toscane. Celles de *Calamis* ont déjà moins de raideur, et *Myron* a mis encore plus de délicatesse dans les siennes. *Polyclète* les surpasse tous par le soin et l'élégance de ses ouvrages : la plupart lui donnent la palme; cependant, sans rien ôter à son mérite, on lui désirerait plus de force : et, en effet, quoiqu'il ait su, en quelque sorte, idéaliser la nature humaine, il semble qu'il soit resté au dessous de la majesté divine ; on dit même que la gravité de l'âge mûr effrayait son ciseau, accoutumé à n'exprimer que les grâces de la jeunesse.

Mais ce qui manqua à Polyclète, *Phidias* et *Alcamène* l'eurent en partage. Toutefois, Phidias réussit plus à représenter les dieux que les hommes. Il n'eut pas de rivaux dans l'art de travailler l'ivoire, n'en eût-il donné pour preuve que sa *Minerve* à Athènes, et son *Jupiter Olympien*, en Élide, dont la beauté semble avoir ajouté au respect qu'inspire la religion; tant la majesté de l'ouvrage répond à l'idée qu'on se fait du maître des dieux ! Il passe pour constant que *Lysippe* et *Praxitèle* sont ceux qui ont le mieux imité la nature. Quant à *Demetrius*, on lui reproche trop de recherche dans cette imitation, et il s'est montré plus curieux de la ressemblance, qu'amant du vrai beau.

Il en fut de même de l'éloquence; à en considérer toutes les espèces, on trouvera presque autant de variété

quaedam genera dicendi conditione temporum horridiora, alioqui magnam jam ingenii vim prae se ferentia : hinc sint *Laelii*, *Africani*, *Catones* etiam *Gracchique*, quos tu licet *Polygnotos*, vel *Callonas* appelles. Mediam illam formam teneant *L. Crassus*, *Q. Hortensius*. Tum deinde efflorescat non multum inter se distantium tempore oratorum ingens proventus : hic vim *Caesaris*, indolem *Caelii*, subtilitatem *Calidii*, diligentiam *Pollionis*, dignitatem *Messalae*, sanctitatem *Calvi*, gravitatem *Bruti*, acumen *Sulpicii*, acerbitatem *Cassii* reperiemus. In iis etiam, quos ipsi vidimus, copiam *Senecae*, vires *Africani*, maturitatem *Afri*, jucunditatem *Crispi*, sonum *Trachali*, elegantiam *Secundi*.

At *M. Tullium*, non illum habemus *Euphranorem* circa plurium artium species praestantem, sed in omnibus, quae in quoque laudantur, eminentissimum : quem tamen et suorum homines temporum incessere audebant, ut tumidiorem, et asianum, et redundantem, et in repetitionibus nimium, et in salibus aliquando frigidum, et in compositione fractum, exsultantem, ac paene, quod procul absit, viro molliorem : postea vero quam triumvirali proscriptione consumptus est, passim qui oderant, qui invidebant, qui aemulabantur, adulatores etiam praesentis potentiae, non responsurum invaserunt :

dans les esprits, qu'il y en a dans les corps. Il y a d'abord eu une manière d'écrire qui se ressent des temps barbares où elle est née, quoique déjà on y remarque l'empreinte d'une grande vigueur ; c'est le style de Lélius, de Scipion l'Africain, des Catons, des Gracques, que l'on peut appeler les *Polygnotes* et les *Callons* de l'époque. Ensuite, il s'est formé une sorte d'éloquence moyenne, ç'a été celle de L. Crassus et de Q. Hortensius. Enfin, et à des distances assez rapprochées, il a surgi un nombre prodigieux d'orateurs distingués par divers mérites : de là, la force de *César*, le naturel de *Célius*, la grâce de *Calidius*, l'exactitude de *Pollion*, la noblesse de *Messala*, l'austérité de *Calvus*, l'allure grave de *Brutus*, le tour piquant de *Sulpicius*, le mordant de *Cassius*; de là aussi, chez les orateurs de nos jours, la fécondité de *Sénèque*, la véhémence d'*Africanus*, la sagesse d'*Afer*, l'agrément de *Crispus*, l'organe de *Trachalus*, et l'élégance de *Secundus*.

Mais nous avons en *Cicéron*, à la fois, un *Euphranor* qui excelle dans divers arts, et un génie universel qui rassemble en lui toutes les perfections des autres orateurs : et pourtant ce génie fut en butte aux attaques de ses contemporains ; ils lui reprochèrent de l'enflure, un style asiatique et diffus ; ils trouvaient qu'il se répétait trop, que parfois ses plaisanteries étaient froides, que sa composition était lâche, sautillante, et, pour comble de calomnie, qu'elle était efféminée. Ce fut bien pis, quand il eut succombé sous le fer des Triumvirs : tout ce qu'il avait d'ennemis, d'envieux et de rivaux, pour flatter la puissance du jour, l'accablèrent d'injustes critiques auxquelles il ne pouvait plus répondre. Accordez ces contradictions : celui que certaines gens veulent faire

ille tamen, qui jejunus a quibusdam atque aridus habetur, non aliter ab ipsis inimicis male audire, quam nimiis floribus et ingenii affluentia, potuit: falsum utrumque, sed tamen illa mentiendi propior occasio.

Præcipue vero presserunt eum, qui videri Atticorum imitatores concupierant: hæc manus, quasi quibusdam sacris initiata, ut alienigenam parum studiosum devinctumque illis legibus insequebatur; unde nunc quoque aridi, et exsucci, et exsangues: hi sunt enim, qui suæ imbecillitati sanitatis appellationem, quæ est maxime contraria, obtendunt; qui quia clariorem vim eloquentiæ, velut solem, ferre non possunt, umbra magni nominis delitescunt: quibus quia multa, et pluribus locis Cicero ipse respondit, tutior mihi de hoc disserendi brevitas erit.

Et antiqua quidem illa divisio inter *Atticos* atque *Asianos* fuit; quum hi pressi et integri, contra inflati illi et inanes haberentur; in his nihil superflueret, illis judicium maxime ac modus deesset. Quod quidam, quorum et *Santra* est, hoc putant accidisse, quod, paulatim sermone græco in proximas Asiæ civitates influente, nondum satis periti loquendi facundiam concupierint; ideoque ea, quæ proprie signari poterant, circuitu cœperint enunciare, ac deinde perseverarint. Mihi autem orationis differentiam fecisse et dicentium et au-

passer pour un orateur sec et maigre, tout le mal que ses ennemis purent jamais en dire, c'est qu'il prodiguait trop les fleurs, et s'abandonnait trop à sa facilité. Or, ces deux reproches étaient également mal fondés ; toutefois, il y avait au moins quelque apparence de vérité dans le dernier.

Mais ses détracteurs les plus acharnés furent ceux qui avaient la prétention d'imiter le style attique. Ils formaient une sorte de secte initiée à de certains mystères, et traitaient Cicéron comme un profane, victime de la superstition et imbu de sots préjugés. Aujourd'hui même encore, des écrivains décharnés, sans suc, sans vigueur, et qui, par un étrange abus de mots, couvrent leur faiblesse du nom de santé, importunés de l'éclat trop vif de son éloquence qui leur fait l'effet du soleil, se réfugient, pour en médire, à l'ombre de ce grand nom de style attique. Cicéron ayant pris soin de les réfuter dans beaucoup d'endroits de ses ouvrages, je ne m'étendrai pas trop sur ce point.

Ce n'est pas d'aujourd'hui qu'existe la distinction entre le style *asiatique* et le style *attique* ; celui-ci serré, pur et sain, celui-là enflé et vide ; l'un n'admettant rien de superflu, l'autre manquant surtout de goût et de mesure. Quelques auteurs, et notamment *Santra*, attribuent cette différence à ce que, l'usage de la langue grecque s'étant peu à peu introduit dans les villes de l'Asie qui avoisinaient la Grèce, leurs habitans qui ne possédaient pas encore assez cette langue, et qui aspiraient déjà à s'y montrer éloquens, ne pouvant pas rendre leur pensée à l'aide du mot propre, commencèrent par employer des circonlocutions, ce qui dégénéra en une ha-

dientium naturæ videntur: quod Attici, limati quidam et emuncti, nihil inane, aut redundans ferebant; asiana gens, tumidior alioqui atque jactantior, vaniore etiam dicendi gloria inflata est.

Tertium mox, qui hæc dividebant, adjecerunt *genus rhodium*: quod velut medium esse atque ex utroque mixtum volunt: neque enim attice pressi, neque asiane sunt abundantes; ut aliquid habere videantur gentis, aliquid auctoris. *Æschines* enim, qui hunc exsilio delegerat locum, intulit eo studia Athenarum; quæ, velut sata quædam cœlo terraque degenerant, saporem illum atticum peregrino miscuerunt: lenti ergo quidam ac remissi, non sine pondere tamen, neque fontibus puris, neque torrentibus turbidis, sed lenibus stagnis similes habentur.

Nemo igitur dubitaverit, longe esse optimum genus Atticorum: in quo ut est aliquid inter ipsos commune, id est, judicium acre tersumque; ita ingeniorum plurimæ formæ. Quapropter mihi falli multum videntur, qui solos esse Atticos credunt tenues, et lucidos, et significantes, et quadam eloquentiæ frugalitate contentos,

bitude qu'ils conservèrent toujours. Pour moi, il me paraît bien plus probable que la différence des deux styles tient au génie même des orateurs et des auditeurs chez les deux peuples : ainsi, les Athéniens, spirituels et pleins de tact, ne pouvaient rien supporter d'oiseux ni de redondant ; les Asiatiques, nation remplie d'orgueil et de jactance, mettaient de l'ostentation jusque dans l'éloquence.

Ceux qui firent cette division, y ajoutèrent bientôt un troisième genre, le *rhodien*, qu'ils regardent comme un genre intermédiaire, mélangé des deux autres. Il n'est effectivement ni aussi serré que l'attique, ni aussi diffus que l'asiatique, en sorte qu'il semble tenir quelque chose du pays où il a pris naissance, et quelque chose de son auteur. En effet, Eschine, qui avait choisi Rhodes pour lieu de son exil, y transporta les doctrines d'Athènes, et ces doctrines, semblables à des plantes qui dégénèrent sous un ciel étranger, prirent un goût de terroir, en conservant la saveur attique. Ainsi les Rhodiens sont généralement un peu languissans, un peu mous, sans être dénués pourtant d'une certaine consistance ; on ne peut pas les comparer à des sources limpides, ce ne sont pas non plus des torrens qui roulent sur un terrain fangeux ; ils offrent plutôt l'image du calme des étangs.

Personne ne contestera donc que le genre attique est éminemment le meilleur. Mais si ceux qui ont écrit dans ce style, ont des qualités qui leur sont communes, c'est-à-dire du jugement et du goût, le caractère du génie diffère chez beaucoup. C'est pourquoi ce me paraît être une grande erreur, de ne reconnaître pour attiques que les orateurs qui sont simples, clairs et expressifs, mais

ac semper manum intra pallium continentes : nam quis erit hic Atticus? Sit *Lysias:* hunc enim amplectuntur amatores istius nominis modum : non igitur jam usque ad *Coccum* et *Andocidem* remittemur? Interrogare tamen velim, an *Isocrates* attice dixerit; nihil enim tam est *Lysiæ* diversum : negabunt; at ejus schola principes oratorum dedit.

Quæratur similius aliquid. *Hyperides* Atticus? Certe. At plus indulsit voluptati. Transeo plurimos, *Lycurgum, Aristogitona,* et his priores, *Isæum, Antiphontem:* quos, ut homines, inter se genere similes, differentes dixeris specie.

Quid ille, cujus modo fecimus mentionem, *Æschines?* nonne his latior, et audentior, et excelsior? Quid denique *Demosthenes?* non cunctos illos tenues et circumspectos, vi, sublimitate, impetu, cultu, compositione superavit? non insurgit locis? non figuris gaudet? non translationibus nitet? non oratione ficta dat tacentibus vocem? non illud jusjurandum per cæsos in Marathone ac Salamine propugnatores reipublicæ, satis manifesto docet, præceptorem ejus *Platonem* fuisse? quem ipsum num asianum appellabimus plerumque instinctis divino spiritu vatibus comparandum? Quid *Periclea?* similemne credimus Lysiacæ gracilitati, quem

qui, d'ailleurs, se contentant d'une certaine dose d'éloquence, ne portent jamais, comme on dit, la main hors du manteau. En effet, à ce compte, quel sera l'écrivain attique ? *Lysias ?* soit ; aussi bien c'est le modèle qu'invoquent surtout ces prétendus amateurs ; et cela nous dispensera de remonter jusqu'à *Coccus* et *Andocide.* Je demanderai alors, si *Isocrate* s'est exprimé aussi dans le goût attique ; car aucun orateur ne ressemble moins à Lysias. Dira-t-on qu'Isocrate n'est pas attique ? pourtant c'est de son école que sont sortis les princes des orateurs.

Cherchons quelque chose de plus analogue. *Hypéride* est-il attique ? oui, certes ; cependant il a plus sacrifié aux grâces. J'en omets bien d'autres, *Lycurgue*, *Aristogiton*, et ceux qui les ont précédés, *Isée*, *Antiphon.* Tous ne sont-ils pas, comme la grande famille humaine, semblables quant au genre, et différens quant à l'espèce ?

Que dirons-nous maintenant de celui dont je parlais tout-à-l'heure, d'Eschine ? N'est-il pas plus hardi, plus abondant, plus élevé, que tous ceux que je viens de nommer ? Et Démosthène, à quelle distance de lui n'a-t-il pas laissé pour la sublimité, la force, l'impétuosité, l'élégance et l'harmonie du style, cette foule d'orateurs timides et circonspects ? Comme il s'élève dans les mouvemens oratoires ! comme il prodigue les figures ! quel éclat dans ses métaphores ! ne donne-t-il pas un langage aux êtres inanimés ? Quand il jure par les mânes des défenseurs de la république, moissonnés à Marathon et à Salamine, ce serment admirable ne décèle-t-il pas un élève de Platon ? Et ce *Platon*, lui-même, l'appellerons-nous un asiatique, lui qu'on prendrait le plus souvent pour un de ces génies prophétiques inspirés par

fulminibus et coelesti fragori comparant comici, dum illi conviciantur?

Quid est igitur, cur in iis demum, qui tenui venula per calculos fluunt, atticum saporem putent? ibi demum thymum redolere dicant? Quos ego existimo, si quod in his finibus uberius invenerint solum, fertilioremve segetem, negaturos atticam esse, quod plus, quam acceperit, seminis reddat; quia hanc ejus terræ fidem Menander cludit. Ita si quis nunc ad eas Demosthenis virtutes, quas ille summus orator habuit, tamen quæ defuisse ei, sive ipsius natura, seu lege civitatis videntur, adjecerit, ut affectus concitatius moveat, audiam dicentem, *Non fecit hoc Demosthenes?* et si quid exierit numeris aptius; fortasse non possit; sed tamen si quid exierit, non erit atticum? Melius de hoc nomine sentiant, credantque *attice dicere esse optime dicere.*

Atque in hac tamen opinione perseverantes Græcos magis tulerim: *latina* mihi *facundia,* ut inventione, dispositione, consilio, ceteris hujus generis artibus similis græcæ, ac prorsus discipula ejus videtur; ita circa rationem eloquendi vix habere imitationis locum: nam-

un esprit tout divin? Que penser enfin de Périclès? Croira-t-on qu'il ait jamais eu la sècheresse de Lysias, celui dont les poètes comiques du temps, tout en ne l'épargnant guère, comparaient l'éloquence au fracas de la foudre?

Quelle est donc cette manie de ne trouver le goût attique qu'à ce qui se traîne lentement, et comme un filet d'eau, à travers des cailloux? Pourquoi dire que c'est là seulement qu'on sent l'odeur du thym? Je crois, en vérité, que si ces habiles gens trouvaient au milieu du territoire d'Athènes un terrain comparativement plus riche et plus fertile, ils nieraient qu'il en soit, par cela seul qu'il rendrait plus qu'il n'aurait reçu, et que Ménandre s'égaie sur cette fidélité du sol de l'Attique. Quoi! s'il venait un orateur qui joignît, aux grandes qualités de Démosthène, celles qui paraissent lui avoir manqué, soit parce que la nature les lui avait refusées, soit parce que les lois de son pays s'opposaient à leur développement, et que cet orateur remuât plus vivement les passions, j'entendrais dire : *Démosthène ne faisait pas cela?* et s'il surgissait une composition oratoire plus harmonieuse que les siennes, ce qui, je l'avoue, n'est guère possible, mais enfin si cela se voyait, on dirait que cela n'est pas *attique?* Oh! qu'ils sentent bien mieux toute la valeur de ce mot, ceux qui pensent que tout ce qui est *parfaitement dit*, est dit *à la manière attique*.

Je pardonnerais encore à des Grecs de persévérer dans l'opinion que je combats; mais l'éloquence latine, qui, d'ailleurs, ne diffère pas de l'éloquence grecque sur laquelle elle s'est formée, quant à l'invention, à la disposition, au dessein, et aux autres qualités de ce genre, me paraît si inférieure sous le rapport de l'élocution,

que est ipsis statim sonis durior; quando et jucundissimas ex Græcis litteras non habemus, vocalem alteram, alteram consonantem, quibus nullæ apud eos dulcius spirant; quas mutuari solemus, quoties illorum nominibus utimur. Quod quum contingit, nescio quomodo hilarior protinus renidet oratio, ut in *Ephyris* et *Zephyris*: quæ si nostris litteris scribantur, surdum quiddam et barbarum efficient, et velut in locum earum succedent tristes et horridæ, quibus Græcia caret. Nam et illa, quæ est sexta nostrarum, pæne non humana voce, vel omnino non voce potius, inter discrimina dentium efflanda est: quæ, etiam quum vocalem proxima accipit quassa quodammodo, utique quoties aliquam consonantem frangit, ut in hoc ipso *frangit*, multo fit horridior.

Æolicæ quoque litteræ, qua *servum cervum*que dicimus, etiamsi forma a nobis repudiata est, vis tamen nos ipsa persequitur. Duras et illa syllabas facit, quæ ad conjungendas demum subjectas sibi vocales est utilis, alias supervacua; ut *equos* hac et *equum* scribimus; quum etiam ipsæ hæ vocales duæ efficiant sonum, qualis apud Græcos nullus est, ideoque scribi illorum litteris non potest. Quid? quod pleraque nos illa, quasi mugiente, littera cludimus *m*, qua nullum græce verbum cadit: at illi *ny*, jucundam, et in fine præcipue quasi tin-

qu'elle peut à peine prétendre à l'imiter; et d'abord, notre prononciation est plus dure. Nous manquons des deux lettres qui ont le plus de charme chez eux, et qu'aucunes de leur alphabet n'égalent en douceur, l'une voyelle et l'autre consonne; aussi les leur empruntons-nous, quand nous nous servons de leurs propres mots, et, quand cela nous arrive, je ne sais par quel prestige nos paroles en acquièrent immédiatement plus de grâce et d'harmonie, comme dans les mots *Ephyris* et *Zephyris*. Écrivez ces mêmes mots avec nos lettres, ils produiront quelque chose de sourd et de barbare, et au lieu d'une musique agréable, vous aurez des sons secs et tristes, que les Grecs ne connaissent pas. En effet, cette lettre F, qui est la sixième de notre alphabet, semble n'appartenir ni à la voix humaine, ni à aucune autre : elle est le produit d'un sifflement de l'air qui passe entre les dents. Immédiatement accolée à une voyelle, elle est en quelque sorte annulée, et si elle se heurte avec telle de nos consonnes, comme dans *frangit*, elle la brise, et en devient plus rude elle-même.

Quant au digamma des Éoliens, quoique nous en ayons répudié la figure, sa force nous poursuit, malgré nous, lorsque nous prononçons certains mots, tels que *servum* et *cervum*. Nous avons encore la lettre *q* qui rend les syllabes dures. Nécessaire pour contracter ensemble les voyelles qui lui sont assujéties, comme quand nous écrivons *equos* et *equum*, partout ailleurs elle est superflue; et, alors même, ces deux voyelles *u u* rendent un son tout-à-fait inconnu aux Grecs, et qu'on ne peut, par conséquent, représenter avec leurs caractères. Que dirai-je de cette lettre, pour ainsi dire mugissante, qui termine la plupart de nos mots, de la lettre *m*? Cette

nientem illius loco ponunt, quæ est apud nos rarissima in clausulis. Quid? quod syllabæ nostræ in *b* litteram et *d* innituntur adeo aspere, ut plerique non antiquissimorum quidem, sed tamen veterum, mollire tentaverint, non solum *aversa* pro *abversis* dicendo, sed et in præpositione *b* litteræ absonam et ipsam *s* subjiciendo.

Sed accentus quoque, quum rigore quodam, tum similitudine ipsa, minus suaves habemus; quia ultima syllaba nec acuta unquam excitatur, nec flexa circumducitur, sed in gravem, vel duas graves cadit semper: itaque tanto est sermo græcus latino jucundior, ut nostri poetæ, quoties dulce carmen esse voluerint, illorum id nominibus exornent.

His illa potentiora, quod res plurimæ carent appellationibus, ut eas necesse sit transferre, aut circumire; etiam in iis, quæ denominata sunt, summa paupertas in eadem nos frequentissime revolvit: at illis non verborum modo, sed linguarum etiam inter se differentium copia est.

Quare qui a Latinis exiget illam gratiam sermonis attici, det mihi in eloquendo eamdem jucunditatem, et parem copiam: quod si negatum est, sententias apta-

finale n'existe pas chez les Grecs, mais à sa place ils ont le *v* qui frappe agréablement l'oreille, et dont nous faisons très-rarement nos désinences. Que dirai-je, enfin, de ces syllabes qui, dans notre langue, s'appuient sur les lettres *b* et *d*, et qui sont si âpres, que la plupart sinon de nos plus anciens écrivains, au moins de nos anciens, ont essayé de les adoucir, non-seulement en disant *aversa* pour *abversa*, mais en ajoutant une *s* à la préposition *ab*, quoique la lettre *s* soit par elle-même discordante?

Ajoutez à cela que notre accentuation est moins douce, ce qui tient et à son peu de souplesse, et à son trop d'uniformité. En effet, dans nos mots, la dernière syllabe n'est jamais ni relevée par un accent aigu, ni prolongée par un accent circonflexe; mais ils finissent toujours par une ou deux syllabes graves. Aussi la prosodie grecque l'emporte tellement sur la nôtre, que toutes les fois que nos poètes veulent donner du charme à leurs vers, ils les embellissent de mots grecs.

Mais ce qui établit surtout notre infériorité, c'est que, pour une infinité de choses, nous manquons d'appellations propres, ce qui nous oblige à recourir à des métaphores ou à des circonlocutions; et qu'à l'égard de celles même qui ont une dénomination, nous éprouvons une telle disette de synonymes, que nous sommes souvent forcés de nous répéter, tandis que les Grecs, outre une extrême abondance de mots, ont encore des ressources dans la variété de leurs dialectes.

On ne peut donc raisonnablement exiger des Latins la grâce du langage attique, sans leur accorder en même temps une prosodie aussi douce, un vocabulaire aussi

bimus iis vocibus, quas habemus, nec rerum nimiam tenuitatem, ut non dicam pinguioribus, fortioribus certe verbis miscebimus, ne virtus utraque pereat ipsa confusione. Nam quo minus adjuvat sermo, rerum inventione pugnandum est : sensus sublimes variique eruantur : permovendi omnes affectus erunt, oratio translationum nitore illuminanda.

Non possumus esse tam graciles; simus fortiores : subtilitate vincimur; valeamus pondere : proprietas penes est certior; copia illos vincamus. Ingenia Graecorum, etiam minora, suos portus habent; nos plerumque majoribus velis moveamur, validior spiritus nostros sinus tendat : non tamen alto semper feremur; nam et litora interim sequenda sunt : illis facilis per quaelibet vada accessus; ego aliquid, non multo tamen, altius, in quo mea cymba non sidat, inveniam.

Neque enim, si tenuiora haec ac pressiora Graeci melius, in eoque vincimur solo, et ideo in comoediis non contendimus, prorsus tamen omittenda pars haec orationis; sed exigenda ut optime possumus : possumus autem rerum et modo et judicio esse similes; verborum gratia, quam in ipsis non habemus, extrinsecus condienda est.

riche. Que si ces avantages nous ont été déniés, c'est à nous d'accommoder nos pensées à notre langue, telle qu'elle est, et de ne pas accoupler ce qui est délicat et léger avec des mots trop forts, pour ne pas dire trop épais, de peur que ces deux qualités ne se détruisent par leur mélange même. Moins l'on est secondé par la langue, plus il faut s'escrimer du côté de l'invention, en tirant de son sujet des pensées qui frappent par leur élévation, et plaisent par leur variété; il faut parler au cœur, émouvoir toutes les passions, et que le style étincelle de métaphores.

Nous ne pouvons pas atteindre à la simplicité des Grecs : soyons plus forts. Ils sont nos maîtres pour la finesse et pour la grâce : que nos paroles aient plus de poids. Ils abondent plus que nous en termes propres et significatifs : surpassons-les pour le fond des idées. Chez eux, tout peut s'exprimer avec élégance, il n'est si frêle embarcation qui n'ait son port : eh bien ! voguons sur de plus gros vaisseaux, qu'un vent plus fort enfle nos voiles; cependant, ne tenons pas toujours la haute mer, il est prudent quelquefois de côtoyer le rivage. Les Grecs abordent facilement à travers les bas-fonds : c'est à moi, sans prendre trop le large, à trouver un lieu où mon esquif ne puisse s'engraver.

Si les Grecs réussissent mieux dans ce qui demande du naturel et de la naïveté, ce en quoi seulement ils l'emportent sur nous, et ce qui fait que nous ne pouvons leur disputer le prix dans la comédie, ce n'est pas une raison pour renoncer au style simple; il faut nous en tirer le mieux possible. Or, qui nous empêche d'égaler les Grecs pour la mesure et pour le goût? Quant à la grâce de l'expression, puisque nous en sommes privés, suppléons-

Annon in privatis et acutus, et non asper, et non indistinctus, et non supra modum elatus M. Tullius? non in M. Calidio insignis hæc virtus? non Scipio, Lælius, Cato in eloquendo velut Attici Romanorum fuerunt? Qui porro non satis est, quo nihil esse melius potest?

Ad hoc quidam nullam esse naturalem putant eloquentiam, nisi quæ sit quotidiano sermoni simillima, quo cum amicis, conjugibus, liberis, servis loquamur, contento promere animi voluntatem, nihilque arcessiti et elaborati requirente; quidquid huc sit adjectum, id esse affectationis, et ambitiosæ in loquendo jactantiæ, remotum a veritate fictumque, ipsorum gratia verborum, quibus solum natura sit officium attributum, servire sensibus: sicut athletarum corpora etiamsi validiora fiant exercitatione, et lege quadam ciborum, non tamen esse naturalia, atque ab illa specie, quæ sit concessa hominibus, abhorrere. Quid enim, inquiunt, attinet circuitu res ostendere et translationibus, id est, aut pluribus, aut alienis verbis, quum sua cuique sint assignata nomina? Denique antiquissimum quemque maxime secundum naturam dixisse contendunt; mox poetis similiores exstitisse, etiamsi parcius, simili tamen ratione, falsa et impropria virtutes ducentes.

y par d'autres assaisonnemens. Est-ce que Cicéron n'a pas, dans les causes privées, la finesse, l'agrément et la variété désirables, sans jamais s'élever plus que ne le comporte son sujet ? Cette qualité n'est-elle pas remarquable aussi dans Calidius ? Scipion, Lélius, Caton, n'ont-ils pas été des modèles d'éloquence attique chez les Romains ? Pourquoi donc ne se contenterait-on pas d'arriver à un point au delà duquel il ne peut rien exister de mieux ?

Je dois remarquer ici que, suivant certaines gens, il n'y a d'éloquence naturelle que celle qui se rapproche le plus du langage dont nous usons tous les jours avec nos amis, nos femmes, nos enfans, nos esclaves, langage dans lequel nous nous bornons à exprimer ce que nous sentons, ce que nous voulons, sans y rien mêler d'artificiel, ni d'étudié. Ils prétendent que tout ce dont on le surcharge, n'est qu'affectation et jactance; que tout cela s'éloigne de la vérité, et n'a été inventé que pour briller avec des mots, auxquels cependant la nature n'a pas donné d'autre office, que d'être les interprètes de nos pensées. Ainsi, selon eux, la constitution des athlètes, quoique rendue plus vigoureuse par l'exercice et un régime particulier de nourriture, n'est pas une constitution naturelle, et leur beauté même semble tenir à d'autres formes, que celle du reste des hommes. Pourquoi en effet, disent-ils, manifester sa pensée par des circonlocutions et des métaphores, c'est-à-dire pourquoi employer plus de mots qu'il n'en faut, ou en emprunter de figurés, quand chaque chose peut être appelée par son nom ? Aussi prétendent-ils que, dans les temps les plus reculés, les hommes ne s'attachaient qu'à parler naturellement; mais que peu à peu il s'en est trouvé qui ont voulu faire

Qua in disputatione nonnihil veri est, ideoque non tam procul, quam fit a quibusdam, recedendum a propriis atque communibus. Si quis tamen, ut in loco dixi compositionis, ad necessaria, quibus nihil minus est, aliquid melius adjecerit, non erit hac calumnia reprehendendus: nam mihi aliam quamdam videtur habere naturam sermo vulgaris, aliam viri eloquentis oratio; cui si res modo indicare satis esset, nihil ultra verborum proprietatem elaboraret; sed quum debeat delectare, movere, in plurimas animum audientis species impellere, utetur his quoque adjutoriis, quæ sunt ab eadem nobis concessa natura. Nam et lacertos exercitatione constringere, et augere vires, et colorem trahere, naturale est; ideoque in omnibus gentibus alius alio facundior habetur, et in loquendo dulcis magis: quod si non eveniret, omnes pares essent, et idem omnes deceret; at loquuntur, et servant personarum discrimen: ita quo quisque plus efficit dicendo, hoc magis secundum naturam eloquentiæ dicit.

Quapropter ne illis quidem nimium repugno, qui dandum putant nonnihil etiam temporibus atque auribus nitidius aliquid atque effectius postulantibus: itaque

comme les poètes, quoiqu'avec plus de retenue, et qui, s'égarant sur leurs traces, ont érigé en qualités tout ce qui est faux et impropre.

Il y a bien quelque chose de vrai dans cette opinion : aussi ne faut-il pas, comme quelques personnes, porter trop loin l'éloignement pour le langage propre et usuel. Si pourtant, ainsi que je l'ai dit en parlant de la composition, un orateur ajoute quelque chose de mieux à ce qui est strictement nécessaire, et qui, en définitive, n'est que le moins possible, je ne vois pas qu'il y ait lieu de lui en faire un reproche. Car, à mon avis, autre est la nature de la conversation familière, autre celle d'un discours oratoire. S'il suffisait, pour être éloquent, d'indiquer clairement les choses, on n'aurait à s'inquiéter que de l'exacte propriété des termes ; mais comme un orateur doit encore plaire, toucher, agir en divers sens sur l'esprit de ses auditeurs, pourquoi n'emploierait-il pas les secours que lui offre cette même nature ? car cela ne répugne pas plus à ses lois, que d'affermir ses membres par l'exercice, et d'y puiser des forces et de la santé. N'est-ce pas ce qui fait que, dans tous les pays, il y a des hommes qui passent pour plus éloquens que d'autres, et qui s'expriment avec plus de grâce ? S'il en était autrement, le talent de la parole serait égal chez tous, et le même langage conviendrait à tout le monde, tandis que l'on est obligé, en parlant, d'avoir égard à la différence des personnes ; d'où je conclus que plus on surmonte de difficultés, quand on parle, plus on se conforme à la nature de l'éloquence.

C'est par cette raison que je ne suis pas trop éloigné de l'avis qu'on fasse même des concessions au goût du jour, et à la délicatesse des auditeurs qui exigent quel-

non solum ad priores Catone Gracchisque, sed ne ad hos quidem ipsos oratorem alligandum puto: atque id fecisse M. Tullium video, ut quum omnia utilitati, tum partem quamdam delectationi daret; quum et ipsam se rem agere diceret, ageret autem maxime litigatoris: nam hoc ipso proderat, quod placebat. Ad cujus voluptates nihil equidem quod addi possit invenio, nisi ut sensus nos quidem dicamus plures: neque enim fieri potest salva tractatione causæ et dicendi auctoritate, si non crebra hæc lumina et continua fuerint et invicem offecerint.

Sed me hactenus cedentem nemo insequatur ultra: do tempori, ne hirta toga sit; non serica: ne intonsum caput; non in gradus atque annulos comptum: cum eo quod, si non ad luxuriam ac libidinem referas, eadem speciosiora quoque sint, quæ honestiora. Ceterum hoc, quod vulgo *sententias* vocamus, quod veteribus, præcipueque Græcis in usu non fuit (apud Ciceronem enim invenio), dum rem contineant, et copia non redundent, et ad victoriam spectent, quis utile neget? Feriunt animum, et uno ictu frequenter impellunt, et ipsa brevitate magis hærent, et delectatione persuadent.

que chose de plus fleuri, de plus soigné; à plus forte raison n'entends-je pas que l'orateur s'attache à imiter les écrivains antérieurs à Caton et aux Gracques, ni même ces derniers. Je vois que c'est ce qu'a fait Cicéron, qui, ne perdant jamais de vue l'utile, savait y mêler l'agréable, disant, avec raison, qu'il plaidait ainsi dans l'intérêt de son client; en effet, il servait sa cause, par cela seul qu'il plaisait. J'avoue qu'il me paraît difficile d'ajouter aux grâces de son style, si ce n'est peut-être qu'aujourd'hui nous prodiguons davantage les traits ingénieux et brillans; ce qui à la rigueur peut se faire, sans compromettre la cause, et sans affaiblir l'autorité de l'orateur, pourvu que ces traits ne soient pas trop fréquens, trop rapprochés, et ne se nuisent pas réciproquement.

Voilà tout ce que j'accorde, qu'on n'exige rien au delà : je transige avec le siècle. Que la robe de l'orateur ne soit pas d'une étoffe grossière, j'y consens; mais je ne la veux pas de soie. Que ses cheveux ne soient pas négligés et en désordre, mais qu'ils ne soient pas non plus frisés par étage ou tombant en anneaux. Pour tout homme qui ne fait pas de sa toilette un objet de luxe et de dérèglement, l'habillement le plus décent est aussi le plus beau. Pour en revenir à ce que nous appelons communément *des traits ingénieux*, *des pensées*, ce qui était inconnu aux anciens et particulièrement aux Grecs, mais que je retrouve parfois dans Cicéron, nul doute que l'on puisse en tirer un parti avantageux, pourvu que ces saillies aient une consistance réelle, qu'on n'en abuse pas, et qu'elles tendent à nous assurer la victoire. On ne peut nier, en effet, qu'elles frappent vivement l'esprit, qu'elles l'ébranlent souvent d'un seul coup, s'y

At sunt qui hæc excitatiora lumina, etiamsi dicere permittant, a componendis tamen orationibus excludenda arbitrentur. Quocirca mihi ne hic quidem locus intactus est omittendus, quod plures eruditorum aliam esse dicendi rationem, aliam scribendi putaverunt; ideoque in agendo clarissimos quosdam nihil posteritati mansurisque mox litteris reliquisse, ut *Periclem*, ut *Demaden :* rursus alios ad componendum optimos, actionibus idoneos non fuisse, ut *Isocratem*: præterea in agendo plus impetum posse plerumque, et petitas vel paulo licentius voluptates; commovendos enim esse ducendosque animos imperitorum: at quod libris dedicatur, et in exemplum editur, tersum ac limatum, et ad legem ac regulam compositum esse oportere; quia veniat in manus doctorum, et judices artis habeat artifices. Quin illi subtiles, ut similes ac multos persuaserunt magistri, παράδειγμα dicendo, ἐνθύμημα scribendo esse aptius, tradiderunt.

Mihi unum atque idem videtur *bene dicere*, ac *bene scribere*; neque aliud esse oratio scripta, quam monumentum actionis habitæ. Itaque nullas non, ut opinor, debet habere virtutes dico, non vitia: nam imperitis placere aliquando quæ vitiosa sunt, scio.

fixent profondément par leur brièveté même, et ont un tour qui charme et qui persuade.

Mais certaines personnes, tout en tolérant dans le discours parlé ces traits vifs et lumineux, pensent qu'on doit les bannir d'une composition écrite. C'est une question que je ne veux pas laisser passer sans examen, d'autant plus que beaucoup de savans ont cru qu'il y avait une différence entre la manière d'écrire, et la manière de parler, et qu'ainsi des orateurs très-renommés pour l'*action* n'avaient rien laissé par écrit à la postérité, comme *Périclès* et *Démade*; tandis que d'autres qui excellaient à composer, comme *Isocrate*, n'avaient pas réussi dans l'*action*. En outre, ajoutent-ils, une sorte de véhémence fait plus dans l'action, aussi comporte-t-elle moins de sévérité dans le choix des ornemens, parce qu'on n'a que des ignorans à toucher et à entraîner; au lieu que ce qui est consacré dans des livres et publié comme modèle, doit être châtié et poli, et composé suivant toutes les règles, parce que les livres vont dans les mains des savans, et que les artistes eux-mêmes sont constitués juges de l'art. Bien plus, à force de subtilité, ces mêmes maîtres sont parvenus à se persuader, et à faire croire à beaucoup d'autres, qui leur ressemblent, qu'il était plus convenable d'employer l'*exemple* quand on parle, et l'*enthymème* quand on écrit[*].

Pour moi, j'estime que bien parler et bien écrire sont une seule et même chose, et que le plaidoyer écrit n'est que le monument du plaidoyer parlé. Ce dernier doit donc avoir toutes les qualités, mais je ne dis pas

---

[*] En d'autres termes: Qu'il valait mieux frapper par des *exemples* en parlant, et convaincre par des *raisonnemens* en écrivant.

Quo different igitur? Quod si mihi des consilium judicum sapientum, perquam multa recidam ex orationibus non Ciceronis modo, sed etiam ejus, qui est strictior multo, Demosthenis : neque enim affectus omnino movendi erunt, nec aures delectatione mulcendæ, quum etiam procemia supervacua esse apud tales Aristoteles existimet; non enim trahentur his illi sapientes: proprie et significanter rem indicare, probationes colligere, satis est.

Quum vero judex detur aut populus, aut ex populo, laturique sententiam indocti sæpius, atque interim rustici, omnia, quæ ad obtinendum quod intendimus prodesse credemus, adhibenda sunt; eaque et quum dicimus promenda, et quum scribimus, ut doceamus quomodo dici oporteat. An *Demosthenes* male sic egisset ut scripsit, aut *Cicero?* aut eos præstantissimos oratores alio quam scriptis cognoscimus? Melius egerunt igitur, an pejus : nam si pejus, sic potius oportuit dici, ut scripserunt; si melius, sic oportuit scribi, ut dixerunt.

Quid ergo? Semper sic aget orator, ut scribet? Si licebit, semper. Quod si impediant brevitate tempora a judice data, multum ex eo quod potuit dici, recidetur;

qu'il doive être absolument exempt de défauts, car je sais qu'il en est qui séduisent les ignorans.

En quoi donc différeront ces deux genres de plaidoyers ? le voici. Donnez-moi pour juges une réunion de sages, et je trouverai une foule de choses à retrancher des oraisons de Cicéron, et même de celles de Démosthène, quoique ce dernier soit beaucoup plus serré ; car, alors, il ne s'agira plus d'émouvoir les passions ni de flatter les oreilles : auprès de tels juges, les exordes mêmes seront inutiles, suivant Aristote ; ils ne se laisseront pas entraîner : avec eux, il suffira d'exposer le fait en termes propres et clairs, et de bien réunir les preuves.

Mais si l'on a pour juges le peuple ou des personnes du peuple, si la sentence doit être portée par des hommes qui le plus souvent manquent de lumières, ou sont quelquefois de simples paysans, alors il faut bien employer tous les moyens propres à atteindre le but qu'on se propose, et développer tous ces moyens en parlant, comme en écrivant, ne fût-ce que pour enseigner comment on doit s'y prendre. Est-ce que, par hasard, Démosthène ou Cicéron auraient mal parlé, s'ils eussent parlé comme ils ont écrit, ou connaissons-nous ces excellens orateurs autrement que par leurs écrits ? Ont-ils donc mieux parlé ou moins bien ? car, si c'est moins bien, ils eussent mieux fait de parler comme ils ont écrit ; si c'est mieux, ils ont dû écrire comme ils ont parlé.

Quoi ! dira-t-on, l'orateur devra toujours parler, comme il écrit ? oui, toujours, s'il le peut. Que s'il en est empêché par la brièveté du temps que lui accorde le juge, il élaguera, sans doute, beaucoup de ce qu'il au-

editio habebit omnia: quæ autem secundum naturam judicantium dicta sunt, non ita posteris tradentur, ne videantur propositi fuisse, non temporis. Nam id quoque plurimum refert, quomodo audire judex velit; atque ejus vultus sæpe ipse rector est dicentis, ut Cicero præcipit: ideoque instandum iis, quæ placere intellexeris, resiliendum ab iis, quæ non recipientur. Sermo ipse, qui facile judicem doceat, optandus: nec id mirum sit, quum etiam testium personis aliqua mutentur. Prudenter enim, qui quum interrogasset rusticum testem, *an Amphionem nosset*, negante eo, detraxit aspirationem, breviavitque secundam ejus nominis syllabam, et ille eum sic optime norat. Hujusmodi casus efficiunt, ut aliquando dicatur aliter quam scribitur; quum dicere, quomodo scribendum est, non licet.

Altera est divisio, quæ in tres partes et ipsa discedit, qua discerni posse etiam recte dicendi genera inter se videntur: namque unum *subtile*, quod ἰσχνὸν vocant; alterum *grande* atque *robustum*, quod ἁδρὸν constituunt; tertium alii *medium* ex duobus, alii *floridum* (namque id ἀνθηρὸν appellant) addiderunt. Quorum tamen ea fere ratio est, ut primum *docendi*, secundum *movendi*, tertium illud utrocunque nomine *delectandi*, sive aliud *interconciliandi* præstare videatur officium;

rait pu dire, mais le plaidoyer qu'il publiera contiendra tout ; seulement, ce qu'il aura dit pour se conformer à la faiblesse de ses juges, il ne l'exposera pas aux regards de la postérité, de peur qu'on n'y voie l'effet de sa propre détermination, et non celui de la circonstance: car il importe de bien étudier à quelles conditions le juge consent à nous entendre, et c'est souvent sur l'expression de son visage que l'orateur doit se régler, ainsi que le recommande Cicéron. Il faut donc insister sur ce qu'on sait lui plaire, et glisser sur ce qui lui répugne; il faut même faire choix du genre de langage qui a le plus d'accès auprès de lui, et cela ne doit pas étonner, puisqu'en faveur même des témoins, on dénature quelquefois les mots. On demandait à un paysan, appelé en témoignage, s'il connaissait *Amphion;* sur sa réponse négative, l'avocat, en homme éclairé, lui ayant prononcé de nouveau ce nom, sans aspiration, et en faisant la seconde syllabe brève, le paysan déclara le connaître parfaitement. Voilà de ces cas où l'on doit parler autrement qu'on n'écrit, parce qu'on ne serait pas entendu, en prononçant correctement.

Il existe une autre division* qui se fait aussi en trois parties, et qui paraît également propre à bien distinguer les trois genres d'éloquence, l'un simple, que les Grecs appellent ἰσχνόν, l'autre élevé et fort, ἁδρόν, et un troisième qu'on y a ajouté, tantôt sous le nom de genre *moyen* formé des deux autres, tantôt sous celui de genre *fleuri,* ἀνθηρόν; ce qui répond à peu près à la division des devoirs de l'orateur, puisque le premier de ces genres semble destiné à *instruire,* le second à *émouvoir,* et le

---

* Il faut se rappeler la division que Quintilien a faite plus haut des différens genres de style, *attique, asiatique* et *rhodien.*

in docendo autem *acumen*, in conciliando *lenitas*, in movendo *gravitas* videatur.

Itaque illo subtili praecipue ratio narrandi probandique consistet; sed quod etiam detractis ceteris virtutibus, suo genere plenum.

Medius hic modus et translationibus crebrior et figuris erit jucundior, egressionibus amoenus, compositione aptus, sententiis dulcis, lenior tamen, ut amnis lucidus quidam et virentibus utrinque silvis inumbratus.

At ille, qui saxa devolvat et *pontem indignetur* et ripas sibi faciat, multus et torrens judicem vel nitentem contra feret, cogetque ire qua rapit. Hic orator et defunctos excitabit, ut *Appium Caecum* : apud hunc et patria ipsa exclamabit, aliquandoque *Ciceronem* in oratione *contra Catilinam* in senatu alloquetur. Hic et amplificationibus extollet orationem, et in superlationem quoque erigetur : *Quae Charybdis tam vorax ?* et *Oceanus medius fidius ipse.* Nota sunt enim jam studiosis haec lumina : hic deos ipsos in congressum prope suum sermonemque deducet : *Vos enim, albani tumuli atque luci : vos, inquam, Albanorum obrutae arae, sacrorum populi romani sociae et aequales.* Hic iram, hic misericordiam inspirabit ; hic dicet, *Te vidit, et appellavit, et fle-*

troisième, quel que soit son nom, *à plaire* ou à *concilier*. Or, il faut de la clarté pour instruire, de la douceur pour concilier, de la véhémence pour émouvoir.

Ainsi le genre simple conviendra spécialement à la narration et à la preuve; mais il pourra aussi*, sans rien emprunter aux autres qualités, former de lui-même un genre plein et à part.

Le genre mixte ou fleuri sera plus abondant en métaphores, et s'attachera davantage au choix des figures et à l'attrait des digressions; il offrira une composition soignée, des pensées gracieuses, mais il coulera lentement, comme une rivière limpide que de vertes forêts ombragent des deux côtés.

Quant au troisième genre, semblable à un torrent qui, dans son cours impétueux, déracine les rochers, renverse les ponts, et ne connaît de rives que celles qu'il se fait à lui-même, il emportera le juge, malgré toutes ses résistances, et le forcera à le suivre partout où il lui plaira de l'entraîner. C'est là que l'orateur évoquera les ombres illustres, comme Cicéron évoque celle d'Appius Cæcus; c'est là que la patrie exprimera ses alarmes, par une touchante allocution, comme dans la harangue que ce même Cicéron prononça au sénat contre Catilina. C'est là que l'orateur accumulera la pompe des amplifications, et la hardiesse des hyperboles, comme dans ces beaux passages si connus de tous les amis de l'éloquence : *Quel gouffre, quelle Charybde égala jamais la voracité de cet homme ?.... Non, l'Océan lui-même, l'Océan avec ses profondeurs, etc.* C'est là

* Suivant la nature du sujet, le genre simple pourra régner d'un bout à l'autre du plaidoyer, sans avoir rien des deux autres genres.

vit: et per omnes affectus tractatus hic itaque illuc sequetur, nec doceri desiderabit.

Quare si ex tribus his generibus necessario sit eligendum unum, quis dubitet hoc praeferre omnibus, et validissimum alioqui, et maximis quibusque causis accommodatissimum? Nam et Homerus *brevem* quidem cum *jucunditate*, et *propriam*, id enim est *non deerrare verbis*, et *carentem supervacuis eloquentiam* Menelao dedit, quae sunt virtutes generis illius primi; et *ex ore* Nestoris dixit *dulciorem melle profluere sermonem*, qua certe delectatione nihil fingi majus potest: sed summam aggressus in Ulixe facundiam, *magnitudinem* illi junxit; cui *orationem nivibus hibernis*, et copia verborum, atque impetu *parem* tribuit: *cum hoc igitur nemo mortalium contendet; hunc ut deum homines intuebuntur.* Hanc vim et celeritatem in Pericle miratur Eupolis, hanc fulminibus Aristophanes comparat; haec est vere dicendi facultas.

qu'il fera comparaître les dieux en personne, et qu'il les prendra pour témoins de ses sermens : *Vous, tombeaux ! vous, bois sacrés des Albains ! vous, dis-je, saints autels détruits par son impiété, et dont le culte fut de tout temps associé à la religion de nos pères ! c'est vous que j'atteste ici.* C'est là qu'il enflammera la colère, là qu'il inspirera la compassion, là qu'il s'écriera : *Il vous vit, il implora votre secours, il pleura.* C'est là, enfin, que le juge, livré au désordre de ses sens, hors de lui-même, s'abandonnera tout entier à l'orateur, sans s'embarrasser s'il est instruit des faits de la cause.

S'il y a donc nécessairement un choix à faire entre les trois genres, qui doute que ce dernier ne soit préférable, étant d'ailleurs le plus puissant, et le mieux approprié à toutes les grandes causes ? voyez Homère ; il donne à Ménélas une éloquence à la fois concise et agréable, ennemie de toute superfluité, et remarquable surtout par la propriété, c'est-à-dire ne s'égarant jamais sur la valeur des mots : ces qualités sont celles du premier genre. Il dit que les paroles de Nestor découlent de ses lèvres, plus douces que le miel, et certes on ne peut rien se figurer de plus aimable : voilà pour le genre fleuri ; mais quand il atteint, dans la personne d'Ulysse, au sublime de l'éloquence, il y ajoute la grandeur, et attribue aux discours de ce héros tant d'abondance et d'impétuosité, qu'on dirait d'un fleuve grossi par la fonte des neiges, et qui déborde de toutes parts : *Aucun mortel n'osera se mesurer avec lui, et les hommes le considèreront comme un dieu.* C'est cette force et cette rapidité qu'Eupolis admire dans Périclès, et qu'Aristophane compare aux éclats de la foudre ; c'est là ce qui caractérise véritablement l'éloquence.

Sed neque his tribus quasi formis inclusa eloquentia est : nam ut inter gracile validumque tertium aliquid constitutum est, ita horum intervalla sunt, atque inter hæc ipsa mixtum quiddam ex duobus medium est eorum : nam et *subtili* plenius aliquid atque subtilius, et *vehementi* remissius atque vehementius invenitur; ut illud *lene* aut ascendit ad fortiora, aut ad tenuiora summittitur : ac sic prope innumerabiles species reperiuntur, quæ utique aliquo momento inter se differant; sicut quatuor ventos generaliter a totidem mundi cardinibus accepimus flare, quum interim plurimi medii eorum, varie etiam regionum ac fluminum proprii, deprehenduntur. Eademque musicis ratio est, qui quum in cithara quinque constituerunt sonos, plurima deinde varietate complent spatia illa nervorum, atque his quos interposuerunt, inserunt alios, ut pauci illi transitus multos gradus habeant.

Plures igitur etiam eloquentiæ facies; sed stultissimum quærere, ad quam se recturus sit orator, quum omnis species, quæ modo recta est, habeat usum, atque id ipsum omne sit oratoris, quod vulgo *genus dicendi* vocant : utetur enim, ut res exiget, omnibus, nec pro causa modo, sed pro partibus causæ. Nam ut non eodem modo pro reo capitis, et in certamine here-

Mais elle n'est pas strictement renfermée dans ces trois formes; car, comme il y a un milieu entre le délicat et le fort, ces deux genres ont aussi leurs degrés, et même, entre ces degrés, il est des nuances qui participent plus ou moins de chaque genre. En effet, on peut trouver quelque chose de plus plein ou de plus léger que ce qu'on appelle le genre *léger*, comme on peut trouver quelque chose de plus modéré ou de plus véhément que le genre *véhément* proprement dit. Enfin, ce qui est du genre *doux* peut avoir plus de tendance à s'élever au fort ou plus d'inclinaison à descendre au faible. C'est ainsi qu'on découvre des espèces presque innombrables d'un même genre, qui diffèrent entre elles par quelque chose. Ainsi, on ne reconnaît généralement que quatre vents qui soufflent d'autant de points cardinaux du globe, et néanmoins il y en a beaucoup d'intermédiaires qu'on distingue par la diversité des contrées ou des fleuves où ils sont habituels. C'est par la même raison que les musiciens qui n'ont donné que cinq sons à la lyre, remplissent les intervalles musicaux qui sont entre chaque corde, d'une grande variété de tons qu'ils subdivisent encore de manière à en rendre l'échelle infinie.

L'éloquence a donc aussi plusieurs formes; mais ce serait folie à l'orateur de chercher sur laquelle il doit se régler, puisqu'il n'en est aucune qui n'ait son usage, pourvu qu'elle soit bonne; puisqu'enfin tout ce qu'on appelle *manière de parler* est du ressort de l'orateur. Il se servira donc de toutes, au besoin, et les pliera non-seulement à sa cause, mais à toutes les parties de sa cause; car, comme il ne plaidera pas du même style pour une accusation entraînant la peine capitale, pour un hé-

ditatis, et de interdictis ac sponsionibus, et de certa credita dicet; sententiarum in senatu, et concionum, et privatorum consiliorum servabit discrimina; multa ex differentia *personarum, locorum, temporumque* mutabit; ita in eadem oratione aliter conciliabit, non ex iisdem partibus iram et misericordiam petet; alias ad docendum, alias ad movendum adhibebit artes: non unus color prooemii, narrationis, argumentorum, egressionis, perorationis servabitur; dicet idem graviter, severe, acriter, vehementer, concitate, copiose, amare, comiter, remisse, subtiliter, blande, leniter, dulciter, breviter, urbane; non ubique similis, sed ubique par sibi. Sic fiet quum id, propter quod maxime repertus est usus orationis, ut dicat utiliter et ad efficiendum quod intendit potenter; tum laudem quoque, nec doctorum modo, sed etiam vulgi consequetur.

Falluntur enim plurimum, qui vitiosum et corruptum dicendi genus, quod aut verborum licentia exsultat, aut puerilibus sententiolis lascivit, aut immodico tumore turgescit, aut inanibus locis bacchatur, aut casuris, si leviter excutiantur, flosculis nitet, aut praecipitia pro sublimibus habet, aut specie libertatis insanit, magis existimant populare atque plausibile.

ritage contesté, pour des jugemens provisionnels ou possessoires, pour des consignations, pour un prêt ; comme il observera des distinctions en parlant devant le sénat, dans les assemblées publiques, ou dans des conseils privés ; et qu'il changera de conduite suivant la différence des personnes, des lieux, des temps ; ainsi, dans le même discours, il s'y prendra autrement pour aigrir les esprits que pour les rapprocher, il ne tirera pas des mêmes sources l'indignation et la pitié, il emploiera tels moyens pour instruire, et tels autres pour émouvoir ; il ne donnera pas non plus la même couleur à l'exorde, à la narration, aux preuves, aux digressions, à la péroraison. Tour-à-tour grave, sévère, vif, emporté, véhément, il parlera avec abondance, avec amertume, avec affabilité ; il aura le langage modeste, simple, insinuant, agréable, concis, plein d'urbanité : enfin, il sera partout sinon semblable, du moins égal à lui-même. Voilà comme il parviendra à ce qui doit être l'objet réel de tout discours, à parler utilement et efficacement pour son but ; c'est alors qu'il obtiendra à la fois, et l'estime des gens éclairés, et les suffrages de la multitude.

Quant à ce genre vicieux et corrompu qui se joue dans un abus licencieux de mots, ou se complaît dans des pointes puériles, ou s'enfle outre mesure, ou s'égare dans de vains lieux-communs, ou brille de l'éclat de ces petites fleurs qui tombent dès qu'on souffle dessus, ou se perd dans les nues pour atteindre au sublime, ou se démène avec fureur en affectant l'indépendance ; on se trompe étrangement, si l'on croit que c'est le moyen d'acquérir plus de popularité et plus de faveur.

Quod quidem placere multis nec infitior, nec miror: est enim jucunda auri ac favorabilis qualiscunque eloquentia, et ducit animos naturali voluptate vox omnis; neque aliunde illi per fora atque aggerem circuli: quo minus mirum est, quod nulli non agentium parata vulgi corona est. Ubi vero quid exquisitius dictum accidit auribus imperitorum, qualecunque id, quod modo se ipsi posse desperent, habet admirationem; neque immerito; nam ne illud quidem facile est.

Sed evanescunt hæc atque emoriuntur comparatione meliorum, *ut lana tincta fuco citra purpuras placet; at si contuleris etiam lacernæ, conspectu melioris obruatur*, ut Ovidius ait. Si vero judicium his corruptis acrius adhibeas, ut fucinis sulfura, jam illum, quo fefellerant, exuant mentitum colorem, et quadam vix enarrabili fœditate pallescant. Luceat igitur hæc citra solem, ut quædam exigua animalia igniculi videntur in tenebris. Denique mala multi probant, nemo improbat bona.

Neque vero omnia ista, de quibus locuti sumus, orator optime tantum, sed etiam facillime faciet; neque enim vis summa dicendi est admiratione digna, si infelix usque ad ultimum sollicitudo persequitur, ac ora-

Que cela plaise à beaucoup, je ne le nie ni ne m'en étonne : c'est le propre de cette éloquence, quelle qu'elle soit, de flatter et de séduire, et il y a un attrait naturel qui nous porte à écouter celui qui parle ; c'est ce qui explique ces groupes qui se forment spontanément sur nos places, autour de quiconque pérore. Il ne faut donc pas s'étonner qu'il y ait une foule toujours prête à entourer les avocats quand ils plaident ; or, pour peu que les ignorans aient l'oreille frappée d'un mot qui leur paraît relevé ou qu'ils eussent désespéré de trouver eux-mêmes, les voilà qui se pâment d'admiration, et ils n'ont pas tort ; car, après tout, ce n'est pas si aisé.

Mais toutes ces belles choses s'évanouissent et meurent, dès qu'on leur en oppose d'autres qui sont mieux, de même qu'une laine teinte avec de l'algue.*, peut paraître belle, si l'on ne voit pas de pourpre à côté ; mais, rapprochée de cette précieuse couleur, elle est, comme dit Ovide, écrasée par l'éclat du voisinage. Or, examinez de près cette éloquence vicieuse, et avec un jugement bien sain, comme on soumet les laines teintes à l'action du soufre ; et ce qui vous avait séduit d'abord, perdra bientôt sa couleur mensongère pour ne laisser voir qu'une effrayante difformité. Laissons donc cette éloquence briller en l'absence du soleil, comme certains insectes qui jettent des lueurs au milieu des ténèbres. En un mot, ce qui est mal peut trouver des approbateurs ; mais personne ne blâme ce qui est bien.

Le véritable orateur exploitera tous les genres de style dont j'ai parlé, non-seulement le mieux possible, mais encore avec une extrême facilité. En effet, qu'aurait de si merveilleux le talent de la parole, s'il exigeait qu'on

---

* Plante marine dont se servaient les anciens pour teindre.

torem macerat et coquit, ægre verba vertentem, et perpendendis coagmentandisque eis intabescentem. Nitidus ille et sublimis et locuples circumfluentibus undique eloquentiæ copiis imperat : desinit enim in adversa niti, qui pervenit in summum; scandenti circa ima labor est: ceterum quantum processeris, mollior clivus ac lætius solum. Et si hæc quoque jam lenius supina perseverantibus studiis evaseris, inde fructus illaborati offerunt sese, et omnia sponte proveniunt; quæ tamen quotidie nisi decerpantur, arescunt.

Sed et copia habet modum; sine quo nihil nec laudabile, nec salutare est; et nitor ille cultum virilem, et inventio judicium. Sic erunt *magna,* non nimia; *sublimia,* non abrupta; *fortia,* non temeraria; *severa,* non tristia; *gravia,* non tarda; *læta,* non luxuriosa; *jucunda,* non dissoluta; *grandia,* non tumida. Similis in ceteris ratio est, ac tutissima fere per medium via, quia utriusque ultimum vitium est.

se consumât jusqu'au bout en malheureux efforts, qu'on maigrît, qu'on séchât à tourner péniblement des mots, à les peser, à les ajuster? Mon orateur donc, sublime, élégant et fécond, dispose en maître des ressources de l'éloquence qui lui affluent de toutes parts. Car ce n'est plus quand on est au sommet de la montagne, qu'on se fatigue à monter; la peine est pour ceux qui sont au bas. Mais aussi plus on avance, plus la pente s'adoucit, et plus le sol devient riant; et lorsque, à force de persévérance, on gagne enfin les hauteurs, les fruits naissent spontanément, et s'offrent, pour ainsi dire, d'eux-mêmes. Seulement, ayons soin d'en cueillir tous les jours, sous peine de les voir se flétrir.

Toutefois, il faut de la mesure dans l'abondance même, car sans mesure rien de louable ni de sain. L'élégance doit être chaste et mâle, et l'imagination veut être réglée par le jugement. C'est ainsi que nos compositions atteindront au grand, sans être gigantesques; qu'elles seront sublimes, sans être aventureuses; fortes, sans aller jusqu'à la témérité; que notre style sera austère sans être négligé, grave sans être lourd; qu'il aura de la gaîté sans dévergondage, de la grâce sans affèterie, de l'élévation sans enflure, et de même des autres qualités. Tenir le milieu est ordinairement le plus sûr : c'est dans les extrêmes que sont les vices.

CAPUT XI.

Quæ post finem studia.

His dicendi virtutibus usus orator in judiciis, consiliis, concionibus, senatu, in omni denique officio boni civis, finem quoque dignum et optimo viro et opere sanctissimo faciet; non quia prodesse unquam satis sit, et illa mente atque illa facultate prædito non conveniat operis pulcherrimi quam longissimum tempus; sed quia decet hoc quoque prospicere, ne quid pejus, quam fecerit, faciat. Neque enim scientia modo constat orator, quæ augetur annis, sed voce, latere, firmitate; quibus fractis, aut imminutis ætate, seu valetudine, cavendum est, ne quid in oratore summo desideretur, ne intersistat fatigatus, ne quæ dicet, parum audiri sentiat, ne se quærat priorem.

Vidi ego longe omnium, quos mihi cognoscere contigit, summum oratorem, *Domitium Afrum* valde senem, quotidie aliquid ex ea, quam meruerat, auctoritate perdentem: quum agente illo, quem principem fuisse quondam fori non erat dubium, alii, quod indignum videatur, riderent, alii erubescerent; quæ occasio fuit dicendi,

CHAPITRE XI.

De la fin que doit faire l'orateur.

Après avoir mis en pratique toutes les théories de son art, au barreau, dans les conseils, dans les assemblées publiques, au sénat, enfin dans tous les offices qui sont d'un bon citoyen, l'orateur songera à faire une fin qui soit digne d'un homme de bien, et du plus saint des ministères : non qu'on en ait jamais fait assez quand il s'agit d'être utile, non qu'on puisse trop prolonger la plus belle des fonctions, quand on a toutes les vertus, tous les talens qu'elle exige; mais parce qu'il sied aussi de prévoir le moment où l'on fera moins bien qu'on ne faisait. L'art oratoire, en effet, ne réside pas exclusivement dans le savoir qui s'augmente avec les années, mais encore dans l'organe, les poumons, la vigueur du corps ; et, quand ces qualités viennent à s'épuiser ou à décroître par l'effet de l'âge, il faut prendre garde que le grand orateur ne laisse quelque chose à désirer, qu'il ne soit exposé à s'arrêter tout court, épuisé de fatigue, qu'il ne s'aperçoive qu'il se fait peu entendre, ou qu'il ne se retrouve plus le même.

J'ai vu le plus illustre sans contredit de tous les orateurs que j'aie jamais connus, Domitius Afer, dans un âge très-avancé, perdant chaque jour de l'autorité qu'il s'était si justement acquise. Quand il plaidait, quoiqu'on sût parfaitement qu'il avait été jadis le premier du barreau, les uns avaient l'indignité de rire, les autres rougissaient pour lui, ce qui donna occasion de dire *qu'il aimait mieux succomber que de s'arrêter*; ce n'est pas

malle eum deficere, quam desinere: neque erant illa qualiacunque mala, sed minora. Quare antequam in has ætatis veniat insidias, receptui canet, et in portum integra nave perveniet.

Neque enim minores eum, quum id fecerit, studiorum fructus prosequentur: aut ille monumenta rerum posteris, aut, ut L. Crassus in libris Ciceronis destinat, jura quærentibus tradet, aut eloquentiæ componet artem, aut pulcherrimis vitæ præceptis dignum os dabit. Frequentabunt vero ejus domum optimi juvenes more veterum, et veram dicendi viam velut ex oraculo petent. Hos ille formabit quasi eloquentiæ parens, et ut vetus gubernator litora et portus, et quæ tempestatum signa, quid secundis flatibus, quid adversis ratis poscat, docebit, non humanitatis solum communi ductus officio, sed amore quodam operis. Nemo enim minui velit id, in quo maximus fuit. Quid porro est honestius, quam docere quod optime scias? Sic ad se Cœlium deductum a patre Cicero profitetur; sic Pansam, Hirtium, Dolabellam in morem præceptoris exercuit quotidie dicens audiensque.

Ac nescio an eum tunc beatissimum credi oporteat fore, quum jam secretus et consecratus, liber invidia,

que ce qu'il disait fût précisément mauvais, mais c'était au dessous de sa réputation. Avant donc d'être pris à ces pièges de l'âge, l'orateur doit prudemment sonner la retraite, et gagner le port tandis que son vaisseau est encore intact.

Les fruits de ses études n'en seront pas alors moins doux pour lui, soit qu'il écrive des mémoires pour la postérité, soit, comme se le proposait Crassus, au rapport de Cicéron, qu'il donne des consultations sur le droit, soit qu'il trace des règles pour l'éloquence, soit qu'enfin il prête aux plus beaux préceptes de la morale, l'appui d'un digne organe. Sa maison, suivant l'usage des anciens, sera le rendez-vous des jeunes gens les plus distingués qui viendront le consulter, comme un oracle, sur les vrais principes du langage. Il les formera à l'éloquence avec la tendresse d'un père, et, en pilote expérimenté, il leur signalera les côtes, les ports, leur dira quels sont les signes précurseurs de l'orage, et de quelle façon doit se gouverner le navire, selon qu'on a les vents favorables ou contraires. Et en cela, il ne sera pas seulement guidé par un sentiment ordinaire de bienveillance, mais par une sorte d'amour pour son art. Personne, en effet, n'aime à voir déchoir celui où il a excellé. Qu'y a-t-il, d'ailleurs, de plus honorable que d'enseigner ce qu'on sait le mieux ? C'est ainsi que Cicéron déclare que Célius lui fut amené par son père ; c'est ainsi qu'il servait, en quelque sorte, de précepteur à Pansa, à Hirtius, à Dolabella, les exerçant tous les jours, soit en leur parlant, soit en les écoutant.

Je ne sais en vérité si l'on ne doit pas considérer comme le temps le plus heureux, celui où, quittant les

procul contentionibus, famam in tuto collocarit, et sentiet vivus eam, quæ post fata præstari magis solet, venerationem, et quid apud posteros futurus sit, videbit. Conscius sum mihi, quantum mediocritate valui, quæque antea scierim, quæque operis hujusce gratia potuerim inquirere, candide me atque simpliciter in notitiam eorum, si qui forte cognoscere voluissent, protulisse: atque id viro bono satis est, docuisse quod sciret.

Vereor tamen, ne aut magna nimium videar exigere, qui eumdem virum bonum esse, et dicendi peritum velim; aut multa, qui tot artibus in pueritia discendis, morum quoque præcepta, et scientiam juris civilis, præter ea quæ de eloquentia tradebantur, adjecerim: quique hæc operi nostro necessaria esse crediderint, velut moram rei perhorrescant, et desperent ante experimentum.

Qui primum renuncient sibi, quanta sit humani ingenii vis, quam potens efficiendi quæ velit; quum maria transire, siderum cursus numerosque cognoscere, mundum ipsum pæne dimetiri, minores sed difficiliores artes potuerint: tum cogitent, quantam rem petant, quamque nullus sit hoc proposito præmio labor recu-

affaires pour se consacrer à la retraite, hors des atteintes de l'envie, étranger à tout débat, l'on peut mettre enfin sa réputation à couvert; jouir, de son vivant, du respect qu'on n'accorde ordinairement qu'aux morts, et savourer à l'avance l'estime qu'on obtiendra un jour de la postérité. Pour moi, j'ai la conscience, dans le peu que je puis valoir, que tout ce que je possédais de connaissances, et tout ce que j'ai pu apprendre encore, grâce aux recherches que m'a nécessitées cet ouvrage, je l'ai livré, avec candeur et simplicité, à ceux qui ont voulu en faire leur profit; en un mot, j'ai montré tout ce que je savais, et l'on ne saurait rien exiger de plus d'un honnête homme.

Je crains cependant de paraître, ou demander presque l'impossible en voulant que l'orateur soit en même temps homme de bien, et savant dans l'art de parler, ou exiger de lui trop à la fois, puisqu'à tant de choses qu'il lui faut apprendre dans son enfance; j'ajoute encore et les préceptes de la morale et la science du droit civil, sans compter tout ce qui a rapport à l'éloquence même. Je crains enfin, qu'après avoir regardé tout cela comme indispensable pour former un orateur, on n'envisage avec une sorte d'effroi l'étendue d'une pareille tâche, et qu'on ne désespère d'y suffire, même avant de l'avoir tenté.

Mais d'abord, que mes lecteurs veuillent bien considérer jusqu'où vont les forces de l'esprit humain, et comme il vient à bout de tout ce qu'il entreprend, puisque des sciences moins importantes peut-être, mais plus difficiles, nous ont appris à franchir les mers, à connaître le cours des astres et leur nombre, et à mesurer, ou peu s'en faut, l'univers; qu'ils se représentent ensuite

sandus. Quod si mente conceperint, huic quoque parti facilius accedent, ut ipsum iter neque impervium, neque saltem durum putent.

Nam id, quod prius, quodque majus est, ut boni viri simus, voluntate maxime constat: quam qui vera fide induerit, facile easdem, quæ virtutem docent, artes accipiet. Neque enim aut tam perplexa, aut tam numerosa sunt quæ premunt, ut non paucorum admodum annorum intentione discantur: longam enim facit operam, quod repugnamus; brevis est institutio vitæ honestæ beatæque, si credas: natura enim nos ad mentem optimam genuit; adeoque discere meliora volentibus promptum est, ut vere intuenti mirum sit illud magis, malos esse tam multos. Nam ut aqua piscibus, ut sicca terrenis, circumfusus nobis spiritus volucribus convenit; ita certe facilius esse oportebat, secundum naturam, quam contra eam vivere.

Cetera vero, etiamsi ætatem nostram non spatio senectutis, sed tempore adolescentiæ metiamur, abunde multos ad discendum annos habent: omnia enim breviora reddet ordo, et ratio, et modus. Sed culpa est in præceptoribus prima, qui libenter detinent quos occupaverunt, partim cupiditate diutius exigendi mercedu-

la grandeur de l'objet qu'on se propose, dans l'éloquence, et combien la récompense qui y est attachée mérite qu'on ne se refuse à aucun travail pour l'obtenir ; et, une fois bien imbus de ces idées, ils seront plus disposés à croire que le chemin qui y conduit n'est ni aussi inaccessible, ni même aussi rude qu'on se l'imagine.

Ainsi, pour être homme de bien, ce que je mets en première ligne, comme le plus important, il s'agit surtout de le vouloir. Quiconque aura sincèrement ce désir, se pénètrera aisément de tous les préceptes qui enseignent la vertu, et ceux de ces préceptes qui sont les plus essentiels ne sont ni tellement abstraits, ni tellement nombreux, qu'on ne puisse, avec de l'application, les apprendre en très-peu d'années. C'est la répugnance que nous apportons au travail, qui le rend long. Avec une foi vive en la vertu, nous connaîtrons bientôt ce qui rend la vie honorable et heureuse : car la nature nous a faits pour le bien ; et il est si facile à ceux qui le veulent, de le connaître, qu'en y réfléchissant on s'étonne qu'il y ait autant de méchans. De même, en effet, que l'eau convient aux poissons, la terre à ses habitans, et l'air qui nous environne aux oiseaux ; de même aussi, il était certainement bien plus dans notre condition, de vivre selon la nature, que de contrarier ses lois.

A l'égard des autres connaissances, quand même nous ne mesurerions notre vie que sur les années de la jeunesse, en en retranchant les vieux jours, il nous resterait encore bien assez de temps pour les acquérir. Tout s'abrège, d'ailleurs, avec de l'ordre, de la méthode, et une certaine mesure ; mais le mal vient d'abord des maîtres qui retardent les enfans, tantôt par cupidité,

las, partim ambitione, quo difficilius sit quod pollicentur, partim etiam inscientia tradendi, vel negligentia; proxima in nobis, qui morari in eo quod novimus, quam discere quæ nondum scimus, melius putamus.

Nam ut de nostris potissimum studiis dicam, quid attinet tam multis annis, quam in more est plurimorum (ut de his, a quibus magna in hoc pars ætatis absumitur, taceam) declamitare in schola, et tantum laboris in rebus falsis consumere, quum satis sit modico tempore imaginem veri discriminis, et dicendi leges comperisse? Quod non dico, quia sit unquam omittenda dicendi exercitatio, sed quia non sit in una ejus specie consenescendum. Cognoscere, et præcepta vivendi perdiscere, et in foro nos experiri potuimus, dum scholastici sumus.

Discendi ratio talis, ut non multos annos poscat : quælibet enim ex iis artibus, quarum habui mentionem, in paucos libros contrahi solet; adeo infinito spatio ac traditione opus non est. Reliqua est, quæ vires cito facit, consuetudo.

Rerum cognitio quotidie crescit; et tamen quam multorum ad eam librorum necessaria lectio est, quibus aut rerum exempla ab historicis, aut dicendi ab oratoribus petuntur. Philosophorum quoque consulto-

pour prolonger un misérable salaire, tantôt par amour-propre, pour faire croire que ce qu'ils enseignent est très-difficile, tantôt enfin par impéritie ou par négligence. Ensuite, la faute en est à nous-mêmes qui trouvons plus commode de nous en tenir à ce que nous savons, que d'étudier ce qui nous reste à savoir.

Et, par exemple, pour en venir à ce qui regarde spécialement nos études, à quoi bon cette manie qu'ont tant de gens (sans parler ici de ceux qui y sacrifient la plus grande partie de leur vie), de déclamer à tort et à travers dans une école, et de se donner bien du mal pour de pures fictions, tandis qu'il leur faudrait si peu de temps pour avoir une idée exacte des luttes véritables du barreau, et des saines lois de l'éloquence? Ce n'est pas que je veuille qu'on néglige de s'exercer à parler, mais je ne veux pas qu'on vieillisse dans un seul genre d'exercice. Nous pourrions, en effet, étudier et apprendre tout ce qui sert de règle dans la conduite de la vie, nous essayer même à plaider, pendant le temps que nous restons sur les bancs.

L'art n'est pas tel, au fond, qu'il exige un grand nombre d'années pour l'apprendre : la preuve, c'est que de toutes les sciences qui y concourent, et dont j'ai fait mention, il n'en est pas une qui ne soit pour l'ordinaire resserrée en peu de livres; tant il est loin de réclamer un temps, et des leçons infinies! L'habitude fait le reste, et l'on sait qu'elle donne promptement des forces.

Quant à ces connaissances qui sont le fruit de l'étude, elles s'accroissent tous les jours; et cependant, que d'ouvrages il faut lire, si l'on veut trouver des autorités, pour les faits, dans les historiens, et pour le style, dans les orateurs! Il est indispensable aussi de connaître les opi-

rumque opiniones, sicuti alia, velimus legere necessarium est.

Quæ quidem possumus omnia : sed breve nobis tempus nos facimus. Quantulum enim studiis impartimur ? Alias horas vanus salutandi labor, alias datum fabulis otium, alias spectacula, alias convivia trahunt. Adjice tot genera ludendi, et insanam corporis curam; trahat inde peregrinatio, rura, calculorum anxiæ sollicitudines, multæ causæ libidinum, et vinum, et flagitiosus omni genere voluptatum animus : ne ea quidem tempora idonea, quæ supersunt. Quæ si omnia studiis impenderentur, jam nobis longa ætas et abunde satis ad discendum spatia viderentur, vel diurna tantum computantibus tempora ; et noctes, quarum bona pars omni somno longior est, adjuvarent : nunc computamus annos, non quibus studuimus, sed quibus viximus.

Nec vero, si geometræ et grammatici ceterarumque artium professores omnem suam vitam, quamlibet longa fuerit, in singulis artibus consumpserunt, sequitur, ut plures quasdam vitas ad plura discenda desideremus : neque illi didicerunt hæc usque in senectutem, sed ea sola didicisse contenti fuerunt, ac tot annos in utendo, non in percipiendo exhauserunt.

nions des philosophes et des jurisconsultes, et mille autres écrits encore.

Mais tout cela se peut, et si nous trouvons le temps trop court, c'est que nous le faisons tel. Combien peu, en effet, en accordons-nous à l'étude! Les heures de la journée, comment s'écoulent-elles? nous donnons les unes à de vains devoirs de civilité, les autres à des bagatelles, à des conversations oiseuses, les autres aux spectacles, les autres aux plaisirs de la table; ajoutez les jeux de toute espèce, et le soin ridicule de la toilette. Pour peu qu'à cela se joignent les voyages, les parties de campagne, les calculs soucieux de l'intérêt, le désordre des passions, l'amour du vin et tous les genres de volupté qui troublent l'âme : et ce qui reste n'est pas même propre au travail. Si pourtant toutes ces heures étaient consacrées à l'étude, la vie serait assez longue, et le temps plus que suffisant pour apprendre, je dis même en ne tenant compte que des jours; et les nuits qui, pour la plupart, durent plus que notre sommeil, viendraient encore à notre aide. Mais, maintenant, nous comptons les années, non par celles que nous avons étudié, mais par celles que nous avons vécu.

Il ne faut pas croire, parce que des géomètres, des grammairiens et d'autres savans spéciaux ont usé toute leur vie, quelque longue qu'elle ait été, sur un seul art, qu'il faille, en quelque sorte, plusieurs vies pour acquérir plusieurs sciences : car, ces hommes n'ont pas appris jusque dans leur vieillesse; seulement, ils se sont bornés à ce qu'ils savaient, et ont consumé tant d'années, non pas à augmenter leurs connaissances en ce genre, mais à en cultiver, à en recueillir les fruits.

Ceterum ut de *Homero* taceam, in quo nullius non artis aut præcepta, aut certe non dubia vestigia reperiuntur; ut *Eleum Hippiam* transeam, qui non liberalium modo disciplinarum præ se scientiam tulit, sed vestem, et annulum, crepidasque, quæ omnia manu sua fecerat, in usu habuit, atque ita se præparavit, ne cujus alterius ope egeret ullius rei ; *Gorgias* quoque summæ senectutis quærere auditores, de quo quisque vellet, jubebat. Quæ tandem ars digna litteris *Platoni* defuit ? Quot seculis *Aristoteles* didicit, ut non solum quæ ad philosophos atque oratores pertinent, scientia complecteretur, sed animalium satorumque naturas omnes perquireret? Illis enim hæc invenienda fuerunt, nobis cognoscenda sunt. Tot nos præceptoribus, tot exemplis instruxit antiquitas, ut possit videri nulla sorte nascendi ætas felicior, quam nostra, cui docendæ priores elaboraverunt.

M. Censorius Cato, idem orator, idem historiæ conditor, idem juris, idem rerum rusticarum peritissimus, inter tot operas militiæ, tantas domi contentiones, rudi seculo, litteras græcas ætate jam declinata didicit, ut esset hominibus documento, ea quoque percipi posse, quæ senes concupissent. Quam multa, immo pæne omnia tradidit *Varro* ? Quod instrumentum dicendi *M. Tullio* defuit? Quid plura ? quum etiam *Cornelius Celsus*,

Au reste, sans parler ici d'*Homère*, chez lequel on trouve ou des préceptes ou au moins des vestiges non douteux de tous les arts, sans citer *Hippias d'Élée*, qui non-seulement fit ses preuves comme savant, mais encore se piquait de ne porter que des vêtemens, des anneaux et des chaussures confectionnés de sa propre main, et qui s'arrangea toujours de manière à n'avoir jamais besoin du secours d'autrui; *Gorgias*, dans un âge très-avancé, était arrivé à ce point, de demander à ceux qui venaient pour l'entendre, sur quel sujet ils voulaient qu'il parlât. Quelle doctrine digne des lettres a manqué à *Platon?* Pendant combien de siècles ne dirait-on pas qu'*Aristote* a étudié, pour embrasser à la fois tout ce qui a rapport à la philosophie et à l'éloquence, et faire tant de recherches sur l'histoire naturelle des animaux et des plantes? Voilà pourtant ce que les anciens ont eu à inventer, et que nous n'avons plus qu'à connaître d'après eux. En vérité, l'antiquité nous a laissé tant de guides et de modèles, qu'il semble qu'on ne pouvait naître dans un siècle plus fortuné que le nôtre, puisque tous les âges précédens ont concouru à son instruction.

Et chez nos ancêtres, que dire d'un *Caton le Censeur* qui, tout ensemble, orateur, historien, jurisconsulte et agronome, sut encore, au milieu de ses expéditions militaires et des discordes civiles, dans un siècle grossier, et étant lui-même sur le déclin de l'âge, trouver le temps d'apprendre la langue grecque, comme pour servir de témoignage que l'homme peut accroître ses connaissances jusque dans la vieillesse, quand il en a la ferme volonté? Sur quoi *Varron* n'a-t-il pas écrit? Et *Cicéron*, sur quelle matière eût-il été embarrassé de

mediocri vir ingenio, non solum de his omnibus conscripserit artibus, sed amplius rei militaris, et rusticæ etiam, et medicinæ præcepta reliquerit? dignus vel ipso proposito, ut eum scisse omnia illa credamus.

At perficere tantum opus, arduum; et nemo perfecit. Ante omnia sufficit ad exhortationem studiorum, non cadere in rerum naturam, ut quidquid non est factum, ne fieri quidem possit; tum omnia, quæ magna sunt atque admirabilia, tempus aliquod, quo primum efficerentur, habuisse. Quantum enim poesis ab Homero et Virgilio, tantum fastigium accepit eloquentia a Demosthene atque Cicerone; denique quidquid est optimum, ante non fuerat. Verum etiamsi quis summa desperet (quod cur faciat, cui ingenium, valetudo, facultas, præceptores non deerunt?), tamen est, ut Cicero ait, pulchrum *in secundis tertiisque consistere.* Neque enim si quis Achillis gloriam in bellicis consequi non potest, Ajacis aut Diomedis laudem aspernabitur; neque qui Homeri non, Tyrtæi. Quin immo si hanc cogitationem homines habuissent, ut nemo se meliorem fore eo, qui optimus fuisset, arbitraretur, hi ipsi, qui sunt optimi, non fuissent; neque post Lucretium ac Macrum Virgilius, nec post Crassum et Hortensium Cicero, sed nec alii postea vicerint.

parler? Enfin que dirai-je de plus, quand un *Cornelius Celsus*, doué d'ailleurs d'un génie médiocre, outre qu'il a écrit sur tous les arts, a laissé encore des traités plus étendus sur la stratégie, l'agriculture et la médecine? digne, sans doute, ne fût-ce que pour l'avoir entrepris, qu'on croie de lui qu'il possédait toutes ces sciences.

Mais, dira-t-on, atteindre, à ce prix, à la perfection de l'éloquence, est une entreprise trop difficile, et personne n'y est encore parvenu. D'abord, il suffit pour nous encourager à l'étude, qu'il ne soit pas dans l'ordre de la nature, que ce qui ne s'est pas fait encore ne puisse jamais se faire, puisque, au contraire, il y a eu un temps où tout ce que nous trouvons grand, admirable, s'est opéré pour la première fois. En effet, autant la poésie doit d'élévation à Homère et à Virgile, autant l'éloquence a reçu d'éclat de Démosthène et de Cicéron. Enfin, tout ce que nous connaissons aujourd'hui de mieux, part d'un point avant lequel il n'existait pas. Dût-on même désespérer d'atteindre à cette perfection, ce qui ne serait pas raisonnable, quand on ne manque ni d'esprit, ni de santé, ni de talent, ni de maîtres, encore est-il beau, comme dit Cicéron, *de s'asseoir au second ou au troisième rang*. Si l'on ne peut dans les combats égaler la gloire d'Achille, faudra-t-il dédaigner celle d'Ajax ou de Diomède? Si l'on ne peut être sur la ligne d'Homère, refusera-t-on d'être l'émule de Tyrtée? Je dis plus : avec le préjugé que nous ne pouvons faire mieux que ce qui a été bien fait avant nous, nous n'aurions jamais eu d'écrivains parfaits ; Virgile ne serait pas venu après Lucrèce et Macer, ni Cicéron après Crassus et Hortensius, et personne n'eût cherché à surpasser ses devanciers.

Verum ut transeundi spes non sit, magna tamen est dignitas subsequendi. An Pollio et Messala, qui, jam Cicerone arcem tenente eloquentiæ, agere cœperunt, parum in vita dignitatis habuerunt, parum ad posteros gloriæ tradiderunt? Alioqui pessime de rebus humanis perductæ in summum artes mererentur, si, quod optimum fuisset, defuisset.

Adde quod magnos modica quoque eloquentia parit fructus; ac, si quis hæc studia utilitate sola metiatur, pæne illi perfectæ par est: neque erat difficile, vel veteribus, vel novis exemplis palam facere, non aliunde majores opes, honores, amicitias, laudem præsentem, futuram, hominibus contigisse; si tamen dignum litteris esset, ab opere pulcherrimo, cujus tractatus atque ipsa possessio plenissimam studiis gratiam refert, hanc minorem exigere mercedem, more eorum, qui a se non virtutes, sed voluptatem, quæ fit ex virtutibus, peti dicunt. Ipsam igitur orandi majestatem, qua nihil dii immortales melius homini dederunt, et qua remota muta sunt omnia, et luce præsenti ac memoria posteritatis carent, toto animo petamus, nitamurque semper ad optima; quod facientes, aut evademus in summum, aut certe multos infra nos videbimus.

Hæc erant, Marcelle Victori, quibus præcepta dicendi

Mais j'admets qu'il n'y ait pas d'espoir de dépasser les grands maîtres, est-ce donc peu d'honneur de les suivre de près? Pollion et Messala, qui commencèrent à plaider dans le temps que Cicéron tenait le sceptre de l'éloquence, ont-ils joui d'une mince estime pendant leur vie, ou n'ont-ils transmis qu'un nom sans gloire à la postérité? La perfection dans les arts serait un don funeste, si elle condamnait à ne plus rien tenter.

Ajoutez à toutes ces considérations que le talent de la parole, même médiocre, porte avec lui de grands fruits, et qu'à l'apprécier seulement par les avantages matériels qu'on en retire, il marche presque de pair avec la parfaite éloquence que nous cherchons. Je ne serais pas embarrassé de prouver, par des exemples anciens ou modernes, que la profession d'orateur a toujours été la source la plus abondante des honneurs, des richesses et des protections; que nulle autre n'a procuré plus de gloire pour le présent et pour l'avenir. Mais je croirais ravaler la dignité des lettres si, à l'exemple de ceux qui disent rechercher la vertu non pour elle-même, mais pour le plaisir qui la suit, j'attachais l'idée du plus léger salaire à une œuvre aussi belle dont la pratique, dont la possession seule offre les plus puissans attraits à ceux qui l'étudient. Que notre esprit tout entier se pénètre donc de cette majesté même de l'éloquence. Elle est le plus beau présent que l'homme ait reçu des dieux; sans elle, tout est muet, point d'illustration pendant la vie, point de retentissement après la mort. Aussi ne nous lassons jamais de tendre à la perfection; c'est le moyen de monter au sommet de l'art, ou, au moins, d'en laisser beaucoup derrière nous.

Voilà, mon cher Victorius, en quoi j'ai cru pouvoir

pro virili parte adjuvari posse per nos videbantur : quorum cognitio studiosis juvenibus si non magnam utilitatem afferet, at certe, quod magis petimus, bonam voluntatem.

contribuer, pour ma part, à faciliter l'étude des préceptes de l'art oratoire. Si la jeunesse studieuse n'en doit pas retirer une grande utilité, elle y puisera, au moins, de la bonne volonté, et c'est ce que j'ai eu principalement en vue dans cet ouvrage.

NOTES.

NOTES

DU LIVRE PREMIER.

(TOME Ier.)

Page 5, lignes 1 et suivantes. *Après avoir consacré vingt années à l'instruction de la jeunesse, j'avais obtenu le repos.*

1. Ce début de Quintilien nous apprend qu'à l'instar de ce qui se pratiquait pour le service militaire, ceux qui étaient chargés, à Rome, d'un enseignement public, recevaient, au bout de vingt ans, un congé honorable. Quintilien fut le premier, au rapport de saint Jérôme, (chr. Eus.), à qui fut appliquée cette règle, sanctionnée depuis par un article du code Justinien (liv. XII; 15).

Page 7, lignes 28 et suivantes. *C'est à vous, Marcellus Victorius, que je dédie cet ouvrage.*

2. Ce fut aussi à ce même Marcellus que Stace dédia le IVe livre de ses *Sylves*, en lui consacrant la quatrième pièce de vers de ce même livre. On y voit que Marcellus était à la fois orateur et homme de guerre :

. . . . .Nec enim tibi sola potentis
Eloquii virtus, sunt membra accommoda bellis.

L'époque où Stace écrivit ses *Sylves* doit se rapprocher beaucoup de celle où Quintilien écrivit son *Institution oratoire ;* car le poète et le rhéteur parlent tous deux du fils de Marcellus, comme d'un enfant qui donnait de grandes espérances.

Voici ce qu'en dit Stace :

Quid TUUS, ante omnes, tua cura potissima, GALLUS
Nec non noster amor (dubium morumve probandus,
Ingeniive bonis) latiis æstivat in oris?

Cette citation va nous conduire aussi à une petite discussion philologique qui ne sera pas dépourvue d'intérêt. On a blâmé l'expression de *nato* dont se sert Quintilien (*Voyez* le texte, page 8, ligne 2), en parlant du fils de Marcellus. On a prétendu que *natus* ne s'employait jamais en prose, dans le sens de *filius*. Or, comment supposer qu'un écrivain du mérite de Quintilien se fût permis une pareille licence? Il faut donc de deux choses l'une; ou que cette expression ne fût pas absolument proscrite en prose; mais alors comment se fait-il qu'on n'en trouve aucun autre exemple avant lui, dans les prosateurs? ou que le texte ait été altéré, et dans cette hypothèse, n'est-il pas probable que les copistes auront écrit *gnato*, nato, pour *Gallo?*

Cette conjecture de Spalding m'a paru mériter d'être rapportée.

Page 9, ligne 19. *Et le tout sera plus soigné.*

3. Il eût peut-être été plus exact de traduire : *Et le tout sera dans un meilleur ordre*, — omnia vero compositiora. Quintilien dit cela, par opposition aux leçons orales qu'il avait données sur la rhétorique, et qu'on avait publiées sans son aveu.

Page 13, ligne 3. *Mais de nos jours, sous ce nom révéré de sages.....*

4. C'est une opinion assez généralement accréditée, que Quintilien ne s'est élevé contre les philosophes de son temps que pour faire sa cour à Domitien, qui les avait, par un édit, chassés de Rome et de l'Italie.

Notre rhéteur a déjà bien assez du reproche trop fondé qu'on lui fait, d'avoir souillé son ouvrage de l'éloge d'un monstre comme Domitien, sans qu'on lui prête encore cette flatterie indirecte, qui serait mille fois plus odieuse. Car, enfin, la reconnaissance ou la peur ont pu lui arracher des louanges que son cœur démentait, et qui n'en pèseront pas moins éternellement sur sa mémoire; mais accabler des malheureux, pour complaire au tyran qui les opprime! c'est une lâche cruauté que le caractère de Quintilien n'autorise nullement à admettre sans preuve.

Or, Dodwell (*Ann.*, Quint., § 26) établit que l'Institution oratoire était terminée *avant* l'édit de Domitien. Il ajoute que ce rhéteur, qui, dans vingt endroits de son livre, loue la philosophie et les philosophes, et notamment Socrate, n'eût pas osé le faire, *après* cet édit, dans la crainte de déplaire à Domitien : *non ita certe ornasset homines Domitiano ingratissimos, Domitiani tam proclivis, ut quam mollissime loquar, assentator.* Ce raisonnement, il est vrai, n'est pas concluant, comme le remarque Spalding, attendu que Domitien, tout en proscrivant les philosophes, ne voulait pas paraître haïr la philosophie.

J'abandonne donc volontiers la logique de Dodwell, et m'en tiens à ses calculs chronologiques, pour ne plus voir dans les sorties tant reprochées à Quintilien, qui d'ailleurs professe partout la plus sincère estime pour la philosophie, que l'indignation d'une âme honnête contre des charlatans hypocrites qui cachaient leur cynisme et leurs déréglemens sous des dehors de vertu et d'austérité. Juvénal, son contemporain, a partagé cette indignation, sans qu'on la lui ait reprochée comme un trait de flatterie. Ne sont-ce pas les mêmes hommes qu'il fouette d'un vers sanglant, dans la deuxième satire?

> Frontis nulla fides : quis enim non vicus abundat
> Tristibus obscœnis?

Page 17, lignes 1 et 2. *A tout cela, je mêlerai, suivant l'occurrence, quelques modèles de composition.*

5. Le texte porte : *his omnibus admiscebitur, ut quisque locus postulabit, dicendi ratio.* Quintilien entend par là qu'il conformera son style, *dicendi ratio*, à la nature du sujet qu'il traitera, *ut quisque locus postulabit*; et c'est un engagement qu'il a tenu dans tout le cours de son ouvrage.

Page 21, ligne 10. *C'est elles* (les nourrices) *que l'enfant doit entendre d'abord.*

6. Lisez : *Ce sont elles que l'enfant, etc.*

Lignes 23 et 24. *On sait combien l'éloquence de Cornélie influa sur celle des Gracques.*

7. C'était l'opinion de Cicéron, qui dit, dans son *Brutus*, chap. 58 : *Legimus epistolas Corneliæ matris Gracchorum. Apparet filios non tam in gremio educatos, quam in sermone matris.* « J'ai lu les lettres de Cornélie, mère des Gracques. On voit bien que ses fils ont été encore plus formés par son langage que par ses soins maternels. »

Page 21, lignes 26, 27 et 28. *On dit que la fille de Lélius reproduisait dans la conversation toute l'éloquence de son père.*

8. Je suivais un autre texte que celui de Spalding, quand j'ai traduit ce passage; sans cela, je n'aurais pas hésité à me ranger à l'avis de ce commentateur, qui substitue, dans le texte, *elegantiam* à *eloquentiam*, et rappelle à ce sujet ce que dit Cicéron : *Auditus est nobis Lœliæ sæpe sermo : ergo illam patris* ELEGANTIA *tinctam vidimus.* « J'ai souvent entendu Lélia ; elle me rappelait l'*élégance* de son père. »

Lignes 28 et 29. *Et nous lisons encore une harangue de la fille d'Hortensius.*

9. Freinshemius a donné, d'après Appien (*de Bello civili*), une esquisse de cette harangue, dans ses Supplémens à l'Histoire de Tite-Live (liv. CXXII, chap. 44 et 45).

Voici ce qui y donna lieu. Les triumvirs avaient dressé une liste de quatorze cents dames romaines présumées les plus riches, et les avaient taxées arbitrairement à une imposition énorme pour les frais de leur guerre impie.

Indignées d'un acte aussi révoltant qu'inouï, ces nobles matrones cherchèrent d'abord quelque appui auprès des proches parentes d'Octave, de Lépide et d'Antoine ; mais, ayant été grossièrement rebutées par Fulvie, épouse de ce dernier, elles ne purent dévorer cet affront, et se déterminèrent à porter leurs doléances au tribunal même de leurs persécuteurs. Hortensia, chargée de porter la parole, mit tant de force et d'éloquence dans son plaidoyer, que les triumvirs, malgré leur puissance et leur avidité, réduisirent à quatre cents le nombre des dames romaines qui restèrent proscrites dans leurs biens.

Valère-Maxime rend compte aussi de ce fait (liv. VIII, chap. 3).

Page 23, ligne 5. *Ce que j'ai dit des nourrices, je le dis également des enfans.*

10. Spalding veut que par le mot *pueri*, on entende de jeunes esclaves, *servuli*, et non des enfans, des compagnons d'âge, *æquales ingenui*.

Rollin n'y attachait pas le même sens; car il n'eût pas manqué de le dire dans son édition abrégée de *Quintilien*, et il ne fait aucune remarque sur ce mot. Gédoyn traduit aussi comme moi. J'avoue que l'interprétation de Spalding ne m'a pas satisfait, et qu'il m'a paru plus vraisemblable que Quintilien voulait désigner par *pueri* les enfans de condition libre, parmi lesquels est élevé celui qu'on destine à être orateur.

Page 23, ligne 7. *A l'égard des précepteurs....*

11. Si le mot *pédagogue* n'était devenu une espèce d'injure, ce serait sans doute le seul qui pût rendre exactement le mot latin *pædagogus*, conducteur d'enfant; car la fonction du pédagogue, auprès des enfans des riches, se bornait à les accompagner partout et à les surveiller, et ne dispensait pas de leur donner des maîtres; mais il a bien fallu sacrifier le mot propre, sous peine d'être ridicule, et comment le remplacer autrement que par celui de *précepteur?* ce mot pourtant est loin de signifier la même chose, car, à coup sûr, les Bossuet et les Fénélon, ces illustres précepteurs des fils de France, n'étaient pas de simples pédagogues, dans l'acception même la plus honorable de ce mot. Voilà comme les langues s'appauvrissent par des scrupules.

Ligne 17. *Au rapport de Diogène le Babylonien, Léonidès, gouverneur d'Alexandre....*

12. Ce Diogène le Babylonien était un philosophe stoïcien, qui vint à Rome, avec Carnéade et Critolaüs, dans une ambassade dont parle Cicéron (*de Orat.*, cap. XXXVII, XXXVIII). Il ne reste rien de lui; on sait seulement qu'il écrivit sur la dialectique.

Quant aux vices que Léonidès fit contracter à Alexandre, il est assez singulier, comme le remarque Spalding, que ce fait ne se trouve dans aucun des écrivains qui ont précédé Quintilien, ni dans aucun de ceux qui l'ont suivi, et qu'il faille, pour en retrouver quelque trace, recourir à un auteur du neuvième siècle, Hincmar, archevêque de Rheims, qui s'exprime ainsi, dans son épitre XIV aux grands du royaume: *Et legimus quomodo Alexander in pueritia sua habuit* BAJULUM (ce mot, dans le moyen âge, désignait le gouverneur d'un prince enfant) *nomine Leonidem, citatis moribus et incomposito incessu notabi em; quæ puer, quasi lac adulterinum sugens, ab eo sumpsit.* « J'ai lu qu'Alexandre eut, dans son enfance, un gouverneur nommé Léonidès, d'un caractère violent et d'une allure désordonnée : vices que ce prince retint de lui, en suçant, pour ainsi dire, un lait empoisonné. »

D'où Hincmar avait-il pu tirer ce fait? voilà de quoi exercer la sagacité des critiques.

Page 31, lignes 27 et suivantes. *Je ne blâme pas non plus l'usage d'exciter le zèle des enfans, en leur donnant pour jouets des lettres figurées en ivoire....*

13. On voit que la méthode d'instruire les enfans, en les amusant, n'est pas nouvelle; mais je ne puis m'empêcher de remarquer que cette sollicitude, pour épargner des peines à l'enfance et lui aplanir les voies de l'enseignement, signale toujours une époque de relâchement dans l'éducation : et ce n'est pas le seul rapprochement que le siècle de Quintilien offrirait, sous ce point de vue, avec le nôtre.

Page 33, lignes 23 et suivantes. *Quant aux syllabes..... il faut les apprendre toutes,.... afin de les reconnaître sur-le-champ....*

14. Le texte porte : *Nec, ut fit plerumque, difficillima quæque earum differenda, ut in nominibus scribendis* DEPREHENDANTUR. Gédoyn traduit : *Et il ne faut pas même différer à leur montrer les plus difficiles, sous prétexte qu'elles se présenteront assez d'elles-mêmes, etc.* Je ne crois pas que ce soit là le sens. Quintilien veut qu'on apprenne aux enfans les syllabes les plus difficiles, sans les ajourner, afin qu'elles soient *reconnues par eux*, « ut deprehendantur, » lorsqu'il s'agira d'écrire des mots composés de plusieurs syllabes. C'est aussi le sens que Rollin donne à ce passage. Quant à Spalding, il y voit une forme ironique. On pourrait traduire ainsi sa pensée : *Il ne faut pas non plus, comme font souvent les maîtres, ajourner les syllabes les plus difficiles, sans doute afin que les enfans soient arrêtés tout court* (ut deprehendantur), *quand ils écriront des noms.* Je conviens que le mot *deprehendi* a souvent, dans Quintilien, le sens que lui donne ici Spalding; mais il a aussi celui de *dignosci*, *intelligi*, et cette dernière acception m'a paru plus claire et plus logique.

Page 37, chap. 2. *L'éducation privée est-elle préférable à l'éducation publique?*

15. Quintilien traite cette question avec une éloquence et une dialectique admirables. Il l'examine sous le double rapport des

mœurs et des études, et ne laisse, ce semble, rien à désirer pour établir la supériorité de l'éducation publique sur l'éducation privée.

Ce chapitre est très-remarquable et l'un des plus beaux de l'ouvrage. La partie relative aux mœurs est empreinte des couleurs les plus vives qui n'ôtent rien à la solidité des pensées. Quel tableau que celui où il peint l'intérieur des familles romaines et les funestes influences que devaient exercer sur le moral des enfans, et ces molles délicatesses dont ils étaient l'objet, et ces honteux désordres dont on les rendait témoins !

Pour ce qui regarde les études, on sent qu'il est là tout-à-fait sur son terrain. Aussi les raisonnemens y sont-ils pressans et forcent-ils la conviction. C'est surtout avec une raison supérieure que Quintilien envisage la destinée future de l'orateur, et le besoin pour lui de puiser de bonne heure, dans le commerce de ses semblables, cette connaissance des hommes et cette expérience que réclame à un si haut degré le maniement des affaires publiques.

Page 41 ; lignes 19 et suivantes. *Que ne convoitera-t-il pas, quand il sera adulte, l'enfant qui rampe dans la pourpre ?*

16. Les étoffes de pourpre étaient fort en usage à Rome. Elles servaient de vêtemens, on en faisait des couvertures de lit et jusqu'à des tapis. Ainsi l'enfant en dormait enveloppé, la nuit, et les foulait à ses pieds, le jour.

Ce luxe fut introduit à Rome par la conquête de l'Asie. *Luxuriæ peregrinæ origo, ab exercitu asiatico invecta in Urbem est,* dit Tite-Live (liv. XXXIX, chap. 6).

Lignes 20 et suivantes. *Il ne peut encore exprimer les premiers besoins, que déjà il connaît la graine dont on teint l'écarlate, et joue avec la coquille du murex.*

17. Jam *coccum* intelligit, jam *conchylium* poscit. » Ce passage a beaucoup exercé les commentateurs. Les uns y ont vu le complément de l'idée exprimée dans la phrase qui précède : *Quid non adultus concupiscet, qui in purpuris repit ?* Les autres, le commencement de l'idée développée dans la phrase qui suit : *Ante palatum eorum, quam os instituimus ;* et, suivant cette manière de voir, on a donné à l'enfant des désirs anticipés ou de *luxe* ou de *sensualité*.

Les partisans de cette dernière opinion lisent donc *cocum* (*coquum*) au lieu de *coccum*, et dans *conchylium* ils voient, non ce poisson à coquille dont on tirait la pourpre (*murex*), mais un coquillage à manger. C'est dans ce sens qu'Horace a dit :

Lubrica nascentes implent *conchilia* lunæ.
(*Sat.* IV, vers. 30.)

Nos, inquam, cœnamus aves, *conchilia*, pisces.
(*Sat.* VIII, vers. 27.)

Spalding, tout en laissant subsister *coccum*, par respect pour le texte, paraît pencher pour *cocum*, et s'appuie de Gédoyn, qui traduit ainsi : *A peine peuvent-ils bégayer* (les enfans) *qu'ils savent déjà demander ce qu'il y a de plus* FRIAND *et de plus* EXQUIS.

Ceux qui défendent l'opinion que j'ai suivie me paraissent admettre un sens tout aussi raisonnable; car, en considérant la phrase en question comme le corollaire de la précédente, ils sont fondés à voir dans *cocum* la graine dont on teignait l'écarlate, et, dans *conchylium*, le poisson d'où l'on tirait la pourpre. Quant au *jam intelligit* et au *poscit*, ils s'adaptent aussi bien à une leçon qu'à l'autre : celle-ci est d'ailleurs la plus accréditée. Quoi qu'il en soit, comme on peut se déterminer sans inconvénient pour l'une ou pour l'autre interprétation, je ne pousserai pas plus loin la discussion, et mes lecteurs pourront opter.

Page 45, lignes 5 et 6. *Je ne parle pas des partitions et des déclamations des rhéteurs.....*

18. Spalding dit d'abord que les partitions sont les matières que les maîtres donnaient à leurs élèves, en leur indiquant les points qu'ils auraient successivement à traiter, et d'après lesquelles ceux-ci rapportaient *ce qu'on appelle encore aujourd'hui, dans nos collèges, des amplifications*; mais bientôt après, avec la candeur et la bonne foi d'un vrai savant, il reconnaît qu'il faut s'en tenir à l'explication que donne Ernestus (*in Lex. tech. lat.*), et entendre, par les partitions, l'exposé des doctrines de la rhétorique, en ce qui concerne les points principaux d'un discours et autres artifices oratoires. Cette explication est beaucoup plus satisfaisante, attendu que Quintilien parle ici des leçons données par les rhéteurs, et qu'après ces leçons *partitiones*, viennent les déclamations, c'est-à-dire les modèles de composition offerts aux jeunes gens par les rhéteurs eux-mêmes.

Page 47, ligne 23. *Et cette sorte d'instinct qu'on appelle le sens commun.....* — *Sensum ipsum qui communis dicitur.*

19. Spalding, qui connaissait bien notre langue, dit que le *sensus communis* des Latins, au temps de Quintilien surtout, répond exactement à notre mot français *sens commun*. C'est cette faculté qu'on acquiert, pour ainsi dire à son insu, par le frottement journalier avec les autres hommes, et qui fait agir et parler d'après des règles généralement reçues : faculté qui manque assez ordinairement à ceux qui, par état, vivent loin du monde, ou que les préjugés de leur condition isolent en quelque sorte du reste de la société.

Notre rhéteur a donc raison de dire que l'orateur appelé à vivre *au grand jour des affaires publiques* ne saurait s'accoutumer de trop bonne heure à connaître les hommes, *non reformidare homines*.

Page 49, lignes 4 et 5. *Et, quoique l'ambition soit par elle-même un vice....* *Et licet ipsa vitium sit ambitio.*

20. Ce mot *ambitio*, suivant la remarque de Spalding, semble avoir contracté sous les Césars une autre signification que celle qu'il avait sous la république. Alors il exprimait seulement l'empressement que l'on mettait à rechercher la faveur du peuple pour obtenir les honneurs; et Cicéron ne se fait pas scrupule de parler de son *ambition* comme d'une des principales occupations de sa vie (Voyez *de Orat.*, lib. 1, cap. 1). Plus tard, et quand la faveur du peuple ne conduisait plus à rien, quand celle du prince était tout, le mot *ambitio* perdit son acception primitive, et sembla se restreindre à une affectation de vaine gloire, ce qui en fit un vice, mais un vice qui, dans un cœur généreux, peut être la source des vertus, comme l'observe Quintilien.

Ligne 19. *Cette lutte nous donnait plus d'ardeur.*

21. Il y a dans le texte : *Id nobis* ACRIORES *ad studia dicendi* FACES *subdidisse.*

Spalding fait voir que ce mot *faces*, employé métaphoriquement par Cicéron dans le sens de *pièges, douleurs*, se trouve souvent chez les écrivains du siècle de Quintilien pour *stimuli*, aiguillons, par une image tirée des incendies. Il cite, à ce sujet, un passage de Sénèque (*de Ira*, ii, 14) tout-à-fait conforme à celui de notre auteur : *Equos stimulis* FACIBUSQUE SUBDITIS *excitamus*.

N'est-il pas évident dès-lors que c'est aux Latins que nous avons emprunté cette locution métaphorique : *Mettre à quelqu'un le feu sous le ventre*, « *aliquem* FACIBUS SUBDITIS *excitare ?* »

Page 53, lignes 1 et suivantes. *Concluons : il n'y aurait pas d'éloquence.....*

22. Ce deuxième chapitre, si remarquable, comme je l'ai déjà dit, se termine par une pensée vive et profonde : *Non esset in rebus humanis eloquentia, si tantum cum singulis loqueremur.* C'est, dit Rollin, comme un dernier trait que Quintilien enfonce dans l'esprit du lecteur, *velut aculeum in animo relinquit.*

Même page, chap. iii.

23. Ce chapitre renferme les réflexions les plus sensées sur le soin que doit apporter un maître habile à bien discerner le caractère et les dispositions des enfans : c'est le langage de la raison appuyée sur l'expérience.

Mais ce qu'on aime surtout à trouver uni, dans Quintilien, à tant de pénétration et de sagesse, c'est cette indulgente bonté qu'il témoigne pour l'enfance, c'est cet intérêt avec lequel il la suit, au milieu de ses jeux, et surtout sa sollicitude *pour un âge faible et sans défense contre les outrages, in ætatem infirmam et injuriæ obnoxiam*; sollicitude qui lui a dicté ce qui a peut-être jamais été dit de plus vrai et de plus fort contre un genre odieux de châtiment, dont nos écoles sont aujourd'hui heureusement délivrées.

Page 63, lignes 6 et suivantes. *Comment pourra-t-on lire Empédocle chez les Grecs, Varron et Lucrèce chez les Latins ?*

24. Empédocle, poète d'Agrigente, avait composé, entre autres, un poème sur les choses naturelles, περὶ φύσεως, dont il reste quelques fragmens. Il suivait la philosophie de Pythagore, et c'est pour cela que, dans sa *Poétique*, Aristote le range parmi les philosophes plutôt que parmi les poètes.

M. Terentius Varron, auteur des *Satires Ménippées* [*], ouvrage mêlé de prose et de vers, dont quelques lambeaux recueillis par

---

[*] On a donné ce nom à une satire fameuse qui parut du temps de la ligue.

des grammairiens, attestent que ces satires étaient philosophiques et morales. On trouve aussi dans le grammairien Nonnius des vers de Varron, tirés d'un ouvrage intitulé : *Périple philosophique*, et d'un autre qui avait pour titre : *Prométhée*.

Lucrèce est assez connu par son poëme *de Rerum natura*, dont M. de Pongerville a fait une belle traduction en vers.

Pag. 63, lignes 15 et suivantes. *La grammaire, indispensable aux enfans, est un délassement pour les vieillards.*

25. On reconnaît le sens exquis de Quintilien, dans ce qu'il dit ici de l'étude de la grammaire. Quelque dédain qu'affectent pour cette étude des esprits légers et superficiels, on ne peut méconnaître que c'est le fondement de toute instruction solide, puisque ce n'est qu'avec son secours qu'on apprend à bien saisir les rapports qui existent dans toutes les langues entre les pensées et les signes destinés à les exprimer.

Tout ce que notre rhéteur a accumulé de remarques grammaticales dans ce chapitre, est très-curieux. Peut-être y pourrait-on désirer un peu plus de méthode, et surtout ces déductions logiques qui donnent tant d'intérêt à l'étude de la grammaire dans notre célèbre Du Marsais, et dans les écrivains sortis de son école.

Lignes 27 et 28. *En effet, toutes les oreilles sont-elles aptes à apprécier les diverses valeurs des lettres ?*

26. Chaque voyelle, s'il faut en croire Priscien*, a au moins dix tons.

Même page, à partir de la dernière ligne jusqu'à la vingtième de la page suivante. *Mais le véritable grammairien ....*

27. Ce paragraphe donne lieu à plusieurs remarques intéressantes sur l'alphabet des Latins.

On voit d'abord qu'il ne comprenait ni l'*y* ni le *z*, et que ces lettres s'employaient exclusivement, au temps de Quintilien, dans les mots empruntés aux Grecs. Priscien prétend que les anciens Latins ne se servaient ni de l'*y* ni du *z*, et que pour le premier ils employaient *u*, et pour le second *s* simple ou *ss* double ; c'est ainsi qu'ils remplaçaient le ψ par *ps*.

---

* C'était un grammairien célèbre qui vivait à la fin du cinquième siècle et au commencement du sixième.

Il paraît aussi que dans certains mots comme *servus* et *vulgus*, qu'on écrivait *seruus*, *uulgus*, et généralement dans ceux où se trouvaient accolés les deux *v u*, l'un consonne et l'autre voyelle, leur alphabet manquait de signe pour exprimer la différence de prononciation de chacun. Ce fut pour suppléer à cette insuffisance, que l'empereur Claude essaya, mais sans succès, d'introduire le digamma éolien. Tacite, dans ses *Annales* (liv. XI, 14), dit que de son temps on voyait encore cette lettre dans des sénatus-consultes, publiés sous le règne de Claude, et fixés en airain sur les murs des temples et dans les places publiques. Ce signe *F*, que d'autres présentent renversé ꟻ, était particulier aux Grecs d'Éolie, et leur servait tantôt d'aspiration, tantôt de consonne simple et quelquefois double. Ainsi de ἑλένη ils faisaient Fελένη, de ῥόδον Fρόδον, etc. On voit que le digamma éolien n'était autre que la lettre F dont la forme, en effet, est celle d'un double F. Il semblerait résulter de là que les Latins prononçaient ser*F*us et *F*ulgus, et non pas ser*v*us et *v*ulgus. On croit cependant que le digamma se rapprochait davantage, pour la prononciation, du W anglais.

Après avoir parlé de certaines lettres ou signes qui manquaient à l'alphabet des Latins, Quintilien signale ce que ce même alphabet paraît offrir de surabondant, comme la lettre *k* qui était plutôt un signe attaché à certains noms, qu'une véritable lettre, et le *q* qui rappelle à peu-près le kappa des Grecs, et dont ceux-ci ne se servent plus que pour désigner un nombre; enfin la lettre *x*, qui ne fut introduite que sous le règne d'Auguste.

En effet, les deux premières lettres ont leurs équivalens dans la lettre *c*, et quant à la lettre *x*, les anciens y suppléaient par deux consonnes. Ainsi, pour *rex*, *lex*, ils écrivaient *regs*, *legs*, et pour *pix*, *pigs*, etc.

Quant au signe d'aspiration que Quintilien juge également superflu, il veut parler de la lettre H, qui fut originairement destinée à donner une accentuation forte à certaines voyelles initiales. Or, selon lui, la syllabe, fortement aspirée, n'a pas plus besoin d'être notée, que celle qui n'est point aspirée, ou bien il faudrait marquer l'aspiration par ce signe ⊢, et la non aspiration, ou esprit doux, par le signe contraire ⊣; car c'est de ces deux signes ⊢ et ⊣ qu'on a formé le signe aspiratif H. Il faut savoir, pour bien entendre ceci, que c'était une grande discussion parmi les grammairiens, de décider si le H était une lettre ou un simple signe : le plus grand nombre, et Quintilien avec eux, était de ce dernier avis.

Dans notre langue, la lettre H, au commencement des mots, joue souvent le même rôle que chez les Latins, et quand elle n'aspire pas la voyelle qui la suit, elle ne modifie en rien le son de cette voyelle, et est par conséquent superflue.

Page 65, lignes 21 et suivantes.

28. Le commencement de ce passage est fort obscur, et tous les commentaires auxquels il a donné lieu, n'y jettent pas une grande lumière. Quintilien dit : *aliquas vocales pro consonantibus usus accepit, quia* JAM *sicut* TAM *scribitur*, *et* VOS *ut* COS, ou, suivant d'autres leçons, QUOS *ut* COS. Toute l'obscurité de ce passage ne tiendrait-elle pas au mot *scribitur*, que Spalding propose de changer en *dicitur, pronuntiatur?*

Page 67, lignes 17 et 18. *Non-seulement il connaîtra toutes ces anomalies qui tiennent ou à la conjugaison ou à une préposition....*

29. Le texte porte : *neque has modo noverit mutationes quas afferunt* DECLINATIO *aut præpositio.* Il est bon de faire remarquer ici que les anciens appliquaient le mot *declinare* aux verbes comme aux noms.

Il est curieux de suivre, dans ce passage et dans le suivant, toutes les vicissitudes et les altérations qu'avaient subies certains mots de la langue latine, au temps de Quintilien. Arrêtons-nous un instant à un rapprochement assez singulier. *Les anciens,* dit notre rhéteur, *prononçaient* FORDEUM *et* FOEDUS, *pour* HORDEUM *et* HOEDUS, *en se servant de la lettre F ou d'une autre semblable, au lieu d'aspiration**. Spalding, avec sa sagacité ordinaire, trouve un changement absolument analogue dans la langue française, et cite à ce sujet notre vieux mot *fors*, qui vient évidemment du

---

* *Pro aspiratione* VAU *simili littera utentes*, dit le texte de Spalding. D'autres éditions portent : *pro aspiratione F, vel simili littera utentes.* Je m'en suis tenu à cette leçon comme plus intelligible pour le lecteur qui a déjà, par ce qui précède, une idée de l'usage que l'on faisait de la lettre F ou digamma éolien.

mot latin *foris*, et dont nous avons fait *hors*. N'est-ce pas là l'exacte transformation de *fordeum* et *fœdus* en *hordeum* et *hœdus* ?

Quintilien passe en revue toutes les lettres qui en ont successivement remplacé d'autres dans les mêmes mots, ce qui a dû tenir à une affinité secrète entre ces diverses lettres, laquelle ne peut être appréciée que par l'oreille des nationaux. Ainsi, pour m'en tenir à un seul exemple, les Italiens ont substitué *i* à *l*, dans presque tous les mots qu'ils ont retenus des Latins, flamma, *fiamma*; flumen, *fiume*; plenus, *pieno*; clamare, *chiamare*, etc., etc.

Page 73, lignes 18 et suivantes.

30. Tout ce paragraphe, sur l'origine de divers noms propres, se ressent de la perturbation du texte. J'ai tâché d'y être le plus clair possible, en groupant ces noms autour des circonstances qui leur paraissaient applicables, d'après les étymologies plus ou moins satisfaisantes que j'ai pu découvrir.

Page 81, lignes 20 et 21. *Comme le mot* CANTHUS....

31. Ce mot, que Quintilien croit africain ou espagnol, pourrait bien nous avoir donné notre mot *jante*, qui signifie aussi la bande de fer qui lie les roues.

Perse a employé ce mot dans sa *Satire* v, vers 91 :

Vertentem sese frustra sectabere canthum.

Page 85, ligne 7. *Scala* et *scopa*, *hordea* et *mulsa*. ...

32. Les Latins ne disaient qu'au pluriel *scalæ* et *scopæ*, une échelle, une brosse, et ne disaient qu'au singulier *hordeum*, *mulsum*, *triticum*, grains, vin doux, froment.

Servius remarque que les mots qui expriment la réunion de plusieurs choses n'ont pas de singulier, et que ceux qui ont rapport au nombre, au poids, à la mesure, manquent en général de pluriel. Je crois que cela tient plutôt au génie particulier de chaque langue. Ainsi nous disons une échelle, une brosse, et nous disons des grains; notre langue est-elle, pour cela, moins logique ? Non; seulement, dans les mots *scalæ*, *scopæ*, les Latins exprimaient la partie pour le tout, et nous le tout pour la partie.

Page 85, ligne 22. *Tel est ce vers qu'on trouve dans* VARRON.

33. Il s'agit ici de P. Terentius Varron, natif d'Atace, ville de la Gaule Narbonnaise, et contemporain du docte et célèbre Varron. Quintilien en parle avec éloge dans son x^e livre. Il avait, entre autres ouvrages, traduit quatre livres des *Argonautes* d'Apollonius de Rhodes. Il ne nous est rien resté de lui.

Page 107, lignes 14 et suivantes. *Pour le mot* SOLITAURILIA, *on ne doute pas qu'il ne vienne de* sus ovis *et* taurus; *et, en effet, c'est avec ces animaux que se fait le sacrifice décrit par Homère.*

34. Dans le huitième chant de l'*Odyssée*, lorsque Alcinoüs prélude, par un sacrifice, aux jeux qu'il va faire célébrer devant Ulysse, il immole douze *brebis*, huit *porcs* aux dents éclatantes et deux *taureaux* vigoureux. Dans le xie chant, Tirésias dit à Ulysse : *Sacrifie au redoutable Neptune d'illustres victimes, un bélier, un sanglier mâle avec un taureau.* (Traduct. de M. de Montbel.)

Page 109, lignes 1 et 2.

. . . . . . Nerei
Repandirostrum, incurvicervicum pecus.

35. La traduction littérale de ce vers barbare forgé par Pacuve, serait : *Le troupeau de Nérée* AU MUFLE RECOURBÉ *et* AU COU PLIÉ. Il est question des phoques ou veaux marins consacrés à Nérée, et dont Protée était le gardien.

Page 111, lignes 10 et suivantes. *Les onomatopées ne sont pas accordées à notre langue. Qui en supporterait du genre de celles qu'on admire si justement dans Homère.....*

36. On ne peut nier que c'est surtout aux langues harmonieuses et riches qu'il appartient de créer des onomatopées. Aussi, la langue grecque en offre-t-elle beaucoup. Par exemple, et malgré l'insuffisance très-probable de notre prononciation, comment méconnaître le sifflement qui se fait entendre dans ces mots : Λίγξε βιός, *striduit arcus?* (*Iliade*, liv. IV, vers 125.) N'est-ce pas aussi le frémissement d'un fer rouge qu'on plonge dans l'eau,

ou d'un poisson qu'on jette dans la poêle à frire, que portent à notre oreille ces mots du même poète, en parlant de l'œil du cyclope, qu'Ulysse a crevé avec un pieu enflammé : ὡς τοῦ σίζ' ὀφθαλμὸς, *sic ejus oculus fremuit.* (*Odyssée*, liv. IX, vers 394.)

Notre Racine, sans avoir à sa disposition une langue aussi souple, a cependant lutté d'harmonie imitative avec Homère, dans cet hémistiche fameux : *L'essieu crie et se rompt*, qui vaut au moins μέγα δ'ἔβραχε φήγινος ἄξων, *multum crepuit fraxinus axis.*

Page 113, lignes 1 et suivantes. *Imo de stirpe recisum...., et autres semblables; car alors le jugement des maîtres....*

37. Les grands maîtres ont seuls le privilège de ces hardiesses, parce qu'il n'est donné qu'à eux de les compenser par des beautés.

C'est ce même sentiment de l'harmonie qui a guidé Racine dans l'emploi du mot *amour*, tantôt au masculin, tantôt au féminin; et, certes, ce n'a pas été sans raison qu'il a fait dire à Clytemnestre, dans *Iphigénie* :

Payer *sa folle amour* du plus pur de mon sang.

car la mesure du vers s'arrangeait tout aussi bien de *son fol amour*.

Page 121, ligne 27. *C'est comme Antonius Gniphon.*

38. Ce Gniphon était un Gaulois, grammairien et rhéteur dont Cicéron fréquenta l'école, étant déjà revêtu de la préture. Il avait fait un traité sur la langue latine. Suétone lui a consacré quelques lignes dans sa *Biographie des rhéteurs*, chap. VII.

Page 123, ligne 1. De *Judex vindex, judicis vindicis....*

39. Quintilien fait voir dans ce paragraphe l'affinité qui se remarque entre les voyelles *u* et *o*, *e* et *i*.

De la page 123 à la page 129 sur l'étymologie.

40. Quintilien, tout en reconnaissant l'utilité de l'étymologie chaque fois qu'il s'agit de donner l'interprétation d'un mot par son origine, tout en avouant que cette partie de la grammaire demande beaucoup d'érudition, signale fort judicieusement les écueils où donnent ceux qui ne savent pas se mettre en garde contre la manie de tout expliquer.

Page 129, lignes 31 et suivantes. *Les mots qu'on emprunte au vieux langage....*

41. Lorsque les langues ont été fixées par les grands écrivains, ceux qui viennent après se mettent à la torture pour retremper un idiome qui leur paraît usé à force d'être poli. De là des mots nouveaux qui semblent répondre mieux à un nouvel ordre d'idées et de besoins; de là aussi ces excursions quelquefois heureuses, quelquefois bizarres, dans les annales du vieux langage. Faites avec discernement et habileté, elles ont réussi de nos jours à quelques écrivains. Quant à ceux qui tentent de ressusciter parmi nous le jargon du douzième siècle, je leur dirai avec Quintilien : *Employez de préférence les mots les plus accrédités parmi les nouveaux, et les moins surannés parmi les anciens.*

Page 131, lignes 17 et suivantes. *Que le même discernement vous guide, par rapport à l'autorité.*

42. Ce que dit ici Quintilien des mots que l'on se croit fondé à employer, par cela seul que de grands écrivains s'en sont servis, est également vrai pour nous; car, comme il le remarque avec autant de finesse que de raison, *multum refert non solum quid* DIXERINT, *sed etiam quid* PERSUASERINT.

Qui supporterait aujourd'hui certaines expressions de Corneille, malgré l'autorité d'un si grand nom ?

Pag. 133, lignes 16 et suivantes. *J'appellerai donc usage, pour parler, ce qui est unanimement consacré parmi* LES GENS BIEN NÉS.

43. *Ergo consuetudinem sermonis vocabo consensum* ERUDITORUM. Je ne sais quelle préoccupation a pu me faire traduire *eruditorum* par *gens bien nés*; c'est un véritable non-sens : il fallait dire les gens *éclairés* par opposition aux ignorans, *imperitis*, dont Quintilien parle trois lignes plus haut.

Page 137, lignes 29 et 30. *Les anciens Latins terminaient plusieurs mots par un* d, *comme on le voit encore sur la colonne rostrale élevée à Duilius.*

44. Duilius fut le premier Romain qui vainquit les Carthaginois sur mer. On lui éleva, dans le Forum, une colonne appelée *rostrale*, à cause des éperons de navires dont elle était ornée, et qui, en latin, s'appellent *rostra*.

La base de cette colonne fut découverte à Rome dans les premières années du dix-septième siècle : c'est le plus ancien monument de la langue latine. Ciacconius en a donné le dessin dans une dissertation, où il explique l'inscription à moitié détruite qu'on lisait sur cette base. On y voit que les anciens Romains écrivaient *pucnandod* pour pugnando, *marid* pour mari, *dictatored* pour dictatore, *in altod* pour in alto, *navaled prædad* pour navali præda.

Page 139, lignes 1 et 2. *Ainsi qu'on le remarque au temple du Soleil, près le palais Quirinus, où on lit* vesperug *pour* vesperugo.

45. On lit dans le texte : *Ut in* PULVINARI *Solis, qui colitur juxta ædem Quirini,* VESPERUG; *quod vesperuginem accipimus.*

Pline rapporte, d'après Fabius Vestalis (*Hist. nat.*, VII, 60), que Papirius Cursor avait établi un cadran solaire au temple de Quirinus, et Nardini (*De veteri Roma*, liv. IV, ch. 6) conjecture qu'on ajouta depuis à ce temple un édifice également consacré à la religion, *ædificium cum pulvinari.* Burmann fortifie cette conjecture d'un passage de Denys d'Halicarnasse, d'où il semblerait résulter qu'autrefois Tatius avait élevé dans ce même lieu un temple au Soleil, ce qui aurait plus tard déterminé Papirius Cursor à y faire placer un cadran solaire.

Quant au mot *pulvinar,* qui signifie proprement le lit sur lequel était couchée la statue d'un dieu, et qui était sans doute un morceau de sculpture en bois, en marbre ou en toute autre matière dure figurant un lit, était-ce sur le devant de ce lit même qu'était gravé le mot *vesperug,* ou n'est-ce qu'une métonymie pour désigner le temple du Soleil, sur le fronton duquel on lisait ce mot?

A l'égard du mot lui-même, il est probable, comme le remarque Spalding, que les anciens Romains disaient *vesperu* pour *vespere,* ainsi qu'ils disaient *noctu* à l'ablatif, au lieu de *nocte.* Le *g* final était donc une addition dans le genre de celle du *d* dont Quintilien parle à l'occasion de la colonne de Duilius, et non une mutilation du mot *vesperugo,* comme on paraissait le croire de son temps, opinion qu'il semble improuver, en disant *quod vesperuginem accipimus.*

Page 141, lignes 18 et 19. *On prétend que c'est à une inscription de C. César que nous devons de dire aujourd'hui* optimus, maximus, *que les anciens prononçaient* optumus, maxumus.

46. Chez les anciens, l'*i* bref au milieu des mots s'écrivait *u*, de manière à faire entendre dans la prononciation comme un son intermédiaire entre *i* et *u*.

Suétone dit que C. César Caligula se faisait donner, entre autres noms, celui de *optimus maximus Cæsar*; d'où l'on peut inférer, d'après le caractère de ce prince, qu'il avait pris ce surnom sur quelque monument, et que c'est de là que date cette orthographe.

Ligne 21. *Nous disons maintenant* here.

47. Le son de la voyelle finale de ce mot flottait entre *e* et *i*. En l'écrivant, du temps de Quintilien, l'usage était de le terminer par un *e*, et l'on a fini par adopter l'ancienne écriture; *heri* est resté. Par une destinée contraire, *sibi* et *quasi* ont remplacé *sibe* et *quase* des anciens.

Page 147, lignes 1 et suivantes. *Toutes ces connaissances ne nuisent pas à ceux qui s'en servent.....*

48. Il était difficile de clore ce chapitre par une réflexion plus ingénieuse et plus vraie. Après avoir cité l'exemple de Cicéron, de Messala, de César, qui ne dédaignèrent pas d'entrer dans des détails de grammaire, Quintilien n'était-il pas fondé à dire, et ne sommes-nous pas autorisés à répéter après lui : *Non obstant hæ disciplinæ per illas euntibus, sed circa illas hærentibus?*

Page 153, ligne 15. *Leurs fautes sont déguisées sous des noms honorables.*

49. *Metaplasmos enim et schematismos et schemata vocamus.* J'aurais craint d'effaroucher les oreilles en traduisant ces mots : metaplasmos, schematismos et schemata. Ce sont autant de figures. Le barbarisme, dit Charisius, s'appelle, chez les poëtes, *metaplasmus**, et le solécisme, *schema***.

---

* On appelle métaplasme un mot tronqué à dessein par le poëte, soit à cause de la mesure, soit pour qu'il produise plus d'effet.

** Figure.

Page 163, lignes 3 et 4. *Telles que les* CÉRATINES *et les* CROCODILINES.

50. On appelait ainsi de petites questions captieuses propres à exercer le jugement des enfans. Elles avaient pris naissance chez les stoïciens, qui, comme on sait, étaient de subtils raisonneurs.

Or, les *cératines* se nommaient ainsi du mot κέρατα, *cornes*, à cause de ce paralogisme rapporté par Sénèque, liv. v, *Ép. à Lucilius :* — *Ce que vous n'avez pas perdu, vous l'avez; vous n'avez pas perdu de cornes; donc vous avez des cornes.* Voilà bien un véritable syllogisme cornu.

Les *crocodilines* étaient de petits problèmes ambigus qui cachaient une ruse : elles tiraient leur nom du crocodile qui figure dans l'exemple suivant : *Un crocodile ayant promis à une femme qu'il lui rendrait son fils si elle disait la vérité,* — *Tu ne le rendras pas, dit-elle.*

Page 165, lignes 10 et 11. *Témoins.... Orphée et Linus, qu'on prétendait tous deux issus des dieux.*

51. Orphée, de Thrace, était fils d'Apollon et de Calliope. On sait tout ce que la fable raconte des effets merveilleux de sa lyre. Ses amours avec Eurydice, son voyage aux enfers et sa fin déplorable se lient à l'épisode du IVe livre des *Géorgiques*, et ont inspiré à la muse de Virgile des accens dignes du demi-dieu qu'il nous représente, sur les bords du Strymon,

Mulcentem tigres et agentem carmine quercus.

Linus, fils d'Apollon et de Terpsichore, berger et musicien célèbre, avait donné des leçons de son art à Orphée et à Hercule. Ce dernier le tua, dit-on, d'un coup de sa lyre sur la tête, parce que Linus l'avait raillé sur la rusticité de son chant.

Ligne 16. *Timagène avance que de tous les arts....*

52. Ce Timagène, écrivain grec, vivait dans le siècle d'Auguste. Quintilien en parle encore dans son x^e livre, comme d'un historien recommandable*.

Il fut lié avec Asinius Pollion. La liberté avec laquelle il s'exprimait, déplaisait fort à César-Auguste.

* Liv. x, vol. v, page 43.

Page 165, ligne 20. *Iopas, dans Virgile, ne chante-t-il pas....*

.... Cithara crinitus Iopas
Personat aurata, docuit quæ maximus Atlas.

53. Virgile a imité en cela Homère. Dans le festin donné par Alcinoüs à Ulysse (chant VIIIe de l'*Odyssée*), le roi des Phéaciens fait venir un illustre aveugle, Démodocus, qui chante devant le héros grec certains épisodes de la guerre de Troie, dont le souvenir lui arrache des pleurs.

Page 169, ligne 16. *L'alliance de la musique et de la grammaire était telle*, qu'Architas et Aristoxène.....

54. Il ne nous reste plus rien du premier de ces écrivains, et il n'a survécu du second que trois livres sur les *Élémens harmoniques*.

Les anciens citent avec éloge un ouvrage d'Architas, intitulé Ἁρμονικόν, où se trouvait sans doute exprimée cette alliance de la musique et de la grammaire dont parle Quintilien.

La même doctrine paraît ressortir aussi du commencement d'un des livres conservés d'Aristoxène, où on lit : Τῆς περὶ μέλους ἐπιστήμης πολυμεροῦς οὔσης, *La science de la musique étant divisée en beaucoup de parties.* Puis, un peu plus loin, l'auteur se reporte à ce qu'il a dit dans les livres précédens, τὰ ἔμπροσθεν, que l'on conjecture être l'exposé de toutes les matières qui composent la musique, et auquel Quintilien fait allusion. Cependant un savant, Jacques Morellius, qui a donné en 1785 la première édition d'un manuscrit de la bibliothèque de Saint-Marc, à Venise, ayant pour titre, *Aristoxeni rhythmicorum elementorum Fragmenta*, croit que c'est ce dernier ouvrage d'Aristoxène que notre rhéteur avait en vue.

Ligne 19. *Et dans l'Hypobolimée de Ménandre.*

55. Cette pièce avait un double titre : Ἄγροικος, *le Paysan*, et Ὑποβολιμαῖος, *l'Enfant supposé*, ce qui était le sujet même de la pièce. Nous avons plus d'un exemple de ces doubles titres dans notre théâtre.

Page 171, ligne 3. *Thémistocle, ayant confessé qu'il n'en savait pas jouer.....*

56. Cicéron dit formellement dans ses *Tusculanes*, liv. I, 11 : *Themistocles... quum in epulis recusasset lyram*, habitus est in-

DOCTIOR. On voit aussi dans ce même endroit des *Tusculanes*, qu'il était d'usage chez les anciens Romains de chanter dans le repas au son des instrumens; mais ces chants n'avaient rien que de grave et d'héroïque, et n'exprimaient que des sentimens généreux. Plus tard, on n'y fit entendre que des sons impudiques, et Quintilien (chap. 2 de ce livre) ne prend aucun détour pour nous l'apprendre : *Omne convivium obscœnis canticis strepit.*

Lignes 15 et suivantes. *Examinons maintenant l'utilité spéciale que l'orateur peut retirer de la musique.*

57. On serait tenté de croire, en voyant avec quelle complaisance Quintilien s'est étendu sur l'éloge de la musique, qu'il avait un goût prononcé pour cette étude. Aussi Rollin veut-il qu'en considération de ce goût qu'il suppose à notre rhéteur, on lui pardonne le hors-d'œuvre un peu long qui précède sa thèse de l'utilité spéciale de la musique pour l'orateur.

Page 173, lignes 23 et suivantes. *Toutes les fois qu'il parlait en public (C. Gracchus), un musicien se tenait derrière lui, et, sur une flûte appelée* τονάριον, *lui donnait le ton convenable.*

58. Cette habitude de C. Gracchus est rapportée par beaucoup d'écrivains. Seulement, ils ne lui donnent pas tous le même motif. Cicéron dit, et c'est aussi le sens des paroles de Quintilien, que le joueur de flûte aposté derrière Gracchus pendant qu'il parlait, avait pour mission, au moyen des sons qu'il tirait de cette flûte, d'avertir l'orateur quand il devait élever ou baisser la voix. Voici les termes de Cicéron (*de Orat.*, lib. III, 60) : *Idem Gracchus.... cum eburnea solitus est habere fistula qui staret occulte post ipsum, quum concionaretur, peritum hominem, qui inflaret celeriter eum sonum,* QUO ILLUM AUT REMISSUM EXCITARET, AUT A CONTENTIONE REVOCARET.

Valère-Maxime raconte le même fait, et lui attribue la même cause : *Gracchus, quoties apud populum concionatus est, servum post se musicæ artis peritum habuit, qui occulte eburnea fistula pronuntiationis ejus modos formabat;* AUT NIMIS REMISSOS EXCITANDO, AUT PLUS JUSTO CONCITATOS REVOCANDO.

Mais Dion Cassius et Plutarque disent que ce moyen n'avait été imaginé par Gracchus que pour calmer son impétuosité naturelle, et empêcher qu'il ne s'y laissât emporter. Aulu-Gelle est du même avis : *Quia illa Gracchi vehementia extraneo instinctu indiguisse non sit existimanda.*

Cette manière différente d'envisager l'action de Gracchus peut, jusqu'à un certain point, s'expliquer par la qualité des écrivains qui l'ont rapportée. Cicéron et Quintilien, traitant de l'éloquence, et Valère-Maxime faisant un chapitre sur la prononciation, ont dû voir dans cette habitude de Gracchus la sollicitude d'un orateur jaloux de soigner sa diction : Dion Cassius et Plutarque, au contraire, qui écrivaient l'histoire, y ont vu le calcul d'un tribun ambitieux, craignant de compromettre sa popularité.

Page 175, lignes 23 et suivantes. *Non ces instrumens voluptueux qu'on ne devrait pas même permettre aux filles honnêtes.....*

59. *Nec psalteria et spadicas, etiam virginibus probis recusanda.* Par ces mots *psalteria, spadicas*, Quintilien désigne certains instrumens qui passaient pour les plus efféminés, et qui, probablement, étaient ceux où il entrait un plus grand nombre de cordes.

Etiam virginibus probis recusanda rappelle ce que dit Salluste en parlant de *Sempronia*, l'une de ces femmes dont Catilina comptait employer le crédit pour se faire des partisans : *Psallere et saltare elegantius quam necesse est probæ.*

Lignes 27 et suivantes. *Voici ce qu'on raconte de Pythagore.....*

60. Ce trait de Pythagore est rapporté par *Jamblique*, philosophe qui vivait dans le quatrième siècle de notre ère.

Une femme célèbre, la docte et belle Hypatia, qui fut si inhumainement massacrée à Alexandrie l'an 415, usa du même remède que Pythagore pour guérir un de ses disciples de la passion qu'elle lui avait inspirée. « La jeune platonicienne, dit M. de Châteaubriand dans ses *Études historiques*[*], employa la musique à la guérison du malade, et fit rentrer la paix, par l'harmonie, dans l'âme qu'elle avait troublée. »

Page 183, lignes 8 et suivantes. *Lorsque Périclès rassura les Athéniens qu'effrayait une éclipse de soleil.....*

61. Plutarque, dans la *Vie de Périclès*, raconte ainsi ce fait : « Les vaisseaux étant prêts à mettre à la voile, et Périclès étant déjà

---

[*] Édition de Ladvocat, tome II, page 52.

monté sur sa galère, il survint une éclipse de soleil qui, par l'obscurité qu'elle répandit, jeta l'effroi dans tous les cœurs, comme le présage de quelque grand désastre. Périclès, voyant le pilote effrayé et déconcerté, lui jeta son manteau sur les yeux, et, lui ayant ainsi dérobé la vue, il lui demanda s'il pensait qu'il y eût dans cette action rien de terrible ou qui fût d'un mauvais augure. Nullement, répondit le pilote. Eh bien, dit Périclès, quelle différence y a-t-il entre cette éclipse et l'autre, si ce n'est que c'est quelque chose de plus grand que mon manteau, qui cause cette obscurité ? »

Valère-Maxime* rapporte le même fait; mais, au lieu de mettre en action la leçon de Périclès, il se contente de dire qu'il expliqua le phénomène aux Athéniens, d'après la doctrine du philosophe Anaxagore, dont il avait été le disciple.

Lignes 10 et suivantes. *Quand Sulpicius Gallus, au milieu de l'armée de Paul-Émile....*

62. Beaucoup d'écrivains, entre autres Tite-Live et Pline, disent positivement que Sulpicius Gallus prédit à heure fixe une éclipse de lune à l'armée de Paul-Émile, afin que les soldats n'en fussent point alarmés comme d'un prodige. Pronuntiavit, dit Tite-Live, *nocte proxima*, ne quis id pro portento acciperet, *ab hora secunda usque ad quartam horam noctis, lunam defecturam esse.* (Liv. xliv, chap. 37.)

Valère-Maxime ne fait intervenir Sulpicius Gallus que pour expliquer les causes d'une éclipse de lune qui, étant survenue tout à coup par une belle nuit, avait effrayé les soldats de l'armée de Paul-Émile. (Liv. viii, chap. 11.)

Le récit de Tite-Live s'accorde mieux avec l'idée que Cicéron nous a donnée de Sulpicius Gallus, qu'il représente *se délectant dans sa vieillesse à prédire long-temps d'avance les éclipses de soleil et de lune.* « Quam delectabat eum defectiones solis et lunæ multo nobis ante prædicere! » (*De Senectute*, chap. xiv, 49.)

Lignes 14 et suivantes. *Si Nicias eût eu ces connaissances, il n'aurait pas* perdu..... *la belle armée.....*

63. *Voyez*, à ce sujet, la *Vie de Nicias*, dans Plutarque.

* Liv. viii, chap. 11.

Il n'aurait pas PERDU.... « non perdidisset. » C'est la leçon la plus générale. Quelques-uns lisent *prodidisset*, et Spalding est de ce nombre. Je m'en étonne ; car il est constant que Nicias *perdit* son armée et ne la *livra* point.

Au moment de mettre à la voile sans que l'ennemi s'en doutât, une éclipse de lune survenue tout à coup, et dont il eut la sottise de s'effrayer, lui fit différer son départ de plusieurs jours : de là tous les maux qui accablèrent son armée. Il expia cruellement, comme on sait, cette faiblesse superstitieuse, puisque son collègue et lui furent condamnés et mis à mort par les Syracusains, contre toutes les lois de l'honneur et de l'humanité.

Page 183, lignes 17 et suivantes. *Il aurait fait comme Dion......*

64. *Voyez* la *Vie de Dion* dans Plutarque, et l'*Histoire ancienne de Rollin*.

Ligne 20. *Ne parlons pas non plus d'Archimède.....*

65. Il est peu de sièges dans l'antiquité qui soient aussi célèbres que celui de Syracuse par la longue résistance qu'opposa au courage et à l'habileté des Romains le génie du seul Archimède. Ce puissant géomètre, encouragé par Hiéron, roi de Sicile, avait préparé de longue main la défense de Syracuse, et confectionné des machines de guerre d'un genre tout nouveau, qui servirent à accabler les assiégeans et paralysèrent tous leurs moyens d'attaque. Les Romains eussent probablement échoué sans des intelligences que Marcellus sut se ménager dans la place, et qui enfin lui en ouvrirent les portes. Archimède, au milieu du trouble et de la confusion qu'entraîne la prise d'une ville, était resté enfermé chez lui, tout occupé d'un problème de géométrie. Un soldat qui avait ordre de le conduire à Marcellus, irrité des délais que le savant lui demandait, se jeta brutalement sur lui et le tua.

Croirait-on qu'un homme qui avait tant honoré les Syracusains, et leur avait rendu de si grands services, pût être oublié d'eux au point que, cent quarante ans au plus après sa mort, ses propres concitoyens ne savaient où était placé son tombeau ? Ce fut Cicéron qui, dans le temps de sa questure en Sicile, le découvrit au milieu des ronces et des buissons : ce tombeau consistait en une petite colonne sur laquelle étaient sculptés une sphère et un cylindre. L'orateur romain nous a laissé le récit de sa découverte dans ses *Tusculanes* (liv. v, chap. 23). Il le termine par cette réflexion : *Ita nobilissima Græciæ civitas, quondam vero etiam doctissima, sui civis unius acutissimi monumentum ignorasset, nisi ab homine arpinate didicisset.* « Ainsi, l'une des plus illustres cités de la Grèce, si renommée autrefois par sa science, ignorerait encore où repose le plus ingénieux de ses concitoyens, si un Barbare de la petite ville d'Arpinum ne le lui eût appris. »

Page 185, ligne 5. *Du théâtre considéré comme école de déclamation et de geste.*

66. Quintilien, dans les deux chapitres qui précèdent, a fait de brillantes excursions sur la musique et la géométrie; mais il faut convenir qu'en cela il semble avoir plutôt cédé à son goût particulier pour ces deux études qu'à l'exigence de son sujet, et que l'on n'aperçoit pas bien clairement leur affinité nécessaire avec l'éloquence. Ici, au contraire, la liaison est intime; car, s'il est incontestable que la prononciation et le geste font partie des qualités indispensables à l'orateur, on ne saurait nier que le théâtre soit la meilleure école pour se former à l'une et à l'autre, pour apprendre à nuancer son débit, à varier ses inflexions, à donner de l'aisance à son maintien, de l'expression à sa physionomie. Mais en même temps, et suivant la sage remarque de Quintilien, cette imitation demande une extrême sobriété pour ne point dépasser la limite qui doit séparer l'orateur du comédien. Autant on sait gré à celui-ci des efforts qu'il fait pour s'identifier avec la situation, avec le personnage qu'il représente, autant ces mêmes efforts déplairaient dans l'orateur et trahiraient en lui un art qu'il doit surtout s'attacher à dissimuler.

C'est avec la même réserve que notre rhéteur lui recommande certains exercices de *palestrique*, qui ont pour objet de régulariser les gestes et les mouvemens, afin, dit-il, qu'il lui reste, des leçons qu'il aura prises, *une grâce, une aisance, qui l'accompagnent partout à son insu.*

On reconnaît dans cette réflexion une imitation de ces deux vers de Tibulle (lib. IV, *Carm.*, II, v. 8 et 9):

Illam, quicquid agit, quoquo vestigia flectit,
Componit furtim, subsequiturque decor.

Page 199, lignes 3 et 4. *Ce n'est pas tant la fatigue en elle-même qui nous effraie, que l'idée que nous nous en faisons.*

67. *Minus afficit sensus fatigatio, quam cogitatio.* Je vois, dit Spalding, que peu de personnes ont entendu ce passage. — *Video a quibusdam parum intelligi.* Cogitatio *est ejus qui ipse aliquid excogitat;* fatigatio *ejus qui non nisi mandata peragit, sive corpore, sive mente.*

D'après l'interprétation que donne ici Spalding aux mots *cogitatio* et *fatigatio*, il faudrait traduire : Ce n'est pas tant le travail, la fatigue en elle-même, qui nous pèse, que *la peine de réfléchir, d'imaginer.*

J'avoue que, dégagé de ce qui précède, ce sens en vaudrait bien un autre. Mais, pour peu qu'on se reporte à ce que vient de dire Quintilien sur la facilité qu'ont les enfans à se livrer à l'étude, sans se lasser, par cela seul qu'ils ne mesurent point ce qu'ils ont déjà fait, et *qu'ils manquent du jugement qui fait apprécier le travail*, on est fondé à en conclure que c'est cette *appréciation* du travail où l'idée que nous nous en faisons, *cogitatio*, qui agit plus puissamment sur nous, *magis afficit sensus*, que le travail lui-même, *fatigatio*.

Il a fallu toute ma conviction de traducteur dans la version de ce passage, pour ne pas céder à une autorité comme celle de Spalding.

Lignes 22 et suivantes. *Enfin, pourquoi Platon a-t-il excellé dans ces arts.....*

68. Platon s'était d'abord adonné à des arts assez frivoles et à des études qui, quoique sérieuses, n'avaient pas de résultats bien importans pour la morale : il avait composé des poëmes héroïques, qu'il jeta au feu en les comparant à ceux d'Homère; il avait écrit des tragédies qu'il anéantit également, d'après les conseils de Socrate; et enfin, se sentant appelé à mériter mieux de sa patrie et de l'humanité, il se livra désormais tout entier à la philosophie. Pour ajouter à tout ce qu'il savait déjà, il parcourut et visita successivement Mégare, l'Italie, Cyrène, l'Égypte, et toutes les contrées où les arts et les sciences étaient en honneur; il fréquenta les savans et les artistes les plus renommés de ces divers pays, et fit lui-même l'éducation de Dion à Syracuse. Exposé en-

suite aux plus grands dangers, en butte à mille pièges par la perversité de Denys, auquel il s'était confié : vendu comme esclave, racheté et rendu enfin à sa patrie, il s'abstint de prendre part aux affaires publiques ; car il ne tarda pas à s'apercevoir des vains efforts qu'il ferait pour ramener par la persuasion un peuple devenu presque radoteur, et il ne convenait pas à ses principes de vouloir rien tenter par la force. Il se borna donc à recueillir toutes les connaissances qu'il avait puisées chez les différentes nations, et, après les avoir soumises à un système philosophique, il ouvrit une école qui devint bientôt célèbre, et compta, parmi ses auditeurs les plus assidus et les plus distingués, Démosthène et Aristote. Ce fut là que, dans d'éloquentes dissertations, il traita de Dieu, de la morale, du droit civil : il déposa ensuite, dans des écrits plus éloquens encore, les plus sublimes leçons de Socrate, son maître, et en forma une doctrine que suivirent depuis les académiciens et les péripatéticiens. Telle était la vénération qu'inspiraient cette doctrine et les vertus de Platon, qu'il fut long-temps considéré presque comme le dieu des philosophes, suivant le témoignage de Cicéron, dont nous avons extrait cette notice.

(Traduction d'une note des éditeurs de Quintilien, dans la collection des Classiques de M. Lemaire.)

FIN DES NOTES DU PREMIER LIVRE.

NOTES

DU LIVRE DEUXIÈME.

(TOME 1er.)

Page 217, lignes 13 et suivantes. *Aussi Timothée, célèbre joueur de flûte, exigeait-il de ceux qui avaient pris les premières leçons d'un autre, deux fois plus que de ceux qui ne savaient rien.*

1. Il n'est point ici question, comme l'ont cru les commentateurs, de Timothée de Milet, à la fois poète tragique et dithyrambique, et musicien célèbre, qui vivait du temps d'Euripide, et que les Lacédémoniens chassèrent de leur ville, parce qu'il avait ajouté des cordes à la lyre; car on ne dit pas que ce Timothée jouât de la flûte. Il s'agit d'un autre Timothée, de Thèbes, un peu plus moderne, et très-habile sur cet instrument, dont les accens, au rapport de Suidas, produisaient un tel effet sur Alexandre, que ce héros, en les entendant, courait involontairement à ses armes. D'autres ajoutent que, par le même moyen, Timothée parvenait à apaiser l'humeur belliqueuse de ce prince. Au surplus, c'est cette histoire, vraie ou non, d'Alexandre tour-à-tour agité et calmé par les sons de la flûte, qui a donné occasion au poète anglais Dryden, dans sa pièce de vers intitulée *Alexander's Feast*, d'attribuer aux chants de Timothée l'incendie de Persépolis, dont il n'est fait aucune mention dans Quinte-Curce ni dans Plutarque.

Quant au double salaire qu'exigeait Timothée, on ne trouve ce fait nulle part ailleurs que dans Quintilien.

(*Extrait d'une note de* SPALDING.)

Lignes 18 et 19. *Il faut avouer qu'on ne saurait être de meilleure composition.*

2. La phrase latine correspondante est : *Bono sane stomacho contenti sunt.* C'est une félicitation ironique adressée à ceux qui, comme l'a dit plus haut Quintilien, croient que des maîtres médiocres suffisent pour quelque temps. *Ces gens-là*, dit-il, *ont un*

estomac robuste : *tout leur est bon.* Je n'ai pas osé risquer cette traduction trop littérale. Je crois y avoir suppléé par le seul équivalent qu'offrît notre langue.

Page 221, lignes 17 et suivantes. *Choisissons donc un maître..... qui, à l'exemple de Phénix....*

3. Le vieux Phénix, ancien gouverneur d'Achille, était l'un des députés qu'Agamemnon envoya vers ce héros, pour vaincre la résolution qu'il avait prise de ne plus combattre pour les Grecs. L'éloquence d'Ulysse ayant échoué, Phénix tente un dernier effort sur son ancien élève, et, lui rappelant les soins qu'il a pris de son enfance, il lui dit, entre autres choses, qu'il fut jadis placé près de lui pour lui donner des exemples de bien dire et de bien faire :

Μύθων τε ῥητῆρ' ἔμεναι, πρηκτῆρά τε ἔργων.
(*Il.*, ix, v. 443.)

Page 225, lignes 12 à 19. *Qu'on me donne une matière....* jusqu'à ces mots : *recevoir la ciselure, sans se rompre.*

4. On a dû voir combien Quintilien affectionne les comparaisons, et l'on a pu remarquer que chez lui elles sont, en général, pleines de justesse et de grâce ; mais il faut convenir que celle-ci ne se recommande pas par les mêmes qualités, et qu'elle pèche par un peu de recherche et de longueur.

Des fautes de ce genre doivent surtout se relever dans des écrivains qui font autorité comme le nôtre, car elles pourraient égarer le jugement. Je ne trouve donc rien de trop sévère dans la critique un peu vive qu'en fait Spalding, ni dans cette réflexion qui la termine : *Ipse hic ergo nostri locus cacozeliæ crimine prorsus carere mihi non videtur.*

Page 227, lignes 8 et suivantes. *C'est une vérité comprise par les cultivateurs eux-mêmes. Ils se gardent bien de porter la faux sur les jeunes branches....*

5. Cette comparaison, où l'on retrouve tout le goût de Quintilien, rappelle ces vers si connus de Virgile, dans ses *Géorgiques* :

At dum prima novis adolescit frondibus ætas,
Parcendum teneris. . . . .
Ipsa acies nondum falcis tentanda. . . . . .
(Liv. ii, v. 362 et suiv.)

C'est aussi le précepte de Columelle. Il recommande, quand il y a à élaguer dans les jeunes plantes, de ne pas employer le tranchant du fer : *Pampinetur manu, non etiam ferro.*

Page 235, ligne 10. *Pourquoi Vénus était armée chez les Lacédémoniens ?*

6. Lactance fait remonter l'origine de cette Vénus armée, à un trait de courage des femmes de Sparte.

Après avoir mis en fuite les Messéniens qui étaient venus attaquer la ville, alors vide de ses citoyens, elles se portèrent encore tout armées au devant des Spartiates, accourus pour la délivrer. Ceux-ci les prirent d'abord pour les ennemis et se disposaient à les combattre ; mais elles firent bientôt cesser la méprise : car, s'étant dépouillées de leurs vêtemens, elles vinrent se livrer aux embrassemens de leurs maris, au milieu de tout l'appareil de la guerre. En mémoire de ce fait, on éleva un temple et une statue à Vénus armée.

Voici le texte de Lactance (*Divin. Instit.*, lib. 1) :

« Quum Lacedæmonii Messenios obsiderent, et illi, furtim deceptis obsessoribus, egressi, ad diripiendam Lacedæmonem cucurrissent, a spartanis mulieribus fusi fugatique sunt. Cognitis autem hostium insidiis, Lacedæmonii sequebantur. His armatæ mulieres obviam longius exierunt ; quæ quum viros suos cernerent parare se ad pugnam, quod putarent Messenios esse, corpora sua nudaverunt. At illi, uxoribus cognitis, et aspectu in libidinem concitati, sicut erant, armati, permisti sunt utique promiscue, nec enim vacabat discernere.

« Propter hujus facti memoriam ædem Veneri armatæ, simulacrumque posuerunt. »

Même page, lignes 11 et 12. *Pourquoi Cupidon était représenté sous la figure d'un enfant ailé ?*

7. *Voyez* PROPERCE, liv. II, élégie 9 :

Quicumque ille fuit, puerum qui pinxit Amorem,
Nonne putas miras hunc habuisse manus?

NOTES. — I.

Page 239, lignes 11 et suivantes. *Comme on le fit à l'égard de P. Clodius, que l'on accusait de n'avoir pas été créé tribun suivant les formes.*

8. Il y avait plusieurs causes de nullité dans l'élection de Clodius.

D'abord, né patricien, il ne pouvait devenir tribun du peuple, sans s'être fait préalablement plébéien par adoption ; or, la sienne était une véritable dérision, puisqu'il s'était fait adopter par un jeune homme dont il aurait pu être le père, et s'était aussitôt fait émanciper pour ne pas rester sous sa puissance. Ensuite, cette adoption n'avait pas été publiée pendant trois jours de marché consécutifs, ainsi que cela se pratiquait pour toutes les lois. Enfin, le jour de son élection, on avait observé dans le ciel de sinistres présages, et, dans ce cas, le peuple ne pouvait donner son suffrage.

Tels sont les vices de l'élection de Clodius, que Cicéron fait ressortir dans son oraison *pro Domo sua*, qu'il prononça devant le collège des pontifes.

Page 241, lignes 15 et 16. *Telle fut la loi Manilia défendue par Cicéron.*

9. Cette loi, qui tire son nom du tribun C. Manilius, qui la proposa, conférait à Pompée le commandement de toutes les légions que la république avait en Asie contre Mithridate, roi de Pont, et Tigrane, roi d'Arménie. Elle éprouva une vive opposition au sénat. Cicéron, qui était préteur, et âgé alors de quarante-un ans, se déclara en faveur de la proposition de Manilius, qui fut convertie en loi.

Page 243, lignes 1 et 2. *Plotius fut le plus célèbre.*

10. Lucius Plotius est le premier, au rapport de Cicéron, qui ait donné à Rome des leçons d'éloquence latine. Voici ce qu'en raconte l'orateur romain à Marcus Titinius :

« Equidem memoria teneo, pueris nobis primum latine docere cœpisse Lucium Plotium quemdam : ad quem quum fieret concursus, quod studiosus quisque apud eum exerceretur, dolebam mihi idem non licere. Continebar autem doctissimorum hominum auctoritate, qui existimabant græcis exercitationibus ali melius ingenia posse. »

« Je me rappelle que, dans mon enfance, ce fut un certain Lucius Plotius, qui donna le premier des leçons d'éloquence en latin. Comme il avait un grand concours d'auditeurs, parce que tout ce qu'il y avait d'amis de l'étude se pressait autour de lui, je me désolais de n'en pouvoir faire autant; mais j'étais retenu par l'autorité des plus savans hommes, qui prétendaient que les exercices auprès des rhéteurs grecs étaient bien plus propres à nourrir l'esprit. »

Page 251, lignes 5 et suivantes. *Ainsi, je préférerai Tite-Live à Salluste, quoique ce dernier soit un grand historien.*

11. Le texte est fort altéré dans cet endroit. Je me suis arrangé de la conjecture de quelques commentateurs qui, au lieu de ces mots : *Et hic historiæ major est auctor,* proposent de lire : Etsi *historiæ major is est auctor.* Ce léger changement rend, en effet, la phrase très-claire. Pourquoi cette préférence donnée à Tite-Live, pour être mis dans les mains des commençans ? parce que Salluste, quoiqu'il ait plus de poids comme historien, *etsi historiæ major is est auctor,* exige cependant, pour être compris, une intelligence plus exercée, *ad quem tamen intelligendum, jam profectu opus sit.*

Même page, ligne 15..... *Ne les laisse s'endurcir à la lecture des Gracques, de Caton.....*

12. La langue latine n'était pas fixée dans le siècle où vécurent les Gracques et Caton l'Ancien; ils étaient pour les Romains, au temps de Quintilien, ce que sont aujourd'hui pour nous Rabelais, Montaigne, Amyot. Appliquons-nous donc les sages réflexions de notre rhéteur sur les dangers attachés à une admiration outrée pour ces vieux auteurs. Autant il est bon de se retremper quelquefois chez eux, à la mâle simplicité de leur style, autant il y aurait de folie à ne tenir aucun compte de la différence des temps et des progrès du langage.

Les Gracques, dont la carrière politique fut si orageuse et si pleine, avaient composé beaucoup de harangues dont il ne nous est rien parvenu. Caton avait aussi beaucoup écrit : il n'est resté de lui qu'un livre sur l'agriculture.

Page 261, ligne 24. *Ainsi tel sera plus propre à l'histoire,
tel à la poésie.....*

13. Isocrate avait deux disciples, Éphore et Théopompe, dont il s'était attaché à développer les dispositions naturelles. Il s'aperçut qu'ils ne réussiraient point au barreau, et leur conseilla de s'adonner à l'histoire; leurs premiers essais dans ce genre prouvèrent qu'il les avait bien jugés. Ovide ne trouva pas la même sagacité chez son père, et il eut beaucoup de mauvais traitemens à endurer, avant de pouvoir se livrer à son penchant pour la poésie, penchant si décidé, qu'il dit lui-même que sa pensée se revêtait, malgré lui, de la mesure du vers : *Quicquid tentabam scribere, versus erat.*

On voit, par ces deux exemples, combien il importe d'étudier le caractère et la pente d'esprit des enfans. Mais qu'il y a peu d'Isocrates! la biographie de presque tous les hommes de génie nous les montre contrariés dans leur premier essor, par l'ignorance ou la prévention.

Même page, ligne 30. *......Ou pour tout autre combat en usage
dans les jeux solennels.*

14. Quintilien désigne ici des combats gymnastiques, à l'instar de ceux des Grecs; qui se célébraient tous les cinq ans, et comprenaient la course, la lutte et le pugilat.

Suétone raconte dans la *Vie d'Auguste* (98), que ce prince, peu de jours avant sa mort, assista à l'un de ces combats institués à Naples en son honneur, et qu'il y resta jusqu'à la fin : *Mox Neapolim trajecit, quanquam et tum infirmis intestinis, morbo variante; tamen et quinquennale certamen gymnicum, honori suo institutum,* PERSPECTAVIT. Néron, suivant le même auteur, transporta le premier ces jeux à Rome, en y joignant la musique et des exercices équestres, et il leur donna son nom : *Instituit et quinquennale certamen primus omnium Romæ, more græco, triplex, musicum, gymnicum, equestre, quod appellavit* NERONIA. Enfin, et d'après ce même Suétone, Domitien institua des jeux du même genre, en l'honneur de Jupiter Capitolin. Quintilien en parle dans son liv. III, chap. 7.

Page 265, ligne 22 ...*Pas plus qu'il ne suffit à un maître de chant...*

15. *Non magis, quam phonasco.* En grec φονάσκος, de φωνή, voix, et ἀσκεῖν, exercer, c'est-à-dire qui exerce la voix. On sait combien les Grecs donnaient de soin à la prononciation. C'est d'eux que les Romains en reçurent les premières leçons.

Page 267, ligne 2. *Du devoir des élèves.*

16. Ce chapitre contient, en quelques lignes, tout le secret d'un enseignement fructueux. Est-il un plus puissant véhicule pour de bonnes études, que cette réciprocité de sentimens qui crée une si touchante émulation entre le maître et le disciple, et qui fait que les efforts de l'un pour bien enseigner sont en raison des efforts de l'autre pour bien apprendre?

Page 269, lignes 24 et suivantes. ....*Car vainement en chercherait-on, l'application dans les questions de droit civil qui se présentent au barreau.*

17. J'ai généralisé par ces mots, *questions de droit civil*, les termes de jurisprudence qui sont dans le texte, *sponsiones et interdicta.* Les Romains appelaient *sponsio* une action judiciaire dans laquelle chaque partie consignait une somme d'argent qui était perdue pour celle qui avait succombé dans le procès. *Interdictum* était le nom qu'on donnait à une sentence du préteur, *prohibitive* ou *impérative*, principalement en ce qui regardait le possessoire. Or, ces sortes d'affaires ne se traitaient qu'au barreau, et l'on y restait complètement étranger dans les déclamations des écoles. C'est là sans doute ce qui fait dire à Pétrone :

« Ego adolescentulos existimo in scholis stultissimos fieri, quia nihil ex iis quæ in usu habemus, aut audiunt, aut vident. » (Cap. 1.)

Page 275, ligne 25. *Je me bats, dit-il, armé de toutes pièces.*

18. Je dois consigner ici l'aveu assez pénible pour un traducteur, de n'avoir pas saisi ce qu'il y a d'ironique dans ces mots du texte : *Ego parmularius sum.* C'est la réponse d'un professeur de déclamation à qui l'on demandait s'il était de l'école de Théo-

dore ou de celle d'Apollodore* : *Theodoreus an Apollodoreus esset ?*

Spalding, dans une note qui m'a échappé, lors de la révision de mon travail, sur ses excellens commentaires, développe parfaitement, d'après Gesner, le véritable sens de cette réponse. Le voici :

On appelait *parmularius*, le gladiateur qui combattait, armé d'un bouclier, *cum parma*. Ces gladiateurs et leurs adversaires avaient des partisans dans le public, qui se partageaient en *factions*; ainsi celui qui tenait pour le gladiateur au bouclier, s'appelait, de son nom, *parmularius*.

Le déclamateur en question feint de ne savoir ce que lui veulent les noms de Théodore et d'Apollodore, et de croire qu'il s'agit de deux *factions* de gladiateurs. Il se sert donc d'un mot applicable à cette idée et répond : *Moi, je suis de la faction des boucliers !* « *Ego parmularius sum.* »

Je désire que cette explication, qui, au moins, ne sera pas perdue pour mes lecteurs, les dispose à quelque indulgence envers moi.

Page 281, lignes 29 et suivantes. *Qu'on exalte donc tant qu'on voudra leur esprit, pourvu qu'on m'accorde que l'homme véritablement éloquent se tiendrait offensé d'un pareil éloge.*

19. Après avoir démontré, avec autant d'esprit que de raison, combien est erronée l'opinion où l'on est assez généralement *que les hommes sans instruction sont ceux qui s'expriment avec le plus d'énergie*, comme s'il y avait plus de mérite à briser qu'à ouvrir, à rompre qu'à dénouer, à entraîner qu'à conduire; après avoir fait voir en quoi l'éloquence de ces hommes peut quelquefois imposer, parce qu'on prend aisément l'effronterie pour l'indépendance, la témérité pour le courage, la prolixité pour l'abondance; après avoir enfin expliqué à quoi tient cette prétendue fécondité des ignorans, qui disent tout ce qui leur passe par la tête, tandis que l'homme habile ne dit que ce qu'il faut et comme il faut, Quintilien avait sans doute le droit de venger les règles

---

* Deux célèbres rhéteurs dont il est fait mention au commencement du 3ᵉ livre.

du mépris qu'en font certaines gens, par cette réflexion à la fois piquante et sensée : *Itaque ingeniosi vocentur, ut libet, dum tamen constet, contumeliose sic laudari disertum.*

Burmann cite fort à propos, à ce sujet, le témoignage de Martial, à qui ce trait de notre rhéteur pourrait bien avoir fourni l'épigramme suivante :

> Quum sexaginta numeret Casselius annos,
> *Ingeniosus* homo est : quando *disertus* erit?

> Casselius, barbon, a de l'esprit... Mais quand
> Casselius sera-t-il éloquent?

Page 283, lignes 13 et suivantes. *Toute cette pantomime fait un effet merveilleux sur la multitude.*

20. *Mire ad pullatum circulum facit.* Ce mot *pullatus* désigne la couleur brune ou sale de la robe, ou plutôt de la tunique qui était le vêtement de la classe pauvre à Rome. C'est une figure dont se sert Quintilien pour désigner la multitude et cette espèce d'auditoire sur laquelle produisaient tant d'effet ces prétendus orateurs, dont tout l'art consistait dans des gestes et des mouvemens désordonnés.

Même page, lignes 22 et suivantes. *Que des déclamateurs......*

21. Tout ce passage, au jugement de Spalding, porte l'empreinte d'une certaine tristesse, comme si notre rhéteur eût été lui-même en butte à ces outrages contre lesquels il s'élève avec tant de dignité. Ce qui le ferait croire, c'est le coup d'œil qu'il jette en arrière sur ses propres travaux, sur les regrets qu'il a laissés dans l'enseignement et au barreau, et la consolation qu'il dit éprouver, dans sa retraite, à tracer, pour l'utilité de la jeunesse, les préceptes de la véritable éloquence.

L'estime des hommes éclairés de son siècle et les suffrages de la postérité auraient, au surplus, amplement compensé, pour Quintilien, ces attaques auxquelles le vrai mérite doit savoir se résigner.

Page 289, ligne 12. *Quoi de plus tourmenté, de plus péniblement travaillé, en apparence, que ce Discobole de Myron?*

22. Ce Discobole représentait un athlète lançant le disque. Discobole vient de deux mots grecs, δίσκος, disque ou palet; et βάλλω, je lance. Le jeu du disque était fort en usage chez les anciens.

Pline (*Hist. natur.*, liv. xxxiv, chap. 8) fait mention du sculpteur Myron, né à Éleuthère, et disciple d'Agélas; il dit qu'il s'était surtout fait une grande réputation par une *génisse*, morceau fort vanté par les poètes* : « Myronem Eleutheris natum et ipsum Ageladis discipulum, *bucula* maxime nobilitavit, celebratis versibus laudata. » Il ajoute qu'il était auteur de beaucoup d'autres ouvrages, parmi lesquels il cite le Discobole : « Fecit et canem, et *Discobolon*, et Persea, et pristas, et satyrum admirantem tibias, etc. »

Lucien, dans son *Philopseudes*, fait une description très-animée de cette statue : Μῶν τὸν δισκεύοντα......... φῂς, τὸν ἐπικεκυφότα κατὰ τὸ σχῆμα τῆς ἀφέσεως, ἀπεστραμμένον εἰς τὴν δισκοφόρον, ἠρέμα ὀκλάζοντα τῷ ἑτέρῳ, ἐοικότα ξυναναστησομένῳ, μετὰ τῆς βολῆς; « Est-ce que vous appelez Discobole cet homme qui se penche, comme pour lancer un disque, le visage tourné vers la main qui tient ce disque, et le genou légèrement abaissé de l'autre côté? ne dirait-on pas qu'il va se relever tout d'une pièce, quand il le lancera? » Il ajoute, quelques lignes après : « C'est un des ouvrages de Myron, c'est le Discobole. »

Même page, ligne 24. *Cependant Apelle ne peignit Antigone que de profil, pour cacher la difformité de l'œil qu'il avait perdu.*

23. Pline (*Hist. natur.*, liv. xxxv, chap. 10) parle ainsi du portrait d'Antigone par Apelle :

« Pinxit et Antigoni regis imaginem, altero lumine orbam, pri-

---

* Anacréon a fait sur cette *génisse* une épigramme ainsi traduite par Poinsinet de Sivry :

> Berger, mène tes troupeaux
> Paître sur d'autres coteaux;
> De crainte qu'on ne t'accuse
> De vouloir, dans le vallon,
> Attirer par quelque ruse
> La génisse de Myron.

mus excogitata ratione vitia condendi : obliquam namque fecit, ut quod corpori deerat, picturæ potius deesse videretur, tantumque eam partem e facie ostendit, quam totam poterat ostendere. »

« Apelle fut le premier qui imagina de dissimuler les défauts naturels, en peignant de profil le portrait du roi Antigone, dont on ne voyait qu'un œil; donnant ainsi à croire que l'autre manquait, non au modèle, mais à la peinture, et aimant mieux ne représenter qu'une partie du visage, que de le peindre tout entier, comme il le pouvait. »

Page 289, lignes 29 et suivantes. *C'est ce que fit Timanthe.*

24. Ce même Pline, qui nous a laissé tant de notions sur les arts de l'antiquité, s'exprime à peu près comme Quintilien sur Timanthe et sur son tableau :

« Timanthi plurimum affuit ingenii. Ejus enim est Iphigenia, oratorum laudibus celebrata, qua stante ad aras peritura, quum mœstos pinxisset omnes, præcipue patruum, quum tristitiæ omnem imaginem consumpsisset, patris ipsius vultum velavit, quem digne non poterat ostendere. »

Quant au prix que ce tableau aurait obtenu à Timanthe sur Colos le Téien, ce fait, dit Spalding, ne se trouve nulle part ailleurs que dans Quintilien, et il est le seul qui parle d'un peintre du nom de Colos. Pline rappelle un statuaire de ce nom, et Pausanias dit qu'il est de Paros, et non de Téos.

Page 290, ligne 6. *Nam de Carthagine tacere satius puto, quam parum dicere.*

25. Quintilien, qui cite souvent de mémoire, a un peu changé le texte de Salluste qui porte *silere* au lieu de *tacere*, et *melius* au lieu de *satius*. (Voyez *Bellum Jugurthinum*, chap. XIX.)

Page 297, lignes 9 et suivantes. *....Que le titre d'orateur et l'art lui-même ne peuvent appartenir qu'à l'homme de bien.*

26. Sénèque, le père, rapporte, dans la préface de ses *Controverses* (liv. I, pag. 62), que Caton le Censeur, dans un livre adressé à son fils (*de Oratore*), définit ainsi l'orateur : *Orator est, Marce fili, vir bonus dicendi peritus.* C'est une grave autorité, que celle de Caton, et qui donne bien du poids à l'opinion de Quintilien.

Page 299, lignes 21 et suivantes. *Lorsqu'Antoine, plaidant pour Aquilius, déchira la robe de son client....*

27. Le consul Aquilius, qui avait mis à fin la guerre suscitée en Sicile par les esclaves, ayant été accusé de concussion à la suite de son proconsulat dans cette province, et ne voulant pas descendre à la prière vis-à-vis de ses juges, M. Antonius, célèbre orateur qui plaidait pour lui, déchira la tunique de son client, et fit voir les cicatrices dont il était couvert.

Voici comme Cicéron, dans son plaidoyer contre Verrès, *de Suppliciis*, rend compte de ce moyen extra-oratoire qui fit absoudre Aquilius :

« Venit enim mihi in mentem, in judicio M'. Aquilii quantum auctoritatis, quantum momenti oratio M. Antonii habuisse existimata sit : qui, ut erat in dicendo non solum sapiens, sed etiam fortis, causa prope perorata, ipse arripuit M'. Aquilium, constituitque in conspectu omnium, tunicamque ejus a pectore abscidit, ut cicatrices populus romanus judicesque aspicerent, adverso corpore exceptas. »

« Je me représente combien, dans la cause d'Aquilius, dut avoir d'influence et d'autorité le plaidoyer de M. Antonius. Cet orateur, aussi prévoyant que pathétique, à la fin presque de sa péroraison, s'empara de la personne d'Aquilius, le présenta au milieu de l'assemblée, et, déchirant la tunique de son client, il découvrit sa poitrine et montra aux juges et au peuple romain les cicatrices des blessures qu'il avait reçues, toutes par devant. »

Cette citation était fort adroite de la part de Cicéron ; il voulait empêcher l'avocat de Verrès, Hortensius, d'employer un pareil moyen ; car celui-ci se proposait de faire valoir les services militaires de son client, pour atténuer ses concussions et ses crimes.

Même page, lignes 26 et 27. *Comment Servius Galba échappa-t-il à la sévérité des lois ?*

28. Servius Galba, qui avait été investi de la préture en Espagne, avait commis, dans la Lusitanie*, une foule de dépréda-

---

* Aujourd'hui le Portugal.

tions, et s'était en outre souillé d'une perfidie sans exemple. Feignant de plaindre le sort des Lusitaniens, et attribuant leurs révoltes multipliées à leur misère, je vous assignerai, leur dit-il, un sol fertile, et vous distribuerai en trois parts dans des plaines qui vous fourniront de tout en abondance; mais déposez vos armes, agissez en amis, je vous promets paix et protection. Ces malheureux se laissèrent séduire à ces belles promesses. A peine furent-ils ainsi partagés et sans armes, que Galba les fit entourer de fossés et de fortifications, et envoya ensuite successivement contre eux des soldats qui les égorgèrent jusqu'au dernier. (*Voyez* APPIEN D'ALEXANDRIE, *de Bellis Hispan.*)

Cette conduite l'avait rendu justement odieux : une enquête ayant été provoquée sur son compte par le tribun L. Scribonius, il fut accusé par M. Caton, et aurait infailliblement succombé, malgré son crédit et ses richesses, s'il n'eût recouru à une pantomime qui lui réussit. Il prit dans ses bras son pupille, fils de Sulpicius Gallus, dont la mémoire était chère au peuple romain, et le recommanda, ainsi que ses propres enfans en bas âge, à la tutelle de ce même peuple. La multitude se laissa attendrir, et le coupable fut absous. (*Voyez* CICÉRON, *de Oratore*, lib. 1, cap. 53.)

Page 301, ligne 2. *Fut-ce l'éloquence d'Hypéride..... qui sauva la célèbre Phryné?*

29. On soupçonnait cette courtisane d'avoir profané les mystères d'Éleusis, et, sur ce soupçon, elle avait été déférée au tribunal des Héliastes*. Voici comme Athénée rend compte de ce procès : « Hypéride qui parlait pour Phryné, s'apercevant que son éloquence ne faisait aucune impression sur les juges, disposés qu'ils étaient d'avance à la condamner, la fit venir elle-même au milieu du tribunal, et, ayant déchiré la partie de sa robe qui couvrait son sein, laissa à ses charmes le soin de plaider sa cause. Les juges, soit pitié, soit superstition, parce qu'ils crurent voir en Phryné une prêtresse et une suivante de Vénus, proclamèrent

---

* Un des principaux tribunaux d'Athènes, où se portaient les grandes causes qui intéressaient l'état ou les particuliers.

son innocence. » (*Voyez* aussi, sur le même sujet, le *Voyage d'A-nacharsis*, chap. 61.)

Même page, lignes 14 et suivantes. *Théodecte ne s'en éloigne pas trop non plus, comme on le voit dans un ouvrage sur la rhétorique qui porte son nom, mais qu'on croit être d'Aristote.*

30. Valère-Maxime (liv. VIII, ch. 14, *externa*, 3) raconte qu'Aristote, qui avait fait présent à Théodecte, son disciple, de livres sur l'art oratoire, pour qu'il les publiât sous son nom, se repentant dans la suite de ce sacrifice fait à sa propre gloire, eut soin, dans un ouvrage qu'il donna depuis et à propos de certains principes, de dire qu'ils étaient traités plus à fond *dans les livres de Théodecte*, déclarant par là que ces livres, qui avaient paru sous le nom de son disciple, étaient de lui, Aristote.

Il est très-probable, comme l'observe Spalding, que Valère-Maxime, quand il a fait ce récit, avait sous les yeux un passage de la rhétorique d'Aristote (liv. III, ch. 9). Voici ce passage : Αἱ δ' ἀρχαὶ τῶν περιόδων σχεδὸν ἐν τοῖς Θεοδεκτείοις ἐξηρέθμηνται; c'est-à-dire : « Ce qui regarde les commencemens des périodes, est presque entièrement énuméré *dans les livres de Théodecte*. Mais est-il certain que, par ces mots, τὰ Θεοδέκτεια, Aristote ait voulu désigner un ouvrage *adressé* à Théodecte, et ne peut-il pas avoir voulu simplement indiquer un ouvrage de Théodecte lui-même?

Cicéron, dans son *Orateur*, fait souvent mention de Théodecte et de son ouvrage, sans exprimer de doute sur l'auteur. Enfin il est certain que Théodecte avait composé quelque chose sur l'art oratoire, puisque Denys d'Halicarnasse le compte parmi les écrivains qui en ont tracé les préceptes, τεχνικῶν παραγγελμάτων συγγραφέας.

Quoi qu'il en soit de ces diverses assertions, elles expliquent au moins l'incertitude de Quintilien au sujet de Théodecte et de son ouvrage.

Page 303, lignes 2 et suivantes. *La rhétorique est l'art d'imaginer tout ce qui, dans le discours, est de nature à persuader.*

31. Cette définition de la rhétorique ouvre le chap. 2 du liv. 1er du traité d'Aristote : Ἔστω δ' ἡ ῥητορικὴ, δύναμις περὶ ἕκαστον τοῦ

θεωρῆσαι τὸ ἐνδεχόμενον πιθανόν. *Nous définissons la rhétorique, la faculté de voir dans un sujet quelconque, ce qu'il renferme de propre à persuader.* (Traduction de M. Gros.)

Même page, ligne 28. *Théodore a évité cette faute.....*

32. Ce rhéteur ne doit pas être confondu avec un autre Théodore de Gadare, dont Quintilien parle quelques lignes plus bas; car, ainsi que le remarque Spalding, notre auteur n'aurait pas désigné ce dernier par le nom de son pays, s'il n'eût voulu le distinguer du premier. Spalding croit donc que celui dont il s'agit ici est Théodore de Byzance, dont Platon fait mention dans le *Phædrus*. — Cicéron en parle aussi dans le *Brutus* et dans l'*Orateur*. Enfin nous le verrons reparaître dans le livre suivant.

Page 305, lignes 30 et suivantes. *Voici ce qu'en dit Théodore de Gadare; je me sers des termes de ceux qui l'ont traduit en grec*, etc.

33. Ce rhéteur, de Gadare, ville de Judée, se faisait appeler de préférence le Rhodien, parce qu'il avait long-temps professé à Rhodes.

Spalding regrette qu'à propos de la définition de la rhétorique par ce Théodore, Quintilien ne nous ait pas donné le texte même de l'auteur, au lieu de la citation latine qu'il fait, dit-il, d'après ceux qui l'ont traduite du grec. Il faut convenir, en effet, que cette traduction n'est ni élégante ni claire : *Ars inventrix, et judicatrix, et enunciatrix decente ornatu* SECUNDUM MENSIONEM *ejus, quod in quoque potest sumi persuasibile, in materia civili.* Ces mots *secundum mensionem* jettent beaucoup de louche sur la phrase, qui ne peut guère présenter un sens raisonnable qu'en faisant rapporter *ejus* aux adjectifs *inventrix, judicatrix, enunciatrix*. C'est ce que j'ai fait en traduisant : *L'art d'inventer, de disposer et d'exprimer..... tout ce qui....* Restent les mots *secundum mensionem*, auxquels quelques commentateurs substituent *mentionem*, et d'autres *inventionem ;* mais, de quelque manière qu'on modifie cette version de Théodore, on aura de la peine à en faire une phrase élégante.

N'y aurait-il pas eu aussi, comme le soupçonne Spalding, quelque malice de la part de Quintilien à citer cette version, après ce qu'il a dit, au commencement du chapitre précédent, sur les malheureuses tentatives qu'avaient faites quelques écrivains, en voulant traduire trop littéralement certains mots grecs?

Page 307, lignes 14 et 15. *D'autres enfin n'ont voulu voir dans la rhétorique ni une force, ni une science, ni un art.*

34. Toute science, dit Turnèbe, est fondée sur des certitudes, et s'acquiert par la démonstration. Quant à l'art, c'est un enchaînement de préceptes qui tendent tous au même but. *Scientia quæ est certissima acquiritur per* ἀπόδειξιν, *per demonstrationem. Ars vero constat præceptionum comprehensione tendentium ad unum scopum.*

Si l'on reconnaît la justesse de ces définitions, il est difficile de contester à la rhétorique, au moins le nom d'art.

Page 311, lignes 10 et suivantes. *Voilà pourquoi Socrate, accusé, jugea au dessous de lui de prononcer le discours que Lysias avait composé pour sa défense.*

35. Cicéron, dans son traité *de Oratore*, 1, 54, après avoir parlé de la noble conduite de Rutilius, qui, étant injustement accusé, dédaigna de supplier ses juges, et ne souffrit pas même que l'on employât, pour plaider sa cause, d'autre langage que celui de la simple vérité, ajoute:

« Imitatus est homo romanus consularis veterem illum Socratem qui, quum omnium sapientissimus esset sanctissimeque vixisset, ita in judicio capitis pro se ipse dixit, ut non supplex aut reus, sed ut magister aut dominus videretur esse judicum. Quin etiam quum ei scriptam orationem disertissimus orator Lysias attulisset, quam, si ei videretur, edisceret, ut ea pro se in judicio uteretur, non invitus legit et commode scriptam esse dixit: Sed, inquit, ut si mihi calceos sicyonios attulisses, non uterer, quamvis essent habiles et apti ad pedem, quia non essent viriles; sic illam orationem disertam sibi et oratoriam videri; fortem et virilem non videri. »

« Ce Romain, personnage consulaire, imita en cela la conduite que tint autrefois Socrate, le plus sage et le plus vertueux des mortels, qui, dans l'accusation capitale qu'on lui avait intentée, plaida lui-même sa cause avec tant de noblesse, qu'il avait plutôt l'air d'un maître qui donne des leçons ou d'un chef qui intime des ordres, que d'un malheureux qui supplie ou d'un accusé qui se défend. Il fit plus. Lysias, orateur distingué, lui avait apporté un discours écrit, en l'engageant à l'apprendre par cœur et à le prononcer pour sa défense. Il ne refusa pas de le lire et en loua même le style; mais, ajouta-t-il, de même que si vous m'apportiez une chaussure de Sicyone, je ne m'en servirais pas, allât-elle parfaitement à mon pied, parce qu'elle serait indigne d'un homme; de même je ne puis faire usage de votre discours, quelque beau qu'il me paraisse, parce que cela ne me semble ni courageux ni viril. »

Page 313, ligne 21. *Albutius, professeur et auteur assez renommé, etc.*

36. Caïus Albutius Silus, de Novare, était du siècle d'Auguste. Suétone nous a laissé des détails assez curieux sur ce rhéteur.

« Il exerçait les fonctions d'édile dans sa patrie. Un jour qu'il rendait la justice, ceux contre lesquels il avait prononcé son jugement, le précipitèrent de son tribunal, en le tirant par les pieds. Ne pouvant dévorer cet affront, il quitta subitement Novare et se réfugia à Rome, où il fut accueilli par l'orateur Plancus. Ce dernier était dans l'usage, avant de se livrer à la déclamation, d'exciter quelqu'un à parler avant lui. Albutius se chargea de ce rôle, et s'en acquitta si bien que Plancus garda le silence, n'osant pas s'exposer à la comparaison. Cela l'ayant rendu célèbre, il ouvrit une école où il avait l'habitude, après avoir exposé l'objet de son discours, de commencer à parler assis, puis de se lever quand il était bien animé, pour déclamer tout à son aise. Il se fit remarquer d'ailleurs par un genre d'éloquence capricieux et bizarre, affectant de passer tour-à-tour du style le plus pompeux et le plus orné au langage le plus nu, le plus simple et le plus trivial : et cela, pour ne pas sentir l'école. Il s'adonna aussi à la plaidoirie, recherchant les causes les plus éclatantes, et s'attachant, dans toutes, à ce qui pouvait le faire briller; mais il y renonça bientôt, en partie par pudeur, en partie par crainte. Plaidant un jour devant les centumvirs, après avoir outragé son adverse partie et lui avoir reproché des sentimens dénaturés, il poussa l'abus des figures jusqu'à lui dire : « Jure par les cendres de ton père et de ta mère, dont les corps sont privés de sépulture! » Son adversaire n'ayant pas hésité à faire ce serment, et les juges lui en ayant tenu compte, ce procédé d'Albutius ne fit que le rendre plus odieux, et il perdit sa cause. Une autre fois, défendant à Milan, devant le proconsul Lucius Pison, un homme accusé de meurtre, et le licteur voulant faire faire silence à l'auditoire qui l'applaudissait à ne pas s'entendre, il s'emporta à tel point, qu'après avoir déploré le sort de l'Italie, qu'il représenta comme réduite à la condition d'une province conquise, il osa invoquer le vengeur des lois et de la liberté, Marcus Brutus, dont la statue était placée vis-à-vis de lui : ce qui faillit lui attirer un châtiment sévère. Devenu vieux et tourmenté par un abcès, il revint à Novare, où, ayant convoqué le peuple, il déduisit longuement, dans une espèce de harangue, les motifs qui le déterminaient à quitter la vie, et se laissa ensuite mourir de faim. » (SUET., *de claris Rhet.*, cap. VI.)

Page 315, ligne 17. *Certaines gens se déchaînent contre elle, et ne rougissent pas d'employer toutes les armes de l'éloquence pour accuser l'éloquence elle-même.*

37. Cicéron dit que Platon, dans son *Gorgias*, s'est montré très-grand orateur, en se moquant des orateurs, *quo in libro in hoc maxime admirabar Platonem, quod mihi in oratoribus irridendis ipse esse orator summus videbatur.*

C'est ainsi que, dans le siècle dernier, Rousseau s'est fait absoudre de sa manie paradoxale, en se montrant l'éloquent détracteur des lettres et des arts.

Ligne 29. *Les poètes comiques reprochent en effet à Socrate, d'enseigner comment on rend bonne une mauvaise cause.*

38. Aristophane et les autres poètes comiques, comme Amipsias et Eupolis, harcelaient sans cesse Socrate. Sénèque (*de Vita beat.*, c. XXVII) fait dire à ce philosophe : « Tota illa mimicorum poetarum manus in me venenatos sales effudit, » *Toute cette tourbe de poètes comiques a répandu sur moi des sels empoisonnés*, et Diogène-Laërce dit, en parlant de Socrate : Ἀριστοφάνης αὐτὸν κωμῳδεῖ ὡς τὸν ἥττω λόγον κρείττω ποιοῦντα. — « Aristophane le bafoue, comme un sophiste qui fait de la plus mauvaise cause la meilleure. » (Note de SPALDING.)

Page 317, ligne 2. *Platon dit que Tisias et Gorgias s'attachent à dénaturer tout dans leurs discours.*

39. Platon dit, dans *le Phedrus* : Τισίας τε, Γοργίας τε... τὰ σμικρὰ μεγάλα, καὶ τὰ μεγάλα σμικρά, φαίνεσθαι ποιοῦσι διὰ ῥώμην λόγου. — « Tisias et Gorgias s'attachent, par la force du raisonnement, à faire paraître grand ce qui est petit, et petit ce qui est grand. »

Page 317, ligne 7. *C'est pour cela, dit-on, qu'elle fut bannie de Lacédémone, et qu'à Athènes on la paralysa, etc.*

40. Lycurgue, dit Plutarque, avait banni de Lacédémone toutes les superfluités; aussi jamais sophiste n'avait-il pénétré dans Sparte. Un rhéteur d'Athènes traitait un jour les Lacédémoniens d'ignorans devant Pleistonax, fils de Pausanias : *Vous avez raison*, répondit celui-ci, *car seuls d'entre tous les Grecs, nous n'avons rien appris de vos arts dangereux.*

Quintilien avance, dans plusieurs endroits de son ouvrage, qu'il était défendu à Athènes de chercher à exciter la pitié; et Athénée, dans son *Banquet des Sophistes*, liv. XIII, 59, raconte qu'après le plaidoyer en faveur de Phryné, par Hypéride, il fut proposé un décret pour interdire aux orateurs de chercher à émouvoir par quelque moyen que ce fût. Il paraît que ces deux écrivains se sont trompés, en ce qu'ils ont étendu à tous les tribunaux d'Athènes, une prohibition qui n'avait lieu que dans l'Aréopage.

Ligne 13. *Car un Flaminius a commandé nos armées; des Gracques, un Saturninus, un Glaucias ont été revêtus de la magistrature.*

41. Il s'agit ici de ce Flaminius dont la défaite par Annibal, auprès du lac Trasymène, fut si fatale au peuple romain. C'était d'ailleurs un citoyen dangereux et pervers.

On connaît les actes des Gracques. Petits-fils, par Cornélie leur mère, du grand Scipion, vainqueur d'Annibal, alliés à ce qu'il y avait de plus puissant dans Rome, ils abandonnèrent, par suite d'une pique contre le sénat, le parti de l'aristocratie, pour se jeter dans une violente opposition. Une soif excessive de popularité leur fit commettre des actions coupables qui souillèrent la cause qu'ils avaient embrassée, et qui font douter si leur patriotisme fut sincère et désintéressé. Pouvant être la gloire et l'ornement de leur patrie, par de brillantes qualités, ils en devinrent les fléaux par leur turbulente conduite : ils eurent l'un et l'autre une fin tragique. Rollin, dans son *Histoire romaine*, me semble avoir porté un jugement aussi impartial qu'éclairé sur ces deux tribuns célèbres.

Saturninus et Glaucias ne méritaient pas l'honneur d'être nommés après les Gracques; c'étaient d'obscurs et vils factieux, instrumens de l'ambition de Marius, et qui tombèrent dès que la main qui les soutenait se fut retirée d'eux.

Ligne 18. *Rejetons donc aussi les mets de nos tables, car ils ont occasioné souvent* DES MALADIES.

42. « Cibos aspernemur, attulerunt sæpe *valetudinis* causas. » Quand le mot *valetudo* est sans adjectif, il se prend en mauvaise part, surtout chez les écrivains postérieurs à Cicéron. On en trouve même des exemples dans ce dernier.

Ligne 27. *D'un autre côté niera-t-on que ce fut par la force de ses discours qu'Appius, cet illustre aveugle, fit rompre une paix honteuse, proposée par Pyrrhus ?*

43. Cinéas avait été député par Pyrrhus, auprès du sénat, pour y proposer la paix à des conditions qui ne pouvaient que blesser la fierté romaine. Cet ambassadeur adroit et d'une éloquence insinuante, avait tellement ébranlé une partie des sénateurs, qu'il y avait à craindre que sa négociation ne réussît. Mais, comme l'affaire était importante, la délibération dura plusieurs jours; et, sur le bruit qui courait que la paix serait probablement acceptée, Appius Claudius[*], qui depuis long-temps, à cause de son grand âge et de sa cécité, n'allait plus au sénat, s'y fit sur-le-champ transporter dans une litière. Cette démarche extraordinaire, la vénération qu'inspirait la personne de Claudius, la curiosité de sa-

---

[*] C'est lui qui a donné son nom à la fameuse voie Appienne, la plus somptueuse et la plus remarquable de toutes celles de l'ancienne Rome.

voir ce qui pouvait le déterminer à se présenter au sénat après une si longue absence, tout était fait dans cette circonstance pour frapper vivement les esprits.

Appius Claudius, après avoir été honorablement conduit par ses fils et ses gendres, à la place qui convenait à sa dignité, se leva, et, dans un discours plein de mépris pour Pyrrhus, fit ressortir avec tant de force la honte qui rejaillirait sur le nom romain, du traité proposé par ce prince, qu'il fut décidé d'une commune voix, que la guerre serait continuée, et que Cinéas porterait immédiatement cet ultimatum à son maître.

L'un des plus grands hommes d'état qu'ait eus l'Angleterre, le célèbre William Pitt, comte de Chatam, renouvela, en 1778, le dévoûment d'Appius Claudius. Affaibli par de longues souffrances, et déjà presque mourant, il se fit transporter au parlement pour y prendre part à la délibération sur l'indépendance de l'Amérique, que les évènemens de la guerre forçaient le gouvernement anglais à reconnaître. Le discours qu'il prononça à cette occasion épuisa ses forces; et il ne survécut que peu de jours à cette mémorable séance.

Page 319, ligne 4. *N'est-ce pas souvent par de vives allocutions qu'on ranime le courage abattu des soldats....*

44. De tous les capitaines modernes, Napoléon est celui qui a fait l'usage le plus fréquent et le plus heureux de ces allocutions, dont la forme brusque et vive fait tant d'impression sur l'esprit des soldats, et les transforme en autant de héros. Il se montra, en cela, comme sous beaucoup d'autres rapports, le digne émule de César. On citera toujours avec admiration ses harangues à l'armée des Alpes, avant d'entrer en Italie, et à l'armée d'Égypte, au pied des Pyramides. Mais il faut vaincre après ces harangues, car la postérité n'en tient compte que lorsqu'elles sont contresignées par la victoire : c'est ce qui fera vivre éternellement celles de César et de Napoléon.

A côté de ces brillans modèles de l'éloquence militaire, l'histoire recueille non moins religieusement ces inspirations héroïques et soudaines échappées à des âmes de feu, dans des circonstances extraordinaires et périlleuses. Telles sont ces paroles du jeune Laroche-Jacquelein, lorsqu'il prit, à l'âge de vingt-un ans, le commandement en chef des forces vendéennes : *Si j'avance, suivez-moi ; si je recule, tuez-moi ; si je meurs, vengez-moi.* L'antiquité ne nous a rien transmis de plus beau.

Page 323, ligne 16. *Que vous paraissiez, comme on le disait de Périclès, lancer la foudre et les éclairs ?*

45. En 1791, il y avait, au collège Mazarin, un professeur de troisième, homme de beaucoup d'esprit et de mérite (M. Letellier), qui, trois ans après, paya de sa tête son attachement au parti des Girondins.

Je me rappelle qu'un jour, dans son enthousiasme pour Mirabeau, dont la prodigieuse éloquence était alors un sujet d'admiration pour tout le monde, nous donnant pour version ce passage de Quintilien, il substitua l'orateur français à Périclès, et nous dicta : *Ut non loqui et orare ; sed* UT MIRABELLUS, *fulgurare ac tonare videaris.* C'était caractériser avec beaucoup de justesse l'éloquence du premier de nos orateurs politiques ; car, certes, on pouvait dire de lui ce que disait Aristophane de Périclès : ἤστραπτεν, ἐβρόντα, *fulgurabat, tonabat.*

Ligne 28. *Presque tous les philosophes stoïciens et péripatéticiens ont été du même avis (que la rhétorique est un art).*

46. Les principaux d'entre les stoïciens, Zénon, Chrysippe, Cléanthe, Diogène, ont écrit sur la rhétorique, ainsi que ceux d'entre les péripatéticiens, comme Aristote, Théophraste, Critolaüs, et tous attestent que la rhétorique est un art. (Note de TURNÈBE.)

Page 325, ligne 12. *Ainsi fit ce* POLYCRATE, *qui composa l'éloge de Busiris et de Clytemnestre, panégyrique bien digne sans doute de celui qui passait pour l'auteur d'une diatribe contre Socrate.*

47. Rien ne prouve plus l'abus que l'on faisait de l'éloquence chez les Grecs, que cet éloge de Busiris par Polycrate. Isocrate l'amenda par une déclamation sur le même sujet, qui nous est restée.

Ce Polycrate était un sophiste famélique, auquel ses étranges éloges n'ont pas, à ce qu'il paraît, porté bonheur, car Denys d'Halicarnasse dit de lui qu'il était futile dans sa morale, froid et ennuyeux dans ses discours d'apparat, et dépourvu d'agrément dans les sujets qui demandent de la grâce.

Busiris, que Virgile a flétri par l'épithète d'*illaudatus**, c'est-à-dire *illaudabilis*, qu'on ne peut louer sur aucun point, était un roi d'Égypte qui immolait les étrangers sur les autels consacrés aux dieux. Hercule, auquel il voulait faire subir le même sort, le tua sur ces mêmes autels avec son fils Amphidamas.

Clytemnestre, quoique souillée d'adultère et de meurtre, présentait au moins un côté louable, et la mère d'Iphigénie pouvait, jusqu'à un certain point, plaider en faveur de l'épouse d'Agamemnon.

Quant à la *diatribe* contre Socrate, Spalding, à qui j'ai emprunté une partie de cette note, fait remarquer qu'Isocrate insinue clairement, au commencement de son *Busiris*, qu'elle ne fut point écrite à l'usage d'Anytus (l'accusateur de Socrate), mais que ce fut une *déclamation* composée après la mort de ce philosophe. Cette diatribe ne serait alors de la part de Polycrate, si elle était réellement de lui, qu'un jeu d'esprit peu édifiant sans doute, mais non plus un trait odieux.

Page 327, ligne 7. *Je n'entreprendrai pas de rechercher....* Jusqu'à ces mots : *quoique enfin sur le bouclier d'Achille figurent la chicane et les plaideurs.*

48. Nous avons déjà parlé de Phénix, ce sage gouverneur d'Achille. (*Voyez* la note 3.)

Quant aux principaux chefs des Grecs, qui représentent dans Homère les trois genres d'éloquence; l'un simple, ἰσχνὸν, l'autre élevé et fort, ἁδρὸν, le troisième tenant le milieu entre les deux premiers, μέσον, ce sont Ménélas, Ulysse et Nestor. (*Voyez* l'*Iliade*, liv. III, v. 213 et suiv.) Quintilien en parle avec détail dans le chap. X de son douzième et dernier livre.

La description du bouclier d'Achille est dans le liv. XVIII de l'*Iliade*, depuis le vers 483 jusqu'au vers 608. Entre autres objets magnifiques dont Vulcain décore ce bouclier pour complaire

---

* . . . . Quis aut Eurysthea durum,
Aut *illaudati* nescit *Busiridis* aras?

(*Georg.*, lib. III, v. 4.)

à Thétis, « on y voit une assemblée de peuple, et, au milieu, deux citoyens plaidant ensemble pour l'amende due au sujet du meurtre d'un homme. Débat entre le meurtrier et le parent du mort, l'un prétendant avoir payé l'amende, et l'autre ne l'avoir pas reçue : on a recours à des témoins. Les juges se lèvent pour aller aux opinions, après avoir pris des mains des hérauts les sceptres, symboles de la justice. A leurs pieds sont déposés deux talens d'or destinés à celui qui, par la force de ses preuves, aura obligé ses juges à se déclarer en sa faveur. »

Ligne 18. *Autrement il faudrait ôter le nom d'art à la médecine qui,... suivant quelques auteurs, consiste toute en expériences.*

49. Il faut entendre par ce mot *expériences*, non-seulement celles qui se font d'après l'homme, mais encore celles auxquelles peut donner lieu ce qu'on remarque chez les animaux.

Pline, dans son *Hist. nat.*, liv. VIII, ch. 26 et 27, parle des différens procédés de médecine et de chirurgie que nous devons aux animaux, et plus d'un de mes lecteurs sera sans doute étonné d'apprendre que la *saignée* nous vient de l'hippopotame, et le *lavement* de l'Ibis. Voici les passages de Pline : « Hippopotamus in quadam medendi parte etiam magister extitit. Assidua namque satietate obesus exit in litus, recentes arundinum cæsuras speculatum : atque ubi acutissimam videt stirpem, imprimens corpus, venam quamdam in crure vulnerat, atque ita profluvio sanguinis morbidum alias corpus exonerat, et plagam limo rursus obducit. »

« Simile quiddam et volucris in eadem Ægypto monstravit quæ vocatur Ibis : rostri aduncitate per eam partem se perluens, qua reddi ciborum onera maxime salubre est. »

« La médecine doit une de ses opérations à l'hippopotame. Lorsqu'il se sent surchargé de son embonpoint continuel, il va sur le rivage examiner les roseaux récemment coupés. Après avoir choisi le plus aigu, il s'appuie dessus, se perce une veine de la cuisse, et, par le sang qu'il perd, décharge son corps, qui, sans cela, resterait dans un état de malaise; ensuite il bouche la plaie avec du limon. »

« Dans cette même Égypte, l'oiseau qu'on nomme Ibis nous a enseigné quelque chose de semblable. Il se lave l'intérieur du corps en insinuant de l'eau avec son bec dans la partie par laquelle l'estomac se dégage de la manière la plus salutaire. » (Traduction de M. Guéroult.)

Pline ajoute : *Nec hæc sola a multis animalibus reperta sunt, usui futura et homini.* « Et ce ne sont pas les seules instructions utiles que l'homme ait reçues des animaux. » (Traduction du même.) Il en cite un grand nombre d'autres.

Enfin, le bienfait le plus précieux peut-être dont le génie de l'observation ait doté l'humanité, la vaccine, était réservé à notre temps, et c'est encore aux animaux que nous en sommes redevables, grâce à la perspicacité du docteur Jenner.

Il n'est pas étonnant, d'après ces faits, que quelques médecins aient pensé que la médecine était fondée uniquement sur l'expérience, d'où est venu le nom d'*empiriques*, donné à ceux qui suivent cette doctrine, du mot grec ἐμπειρία.

Page 329, ligne 6. *Puis on cite Démade, le batelier, et Eschine, le comédien, qui ont été des orateurs.*

50. Démade, homme de beaucoup d'esprit, et l'un des plus grands orateurs d'Athènes, vivait du temps de Démosthène. Voici le portrait qu'en trace l'abbé Barthélemy, dans son *Voyage d'Anacharsis*, ch. 61. — Il fait parler le grec Callimédon :

« Démade a pendant quelque temps brillé dans la chiourme de nos galères ; il maniait la rame avec la même adresse et la même force qu'il manie aujourd'hui la parole. Il a retiré de son premier état l'honneur de nous avoir enrichis d'un proverbe. *De la rame à la tribune* désigne à présent le chemin qu'a fait un parvenu. »

Je ne dois pas taire un trait qui honore cet orateur. Après la bataille de Chéronée, Philippe, se laissant aller aux transports d'une joie indécente, n'eut pas honte d'insulter aux Grecs qu'il avait vaincus, et se mit à déclamer, en battant la mesure, le décret que Démosthène avait dressé pour susciter contre lui les peuples de la Grèce. Démade, quoique chargé de fers, lui dit : « Philippe, vous jouez le rôle de Thersite, et vous pourriez « jouer celui d'Agamemnon. » Ces mots le firent rentrer en lui-même. Il jeta la couronne de fleurs qui ceignait sa tête, remit

Démade en liberté et rendit justice à la valeur des vaincus. (*Voyage d'Anacharsis*, ch. 82.)

Eschine, également né dans une condition obscure, après avoir été, dans son enfance, une espèce de bateleur, s'était enrôlé dans une troupe de comédiens, où, malgré la beauté de sa voix, il n'obtint jamais de grands succès. Il quitta cette profession, devint greffier dans un tribunal, ensuite ministre d'état.

Son éloquence, sans atteindre à la hauteur de celle de Démosthène, se distinguait par beaucoup d'élégance, de clarté et de naturel. (*Ibid.*, ch. 7, 17, 61.)

Ligne 26. *Critolaüs et Athénodor. de Rhodes....*

51. Critolaüs était un philosophe péripatéticien qui fit partie de la députation que les Athéniens envoyèrent à Rome pour obtenir d'être relevés de la sentence du sénat, qui les condamnait à payer cinq cents talens, en réparation du tort qu'ils avaient fait aux Oropiens*, alliés du peuple romain.

Les autres membres de la députation étaient Carnéade, académicien, et Diogène, stoïcien. L'arrivée de ces philosophes fit une grande sensation dans Rome. La jeunesse accourait de toute part pour les entendre. La sévérité de M. Caton s'en alarma, et, sur ses instances, on les renvoya, en accordant toutefois aux Athéniens une remise des quatre cinquièmes de l'amende à laquelle ils avaient été condamnés.

Turnèbe soupçonne qu'*Athénodore* de Rhodes était un philosophe stoïcien qui florissait du temps de César-Auguste, et qui se fit entendre pendant quelque temps à Rome, au rapport de Suidas.

Ligne 27. *Agnon, en se déclarant son accusateur, s'est décrié par son titre même.*

52. Les commentateurs sont encore plus incertains sur la personne d'Agnon que sur celle d'Athénodore. Il y a un philosophe de ce nom, appartenant à la secte académique, dont Athénée fait mention, et qui pourrait bien être celui dont il s'agit ici, parce qu'il entrait dans les doctrines de cette secte de décrier la rhétorique. (Note de SPALDING.)

* Les habitans d'Orope, ville de Béotie, aujourd'hui Oropo.

Ligne 29. *Pour Épicure, ennemi né de toute doctrine, cela ne m'étonne pas de sa part.*

53. Épicure, philosophe grec, né dans l'Attique, l'an 342 avant J.-C., après avoir long-temps voyagé, à l'exemple de Pythagore et de Platon, vint se fixer à Athènes, où il ouvrit une école qui ne tarda pas à devenir célèbre.

Il enseignait, dit-on, que la sagesse consiste dans la recherche du bonheur, et le bonheur dans un parfait équilibre de corps et d'esprit, et dans la paix de l'âme; mais ses disciples dénaturèrent bientôt sa doctrine, en substituant les voluptés les plus grossières à ces plaisirs purs et tranquilles que recommandait leur maître : aussi sa philosophie avait-elle fini par tomber dans un discrédit dont elle ne se serait peut-être jamais relevée, si, vers le milieu du dix-septième siècle, Gassendi ne l'eût réhabilitée, en la présentant sous un tout autre jour, et en la dégageant des impuretés dont on l'avait souillée. Mais, en rassemblant et coordonnant, autant qu'il le pouvait, tout ce que lui avaient fourni les écrits des anciens sur la philosophie d'Épicure, Gassendi a-t-il pu se flatter d'en avoir saisi tout l'ensemble avec ses développemens, ses ramifications, ses conséquences; c'est ce dont il est permis de douter : et, pour moi, je crois qu'un seul des ouvrages d'Épicure nous en aurait plus appris sur sa morale que les doctes élucubrations du philosophe français.

Sans prétendre ici m'élever contre l'opinion qu'on s'est assez généralement formée de cette morale, je me bornerai à mettre sous les yeux de mon lecteur l'exposé qu'en a fait et le jugement qu'en a porté un écrivain du troisième siècle, Lactance, dont le nom n'est pas peut-être en pareille matière, d'un aussi grand poids que celui de Gassendi, mais qui a du moins, sur ce dernier, l'avantage d'avoir vécu dans un temps où l'on peut supposer qu'il jugeait les doctrines d'Épicure, dans Épicure lui-même.

Or, voici quelles étaient ces doctrines, au rapport de Lactance:
« La morale d'Épicure a toujours eu beaucoup plus de vogue que celle des autres philosophes, non qu'elle ait quelque chose de

vrai, mais parce qu'elle séduit la multitude par l'attrait populaire de la volupté, et qu'elle s'accommode à tous nos penchans vicieux, en tenant à chacun le langage qui doit lui plaire. Avez-vous l'esprit paresseux? fuyez l'étude; êtes-vous avare? dispensez-vous de donner; manquez-vous d'activité? ne vous mêlez pas des affaires publiques. Si la nature vous a fait timide, ne prenez pas le parti des armes : si elle vous a fait dur, égoïste, songez uniquement à vos intérêts, sans vous embarrasser de ceux d'autrui; car, comme aucune providence ne veille sur les choses d'ici-bas, le vrai sage ne doit travailler qu'à sa propre satisfaction. Il conseille la solitude à qui hait le monde; il apprend au parcimonieux à se contenter de pain et d'eau; il énumère les bienfaits du célibat à celui qui vit mal avec sa femme; il vante le bonheur de ne pas laisser de postérité à celui qui a de méchans enfans; il dit à l'efféminé, au sybarite : *la douleur est le plus grand des maux*; à l'homme doué d'une âme forte : *le sage est heureux au milieu même des tourmens*. Il recommande à ceux qui aiment l'éclat et le pouvoir, de cultiver les rois; à ceux qui ne peuvent supporter la contrainte, de s'éloigner des cours. C'est ainsi que ce sophiste adroit tournant dans tous les sens, se repliant en mille façons, tandis qu'il s'étudie à plaire à tout le monde, est moins d'accord avec lui-même que tous les hommes entre eux. » (*Div. Inst.*, liv. III, *de Falsa sapientia*.)

Faut-il s'étonner qu'une philosophie aussi accommodante, aussi ductile (qu'on me passe cette expression), ait trouvé tant de partisans, qu'elle ait si promptement dévié du but de son auteur, et produit même sur un grand nombre de ses adeptes l'effet du breuvage de Circé. Convenons-en, les théories du philosophe grec sur le bonheur peuvent, jusqu'à un certain point, être sans danger pour quelques êtres privilégiés au tempérament calme et doux, à l'esprit sain, au jugement droit, aux penchans réglés et honnêtes, que le goût de l'étude et des plaisirs purement intellectuels, préserve de tout excès, met à l'abri de toute contagion; mais pour ce petit nombre de sages qui ne prendront d'Épicure que ce qui pourra les conduire au bonheur, combien se laisseront aller à sa facile condescendance et seront entraînés par la pente si rapide des passions et des vices! Jamais d'ailleurs de pareilles théories n'enfanteront ni un grand citoyen, ni un bienfaiteur de l'humanité; jamais d'une pareille école ne sortira un Lhôpital, un Vincent-de-Paul, un Malesherbes, un Monthyon.

Le système d'Épicure sur la formation du monde, sur la divinité, sur l'âme humaine, a fourni à l'un des plus beaux génies de l'antiquité, la matière d'un poëme où la richesse harmonieuse des vers fait oublier l'incohérence et le vide des doctrines qui y sont exposées.

Épicure mena une vie tranquille et heureuse, et mourut à Athènes à l'âge de soixante-douze ans.

Page 231, ligne 17. *Témoin* ANNIBAL, *qui, se voyant cerné par Fabius, etc.*

54. Annibal étant enfermé par Fabius Maximus, entre le fort de Casilin et le mont Callicule, échappa, par la ruse dont parle ici Quintilien, au danger de sa position. On peut consulter pour les détails Tite-Live, liv. XXII, 17, et Rollin, dans son *Histoire romaine*, liv. XIV.

Ligne 24. *Quand le Lacédémonien Théopompe changea de vêtemens avec sa femme.....*

55. Théopompe était un roi de Sparte qui régnait un siècle environ après Lycurgue. On lui attribue l'établissement des éphores, qui balancèrent avec le sénat l'autorité royale. Ce fut, dit Platon, une des causes qui, chez les Spartiates, empêchèrent la royauté de dégénérer en despotisme.

Voici comme le fait de son déguisement est rapporté dans Polyénus (*Strategemata*, VIII, 34).

« La femme de Théopompe ayant appris que ce prince était prisonnier de guerre des Arcadiens, qui le tenaient en captivité, se présenta volontairement chez les ennemis. Ceux-ci, touchés de ce trait de tendresse conjugale, lui permirent de pénétrer dans la prison. A peine y fut-elle, qu'ayant pris les vêtemens de son mari et lui ayant donné les siens, elle le fit évader, et resta à sa place au pouvoir des Arcadiens. »

Un dévoûment tout semblable honora naguère parmi nous la courageuse épouse de M. Lavalette, et le même stratagème fut couronné du même succès. C'est un rapprochement qu'on n'aura sans doute pas manqué de faire : il est curieux en ce que ces deux faits sont séparés par un espace de temps d'à peu près deux mille six cents ans, puisque le Théopompe dont il s'agit vivait huit siècles avant notre ère.

Page 361, ligne 11. *Quand on délibéra si l'on ouvrirait un port à Ostie, des orateurs ne furent-ils pas appelés à donner leur avis?*

56. Ce fut sous le règne de Claude que fut construit ce port, qui avait été, dit Suétone, projeté par César et abandonné à cause des difficultés que présentait cette opération. Il n'en fallait pas davantage pour piquer l'amour-propre de Claude, qui tenait surtout à marquer son règne par de grands et utiles travaux, *opera magna, potiusque necessaria quam multa perfecit.*

Pour fonder solidement ce port, on coula bas l'immense radeau qui avait servi à transporter le grand obélisque d'Égypte, et on y éleva, sur le modèle du phare d'Alexandrie, une tour très-haute destinée à diriger les vaisseaux, au moyen de feux qu'on y allumait la nuit. (*Voyez* SUÉTONE, *Vie de Claudius*, ch. xx.)

FIN DES NOTES DU DEUXIÈME LIVRE.

NOTES

DU LIVRE TROISIÈME.

(TOME II.)

Page 5, lignes 14 à 18.

> Ainsi le médecin, par une utile feinte,
> Lorsqu'à l'enfant malade il présente l'absynthe,
> Pour en mieux déguiser l'amertume et le fiel,
> Frotte les bords du vase avec un peu de miel.

1. Cette comparaison si connue fait partie d'un passage brillant qui se trouve vers la fin du 1er livre du poëme de Lucrèce, et qui ouvre encore le ive.

Le Tasse en a fait une imitation charmante dans sa *Jérusalem délivrée* (canto 1°, oct. 3) :

> Così all' egro fanciul porgiamo aspersi
> Di soave licor gli orli del vaso :
> Succhi amari, ingannato, in tanto ei beve,
> E dall' inganno suo vita riceve.

Page 7, lignes 7 à 16. *Après ceux dont les poètes nous ont transmis les noms, Empédocle, etc.*

2. Mercure, suivant le témoignage des poètes, forma, le premier, les hommes aux grâces du langage.

> Mercuri, facunde nepos Atlantis,
> Qui feros cultus hominum recentum
> Voce formasti catus. . . . .

a dit Horace (lib. 1, ode 10).

Ovide, dans ses *Fastes*, v, 668, lui rend le même hommage :

> Quo didicit *culte* lingua favente *loqui*.

Nous avons vu qu'Homère signale le vieux Phénix, gouverneur d'Achille, comme ayant donné à ce héros des leçons sur l'art de bien dire; nous avons vu aussi qu'il distingue les trois genres d'éloquence dans trois des principaux chefs des Grecs, Nestor, Ménélas et Ulysse. (*Voyez* les notes 3 et 48 du livre II.) Mais ce fut seulement dans le cinquième siècle avant notre ère, que parurent les premiers écrivains qui traitèrent spécialement de l'art de la parole.

Nous allons les suivre dans l'ordre où les présente notre auteur, en donnant sur chacun d'eux de courtes notions.

EMPÉDOCLE passe, dit Quintilien, pour avoir le premier *agité* des questions sur la rhétorique, *movisse aliqua circa rhetoricen*: c'est ce qu'avait avancé Aristote, au rapport de Diogène-Laërce, dans un livre intitulé *le Sophiste*, dont il ne nous est rien resté. Voici ses propres termes, conservés par Sextus Empiricus : Ἐμπεδοκλέα ὁ Ἀριστοτέλης φησὶ πρῶτον ῥητορικὴν κεκινηκέναι, et ce dernier mot, comme le remarque Fabricius, répond exactement au *movisse* de Quintilien*.

Empédocle était né à Agrigente, en Sicile. Il illustra sa patrie par ses lois, et la philosophie par ses écrits, dit Barthélemy. Il avait composé un poëme sur le système de Pythagore, dont il suivait les doctrines. Il n'est resté de ses ouvrages que quelques fragmens.

CORAX de Syracuse et TISIAS, son disciple et son compatriote, composèrent de véritables traités sur la rhétorique, et donnèrent des préceptes sur l'exorde, la narration et les autres parties de l'art oratoire; mais ils y mêlèrent trop de paradoxes et de subtilités. Leur école donna naissance à ces nombreux sophistes dont la Grèce fut inondée sous Périclès et par-delà.

Ils furent suivis de près par GORGIAS de Léontium, qui fit faire quelques pas de plus à l'art, sans toutefois renoncer à cette tactique captieuse qui faisait alors tout le prix de l'éloquence. Ce rhéteur eut un succès prodigieux parmi les Grecs, qui lui décernèrent, aux jeux Pythiques, une statue qu'on plaça, en sa présence, dans le temple d'Apollon : mais cet engoûment ne fut que passager. Platon a donné le nom de Gorgias à un dialogue célèbre où il s'é-

---

* Tiré d'une note de SPALDING.

gaie, sous le nom de Socrate, aux dépens du rhéteur sicilien et de tous les autres sophistes.

Thrasimaque, né à Chalcédoine, ville d'Asie, contribua aussi au perfectionnement de l'art. Philostrate dit qu'il ne doit pas être compté parmi les sophistes, et il le prouve d'après ce qu'en dit Platon, dans le *Phædrus*, le *Gorgias* et ailleurs. (Extrait d'une note de Turnèbe.)

Prodicus de Céos* avait un genre d'éloquence tout différent de celui des autres rhéteurs ses contemporains. Autant ceux-ci mettaient de clinquant et de faste dans leurs écrits, autant il affectait de noblesse et de simplicité; mais ces qualités étaient gâtées par « l'attention scrupuleuse et fatigante qu'il apportait à « choisir toujours le mot propre; il se plaisait surtout à découvrir « des distinctions entre les mots qui paraissent synonymes**. » Il fut un de ceux que Platon immola au ridicule, en compagnie de Gorgias, Protagoras et autres. Les Athéniens le condamnèrent à boire la ciguë, pour avoir avancé des maximes contraires à la religion.

Protagoras d'Abdère, ville de Thrace, élève de Démocrite, était un des plus illustres sophistes de son temps. « Il fut le pre- « mier qui rassembla ces propositions générales qu'on appelle « *lieux-communs*, et dont on fait tant d'usage dans le discours, « soit pour multiplier ses preuves, soit pour discourir avec facilité « sur toutes sortes de matières***. » Ayant mis en doute, au commencement d'un de ses ouvrages, s'il y avait des dieux, il fut obligé de se dérober, par la fuite, aux poursuites criminelles dont il devint l'objet.

Ce rhéteur fut le premier qui exigea une rétribution de ses élèves, et Diogène-Laërce dit qu'il se faisait payer *cent mines :* Πρωταγόρας πρῶτος μισθὸν εἰσεπράξατο μνᾶς ἑκατόν. Or, cent mines répondent exactement aux dix mille deniers dont parle Quintilien, car la mine valait cent deniers.

Hippias d'Élis**** fut, dit Philostrate, rhéteur et philosophe,

---

* Aujourd'hui Zéa, l'une des Cyclades de la mer Égée.
** *Voyages d'Anacharsis*, chap. lviii.
*** Ibidem.
**** Ville du Péloponnèse.

et mêla dans ses ouvrages la géométrie, la musique, l'astrologie et d'autres sciences encore.

ALCIDAMAS, d'Elée*, était un rhéteur, disciple de Gorgias, au rapport de Cicéron.

ANTIPHON, né à Rhamnonte, bourgade de l'Attique, avait donné des leçons à Périclès et à Thucydide. Socrate le cite, dans le dialogue de Platon intitulé *Ménéxène*, parmi les rhéteurs qui tenaient école, et met ses leçons bien au dessous de celles d'Aspasie. Il fut le premier, au rapport d'Ammien Marcellin, qui vendit aux plaideurs des discours de sa façon, genre d'industrie qui lui fit donner le nom de λογογράφος. Cicéron fait mention de lui dans le *Brutus*, et dit qu'on lui doit les premiers discours judiciaires, voulant sans doute faire entendre par là, ou que les sophistes, avant lui, n'avaient encore traité que des *lieux-communs*, ou qu'il avait le premier composé de véritables plaidoyers, puisque Gorgias lui-même s'était borné au genre démonstratif.

POLYCRATE. *Voyez* la note 47 du livre II.

THÉODORE, de Byzance, avait donné un *Traité de rhétorique*, que Platon, dans le *Phædrus*, appelle *maigre et sec*. C'est à lui particulièrement que ce philosophe donne l'épithète de λογοδαίδαλος.

Page 9, lignes 8 et 9. *Le plus illustre de tous fut Isocrate, disciple de Gorgias.*

3. ISOCRATE, né l'an 436 avant J.-C., rhéteur et orateur célèbre, était le contemporain et l'ami de Platon.

Il avait composé un grand nombre de discours et de harangues. Son plus fameux ouvrage est le *Panégyrique d'Athènes*, auquel il avait travaillé dix ans. Malgré les défauts de son style, dans lequel il s'attachait plus à flatter l'oreille qu'à parler au cœur et à l'esprit, il avait beaucoup de partisans parmi ceux qui font cas de l'élégance et de l'harmonie des périodes. Cicéron lui-même ne se défendait pas d'une sorte de prédilection pour cet écrivain; et, dans son traité de *l'Orateur*, voulant ramener Brutus à son avis, il lui cite ce que Platon fait dire à Socrate, dans le *Phædrus*,

---

* Ville d'Éolie, sur le littoral de la mer Égée.

d'honorable pour Isocrate; puis il ajoute : *Me autem qui Isocratem non diligunt, una cum Socrate et cum Platone errare patiantur.* — « Que ceux qui n'aiment point Isocrate, souffrent que je me trompe avec Socrate et avec Platon. » C'était d'ailleurs un habile rhéteur. Cicéron, pour exprimer la foule des hommes distingués qui sortirent de son école, la compare au cheval de Troie : *Cujus e ludo, tanquam ex equo trojano, innumeri principes exierunt.*

Le docte Barthélemy, dans le chapitre VIII de son *Voyage d'Anacharsis*, a réuni les traits les plus propres à faire apprécier la nature du génie et du talent d'Isocrate.

Page 9, ligne 15. *Aristote commença, dans des leçons qu'il donnait l'après-midi, à professer l'art oratoire*, etc.

4. Aristote, né à Stagyre, en Macédoine, l'an 384 avant J.-C., est le fondateur de l'école péripatéticienne, ainsi appelée du mot περίπατος, *promenade*, parce que ce philosophe enseignait ses disciples en se promenant avec eux.

Dans le temps qu'Isocrate, déjà vieux, jouissait encore d'une grande réputation, comme rhéteur, Aristote se mit aussi à donner des leçons de rhétorique dans le lycée. « Elles avaient lieu, dit Aulu-Gelle, le matin et le soir : les premières, ἀκροαματικαί, étaient réservées à un certain nombre d'auditeurs choisis, c'est ce qu'Aristote appelait *sa promenade du matin*, ἑωθινὸς περίπατος; les autres, ἐξωτερικαί, étaient publiques et d'un ordre moins relevé, il les appelait *sa promenade du soir*, δειλινὸς περίπατος.

Ligne 21. *C'est à ce temps que remonte Théodecte.*

5. Nous avons déjà parlé de ce rhéteur, qui était disciple d'Aristote. (*Voyez* la note 30 du livre II.)

Ligne 23. *Théophraste..... a aussi donné des préceptes très-exacts sur la rhétorique.*

6. Il n'est rien resté de lui. Diogène-Laërce fait mention de son ouvrage; Denys d'Halicarnasse le cite aussi quelquefois. Cicéron l'accole à Aristote, Théodecte et Éphore dans son *Orateur*, chapitre XXIV.

Ligne 27. *Vint ensuite Hermagoras....*

7. Il y eut deux rhéteurs de ce nom. Il faut ici entendre l'ancien, celui dont Cicéron a emprunté les préceptes dans son livre *de Inventione*. Nous parlerons tout-à-l'heure de l'autre.

Ligne 29. *Plusieurs l'y suivirent, entre autres Athénée...*

8. ATHÉNÉE était un philosophe péripatéticien qui vécut à Rome du temps d'Auguste, et entra dans une conjuration contre ce prince avec Muréna. Il fut tué par la chute d'un édifice (*Voyez* STRABON, liv. XIV). Il ne faut pas le confondre avec un autre Athénée, célèbre grammairien grec sous Marc-Aurèle, et auteur des *Deipnosophistes*, c'est-à-dire *les Sophistes à table*.

Page 11, ligne 1. *Enfin, après eux,* APOLLONIUS MOLON, AREUS, CÆCILIUS *et* DENYS-D'HALICARNASSE *ont beaucoup écrit sur cette matière.*

9. APOLLONIUS MOLON, célèbre rhéteur qui a eu la gloire de donner des leçons à Cicéron et à Jules César. Strabon dit qu'il était né à Alabande, ville de Carie, et qu'il s'était fixé à Rhodes.

AREUS. Il y a eu un philosophe pythagoricien de ce nom, qui a été précepteur d'Auguste. Je n'oserais affirmer que c'est le même dont parle Quintilien. (SUÉT., *Octav.* LXXXIX.)

CÆCILIUS, de Calacta, en Sicile, vivait du temps de César Auguste, et il professa la rhétorique à Rome. Il était Juif, et auteur de beaucoup d'ouvrages dont il ne nous est rien parvenu. Denys-d'Halicarnasse, dont il était l'ami, le cite quelquefois; il avait composé un petit traité sur le sublime, dont Longin fait surtout mention. Il changea son nom grec, Ἀρχάγαθος, contre un nom romain. (Tiré de diverses notes.)

DENYS-D'HALICARNASSE, historien et rhéteur, vint à Rome peu de temps après les guerres civiles du triumvirat. Il est auteur d'une *Histoire des antiquités romaines*, dont il ne reste que les deux premiers livres, avec quelques fragmens des autres. Il a composé un traité de *l'Arrangement des mots*, une *Rhétorique* et quelques autres écrits critiques.

Page 11, ligne 4. *Mais ceux qui entraînèrent un plus grand nombre d'imitateurs furent Apollodore de Pergame......... et Théodore de Gadare.*

10. Suétone dit, dans la *Vie d'Auguste*, ch. XXIX, que ce prince avait un goût très-vif pour les lettres grecques et qu'il y excellait, grâce aux leçons d'*Apollodore de Pergame* : « Ne græcarum quidem disciplinarum leviore studio tenebatur : in quibus et ipsis præstabat largiter, magistro dicendi usus Apollodoro Pergameno. »

Théodore de Gadare, au rapport du même écrivain, enseigna la rhétorique à Tibère, encore enfant, et démêla bientôt le naturel indolent et cruel de son élève, qu'il peignait avec autant d'énergie que de vérité, en l'appelant souvent, dans les réprimandes qu'il lui faisait, *une masse de boue pétrie avec du sang.* — « Sæva ac lenta natura ne in puero (Tiberio) quidem latuit, quam Theodorus Gadareus, rhetoricæ præceptor, et perspexisse primus sagaciter et assimulare aptissime visus est, subinde, in objurgando, appellans eum, πηλὸν αἵματι πεφυραμένον. »

Ligne 19. *Il (Théodore) eut pour disciple Hermagoras, que des personnes de notre temps ont pu connaître.*

11. Cet Hermagoras, postérieur à celui dont nous avons déjà parlé (*Voyez* la note 7.), florissait sous Auguste, avec le rhéteur Cæcilius (*Voyez* la note 9). Suidas dit qu'il mourut fort vieux, τελευτᾶν πόρρω τῆς ἡλικίας; en quoi il est d'accord avec Quintilien.

Ligne 21. *Chez les Romains, le premier que je sache qui ait donné quelques règles d'éloquence est Caton le Censeur.*

12. Ce grave romain avait fait un livre, *de Oratore*, qu'il avait adressé à son fils, et c'est à lui que Quintilien a emprunté cette belle définition de l'orateur : *Vir bonus dicendi peritus.* (*Voyez* la note 26 du deuxième livre.)

Ligne 23. *Puis Antoine tenta quelques essais.*

13. C'est le célèbre orateur, aïeul du triumvir, que Cicéron introduit comme interlocuteur dans ses dialogues, *de Oratore.*

Il avait, en effet, recueilli quelques observations sur l'art oratoire, dont il n'avait paru qu'un livre, publié, à ce qu'il paraitrait, sans son aveu, car, invité par Crassus à développer tout ce qu'il avait composé sur cette matière : « Quid si... petimus ab Antonio, ut ea quæ continet, neque adhuc protulit, ex quibus unum libellum sibi excidisse jamdudum questus est, explicet nobis, et illa dicendi mysteria enunciet ? » Antoine se défend de parler d'un art qu'il n'a, dit-il, jamais appris et sur lequel il n'a que les leçons de l'expérience, et il ajoute, à propos de l'ouvrage que lui rappelle Crassus : « Ipsaque illa quæ in commentarium meum retuli, sunt ejusmodi, non aliqua mihi doctrina tradita, sed in rerum usu causisque tractata. » (*De Orat.*, lib. 1, cap. 47 et 48.)

Antoine était l'homme le plus éloquent de son temps. Marius, contre lequel il s'était déclaré pendant la guerre civile, envoya pour le tuer des assassins qui lui rapportèrent sa tête. Celle de Cicéron, par un triste rapprochement, tomba aussi dans les guerres civiles qui suivirent celles de Marius et Sylla, et fut rapportée au petit-fils de ce même Antoine.

Page 11, ligne 26. *Mais celui qui a répandu le plus de lumières sur l'éloquence et sur ses préceptes.... c'est M. T. Cicéron.*

14. Les ouvrages de Cicéron sur l'éloquence ne sont pas, pour la plupart, moins admirables que son éloquence elle-même. Rien n'égale la fécondité, la clarté, l'élégance de ses préceptes ; et ces qualités se retrouvent surtout au degré le plus éminent dans les trois livres de dialogues, adressés à Quintus son frère, et intitulés *de Oratore*, ainsi que dans le livre qu'il composa à la prière de Brutus, et qu'il a appelé *Orator*. Les autres écrits de Cicéron sur la rhétorique sont : un traité *de l'Invention*, fruit de sa jeunesse, et qui n'est guère que le résumé des préceptes qu'il avait recueillis de l'école ; un autre, *des Partitions*, entrepris pour l'instruction de son fils ; un dialogue sur *les Orateurs illustres*, publié sous le titre de *Brutus*; enfin, un traité *des Topiques*, ou l'art de trouver des argumens sur toutes sortes de questions.

Page 13, ligne 5. *S'il (Cicéron) n'eût omis à dessein quelques détails qu'on y regrette.*

15. Cicéron, qui n'avait point envisagé l'éloquence à la manière des rhéteurs, mais qui la voyait de plus haut, déclare, au commencement de son premier livre, *de Oratore*, chap. VI, qu'il ne

s'assujétira pas à un certain ordre de préceptes, comme on le faisait dans l'ancienne école, mais qu'il exposera les opinions, les doctrines qui étaient agitées parmi les Romains les plus éloquens et les plus illustres : « Repetam.... non ab incunabulis nostræ veteris puerilisque doctrinæ quemdam ordinem præceptorum, sed ea quæ quondam accepi in nostrorum hominum eloquentissimorum, et omni dignitate principum disputatione esse versata. »

Quintilien, dont le plan était tout autre que celui de Cicéron, se croyait donc, avec raison, fondé à traiter de la rhétorique après lui ; et l'on peut rendre à Quintilien cette justice qu'il a su jeter tant d'intérêt et de variété sur son sujet, qu'il eût été fâcheux que les ouvrages de Cicéron l'eussent empêché de faire le sien.

Page 13, ligne 6. *Cornificius a beaucoup écrit sur le même sujet.*

16. Q. *Cornificius* était l'ami de Cicéron et son collègue dans la dignité d'augure. Quelques érudits prétendent qu'il est l'auteur des livres à *Herennius, de Inventione*, qui ouvrent les œuvres de l'orateur romain. Ce qu'il y a de certain, c'est que Cornificius était bon connaisseur en fait d'éloquence, à en juger par ce passage d'une lettre que lui écrit Cicéron : « (*Scripsi*) cætera quidem fortasse, quæ etiam tu concederes ; sed proxime... de optimo genere dicendi, in quo sæpe suspicatus sum te a judicio nostro, sic scilicet ut doctum hominem a non indocto, paululum dissidere. » (*Ep. ad div.*, XII, 17.) — « J'ai écrit bien des choses que vous approuveriez peut-être ; mais, tout récemment, je me suis exercé sur ce qui constitue *la meilleure espèce d'éloquence*, sujet où j'ai plus d'une fois soupçonné que vous n'étiez pas tout-à-fait du même avis que moi ; c'est-à-dire, comme un savant peut ne pas s'accorder avec un homme qui n'est pas ignorant. »

Ligne 7. *Stertinius et Gallion, père, s'y sont aussi exercés.*

17. Il n'est parlé nulle part du premier de ces rhéteurs. Spalding fait seulement remarquer qu'il est question dans Sénèque, le père (*Controverse* IX, page 149), d'un certain *Maximus Stertinius*, qui avait pour acolyte *Syriacus Vallius*; encore n'est-il pas certain que ce fût un rhéteur.

Horace se moque d'un prétendu philosophe de ce nom, dans la troisième satire du livre II :

Si quid Stertinius veri crepat....

et dans la douzième épître du livre premier :

Empedocles an Stertinium deliret acumen ?

ce ne peut pas être non plus le Stertinius dont parle Quintilien.

Il faut donc se résoudre à rester dans le vague.

Gallion, le père, suivant les conjectures de Spalding, pourrait bien être le même dont Sénèque père fait souvent mention, et qu'il appelle *Junius Gallio*, lequel avait adopté le fils aîné de ce même Sénèque, frère aîné du philosophe.

Tacite compte aussi parmi les orateurs un certain Gallion, et se moque de son style ronflant et vide, *cujus tinnitum taxat*.

Ligne 8. *Celsus et Lénas.*

18. Cornelius Celsus est un rhéteur souvent cité par Quintilien.

Lénas, qui paraît avoir été le contemporain de Celsus, n'est connu que par ce qu'en dit notre auteur. Il paraît qu'il avait composé un traité complet de rhétorique. On présume qu'il était de la famille de ce *Popilius Lénas*, qui, défendu autrefois par Cicéron, ne rougit pas d'être son assassin.

Ligne 9. *Virginius, Pline et Tutilius, ont plus approfondi la matière.*

19. *Virginius* est mentionné honorablement par Tacite dans ses *Annales*, xv, 71, 6 : *Virginius studia juvenum eloquentia fovebat*. Quintilien le cite plusieurs fois dans le cours de son ouvrage, et, dans le onzième livre, chapitre 3, il l'appelle *Flavus Virginius*, ce qui ne permet pas de le confondre avec Virginius Rufus, dont le nom revient souvent chez les historiens. Virginius le rhéteur fut exilé sous Néron, à cause de l'éclat de son nom, *ob claritudinem nominis.*

Turnèbe dit qu'il mourut sous Trajan, temps auquel, suivant certains savans, l'*Institution oratoire* de Quintilien aurait été publiée, ce qui sera démontré faux. (*Voyez* la note 22.)

PLINE, cet illustre historien de la nature, avait encore composé une foule d'autres ouvrages, dont son neveu nous a conservé les titres dans une lettre fort curieuse (*Lettres*, liv. III, 5). En voici la nomenclature qui est faite pour confondre l'imagination, lorsqu'on songe que Pline est mort à l'âge de cinquante-six ans, et que le milieu de sa carrière fut voué à des fonctions importantes qui dûrent lui prendre beaucoup de temps :

Un traité sur l'Art de lancer le javelot à cheval.

Une Vie de Pomponius Secundus, en deux livres.

Vingt livres sur les Guerres d'Allemagne.

Huit sur les façons de parler douteuses.

Trente-un pour servir de suite à l'histoire écrite par Aufidius Bassus.

Trente-sept sur l'Histoire naturelle.

Ce fut après son Histoire des guerres d'Allemagne qu'il publia ses livres sur la rhétorique, au nombre de trois, divisés en six volumes, à cause de leur grosseur, et qui ont pour titre : *L'Homme de lettres*. Il prend, dans cet ouvrage, l'orateur au berceau, et le conduit jusqu'à sa plus haute perfection : « Studiosi tres in sex volumina propter amplitudinem divisi : quibus oratorem ab incunabulis instituit et perficit. »

Avec quel imposant bagage cet infatigable écrivain se fût-il donc présenté à la postérité, si le temps n'eût détruit la plus grande partie de ses compositions !

Tutilius était un célèbre rhéteur, dont le nom est rappelé par Martial dans une jolie épigramme à Lupus, liv. V, 57, 6 :

<blockquote>Famæ Tutilium suæ relinquat.</blockquote>

Suivant les savantes et ingénieuses conjectures de Dodwell que j'ai rapportées dans ma notice*, ce fut la fille de ce rhéteur que Quintilien épousa en secondes noces, à l'âge de plus de cinquante ans ; et, de cette seconde union, il lui naquit une fille qu'il maria à Nonius Celer ; mariage à l'occasion duquel Pline le Jeune pressa Quintilien d'accepter dix mille sesterces. (*Lettres*, VI, 32.)

Page 13, ligne 10. *Il y a encore aujourd'hui d'illustres auteurs, etc.*

20. Valla prétend que Quintilien a voulu désigner ici *Aquila Romanus*; d'autres pensent que c'est *Pline le Jeune* ou *Tacite*.

(Note de Turnèbe.)

---

* *Voir* la Notice sur Quintilien, page vij, tome I.

Ligne 19. *Ennemi de toute superstition, je n'entends m'attacher à aucune secte.*

21. C'était aussi l'opinion de Cicéron. Il enseigne, dit Turnèbe, que rien n'est plus contraire à la vraie philosophie, et à la découverte de la vérité, que de s'attacher servilement à certaines doctrines. Voilà pourquoi il faisait tant de cas des philosophes *académiciens*, qui, dégagés de toute superstition, parlaient et jugeaient librement des choses.

Page 19, ligne 31. *Dion n'a reconnu que l'*INVENTION *et la* DISPOSITION...

22. *Dion* de Prusa, en Bithynie, fut surnommé *Chrysostôme*, à cause de son éloquence. Son âge se rapporte parfaitement avec celui de notre rhéteur. Haï de Domitien, pour lequel il avait une égale aversion, il a pu sans doute s'exiler volontairement de Rome; mais inférer de là, comme le fait Turnèbe, que Quintilien n'ait pu parler de lui du vivant de Domitien, et en conclure que l'*Institution oratoire* n'a pu paraître que sous Trajan, qui avait une estime particulière pour Dion, on ne sait où Turnèbe a pu prendre un pareil raisonnement. En effet, nier que l'*Institution oratoire* ait été publiée sous Domitien, c'est enlever à Quintilien la seule excuse qu'on puisse donner à ses viles adulations, *la nécessité*. Or, est-il vraisemblable qu'un monstre, que Martial lui-même n'épargna pas, quand il ne fut plus, ait pu être loué, après sa mort, par un aussi honnête homme que Quintilien? et d'ailleurs, il ne citait Dion que pour le censurer et presque se moquer de lui. (Note de SPALDING.)

Page 25, ligne 12. *Et maintenant on est presque poussé, sur la foi du plus célèbre écrivain de nos jours, à reconnaître que non-seulement la rhétorique comporte plus de trois genres, mais qu'elle en a d'infinis.*

23. Turnèbe croit que Quintilien a ici en vue Pline l'Ancien, qui, comme nous l'avons dit (note 19), avait, au rapport de Pline le Jeune, composé un ouvrage assez considérable sur la rhétorique.

Page 37, ligne 29. *Comme de savoir si Caton a pu décemment livrer sa femme Marcia à Hortensius.*

24. Q. Hortensius poussait si loin le fanatisme de son admiration pour Caton, que, n'ayant pu obtenir de ce sage romain

qu'il lui accordât sa fille Porcia, en la faisant divorcer d'avec Bibulus, à qui elle était mariée, il osa prier Caton lui-même de lui livrer sa femme Marcia, fille de Philippe, disant qu'il n'était pas permis que le sang de Caton, ce sang presque divin, fût le partage d'une seule maison, et que cette maison serait réduite à rien par les fréquens enfantemens de Marcia, tandis que, si elle passait dans son lit, elle communiquerait à sa race quelque chose de la vertu *catonienne*. Ce qu'il y a de singulier, c'est que Caton ne s'effaroucha point d'une pareille prière, et qu'après avoir consulté Philippe, son beau-père, et avoir obtenu son consentement, il fiança Hortensius à sa femme Marcia, quoiqu'il l'aimât tendrement, et que, de plus, il la laissât enceinte. Celle-ci, après la mort d'Hortensius, retourna à Caton. »

(Note de Spalding.)

Lucain a consacré ce retour dans sa *Pharsale*. Marcia, revenant du bûcher qui a consumé les restes d'Hortensius, va trouver Caton, dans ses habits de deuil, et vient se remettre en sa puissance, pour ne plus le quitter désormais, et partager ses dangers. Voici le discours qu'elle lui tient, où elle rappelle son union *forcée* avec Hortensius, et où elle témoigne tout le prix qu'elle attache à mourir la femme de Caton :

> Dum sanguis inerat, dum vis materna, *peregi*
> *Jussa*, Cato : et *geminos excepi, fœta, maritos*.
> Visceribus lassis, partuque exhausta, revertor
> Jam nulli tradenda viro. Da fœdera prisci
> Illibata tori ; da tantum nomen inane
> Connubii ; liceat tumulo scripsisse Catonis
> Marcia : nec dubium longo quæratur in ævo
> Mutarim primas, expulsa an tradita, tædas.
> Non me lætorum comitem, rebusque secundis,
> Accipis ; in curas venio partemque laborum.
> Da mihi castra sequi ; cur tuta in pace relinquar,
> Et sit civili propior Cornelia bello ?

Peut-être ne sera-t-on pas fâché de lire la traduction de ce passage par Brébeuf :

> Tant qu'un sang plus fécond a roulé dans mes veines,
> J'ai de tes volontés fait des lois souveraines,

J'ai, dit-elle, seigneur, en de nouveaux liens,
Accompli tes désirs et triomphé des miens.
Mais, ce sang tout glacé, cette vigueur lassée,
Souffre que je remonte à ma gloire passée;
Rends Caton à Marcie et Marcie à Caton,
Ou plutôt de l'hymen rends-moi l'ombre et le nom :
Qu'un jour de nos deux cœurs cette dernière étreinte,
Gloire de mon sépulcre et de ma cendre éteinte,
Sauve ma renommée et prouve à nos neveux
Qu'un aveugle respect a fait mes seconds nœuds,
Que ta vertu sévère, et non mon inconstance,
A rangé mes désirs sous une autre puissance.
Je ne viens pas chercher les douceurs de la paix
En un temps où la guerre étale ses forfaits;
Au milieu du repos, au milieu des alarmes,
Caton a pour mes yeux toujours les mêmes charmes.
Je veux dans les hasards, compagne de tes maux,
Suivre ta destinée et sentir tes travaux,
Et je ne puis au calme abandonner ma vie
Ou craindre des périls qu'affronte Cornélie.

Ces vers, qui ne sont pas d'ailleurs dépourvus de mouvement et de chaleur, sont loin cependant de l'énergique concision de l'original. On remarquera surtout avec quelle fâcheuse prolixité Brébeuf délaie en six vers ce que Lucain exprime si bien en moins de trois, et de quelle manière entortillée et pénible il traduit cette exclamation si touchante et si vive :

. . . . . . .Liceat tumulo scripsisse CATONIS
MARCIA !. . . . .

Page 43, ligne 22. *Les uns l'attribuent à* NAUCRATE, *disciple d'Isocrate, les autres à* ZOPYRE *de Clazomène.*

25. NAUCRATE était disciple d'Isocrate, suivant le témoignage de Cicéron. Cet auteur semble même faire entendre que Naucrate avait écrit quelque chose sur le nombre oratoire; car, en parlant de la réforme qu'Isocrate avait faite à cet égard, il dit : « Idque princeps Isocrates instituisse fertur, ut inconditam antiquorum dicendi consuetudinem, delectationis atque aurium causa (QUEMADMODUM SCRIBIT DISCIPULUS EJUS NAUCRATES) numeris adstringeret. » (*De Orat.*, lib. III, 44.) Avait-il, en outre,

fait un traité particulier sur ce qu'on appelle l'*état d'une cause*, *de statu*, comme semble l'insinuer Quintilien? C'est ce qu'il est impossible de dire, car, excepté ce que nous venons de citer de Cicéron, et ce que dit ici Quintilien, il n'est question ailleurs d'aucun ouvrage de Naucrate sur la rhétorique.

Les plus anciens manuscrits portaient, dit Turnèbe, *Eucrate, disciple de Socrate*; et cette leçon, ajoute-t-il, est peut-être en partie la vraie, puisque Suidas parle d'un certain *Eucrate*, philosophe et rhéteur illustre, qu'il place parmi les disciples, non pas de Socrate, mais d'Isocrate. Cependant, comme il n'est fait mention nulle part de cet Eucrate, l'autorité de Cicéron doit l'emporter ici.

Naucrate est d'ailleurs célèbre chez les écrivains anciens par ses harangues funèbres, et particulièrement par celle qu'il fit sur Mausole, roi de Carie, sujet qui exerça l'éloquence de tous les rhéteurs du temps, et auquel Isocrate lui-même concourut avec ses disciples.

Zopyre, de Clazomène, en Asie, était un sophiste qui vivait du temps de Démosthène.

Page 59, ligne 8. *Quelques-uns ont reconnu deux états, qu'*Archidème *appelle, l'un conjectural, et l'autre* définitif.

26. Cet Archidème était l'un des principaux philosophes d'entre les stoïciens. Il avait probablement écrit sur la dialectique, car Cicéron l'appelle *princeps dialecticorum et opiniosissimus homo*, c'est-à-dire, *dont les opinions sont très-sujettes à varier*. C'est sans doute celui dont parle ici Quintilien, attendu qu'il s'agit d'une distinction qui rentre tout-à-fait dans la dialectique.

Ligne 27. *C'est aussi l'opinion de* Pamphile.

27. Il y a, dans la *Rhétorique* d'Aristote (liv. II, ch. 23, 21), un passage sur les moyens de persuader ou de dissuader, *d'après les motifs qui portent à faire une chose, ou à en détourner*, appliqués au genre délibératif et au genre judiciaire. C'est, ajoute Aristote, presque le seul objet dont *Pamphile* et Callipe se sont occupés dans leurs écrits sur la rhétorique : ἔστι δ' ὁ τόπος οὗτος, ὅλη τέχνη ἥτε Παμφίλου, καὶ ἡ Καλλίπου.

Voici la note que M. Gros, traducteur de la *Rhétorique* d'Aristote, me fournit sur Pamphile. « Pamphile fut disciple de Platon. « On croit que c'est celui dont parle Cicéron dans ce passage : — « Pamphilum nescio quem sinamus in infulis tantam rem, tan- « quam pueriles delicias aliquas depingere. (*De Orat.*, lib. III, « cap. 21.) » Les uns disaient qu'il était de Sicyone, et d'autres de Nicopolis; mais, comme l'observe Lambin (*not. in Cic.*) il ne peut être de Nicopolis, puisque cette ville fut fondée par Auguste, après la bataille d'Actium. Du reste, on n'est pas sûr du lieu où il naquit. »

Indépendamment de ce qu'il dit de Pamphile, dans son traité *de Oratore*, Cicéron le cite encore dans un autre de ses ouvrages (*de Natura deorum*, lib. I, cap. 26), comme ayant donné des leçons à Épicure : « Pamphilum quemdam, Platonis auditorem, ait (Epicurus) a se auditum. »

Page 61, ligne 24. *Posidonius ne considère, en tout état, que les mots et les choses.*

28. Il y a plusieurs écrivains de ce nom. Le plus célèbre de tous fut le stoïcien Posidonius, d'Apamée en Syrie, qui se faisait appeler le Rhodien ; il était disciple de Panétius, et il fut le maître du grand Pompée. Quoique les auteurs mentionnent à peine ses ouvrages de rhétorique, si ce n'est qu'on dit qu'il avait composé un traité élémentaire sur le Style, εἰσαγωγὴν περὶ λέξεως; comme ce genre d'ouvrage, qui intéresse à la fois la dialectique et la rhétorique, était bien dans le goût des stoïciens, *on est fondé à croire que c'est ce même traité de Posidonius qu'avait en vue Quintilien.* (Traduit d'une note de SPALDING, à l'exception de ce qui est en lettres italiques ou penchées.)

Lignes 25 et suivantes. *On s'attache aux mots pour en rechercher la signification, l'étendue et l'esprit...... Jusqu'à ces mots : de cette définition en est venue une autre.*

29. Les éditeurs de Quintilien, dans la collection de M. Lemaire, à l'occasion de la doctrine de Posidonius, *de Voce et re*, en ont fait une application assez ingénieuse à notre système judiciaire actuel. Voici la traduction de leur note :

« La définition donnée par Posidonius n'est point à dédaigner. Toute espèce de cause, en effet, se juge ou sur ce que nous appelons des *preuves matérielles*, comme des propos, des écrits antérieurs au délit, des instrumens dont se sont servis ceux qui l'ont commis ; ou bien sur des conjectures, des preuves morales, des inductions, ce que nous appelons *présomptions et probabilités*. Souvent aussi, surtout de notre temps, c'est à l'aide de ces deux genres de preuves qu'on instruit une affaire criminelle et qu'on y donne suite, comme lorsqu'on examine quel délit a été commis, combien de fois, de quelle manière il l'a été : *quid, quam multa, quomodo*; ensuite, quelle est la qualité de ce délit : *qualitas*; quelle a été l'intention de son auteur : *mens*, etc. Quand les preuves sont matérielles, on juge *par conviction*; quand elles sont conjecturales, on juge, par persuasion, *par le sentiment intime du vrai*, ce que Platon définit, avec autant d'élégance que de vérité, αἴσθησιν τοῦ ὄντος, *le sentiment de ce qui est, c'est-à-dire de ce qui est juste*. Telle est, parmi nous, la noble fonction des jurés (du jury), auxquels la loi confère la faculté de définir les délits. »

Page 63, lignes 26 et 27. *Ce qu'on loue vulgairement doit-il être réputé honnête ?*

30. D'après Diogène-Laërce, Aristippe avait pour doctrine *que rien n'était de sa nature juste ou honteux, mais que c'était la loi ou l'usage qui en décidait :* μηδὲν εἶναι φύσει δίκαιον, ἢ αἰσχρὸν : ἀλλὰ νόμῳ καὶ ἔθει. Les stoïciens avaient une doctrine toute contraire. Cicéron les a suivis dans son traité *de Finibus*, II, 15 : « Ego, ait, judico... quod... sit ipsum per se rectum atque laudabile, non ob eam causam tamen... dici *honestum* esse quia *laudetur a multis*, sed quia tale sit, ut, vel si ignorarent id homines, vel si obmutuissent, sua tamen pulchritudine esset, specieque laudabile. » — « Pour moi, dit-il, je pense que ce qui est bon et louable en soi, ne doit pas recevoir le nom d'*honnête* par cela seul *que le plus grand nombre le loue*, mais bien parce qu'il est tel ; que si les hommes ne le comprenaient pas, ou s'ils n'en parlaient point, ce qui est bon n'en brillerait pas moins de sa propre beauté, et n'en mériterait pas moins nos hommages. » (Note de SPALDING.)

Page 69, ligne 1. *D'autres comme* Cécilius *et* Théon, *ont reconnu*.....

31. Suidas faisant mention de plusieurs écrivains du nom de Théon, il est assez vraisemblable, dit Spalding auquel j'emprunte encore cette note, que celui dont il s'agit ici est le même dont nous avons conservé un ouvrage sous le titre de *Doctrina progymnasmatum*[*]. Il était surnommé Élius, et natif d'Alexandrie. Suivant ce même Suidas, outre cet ouvrage plein d'élégance que nous avons aujourd'hui entre les mains, Théon en avait composé plusieurs sur différens sujets, et entre autres, un traité spécial sur la Rhétorique, dans lequel se trouvait probablement le point de doctrine touché ici par Quintilien.

Page 79, ligne 14. *Ce n'est point auprès du préteur que vous devez réclamer ce fidéi-commis, c'est auprès des consuls, attendu que la somme excède la juridiction du préteur.*

32. « Quand on voulait favoriser quelqu'un que la loi ne permettait pas d'instituer directement son héritier ou son légataire, on confiait cet héritage ou ce legs à la foi de tiers qui avaient capacité pour recueillir l'un et l'autre, avec prière de le lui remettre. C'était ce qu'on appelait un fidéi-commis, parce que cette sorte d'acte reposait, non sur le droit, mais sur la probité de celui qui en était investi. Dans la suite, l'empereur Auguste cédant à des considérations de personnes, une fois au sujet d'un fidéi-commis que l'on disait avoir été institué, sous la garantie des jours de l'empereur lui-même, et une autre fois pour déjouer l'insigne perfidie de quelques hommes, ordonna aux consuls d'interposer leur autorité. Cette disposition parut si juste et si conforme aux intérêts du public, qu'elle se convertit peu à peu en une juridiction constante; et les fidéi-commis acquirent par là tant de faveur qu'on en vint à créer depuis un préteur *ad hoc* pour en connaître; et l'on appela ce préteur fidéi-commissaire. » (*Institutions* de Justinien, liv. II, tit. 23, §. 1er, *Origo et ratio juris de fidei-commissis.*)

En rapprochant ce qu'on vient de lire, de la question posée par Quintilien, on voit que c'était la valeur du fidéi-commis qui déterminait s'il serait du ressort des consuls ou du préteur fidéi-commissaire.

[*] Ou *Sophistæ exercitationes*, Exercices du sophiste.

Page 79, ligne 21. *Vous n'avez pas dû m'attaquer au possessoire, mais au pétitoire.*

33. *Interdicere*, recourir à l'interdict, signifie attaquer au possessoire, parce que l'interdict était un acte du préteur formulé en termes *impératifs* ou *prohibitifs*, ce qui avait particulièrement lieu, lorsqu'il y avait contestation entre quelques personnes sur la possession ou la quasi-possession : « Erant interdicta formæ atque conceptiones verborum, quibus prætor aut jubebat aliquid fieri, aut fieri prohibebat, quod tunc maxime fiebat, quum de possessione, aut quasi possessione inter aliquos contendebatur. » (*Instit.* de Justinien, liv. IV, tit. 15, §. 1er.)

« Il y avait deux sortes d'interdicts, pour conserver la possession, *retinendæ possessionis causa*, l'une qui regardait les propriétés foncières comme les fonds de terre, les maisons : c'était l'interdict *uti possidetis*; et l'autre, qui concernait les objets mobiliers, c'était l'interdict *utrubi*. Dans toute question de ce genre, il y a, en effet, controverse sur la propriété d'une chose, et il faut d'abord chercher lequel des plaideurs doit *posséder*, et lequel doit former la demande en possession; car *on ne peut pas instituer une action au pétitoire* : — *non potest petitoria actio institui*, avant d'avoir examiné laquelle des parties est en possession; puisque la raison civile et la raison naturelle veulent que l'un possède et que l'autre réclame contre celui qui possède; et comme il est de beaucoup plus avantageux de posséder que de réclamer, c'est pour cela que la plupart du temps et presque toujours il y a grand débat sur la possession. Or, l'avantage de posséder consiste en ceci, que celui qui possède, ne fût-il pas le véritable propriétaire, si sa partie adverse ne peut prouver que la chose lui appartient, la possession reste au détenteur. Voilà pourquoi, lorsque les droits sont douteux des deux côtés, on juge ordinairement contre le demandeur. » (*Institut.*, liv. IV, tit. 15, §. 4.)

Page 87, ligne 9. *Telle est cette disposition des Douze-Tables, qui permettait aux créanciers de se partager le corps de leur débiteur, loi barbare dont nos mœurs ont fait justice.*

34. S'il faut en croire les commentateurs, cette disposition des Douze-Tables ne serait en quelque sorte qu'une figure, et

par ces mots : *debitoris corpus inter creditores dividi*, il faudrait entendre la vente de la personne du débiteur et le partage entre les créanciers du prix de cette vente. D'un autre côté, les anciens, entre autres notre auteur, Aulu-Gelle et Tertullien, en rappelant cette disposition, n'y ont pas vu de finesse et l'ont matériellement interprétée comme une véritable *dilacération du corps du débiteur : — veram corporis dissectionem*. Or, comment croire qu'ils eussent ainsi pris le change sur un article de la loi des Douze-Tables, et qu'ils se fussent uniquement attachés à la lettre de cette loi, pour laisser aux modernes la gloire d'en découvrir l'esprit ?

L'un des plus forts argumens que l'on prétende faire valoir contre l'existence de cette disposition dans la loi des Douze-Tables, c'est que Manlius Capitolinus[*], dans la sortie violente qu'il fit devant le peuple, sur la cruauté des usuriers, ne dit pas un mot de cette loi, et qu'il n'eût pas, dit-on, manqué d'en parler, pour exaspérer la multitude, si elle eût existé avec le sens que lui donnent Quintilien et d'autres. Mais qu'inférer rigoureusement du silence de Manlius Capitolinus à cet égard, sinon que cette loi n'avait jamais été mise à exécution ? et c'est précisément ce que dit Quintilien : *Quam legem mos publicus repudiavit*. — « Loi barbare dont nos mœurs ont fait justice. »

Rien ne me paraît donc démontrer que l'article de la loi des Douze-Tables ne fût pas tel que nous le donne Quintilien ; seulement, comme il répugnait aux mœurs des Romains, la disposition resta écrite, sans être jamais exécutée.

Page 107, ligne 5. *Parce qu'on a rarement à rappeler les honneurs divins, ou des statues publiques décernées à la mémoire d'un homme.*

35. « Ceci, *disent les éditeurs de Quintilien dans la collection de M. Lemaire*, rappelle une coutume romaine et particulièrement cette apothéose par laquelle les empereurs, les impératrices et même leurs enfans, étaient placés au rang des dieux, d'où ces mots DIVUS, DIVA, DIVO, CONSECRATIO, qu'on lit si souvent sur les médailles ; car non-seulement on consacrait aux empereurs, après leur mort, des autels, des temples, des statues,

---

[*] *Voyez* TITE-LIVE, liv. VI, chap. 14.

mais on frappait, en leur honneur, des médailles représentant la tête de l'empereur, de l'impératrice ou du César, souvent sans couronne de laurier, souvent aussi surmontée de rayons, avec cet exergue : DIVO AUGUSTO, DIVO CLAUDIO, DIVA FAUSTINA, etc.; et au revers, tantôt c'est un bûcher à plusieurs degrés et chargé d'ornemens, du sommet duquel s'envole un aigle, sans aucune épigraphe; tantôt c'est une espèce de chariot, ou lit funèbre, richement décoré, sur lequel est écrit CONSECRATIO; quelquefois, c'est simplement un aigle, les ailes étendues, qui porte sur son dos l'âme ou plutôt le corps du dieu ou de la déesse, avec ce même mot CONSECRATIO. On peut voir tous les jours, dans les cabinets de nos antiquaires, ces médailles qu'ils conservent avec un soin religieux à cause de leur beauté. »

Page 107, ligne 9. *On sait que Ménandre éprouva plus de justice de la postérité que de ses contemporains.*

36. Ménandre, le plus parfait des anciens poètes comiques, au jugement de Quintilien, se vit préférer un poète contemporain, Philémon, qui lui était de beaucoup inférieur. Voilà de ces injustices auxquelles les hommes de génie sont exposés de leur vivant. Mais, dit Voltaire, l'or est confondu avec la boue pendant la vie des artistes, et la mort les sépare.

Il ne nous est resté de Ménandre que quelques fragmens d'un nombre considérable de pièces qu'il avait composées. Ce que Quintilien dit de lui, dans la revue qu'il fait des écrivains grecs et latins (liv. x) fait vivement regretter que ces pièces ne nous soient point parvenues. On aurait pu juger du degré de perfection où était, chez les Grecs, un genre de littérature que notre Molière a porté si haut.

Ménandre était né au bourg de Cephisia, dans l'Attique, l'an 342 avant J.-C.

Lignes 17. *Et l'usage d'incliner les faisceaux devant le peuple, remonte à Publicola.*

37. Voici ce que Plutarque dit à ce sujet : « Publicola voulant non-seulement que sa personne, mais même sa domination, au lieu d'être terrible, fût douce et agréable à la multitude, fit ôter

les haches du milieu des faisceaux consulaires; et, lorsqu'il paraissait dans une assemblée, il faisait incliner ces mêmes faisceaux devant le peuple, comme pour rendre hommage à sa souveraineté, usage qui s'est conservé jusqu'à présent. »

Page 107, ligne 26. *D'autres, tels qu'*Irus *et* Thersite, *ont été des objets de mépris à cause de leur misère ou de leur difformité.*

38. Irus est un mendiant qu'Homère introduit dans le dix-huitième chant de l'*Odyssée*, et met aux prises avec Ulysse, errant lui-même sous les haillons de l'indigence, aux portes de son palais d'Ithaque.

Cet Irus est devenu le type de la pauvreté, comme Crésus celui de l'opulence.

Thersite était, dit Homère, le plus laid de tous les Grecs qui étaient venus à Ilion :

.....αἴσχιστος δὲ ἀνὴρ ὑπὸ Ἴλιον ἦλθε.
(*Iliad.* II, v. 216.)

Il était louche et boiteux, les épaules courbées et ramassées sur sa poitrine; il avait la tête pointue et parsemée de quelques cheveux. C'était, en outre, le plus bavard et le plus insolent des hommes.

Page 109, ligne 2. *C'est ce que nous apprennent les poètes, du lâche Nirée et de l'impudique Plisthène.*

39. La muse d'Homère a immortalisé tout ce qu'elle a chanté. C'est encore elle qui nous montre, dans Nirée, la lâcheté unie à la beauté :

Νιρεὺς, ὃς κάλλιστος ἀνὴρ ὑπὸ Ἴλιον ἦλθε.
Τῶν ἄλλων Δαναῶν............
Ἀλλ' ἀλαπαδνὸς ἔην.
(*Iliad.* II, v. 673.)

« Nirée, le plus beau de tous les Grecs qui allèrent à Troie....... mais qui était faible et sans courage. »

« Nous connaissons, dit Spalding, un *Plisthène*, qui tantôt est désigné comme fils d'Atrée, et père d'Agamemnon et de Ménélas, tantôt comme fils de Thyeste, et donné à son père, *en hor-*

rible festin*, par Atrée. Mais on ne raconte rien de ce Plisthène qui ait trait à l'impudicité; car ce qu'avance Valla, et Regius après lui, qu'il était père d'Agamemnon et de Ménélas, *par l'adultère*, paraît dépourvu d'autorité. Dans cette ignorance où l'on est des actions de Plisthène, quelques savans ont conjecturé qu'au lieu de Plisthène, il fallait lire Clisthène. En effet, ce Clisthène est, dans plusieurs endroits, immolé au ridicule par Aristophane, comme un homme efféminé; et même, suivant ce qu'en rapporte Suidas, d'après les scoliastes d'Aristophane, comme un homme fameux par son infâme débauche : ἐπὶ κιναιδείᾳ διαβεβλημένος; ajoutez qu'un autre poète comique, *Cratinus*, d'après les mêmes scoliastes, a lancé des traits semblables contre lui, en sorte qu'il était passé en proverbe de dire *plus débauché que Clisthène* : Κλεισθένους ἀκρατέστερος. Il paraît donc assez plausible de présenter comme flétri par ces poètes, à titre d'impudique, celui qui fut en butte, pour cette cause, aux traits satiriques de l'ancienne comédie. D'un autre côté, n'y a-t-il pas quelque chose de dissonant à mettre en regard de trois personnages d'Homère, comme Irus, Thersite et Nirée, un contemporain d'Aristophane ? Car le Clisthène de ce poète, qu'il appelle fils de Siburtius, ne saurait être confondu avec le Clisthène, chef de la maison des Alcméonides, qui renversa la tyrannie des Pisistratides. Je sens fort bien d'ailleurs quelle sorte de personnage historique ou mythologique réclamait ce passage de Quintilien. Il nous donne, dans Thersite et Irus, l'exemple d'hommes voués au mépris, le premier à cause de sa *laideur*; le second à cause de son *indigence*; il nous fait voir ensuite, dans Nirée, la *beauté* déshonorée par le défaut de courage; que lui restait-il, sinon de nous montrer *l'opulence* rendue odieuse par quelque vice ? Si ce dernier cas fut celui de Plisthène ou de Clisthène, tout s'enchaîne parfaitement, et les oppositions sont exactes; car, après avoir signalé dans les premiers l'état d'abjection auquel les condamna l'absence de tous les avantages du corps et de la fortune, il signale dans les derniers tout ce qu'eurent d'odieux ces mêmes

---

* Bourreau de votre fille, il ne vous reste enfin
Que d'en faire à sa mère un horrible festin.

(Racine, *Iphigénie*.)

avantages, pervertis et corrompus par des vices. Personne ne mettra en doute que le Clisthène qui chassa les Pisistratides, ne fût très-riche, puisque, au rapport d'Hérodote (liv. VI, 126), il réunit en sa personne, les biens des Alcméonides et ceux de Clisthène de Sicyone, son aïeul maternel. Serait-ce donc que Quintilien aurait confondu le Clisthène bafoué par les poètes comiques, avec l'Alcméonide? Mais serait-il permis, en changeant le texte de notre auteur, de lui supposer une telle ignorance de l'histoire (*tale ἀνιστορησίας crimen*)? Quant au Clisthène d'Aristophane, il paraît qu'il appartenait à la dernière classe du peuple. Je n'ai rien pu découvrir sur les richesses de Plisthène. Quelques fragmens de la tragédie d'Euripide, qui porte le nom de *Plisthène*, offrent bien çà et là des allusions aux maux dont sont quelquefois mêlés les biens de la fortune; mais cela ne nous mène pas à grand'chose. On n'aperçoit même pas, dans ces lambeaux échappés au naufrage du temps, si le Plisthène d'Euripide est fils d'Atrée, car il y en a un autre, mentionné par les mythographes, comme fils d'Acaste, et petit-fils de Pelias. Concluons donc par avouer que c'est un point qui ne saurait être éclairci, et qu'Andrès, dans sa *Chrestom. Quint.*, page 20, a eu tort de mettre dans le texte *Clisthène*. Combien de faits d'une vérité reconnue et publique chez les anciens, dont on retrouve à peine quelques traces dans les écrivains qui nous sont parvenus! »

Ceux qui font cas d'une saine et consciencieuse érudition, me sauront gré, je crois, de leur avoir mis sous les yeux cette savante note de Spalding.

Page 109, ligne 6. *Il est des hommes auxquels l'ignominie s'attache même au delà du tombeau, témoins* MÉLIUS... *et* MARCUS MANLIUS...

40. SPURIUS MÉLIUS, riche chevalier romain, qui s'était rendu agréable au peuple par ses largesses en blé, dans un temps de disette, fut tellement enflé de sa popularité, qu'il ne garda plus aucun ménagement, et laissa clairement apercevoir qu'il marchait à la souveraine puissance. Ses menées ayant été dénoncées au sénat par Minucius, et un dictateur ayant été créé sur-le-champ, comme cela se pratiquait dans les circonstances graves,

dès le lendemain Spurius Mélius fut sommé de venir se justifier du crime dont il était accusé. Au lieu de répondre à cette sommation, il se réfugia au milieu des siens, en implorant le secours de la multitude. Alors Servilius Ahala, général de la cavalerie, l'ayant poursuivi, l'atteignit et le tua.

Le dictateur Cincinnatus harangua ensuite le peuple, et après lui avoir exposé le danger auquel il venait d'échapper par la juste punition de Mélius, il ordonna que la maison de ce traître fût rasée, et tous ses biens vendus au profit de l'état : « Nec satis esse sanguine ejus expiatum (id scelus), nisi tecta parietesque, intra quæ tantum amentiæ conceptum esset, dissiparentur. » (Tit.-Liv., iv, 16.)

Marcus Manlius, surnommé Capitolinus, parce qu'il avait sauvé le Capitole, lors de l'attaque des Gaulois, quoique patricien, s'était ouvertement déclaré contre le sénat, et donnait de sérieuses inquiétudes à cette compagnie, par l'ascendant qu'il avait pris sur le peuple, en se montrant son protecteur contre l'avidité et la barbarie des créanciers. Ayant été une première fois conduit en prison par ordre du dictateur, la crainte d'une sédition força le sénat à le faire élargir. Rendu plus audacieux par cette clémence qui ressemblait beaucoup à la peur, Manlius tint des assemblées séditieuses où il excita le peuple à la révolte, et agita jour et nuit, avec les principaux d'entre les citoyens, des projets d'innovation et de réforme. Alors intervint la fameuse déclaration *Videant consules ne quid resp. detrimenti capiat;* et Manlius fut assigné pour répondre aux chefs d'accusation qui lui étaient intentés. Abandonné des siens, de ses plus proches parens et de ses frères mêmes, il ne lui restait de ressources que dans sa popularité. Cité d'abord au Champ-de-Mars, d'où l'on voyait le Capitole qu'il avait sauvé jadis, cette circonstance l'aurait peut-être fait absoudre, mais on transporta l'assemblée du peuple dans un lieu d'où l'on ne pouvait découvrir ce théâtre de sa gloire, et, reconnu coupable, il fut précipité de la roche Tarpeïenne.

Tite-Live avoue que parmi tous les actes qui furent reprochés à Manlius, ses accusateurs n'articulèrent rien qui constituât proprement le crime d'avoir aspiré à la royauté, *regni crimen.*

Il insinue aussi, à la fin de son récit, que Manlius fut condamné, par les duumvirs, créés pour prononcer sur les *crimes d'état* : « Sunt qui per duumviros, qui de perduellione anquirerent, creatos, auctores sint damnatum. » Ce qui donnerait à penser que Manlius fut autant sacrifié à la haine du sénat, qu'à la tranquillité publique.

Il fut flétri, après sa mort, d'une double tache, l'une *publique*, qui défendit à aucun patricien d'habiter à l'avenir le Capitole, où Manlius avait eu sa demeure; l'autre *de famille, gentilitia*, qui interdit à tous ceux qui lui appartiendraient de porter le prénom de Marcus.

Telle fut, dit Tite-Live, la fin de cet homme qui aurait laissé un grand nom, s'il ne fût pas né dans un état libre, « Hunc exitum habuit vir, nisi in libera civitate natus esset, memorabilis. » (Tit.-Liv., lib. vi, 18, 19 et 20.)

Page 199, ligne 13. *Tel est le premier auteur de la superstition judaïque.*

41. « Je ne doute pas, dit Spalding, que ce ne soit de Moïse et non du Christ, comme se le persuadent quelques savans, que Quintilien ait voulu parler ici. Il lui était facile, en effet, comme l'observe judicieusement Gessner, de savoir que l'origine de la nation juive remontait bien au delà de l'âge du Christ, d'autant plus que les écrivains de son temps ne désignaient pas la religion chrétienne autrement que sous le nom de superstition judaïque. L'histoire du peuple juif, ajoute Spalding, était alors connue de beaucoup de personnes, par suite de la destruction de Jérusalem. »

Si l'on veut se faire une idée de la prévention que les anciens avaient contre les Juifs, et de la haine qu'ils leur portaient, il suffit de lire ce qu'a écrit Tacite sur leur origine et leur sortie d'Égypte, sur les rites et cérémonies de leur religion, sur leurs dogmes et sur leur législateur Moïse. On se convaincra facilement, en comparant ce récit avec la Bible, de l'ignorance ou de la mauvaise foi qui avait défiguré les notions d'après lesquelles sans doute Tacite nous a donné sa digression sur le peuple juif. L'impression qui reste, après avoir lu ce morceau, c'est que la grandeur des institutions de Moïse, la pureté de sa morale, la sublimité de ses dogmes et la majestueuse simplicité du culte des enfans d'Israël contrastaient tellement avec les idées reçues chez tous les autres peuples de la terre, avec les législations qui les régissaient, avec le dévergondage des mœurs et les monstruosités délirantes du polythéisme, qu'on trouva plus commode de calomnier un peuple que l'on ne pouvait imiter, que de se réformer sur son exemple.

Page 115, ligne 15. *Témoin le traité de Numance et celui des Fourches Caudines.*

42. Le consul Hostilius Mancinus ayant été enfermé avec son armée par les Numantins, dans un lieu qui n'offrait aucune chance de salut, envoya des députés pour traiter avec l'ennemi, et les Numantins ayant déclaré qu'ils ne voulaient avoir affaire qu'à Tiberius Gracchus, alors questeur, dont le père jouissait en Espagne d'une grande renommée, celui-ci ne vit rien de mieux, dans la conjoncture où se trouvait l'armée romaine, que de désigner un traité par lequel *il y aurait alliance et amitié entre les deux peuples, sur le pied d'une parfaite égalité.* Ce traité fut garanti par le serment du consul et par la promesse du questeur et des principaux officiers de l'armée. Tiberius Gracchus ne doutait pas que conservant ainsi la vie à plus de vingt mille Romains, sa négociation, loin de lui attirer des désagrémens, ne lui vaudrait que des éloges et des actions de grâces. Il en arriva tout autrement. Car, dès que la nouvelle de cet évènement parvint à Rome, l'indignation s'empara de tous les esprits, et l'on ne parla de rien moins que de sévir envers les auteurs de ce traité, comme on l'avait fait jadis envers ceux des *Fourches Caudines.*

Mancinus fut immédiatement rappelé d'Espagne et cité pour rendre compte de sa conduite. Malgré sa défense, à laquelle vinrent ajouter encore les considérations pleines de sagesse et d'équité que développèrent après lui les Numantins, le sénat, qui croyait devoir rompre à tout prix une paix qui lui paraissait honteuse, rendit un sénatus-consulte, qui fut approuvé par le peuple, pour déclarer nulle la paix faite avec les Numantins, et leur livrer la personne du consul qui avait garanti le traité.

Tiberius Gracchus n'échappa à un pareil sort que par sa popularité et le crédit de Scipion l'Africain, son beau-frère.

Mancinus fut en effet livré, nu et garotté, aux Numantins, mais ceux-ci ayant refusé de le recevoir, il revint à Rome et reprit même sa place dans le sénat, non toutefois sans beaucoup d'opposition; et il fallut un nouveau sénatus-consulte pour lui rendre la qualité et les droits de citoyen romain.

Mancinus consacra lui-même le souvenir de cette étrange destinée, en se faisant élever une statue qui le représentait dans l'état où il avait été livré aux Numantins. (*Voyez* Suppl. de *Freinshemius*, liv. LV et LVI.)

Dans la guerre contre les Samnites, l'an de Rome 433, les Romains, sous la conduite de Veturius Calvinus et de Sp. Postumius, s'étant témérairement engagés dans des défilés qu'on appelait les *Fourches Caudines** et se trouvant ainsi à la discrétion de l'ennemi qui les enveloppait de toutes parts, se virent obligés de subir la loi du vainqueur, qui ne leur accorda la paix qu'à la condition humiliante de passer sous le joug, sans armes, et n'emportant chacun qu'un habit; ce qui fut exécuté. L'armée revint ensuite à Rome, le cœur percé de honte et ne respirant que vengeance; elle ne se fit pas long-temps attendre. La paix accordée par Pontius, général des Samnites, ne reposant que sur la promesse des consuls et sur celle des principaux officiers de l'armée romaine, fut déclarée nulle, n'ayant pas été ratifiée par le sénat et par le peuple, et il fut décidé que tous ceux qui s'étaient rendus garans de cette paix, seraient livrés aux Samnites par un *fécial***. Bientôt la guerre recommença avec plus de fureur, sous les ordres de Papirius Cursor, et de Publilius Philo, et les Samnites ayant été vaincus, subirent, à leur tour, le traitement ignominieux qu'ils avaient fait éprouver aux Romains. » (TITE-LIVE, liv. IX, chap. 1 à 15.)

Il faut convenir que Rome était devenue bien injuste ou que ses prospérités l'avaient rendue bien chatouilleuse sur le point d'honneur, pour comparer entre eux deux traités aussi différens que ceux de Numance et des Fourches Caudines, et surtout pour

---

* Ainsi appelées parce qu'elles étaient près de Caudium, petit village entre Capoue et Bénévent, dans l'Abruzze ultérieure.

** Les féciaux, *feciales*, étaient des magistrats qui présidaient aux cérémonies des déclarations de guerre et des traités de paix.

user de la même rigueur envers les généraux auteurs de ces traités.

Dans ces circonstances, les Samnites et les Numantins se montrèrent plus généreux que le grand peuple, en refusant de recevoir les malheureuses victimes qu'on leur abandonnait, comme pour expier la violation de la foi jurée.

Page 121, ligne 26. *Peut-on couper des isthmes, dessécher les Marais Pontins.*

43. En parlant des projets que César avait conçus pour la grandeur et la prospérité de l'empire romain, Suétone cite, entre autres choses, le *dessèchement des Marais Pontins*, — *siccare Pomptinas Paludes* (*Julius*, lib. 1, c. 44).

Il est remarquable que cette opération qui importe tant à la salubrité des campagnes de Rome et de cette ville elle-même, n'ait pu s'effectuer jusqu'ici, malgré tant de princes puissans qui se sont succédé à Rome depuis César.

Dans le temps que notre domination s'étendait jusque sur la capitale du monde chrétien, l'administration française s'occupa aussi de ce dessèchement; déjà même, si mes souvenirs ne me trahissent pas, l'un de nos plus savans ingénieurs s'était livré à des calculs, avait levé des plans et fait des études sur les lieux. Ce projet dort aujourd'hui, avec tant d'autres, dans la tombe de Sainte-Hélène.

Page 123, ligne 15. *César est indécis s'il doit persévérer à conduire son armée en Germanie.*

44. César raconte, dans ses *Commentaires**, comment l'effroi s'empara de son armée, à la nouvelle qu'il allait porter la guerre en Allemagne. Cet effroi était tel que, de tous côtés, chacun faisait son testament : « Totis castris testamenta obsignabantur. » On était allé jusqu'à dire à César que, lorsqu'il ferait donner le signal du départ, le soldat refuserait de marcher.

Il assemble aussitôt tous les officiers de son armée jusqu'aux derniers centurions, se plaint d'abord de ce qu'on se permet de

---

* *De Bello gallico*, lib. 1, 39 et 40.

vouloir pénétrer ses desseins et contrôler ses actions; puis peignant sous ses véritables couleurs l'ennemi qu'on représentait si redoutable, il rappelle les victoires de Marius, celles des Gaulois, les siennes sur ce même ennemi, rassure tout le monde sur l'issue de son expédition; et, avec cet instinct du génie qui sait sur-le-champ trouver ce qui convient le mieux à la situation, il déclare qu'au lieu de différer son départ, comme il en avait eu d'abord le projet, il se mettra en route le lendemain, avant le jour, et qu'il verra qui l'emportera sur des soldats romains, de la crainte ou du devoir! que si personne ne veut le suivre, il est bien sûr au moins que la DIXIÈME LÉGION ne l'abandonnera pas, et il en fera sa cohorte prétorienne.

Ce discours produisit l'effet que César en avait attendu. On vit la confiance et la sécurité renaître parmi les soldats qui ne demandèrent plus qu'à marcher contre Arioviste. La dixième légion le fit remercier, par ses tribuns militaires, de la bonne opinion qu'il avait d'elle, et l'assura qu'elle était prête à le suivre. Les autres, à son exemple, lui firent satisfaction par l'organe de leurs principaux officiers, et toutes se montrèrent dévouées aux ordres de leur général.

Page 125, ligne 14. *N'est-ce pas ce qu'ont fait les Sagontins et ces braves d'Opiterge....*

45. Dans la seconde guerre punique, la plus mémorable de toutes celles que Rome eut à soutenir, les Sagontins, alliés du peuple romain, étant assiégés par Annibal, après avoir fait une longue et vive résistance, manquant de tout, n'espérant plus de secours et poussés à bout par les dures conditions que leur imposait le vainqueur, s'ensevelirent héroïquement sous les ruines de leur ville, après avoir livré aux flammes tout ce qu'ils avaient de plus précieux. (TITE-LIVE, liv. XXI, ch. 14.)

Cet évènement a inspiré de beaux vers à la muse de Silius Italicus :

> At vos sidereæ, quas nulla æquaverit ætas,
> Ite decus terrarum animæ, venerabile vulgus,
> Elysium et castas sedes decorate piorum!
> (*De Bello punico*, II, 696.)

> Et vous, pur sang des dieux, vous, race de héros,
> Que la postérité proclame sans rivaux!
> Pour prix d'un beau trépas, allez, ombres pieuses,
> Embellir le séjour des âmes vertueuses!

Lors de la guerre entre César et Pompée, les Opitergins *, qui tenaient pour le parti de César, et qui étaient commandés par le tribun Vulteius, en Illyrie, voulant éviter le sort de quinze cohortes qui déjà s'étaient rendues à Pompée, montèrent sur un radeau, qu'ils avaient construit exprès, et par le moyen duquel ils espéraient échapper à la flotte ennemie et gagner l'autre rive de l'Adriatique, pour s'y joindre à des troupes que Basilus commandait pour César.

Ce radeau n'ayant pu parvenir à sa destination, et ayant été acculé à des rochers, les Opitergins se virent assaillis du côté de terre et de mer, par des forces considérables, et, malgré leur petit nombre, se défendirent avec intrépidité, jusqu'à ce que la nuit eût mis fin au combat. Le lendemain, jugeant leur situation désespérée, mais ne voulant pas se rendre, animés par les discours de Vulteius, leur chef, ils se précipitèrent les uns contre les autres, et s'entretuèrent jusqu'au dernier. *Voyez* Freinsh., *Suppl.*, liv. cx, chap. 52-55.

Page 129, ligne 23. *Comme lorsque Pompée délibère s'il portera la guerre chez les Parthes, en Afrique, ou en Égypte.*

46. Pompée, défait à la bataille de Pharsale, vint à Mitylène, et y délibéra s'il marcherait contre les Parthes, ou s'il se rendrait en Afrique auprès du roi Juba, ou en Égypte, auprès de Ptolémée, pour rassembler une armée contre César. Il opta pour l'Égypte, d'après les conseils de Théophane. *Voyez* Plutarque, *Vie de Pompée*. (Note de Turnèbe.)

Page 135, ligne 13. *Ainsi dans* Varius, *Atrée s'écrie...*

47. Varius, ami de Virgile et d'Horace, était un auteur épique et tragique, dont les œuvres ont été perdues, au grand détriment des lettres. (*Voyez* ce qu'en dit Quintilien, liv. x.) On s'était naguère glorifié d'avoir découvert, en Hollande, sa tragédie de

---

* Les habitans d'Opiterge, aujourd'hui Oderzo, dans la Marche Trévisane.

Thyeste, vantée par tous les écrivains, mais les critiques ont reconnu sur-le-champ la fraude. Les fragmens de vers que cite Quintilien :

> . . . . Jam fero infandissima,
> Jam facere cogor. . . . .

sont extraits de cette tragédie. (Note de SPALDING.)

Page 135, ligne 26. *Si nous voulons engager César à s'emparer du pouvoir suprême.....*

48. Il y a, dans Dion Cassius, une délibération où Octave consulte, sur le même sujet, Agrippa et Mécène; et celui-ci se sert des mêmes argumens que Quintilien, en montrant la république arrivée au point de ne pouvoir plus se gouverner par elle-même; mais, chose remarquable, le mot de *royauté* effarouchait tellement les Romains, même les plus prudens, que Quintilien, qui s'accommodait assez de la domination de Domitien, et qui l'envisageait même comme un bonheur pour l'espèce humaine, donne, sans détour, le nom d'*action criminelle*, — *res nefaria*, au projet de s'emparer du pouvoir suprême. Velleius et Lucain, ces adulateurs outrés de Tibère et de Néron, s'expriment d'ailleurs en amis passionnés de la liberté, comme pourraient le faire les Catons et les Brutus. (Note de SPALDING.)

Page 137, ligne 4. *La personne de celui qui conseille importe aussi beaucoup.*

49. Rien n'inspire plus de confiance dans un orateur, et ne prépare mieux les voies à la conviction, que la bonne opinion qu'on a de ses mœurs et de son caractère.

Il y a eu des succès de tribune dans nos assemblées, que des orateurs ont dus à cet ascendant moral non moins qu'à leur éloquence. « Vita magis quam oratio persuadet. »

Ligne 12. *Ceux-là peuvent tout se permettre à l'abri de leur autorité; ceux-ci sont à peine protégés par la raison même.*

50. Ne dirait-on pas que Molière a traduit cette réflexion de

notre rhéteur, lorsqu'il met dans la bouche de Sosie ces vers si piquans :

> Tous les discours sont des sottises
> Partant d'un homme sans éclat ;
> Ce seraient paroles exquises,
> Si c'était un grand qui parlât.

Page 137, ligne 27. Cicéron s'est-il formé les mêmes idées..... quand il a écrit pour Cn. Pompée, pour T. Ampius et tant d'autres.

51. On ne trouve nulle part à quelle occasion Cicéron aurait écrit un discours, pour être prononcé par Pompée, et nulle part on ne lit que Pompée se soit servi, dans une affaire quelconque, d'un écrit fait par Cicéron. Cependant comme Pompée, au témoignage de Cicéron[*] lui-même, n'était pas fort éloquent, il ne serait pas impossible que, dans quelque circonstance grave, il eût eu recours à l'éloquence de son ami.

L'histoire ne nous en apprend pas davantage sur le discours qu'aurait composé Cicéron à l'usage de T. Ampius Balbus. Ce Balbus était tellement connu pour son attachement à la cause de Pompée, que les partisans de César ne l'appelaient pas autrement que « la trompette de la guerre civile, *tuba belli civilis.* » Les amis du vainqueur parvinrent cependant à le faire rentrer en grâce auprès de lui, et lui ménagèrent son retour de l'exil. Or, il a pu, soit pour obtenir cette faveur, soit pour en remercier César après l'avoir obtenue, se faire composer un discours par celui qui s'y entendait le mieux, discours dans le genre de ceux que Cicéron prononça lui-même et en son nom, pour Marcellus et pour Ligarius. Vainement objecterait-on que T. Ampius était lui-même écrivain, et qu'il s'occupait d'une *Histoire des grands hommes*[**], car il pouvait fort bien, dans la conjoncture délicate où il se trouvait, ne pas se confier assez dans sa propre éloquence. Je ne disconviens pas, au surplus, qu'Ampius a pu se servir des talens de Cicéron, pour une tout autre occasion ;

---

[*] Dans le *Brutus*, ch. LXVIII. Quintilien insinue aussi quelque part que Pompée n'était pas éloquent.

[**] Voyez *Lettres familières* de Cicéron, liv. VI, lett. 12.

mais je crois avoir suffisamment prouvé que ce T. Ampius est bien celui dont Quintilien parle ici.

(Traduction d'une note de Spalding.)

Page 139, ligne 25. *Tantôt sur des sujets poétiques, comme* Priam demandant à Achille le corps d'Hector, *tantôt sur des sujets historiques, comme* Sylla se démettant de la dictature.

52. Priam se rendant dans le camp d'Achille, et se jetant aux pieds de ce héros pour lui demander le corps d'Hector, est un des épisodes les plus touchans de l'*Iliade*. — *Voyez* ce poëme, liv. XXIV, v. 486 à 506.

Sylla déposant insolemment* la dictature après s'être baigné dans le sang de ses concitoyens, est peut-être un des faits les plus étonnans que nous ait transmis l'histoire. Ce qui ne l'est pas moins, c'est qu'après cette abdication il soit mort dans son lit, et entouré d'une sorte de dignité. Bourreau de plus de cent mille citoyens romains, parmi lesquels on comptait quatre-vingt-dix sénateurs, quinze personnages consulaires et plus de deux mille chevaliers, il eut l'inconcevable audace, après la harangue où il annonçait qu'il se démettait du pouvoir, de déclarer « qu'il était prêt à rendre compte de toutes ses actions à qui le lui demanderait. » Ayant ensuite congédié ses licteurs et sa garde, il se promena long-temps en public avec ses amis, et partit, quelque temps après, pour sa terre de Cumes, où il partagea ses loisirs entre les occupations de l'agriculture et les plaisirs de la chasse et de la pêche.

On raconte qu'un jeune homme le poursuivit lorsqu'il eut abdiqué, en lui adressant mille injures, et que Sylla, pour toute vengeance, se contenta de dire en rentrant chez lui : « Voilà un jeune homme qui sera cause que personne dans la suite ne sera tenté de m'imiter ! » *Hic adolescens efficiet, ne quis posthac tale imperium deponat.* (Voyez Freinsh., *Suppl. Liv.*, lib. LXXXIX, cap. 39 et 40.)

* Crébillon a dit :

Sylla, couvert de sang romain,
Abdique *insolemment* le pouvoir souverain.

Page 141, ligne 13....... *Lorsqu'on délibère devant César, si l'on punira* Théodote.

53. Théodote était un maître d'école de Chio, qu'on avait appelé près de la personne du roi Ptolémée, pour lui donner des leçons de rhétorique. Dans le conseil qui se tint pour savoir quel traitement on ferait à Pompée, qui venait d'aborder en Égypte, ce *plaidereau*, comme l'appelle Amyot, traducteur de Plutarque, voulant faire parade de sa pénétration et de son éloquence, démontra que ce qu'on pouvait faire de mieux était d'envoyer des assassins pour se défaire de Pompée; et il ajouta, dit-on, en souriant, « qu'un mort ne peut plus mordre, » ὅτι νεκρὸς οὐ δάκνει. Ce fut lui aussi qui osa présenter à César la tête de Pompée, spectacle dont ce héros détourna les yeux avec horreur.

Ce misérable qui, depuis son crime, menait une vie pauvre et errante, ne put échapper à Brutus, quand celui-ci vint en Asie, et lui ayant été amené, il en reçut le châtiment qu'il méritait : « De sorte, dit Amyot, qu'il fit plus de bruit à sa mort qu'il n'aurait oncques fait en toute sa vie, ὄνομα τοῦ θανάτου πλέον ἔσχεν ἢ τοῦ βίου. »

Page 163, ligne 32. *Un soldat de l'armée de Marius avait tué*, etc.

54. Ce fait est rapporté par Valère-Maxime (VI, 1, 12), et par Plutarque, dans la *Vie de Marius*.

Cicéron, dans sa *Milonienne*, le cite aussi comme un exemple de la nécessité où l'on se trouve quelquefois de donner la mort pour se défendre.

FIN DES NOTES DU TROISIÈME LIVRE.

NOTES

DU LIVRE QUATRIÈME.

(TOME II.)

Page 173, ligne 10. *Mais chargé aujourd'hui par Domitien-Auguste de l'éducation de ses petits-neveux, etc.*

1. C'étaient les fils de Flavius Clemens et de Domitilla, petite-fille de Vespasien, laquelle était fille d'une autre Domitilla, sœur de Domitien, dont le mari n'est pas connu. (Note de Spalding.)
Flavius Clemens était, en outre, cousin germain de Domitien par Flavius Sabinus. Il avait, ainsi que son épouse, embrassé le christianisme, et ce fut là la véritable cause de sa mort, quoique Suétone dise seulement que Domitien le fit périr tout à coup et sur le plus léger soupçon, *repente et ex tenuissima suspicione*. Ce même Suétone s'exprime avec une singulière légèreté sur le compte de Flavius Clemens, qu'il représente comme un homme plongé dans l'apathie et qui n'inspirait que le mépris, *contemptissimæ inertiæ*. Prétendait-il par là atténuer le crime de Domitien; ou prenait-il le change sur la conduite de Flavius, qui, par suite de sa conversion au christianisme, et concentrant toutes ses pensées dans l'examen des hautes vérités qu'il lui révélait, prenait probablement fort peu de part aux affaires de l'empire, et se tenait éloigné d'une cour dont les occupations, les maximes et les mœurs, ne pouvaient convenir à un néophyte?

Quoi qu'il en soit, il est constant que Clemens fut martyr, et son tombeau, découvert à Rome dans le siècle dernier, ne laisse aucune incertitude à cet égard.

Ligne 16. *Comment diriger leurs études, sans rester au dessous des espérances d'un prince qui réunit à tous les genres de savoir, les dons de la plus rare éloquence?*

2. Domitien, dit Tacite, *à la fin du livre* IV *de ses Histoires*, ne pouvant réussir à se faire déférer l'empire du vivant de son

père, et voyant qu'il échouerait également dans ses tentatives contre son frère, afficha tout à coup la simplicité et la modestie; et, s'enveloppant d'une profonde dissimulation, il feignit de se livrer uniquement à son goût pour l'étude, et à sa passion pour la poésie; mais, dans le fond, il ne cherchait qu'à se rendre impénétrable et à fuir toute comparaison avec Titus, dont le caractère était si différent du sien.

De quelle œuvre pompeuse ce malfaisant génie était-il donc accouché dans sa retraite, pour que les écrivains de son temps aient si fort exalté son mérite poétique*? Ses succès au Parnasse étaient sans doute d'aussi bon aloi que ses exploits à la guerre, et peut-être les avait-il achetés au même prix que son triomphe sur les Germains. Mais quelle honte pour l'humanité qu'un personnage de mœurs aussi graves que Quintilien, n'ait pas rougi de flatter ainsi le plus exécrable des tyrans; et comme si, une fois engagé dans la carrière de l'adulation, on était condamné à perdre le sens et tout sentiment de pudeur, ce même Quintilien enchérissant encore sur ses rivaux en flatterie, fait de son affreuse idole un modèle de vertu et d'éloquence!

Page 181, ligne 22, *Comme a fait Asinius, qui, plaidant pour les héritiers d'Urbinie...*

3. Cette cause des héritiers d'Urbinie, autant qu'on peut la connaître par ce qu'en dit notre auteur (liv. VII, ch. 2), reposait à peu près sur le fait suivant:

Des légataires ou des parens qui se présentaient pour recueillir la succession d'une certaine *Urbinie*, avaient pour adversaire Clusinus Figulus, qui se disait fils de la défunte, et était défendu par Labienus. De leur côté, les héritiers soutenaient que ce prétendu fils n'était qu'un esclave nommé *Sosipater*. Pollion, qui était l'avocat des héritiers, s'attache donc à jeter de l'odieux sur ce Figulus ou Sosipater, par cela seul qu'il est lié avec un homme aussi mal famé que l'était Labienus.

Quant à l'inimitié qui divisait les deux avocats, elle avait pris son origine dans les discordes civiles. Le Labienus dont il est

* Silius Italicus, Stace, Valerius-Flaccus et Martial, parmi les poètes; Quintilien et Pline le Jeune, parmi les prosateurs.

ici question, était sans doute le fils de celui qui abandonna le parti de César, l'an de Rome 703. Pollion était l'ami d'Antoine.

(Tiré de diverses notes de SPALDING.)

Page 185, ligne 18. *Je vois dans les livres d'observations publiés par Septimius, que Cicéron s'est trouvé dans ce cas (de parler devant un juge appelé à prononcer dans sa propre cause).*

4. On ne trouve rien dans les autres écrivains, ni sur ce *Septimius*, ni sur l'ouvrage dont parle Quintilien. Il serait inutile de rappeler tous ceux qui ont porté ce nom, car il n'y a pas d'indice certain qui puisse faire attribuer à aucun d'eux *ces livres d'observations.*

Quant à cette affaire où Cicéron aurait eu à parler devant un juge appelé à prononcer dans sa propre cause, nous connaissons ses oraisons pour Ligarius, pour Dejotarus, pour Marcellus, où c'était en effet la cause même de César que Cicéron plaidait devant lui; mais ce ne peut être aucune de ces causes, puisque c'est par l'écrit seul de Septimius que notre auteur a appris ce qu'il nous dit sur cette circonstance particulière où s'était trouvé Cicéron.

(Note de SPALDING.)

Ligne 20. *Et moi-même j'ai plaidé pour la reine Bérénice à son tribunal.*

5. C'est cette belle reine que Titus aima tant, à laquelle, suivant Suétone, il avait fait une promesse de mariage, et qu'il eut la force de renvoyer de Rome, *invitus invitam*. Elle était fille d'Agrippa l'aîné, roi de Judée, et veuve d'Hérode, son oncle paternel, roi de Chalcide, en Syrie. Comme elle avait deux fois séjourné à Rome, d'abord sous le règne de Vespasien; puis, lorsqu'elle revint dans cette ville pour essayer d'y ranimer l'amour de Titus, devenu empereur, elle a pu y avoir quelques procès, dont cependant on ne trouve de trace nulle part. Ce qui mérite ici attention, c'est ce que dit Quintilien, que la reine Bérénice fut juge dans sa propre cause. Or, Dion Cassius, ou Xiphilin, raconte que Titus et Bérénice avaient été en butte, parmi les Romains, aux propos les plus outrageans, et qu'entre autres Diogène et Hera, tous deux cyniques, les avaient chargés d'opprobre en plein théâtre, en réparation de quoi l'un avait été

puni du fouet et l'autre condamné à mort. *Serait-ce que Titus, qui aimait éperdûment Bérénice, aurait obtenu de son père, que la reine statuât elle-même sur la peine qu'elle voudrait infliger à ses calomniateurs ?* On sait d'ailleurs que « Bérénice, qui était alors dans tout l'éclat de la jeunesse et de la beauté, était fort agréable au vieux Vespasien qu'elle charmait par la magnificence de ses présens*....

La muse de Racine a immortalisé les amours de Bérénice et de Titus. (Note de SPALDING.)

Je n'ai pas voulu priver mes lecteurs de cette note intéressante ; mais j'avoue que je ne puis me prêter à une conjecture qui transformerait Titus en accusateur et son amante en bourreau. Ensuite, comment supposer que Quintilien se fût tû sur une circonstance de cette nature, si elle lui eût en effet donné l'occasion de plaider devant la reine Bérénice ? Spalding lui-même semble infirmer son explication, en ajoutant, à la fin de sa note : « *Causam dicere* TAMEN vulgo in *defendendo* usurpatur, ut rea fuerit regina. » En effet, Quintilien dit : « Et ego pro regina Berenice, apud ipsam causam dixi ; » ce qui tout simplement signifie, si je ne me trompe : Qu'il fut l'avocat de cette reine, chargé de défendre sa cause, *causam dicere pro ea*, dans une affaire qui était portée à son tribunal, *apud ipsam*. Mais quelle était cette affaire ? Quintilien ne le dit pas ; ce qui doit faire présumer qu'elle n'était pas fort importante.

Page 205, ligne 10. *Prenons bien garde aussi de devenir suspects, et pour cela n'affectons pas trop de précaution dans l'exorde*, etc.

6. C'est un précepte que tous les rhéteurs recommandent, et que le bon sens recommande encore plus haut qu'eux. L'exorde ayant en effet pour but principal de nous concilier la bienveillance du juge, il importe de ne rien dire qui puisse lui faire soupçonner que nous lui tendons des pièges, car alors il s'arme de défiance et nous avons bien de la peine à le ramener ensuite à nos intérêts.

« Il faut, dit Cicéron dans son traité *de Oratore*, avoir le plus grand soin de répondre, aussi promptement que possible, à

* TACITE, *Hist.*, liv. II, ch. 81.

l'attente de ceux qui nous écoutent; si l'on ne satisfait pas à cette attente, dès le début, on a beaucoup plus de mal dans les autres parties de la cause. Mais surtout, qu'on n'aperçoive pas dans l'orateur la moindre trace de finesse, de recherche ou d'affectation. » — « Est enim, in procemiis, summa adhibenda cura, ut exspectationi eorum qui audiunt, quam celerrime succurratur; cui si ab initio satisfactum non sit, multo plus sit reliqua causa laborandum. Sed in his calliditas et curæ ostentatio nimia penitus abesse debet. »

Page 205, ligne 16. *Car aujourd'hui dans certaines affaires.... les juges, les premiers, exigent que les plaidoyers soient écrits avec pureté, avec recherche, etc.*

7. Il y a, dans le dialogue attribué à Tacite, *de Causis corruptæ eloquentiæ*, un passage qui rappelle tout-à-fait ce que dit ici Quintilien sur l'exigence des juges de son temps. M. Aper, l'un des interlocuteurs de ce dialogue et champion des orateurs de son siècle contre ceux qu'on appelait les anciens, prétend que l'éloquence est autre, mais qu'elle n'est pas moindre, et qu'elle s'est ouvert des routes nouvelles, sans avoir rien perdu de sa force et de sa dignité; il ajoute que les connaissances de l'art se sont tellement répandues, qu'on est devenu plus difficile en fait d'éloquence : « De nos temps, dit-il[*], le juge devance l'orateur; et si la rapidité des argumens, le coloris des pensées, ou l'éclat et la recherche des descriptions n'invitent et ne séduisent le juge, il prend en aversion le discoureur. » — « Præcurrit hoc tempore judex dicentem, et, nisi aut cursu argumentorum, aut colore sententiarum, aut nitore et cultu descriptionum invitatus et correptus est, aversatur dicentem. »

Page 207, ligne 19. *La dimension de l'exorde dépend de la nature de la cause.*

8. « Comme il faut, dit Cicéron, proportionner les vestibules et les abords aux maisons et aux temples, ainsi, dans les plaidoyers, il faut que l'exorde soit en proportion avec le sujet. Voilà pourquoi, dans ces petites causes, qui sont si fréquentes au barreau, il est plus convenable de commencer immédiatement par

---

[*] Traduction de M. Panckoucke (*OEuvres* de Tacite, tome VI, page 329).

le fait. » — « Sed oportet ut ædibus et templis vestibula et aditus, sic causis principia pro portione rerum ponere. Itaque in parvis atque frequentibus causis, ab ipsa re est exordiri commodius. » (*De Orat.*, lib. II.)

Un avocat qui probablement oubliait un peu trop ce précepte de Cicéron, étant pressé par le juge d'abréger son exorde, et de faire enfin connaître de quoi il s'agissait, résuma brusquement tout son plaidoyer en ce peu de mots : « Le fait est un enfant « fait ; celui qu'on prétend l'avoir fait nie le fait : voilà le fait. » Cette boutade dut faire rire un moment le juge et l'auditoire ; mais je doute qu'elle ait été fort utile à la cause.

Page 213, ligne 7. *Aristote va jusqu'à prétendre que l'exorde est inutile auprès des bons juges.*

9. Voici le passage d'Aristote ; je me sers de la traduction de M. Gros. « Il est bon d'observer que tous ces artifices sont hors du sujet, et qu'ils n'ont du pouvoir sur les juges que parce qu'ils sont susceptibles de se laisser gagner et d'écouter ce qui n'a pas de rapport avec la cause. S'il n'en était pas ainsi, on n'aurait nullement besoin d'exorde. » Δεῖ δὲ μὴ λανθάνειν, ὅτι πάντα ἔξω τοῦ λόγου τὰ τοιαῦτα· πρὸς φαῦλον γὰρ ἀκροατὴν, καὶ τὰ ἔξω τοῦ πράγματος ἀκούοντα. Ἐπεὶ ἂν μὴ τοιοῦτος ᾖ, οὐδὲν δεῖ προοιμίον.

Page 219, ligne 11. *Est-ce au fils ou au frère à hériter d'une femme qui meurt sans avoir testé ?*

10. D'après une loi des Douze-Tables, la succession d'une mère qui mourait *ab intestat* n'appartenait pas à ses enfans, parce que les femmes n'avaient pas proprement d'héritiers *siens*[*]. Mais dans la suite, sur un rescrit des empereurs Antonin et Commode lu dans le sénat, il fut établi que, sans même que les mères eussent reçu, en se mariant, le titre de *mères de famille*, ce qui était une sorte de cérémonie nuptiale qu'on appelait *conventio in manum*, et qui ne se pratiquait plus guère à l'époque

---

[*] On appelait héritiers *siens*, des descendans qui avaient été en la puissance du défunt au temps de son décès. Or, cette puissance ne pouvait appartenir à la mère, d'après les lois romaines.

où vivait Quintilien, leurs héritages légitimes appartiendraient à leurs enfans, à l'exclusion des frères consanguins et de tous les agnats de la mère.

On conçoit dès-lors qu'on pouvait mettre en doute le droit d'un fils à la succession de sa mère; et, d'un autre côté, il n'est pas déraisonnable de penser que, dès le temps de Quintilien, ce droit ait pu être revendiqué en faveur de quelques fils par beaucoup de jurisconsultes, dont l'avis finit par prévaloir et acquit enfin force de loi sous Antonin. (Note de SPALDING.)

Page 221, ligne 1. *Un homme est accusé de sacrilège pour avoir volé, dans un temple, l'argent d'un particulier.*

11. Les riches déposaient autrefois leur argent dans les temples, sous la foi de ceux à qui était confiée la garde de ces mêmes temples. Le trésor public, à Rome, était dans un édifice consacré à Saturne. Les jurisconsultes, par la suite, décidèrent que le vol de l'argent, ainsi déposé, ne constituait pas un véritable sacrilège, mais que cependant ceux qui s'en rendaient coupables étaient passibles d'une peine plus forte que de simples voleurs.
(Note de TURNÈBE.)

Page 223, ligne 4. *Ainsi, dans les poètes tragiques, lorsque Teucer accuse Ulysse d'avoir tué Ajax....*

12. Spalding remarque qu'il n'existe rien dans les tragédies anciennes qui nous sont parvenues, sur cette accusation de Teucer contre Ulysse; et que même la tragédie de Sophocle sur la mort d'Ajax présente Ulysse comme ami de Teucer.

Quant à la rivalité d'Ulysse et d'Ajax, au sujet des armes d'Achille, elle a inspiré de beaux vers à Ovide (*Métamorph.*, liv. XIII). On sait qu'Ajax, ayant succombé dans ses prétentions, en conçut un tel chagrin qu'il devint fou et se tua.

Page 231, ligne 3. *Depuis ces mots: Qu'un avocat soit chargé de plaider pour Célius, jusqu'à ces mots: Composé par Célius lui-même.*

13. Tout ce passage est fort altéré dans le texte, et j'avoue que la manière dont je l'ai traduit est loin de me satisfaire. La première partie en est assez claire : « Si defendendus sit M. Cœlius, nonne optime patronus occurrat prius conviciis luxuriæ,

petulantiæ, impudicitiæ, quam veneficii? in quibus solis omnis Ciceronis versatur oratio. » — « Qu'un avocat soit chargé de plaider pour M. Célius, ne fera-t-il pas mieux, avant d'aborder l'accusation d'empoisonnement, d'imiter Cicéron, qui s'attache principalement à aller au devant des bruits injurieux qui représentaient Célius comme un homme plongé dans la débauche et les prostitutions ? » Mais voici où commence l'obscurité : *Deinde tum narret* DE BONIS PALLÆ, TOTAMQUE DE VI *explicet causam, quæ est ipsius actione defensa.* Quelques commentateurs, au lieu de ces mots : *de bonis Pallæ*, ont lu : *de bonis paullatim*, et j'ai suivi cette leçon en traduisant : « Ensuite il racontera tout ce que l'accusé a fait de bien. » Ces mêmes commentateurs, au lieu de *totamque de vi* explicet *causam*, ont lu : *totamque dein* explicet *causam*. Or, j'ai cru devoir conserver ces mots : *de vi*, à cause de ce qui suit, *quæ est ipsius actione defensa*, parce que Suétone nous apprend aussi que ce Célius, comme le dit expressément Quintilien, se défendit lui-même d'une accusation *de violence*, DE VI, qui lui avait été intentée. Mais comment concilier ce genre d'accusation avec celui sur lequel roule le plaidoyer de Cicéron, *de Veneficio?*

A ce sujet les éditeurs de Quintilien, dans la collection de M. Lemaire, ne sont pas d'accord avec Spalding : ils prétendent que Célius était accusé de violence et non d'empoisonnement, et que ce dernier point était seulement au nombre des bruits dont les ennemis de Célius cherchaient à noircir sa vie : *nam non de veneficio*, disent-ils, *sed de vi reus erat Cœlius ; veneficium autem unum* EX IIS CONVICIIS *quibus Cœlii vitam lacerabant ejus inimici.* Ils proposent, en conséquence, de faire disparaître *quam* de la première phrase du texte que j'ai citée, et de lire : « Occurrat prius conviciis luxuriæ, petulantiæ, impudicitiæ, veneficii? » Spalding, de son côté, maintient ce *quam*, et dit que si on le retranche, cela change toute la nature de la cause pour Célius, et qu'elle n'est plus telle que nous la fait connaître le plaidoyer de Cicéron : « Quod si abest (*quam*) longe alia fit omnis Cœlianæ causæ conditio, nec talis cujusmodi eam cognoscimus ex oratione Ciceronis. »

Mes lecteurs choisiront entre ces deux leçons, et se décideront après avoir lu l'oraison *pro Cœlio.*

Page 233, ligne 4. *La narration est l'exposé d'une chose vraie ou donnée pour telle.....*

14. *Narratio est rei factæ, aut ut factæ... expositio.* « Quelques manuscrits donnent *aut non factæ*, ce qui n'est pas non plus une mauvaise leçon; car cela peut s'entendre d'un accusé qui, dans les causes conjecturales, expose qu'il n'a pas fait ce dont on le charge; en effet, la chose dont il s'agit au procès a été faite ou n'a pas été faite : si elle a été faite, on la raconte comme vraie, *ut factam* : si elle ne l'a pas été, on la raconte comme non faite, *ut non factam*. La définition qui suit, donnée par Apollodore, qui appelle la narration, *oratio docens auditorem,* QUID *in controversia sit*, et que Quintilien approuve, semble confirmer cette leçon, puisque, soit que, d'un côté, l'on expose ce qui a été fait, soit que, de l'autre, on dise ce qui n'a pas été fait, on instruit également son auditeur du point de la controverse, *quid sit in controversia*. Enfin, si on lit *aut ut factæ*, c'est faire dire à Quintilien qu'on peut exposer des faits faux, ce qui est indigne de l'orateur et antipathique avec les doctrines de notre rhéteur. (Note des éditeurs de Quintilien, dans la collection LEMAIRE.)

Je prends la liberté de n'être pas de cet avis. Quintilien, en exposant sa doctrine sur la narration, veut, avec Isocrate et les écrivains qui l'ont suivi, qu'elle soit *claire*, *brève* et VRAISEMBLABLE. Ce mot seul doit faire maintenir la leçon suivie par Spalding. La narration est l'exposé d'une chose faite, *rei factæ*, ou d'une chose donnée pour telle, c'est-à-dire *vraisemblable*, UT FACTÆ. Quant à l'analogie que les éditeurs trouvent entre une chose *donnée pour vraie* et une chose *fausse*, elle me paraît forcée. Car on peut de bonne foi, ou sur des apparences trompeuses, ou sur des rapports inexacts, donner pour vrai ce qui ne l'est peut-être pas, sans faire ce qu'on appelle un mensonge. Le précepte de Quintilien n'a donc rien, à mon sens, qui répugne au caractère de probité qu'il recommande à l'orateur, et me paraît surtout plus conforme aux théories qu'il développe sur la narration.

Page 233, ligne 9. *La plupart des écrivains, particulièrement ceux qui ont suivi les doctrines d'Isocrate.*

15. Le texte dit : *Plerique scriptores, maxime qui sunt* AB ISO-CRATE. Spalding fait remarquer, à ce sujet, que cette expression *ab aliquo esse*, signifie reconnaître quelqu'un pour son guide, suivre ses préceptes. Il en cite divers exemples tirés de Cicéron : « Nostri illi *a Platone et Aristotele*, moderati homines et temperati. (*Oratio pro Murena*, c. xxx.) — Qui sunt *ab ea disciplina*. (*Tusc. disput.*, II, 3.) — Zeno et *ab eo* qui sunt. (*De Finibus*, IV, 3.) » Cela rappelle, dit-il, cette locution grecque, οἱ ἀπὸ τῆς στοᾶς, *les stoïciens*, οἱ ἀπὸ τοῦ περιπάτου, *les péripatéticiens*.

Page 265, ligne 2. *Quant aux moyens qu'on peut tirer des songes et autres superstitions semblables, l'abus qu'on en a fait leur a ôté toute créance.*

16. Ces moyens sont du genre qui suit : « Si, par exemple, Pygmalion niait le meurtre de Sichée, et que l'accusateur invoquât le songe de Didon pour prouver le meurtre. » Cicéron (*de Divinat.*, I, 27) parle d'un certain Arcas qui, ayant été assassiné par son hôte, apparut deux fois à son ami pour lui indiquer celui sur lequel il devait venger sa mort. (Note de TURNÈBE.)

Page 279, ligne 12. *Telle est cette peinture d'Antoine par Célius.*

17. Il n'est pas question ici du triumvir, mais de C. Antonius, son oncle, qui fut collègue de Cicéron dans le consulat, et qui fut, suivant le témoignage de beaucoup d'auteurs, accusé par Célius qui était alors fort jeune. Cicéron (*Brutus*, c. LXXIX) parle de trois accusations intentées par ce même Célius, dont aucune ne tombe sur le triumvir. Quant à cette cause de C. Antonius, où il fut condamné, quoique défendu par Cicéron, comme ayant pris part à la conjuration de Catilina, cette cause fut envenimée encore par l'infamie de sa conduite en Macédoine; et ce pourrait bien être à cette occasion que Célius aurait peint sa lâcheté et sa mollesse, avec cette magie de style qui le caractérisait. Ce fut ce même Antoine qui feignit une maladie pour ne pas combattre Catilina, et qui envoya contre lui son lieutenant Petreius. L'énormité de ses dettes, fruit d'un luxe effréné, fit présumer, dit Plutarque,

qu'il n'avait pas été étranger à la fameuse conjuration. Au surplus, comme on le voit, la gourmandise et la crapule étaient des vices héréditaires dans cette famille, et sans les circonstances que je viens de signaler, on pouvait fort bien, comme l'ont fait la plupart des savans, reconnaître dans celui dont Célius fait un portrait si dégoûtant, le même que Cicéron nous représente, dans sa seconde *Philippique*, vomissant en plein tribunal.

(Tiré d'une note de SPALDING.)

Page 289, ligne 31. *Tel est encore, dans sa défense de* CORNELIUS, *le passage où ce divin orateur, etc.*

18. Il n'existe plus que des fragmens de cette cause, qui nous ont été conservés avec le commentaire d'Asconius Pédianus. C. Cornelius, tribun du peuple, brouillé avec le sénat pour quelques lois qu'il voulait proposer, « en promulgua une restrictive de l'autorité de ce corps, par laquelle nul ne pourrait être affranchi des lois qu'avec le consentement du peuple. C'était faire revivre un ancien usage ; car autrefois, dans tous les sénatus-consultes qui accordaient cette faveur, on ne manquait pas d'ajouter qu'il en serait référé au peuple; mais insensiblement cet usage était tombé en désuétude, et on en était venu même à ne plus exprimer cette condition dans les décrets du sénat; ces décrets, d'ailleurs, n'avaient plus lieu que pour un très-petit nombre de personnes. » Les plus puissans d'entre les sénateurs cherchèrent à faire échouer, par tous les moyens possibles, la proposition de Cornelius, et ils trouvèrent dans son collègue P. Servilius Globulus, un complaisant qui s'opposa à cette loi et ne voulut pas souffrir qu'elle fût lue au peuple par le crieur public, ni transcrite par le greffier. « Alors Cornelius prit le parti de lire lui-même sa proposition, ce qui excita les plaintes les plus vives de la part du consul C. Pison, qui traita cette action d'inouïe et d'attentatoire au *veto* tribunitien ; mais le peuple accueillit Pison par des cris et des outrages; et, sur l'ordre qu'il donna au licteur de se saisir des plus mutins, on brisa ses faisceaux, et, des derniers rangs de l'assemblée, on lança des pierres contre le consul. »

A l'expiration du tribunat de Cornelius, qui se passa presque tout entier en débats au sujet de plusieurs lois par lui proposées et auxquelles la plupart de ses collègues avaient formé opposition, il fut, l'année suivante, accusé pour crime de lèse-majesté. Cette accusation ne pouvant être suivie à cause des troubles survenus dans les assemblées publiques, fut reprise l'année d'après, et Cornelius fut défendu par Cicéron. Comme l'accusé avait été questeur de Cn. Pompée, l'orateur romain saisit habilement cette occasion d'orner sa cause et de la faire valoir par un magnifique éloge de ce dernier. (Note de SPALDING. — Les passages guillemétés sont tirés d'Asconius Pedianus.)

Page 293, ligne 2. *Ce fut ce qui força Cicéron à sortir de son sujet, dès l'exorde, lorsqu'il plaidait pour Milon....*

19. Lorsque Cicéron commença à parler dans la cause de Milon, dit Asconius Pedianus[*], sa voix fut couverte par les cris des partisans de Clodius, que ne put contenir la présence des soldats qui entouraient le Forum; aussi l'orateur ne s'exprima-t-il pas avec sa fermeté habituelle. On a encore le discours qu'il prononça au milieu du tumulte; mais celui qu'il écrivit et que nous lisons aujourd'hui est si parfait qu'il peut à bon droit passer pour son chef-d'œuvre. — On voit, au surplus, dans le début de la Milonienne, telle qu'elle nous est parvenue, quelques vestiges de la contrainte sous l'empire de laquelle était Cicéron lorsqu'il fit cette digression, *hanc oratiunculam*, que Quintilien a eue, ainsi qu'Asconius, entre les mains. *Voyez* liv. II, ch. 20.

(Note de SPALDING.)

Page 301, ligne 22. *A peu près comme un malade, quand il aperçoit dans les mains du chirurgien l'instrument qui doit l'opérer.*

20. « Qui ferrum *medici* prius, quam curetur, aspexit. » Cette expression de *medicus*, appliquée ici à un chirurgien, prouve que, chez les anciens, ces deux arts étaient confondus. Aussi la trouve-t-on avec cette double acception dans notre auteur, et Juvénal a dit :

Cæduntur tumidæ, medico ridente, mariscæ.

[*] *In argumento Milonianæ.* — Asconius Pedianus était un grammairien qui vivait sous Tibère. Il a composé des commentaires sur les ouvrages de Cicéron.

Page 309, ligne 28. *A peu près comme ces espaces marqués sur nos routes par des bornes milliaires, délassent le voyageur...*

21. Les distances sur les routes étaient marquées chez les Romains par des colonnes en pierre qu'on appelait milliaires, d'où est venue cette locution qui leur était si familière : *Tertio, quarto ab Urbe lapide.* Plutarque dit que les premières colonnes de ce genre furent placées sous le tribunat de C. Gracchus, frère de Tiberius.

Un poëte du quatrième siècle, Rutilius Numatianus, avait sans doute en vue la pensée de Quintilien sur l'espèce de délassement que procurent aux voyageurs ces bornes milliaires, dans ces deux vers :

> Intervalla viæ fessis præstare videtur
> Qui notat inscriptus millia crebra lapis.
> (*De reditu suo Itinerarium*, lib. II, v. 7 et 8.)

FIN DES NOTES DU QUATRIÈME LIVRE.

NOTES

DU LIVRE CINQUIÈME.

(TOME II.)

Page 317, ligne 14. *Aristote distingue dans les preuves celles que l'orateur accueille et qui sont hors du domaine de la rhétorique, et celles qu'il tire et fait naître, en quelque sorte, du fond même de la cause.*

1. Voici ce que dit Aristote : Τῶν δὲ πίστεων, αἱ μὲν ἄτεχνοί εἰσιν, αἱ δὲ ἔντεχνοι· ἄτεχνα δὲ λέγω, ὅσα μὴ δι' ἡμῶν πεπόρισται, ἀλλὰ προϋπῆρχεν· οἷον, μάρτυρες, βάσανοι, συγγραφαί, καὶ ὅσα τοιαῦτα· ἔντεχνα δέ, ὅσα διὰ τῆς μεθόδου καὶ δι' ἡμῶν κατασκευασθῆναι δυνατόν· ὥστε δεῖ τούτων, τοῖς μὲν χρήσασθαι, τὰ δὲ, εὑρεῖν.

« Parmi les preuves, les unes sont *indépendantes de l'art*, les autres sont *artificielles*. J'appelle *indépendantes de l'art*, toutes les choses que nous n'imaginons pas de nous-mêmes, mais qui préexistent, comme les dépositions des témoins, les aveux arrachés par la torture, les actes et autres choses semblables ; j'entends par *artificielles*, celles que nous pouvons établir à l'aide de certaines règles et par nous-mêmes. Ensorte qu'il faut savoir se servir de celles-là et trouver celles-ci. » (Liv. 1, chap. 2, 2.)

Page 319, ligne 21. *A l'égard des demandes itératives pour affranchissement de servitude ....*

2. *Assertione secunda.* Quiconque se croyait injustement retenu en servitude, faisait choix d'un protecteur, *assertor*, qui se chargeait de lui faire recouvrer sa liberté par un jugement, car il était censé ne pouvoir plaider lui-même sa cause ; c'était ce qu'on appelait *causa liberalis*. Si le protecteur échouait dans la première action, il était admis à plaider la même cause une seconde et une troisième fois.

Page 319, ligne 22. *Et autres appels du ressort des centumvirs, partagés en deux sections.*

3. *Et partibus centumviralium, quæ in duas hastas divisæ sunt.* Les centumvirs tenaient le siège de leur tribunal dans des basiliques immenses, et se divisaient, suivant l'importance des causes, en deux ou en quatre sections séparées par des lances ou javelots, d'où était venue cette locution : *In duas, in quatuor hastas divisi.* Il paraît, d'après ce passage de Quintilien, et d'après ce qu'il dit encore à l'occasion des causes itératives pour affranchissement de servitude, *de assertione secunda* (livre XI, chap. 1, 78), que ces sortes de causes étaient jugées par deux sections de centumvirs seulement, et que ce n'était que dans les causes majeures qu'ils se réunissaient en quatre sections, *in quatuor hastas.* C'était ce qu'on appelait *quadruplex judicium.*

Cette division des centumvirs rappelle, à certains égards, celle qui partage nos cours royales en *chambres,* et le *judicium quadruplex* me paraît offrir de l'analogie avec ces causes solennelles qui, de nos jours, et dans certains cas extraordinaires, se jugent devant une cour royale, *toutes les chambres assemblées.*

On pourra se faire une idée d'une séance extraordinaire des centumvirs, de l'immensité du local où ils siégeaient et de la foule qui se pressait autour de leur tribunal, par ce tableau que nous en a laissé Pline le Jeune, dans une lettre où il rend compte à son ami Romanus du succès d'une cause qu'il plaidait devant ces juges :

« *Sedebant judices centum et octoginta; tot enim quatuor consiliis conscribuntur : ingens utrinque advocatio, et numerosa subsellia : præterea densa circumstantium corona latissimum judicium multiplici circulo ambibat. Ad hoc, stipatum tribunal, atque etiam ex superiore basilicæ parte, qua feminæ, qua viri, et audiendi, quod erat difficile, et quod facile, visendi studio imminebant.* » (*Epist.,* lib. VI, 33.) — « Cent quatre-vingts juges siégeaient dans cette affaire ; c'est tout ce qu'en renferment les quatre tribunaux des centumvirs réunis. De part et d'autre, les avocats remplissaient en grand nombre les sièges qui leur avaient été destinés; la foule des auditeurs environnait de cercles redoublés la vaste enceinte du tribunal. On se pressait même autour des juges; et les galeries hautes de la basilique étaient remplies, les unes de femmes, les autres d'hommes avides d'entendre, ce qui n'était pas facile, et de voir, ce qui était fort aisé. »

(Traduction de M. de Sacy, revue par M. J. Pierrot.)

Page 321, ligne 19. *On a vu condamner un Rutilius....*

4. L'an de Rome 662, sous le consulat de Claudius Pulcher et de Perpenna, Rutilius Rufus fut frappé de la condamnation la plus inique pour cause de concussion, par suite d'une cabale qu'avaient formée contre lui les publicains dont il avait empêché les exactions en Asie. Quand on confisqua ses biens, on ne tarda pas à reconnaître qu'ils ne couvraient pas même les frais du procès, et qu'ils avaient été acquis par les voies les plus légitimes. Il se soumit volontairement à l'exil et se retira d'abord à Mitylène, puis à Smyrne, où il fut somptueusement accueilli par tous les Asiatiques, et y devint plus riche qu'il n'avait jamais été.

Sénèque admire en lui le stoïcien, disciple de Panétius, et l'adjoint à Socrate comme un modèle de sagesse et de courage dans l'adversité. (Note de Spalding.)

Page 323, ligne 3. *La renommée et la rumeur publique sont....* jusqu'à la fin du paragraphe.

5. On doit entendre ici par la *renommée*, cette part que chacun de nous recueille dans le champ de la considération publique, en raison de ce qu'il y a semé; c'est ce concert unanime des voix de toute une cité qui s'élève sur notre compte; c'est ce jugement émané du tribunal de l'opinion, dont les arrêts honorables ou flétrissans sont un refuge pour la vertu persécutée, ou impriment aux méchans un salutaire effroi :

Sontibus unde tremor, civibus unde salus.

Aussi ne faut-il pas confondre la *renommée* avec ce qu'on appelle la *rumeur publique*. Celle-ci n'est presque jamais que l'œuvre de la sottise, accueillie par l'ignorance et la crédulité. Il n'est pas de contes absurdes dont elle ne se repaisse. Un rien la fait éclore, un rien la fait tomber. Trop heureux quand elle ne marque pas son passage par des désastres ! car, si elle vient à naître dans des temps de crise et de calamités, si elle s'enflamme au foyer des passions populaires, attisé par la calomnie et l'esprit de parti, sa voix alors prend un accent sinistre et produit les plus terribles effets. Pour m'en tenir à un seul exemple, peut-on se rappeler, sans frémir, les malheurs qui accompagnèrent, parmi nous, l'invasion déjà si funeste du choléra? Ces bruits niais et perfides d'empoisonnement qui vinrent se mêler alors à ce fléau destructeur, les assassinats épouvantables qui en furent la suite.... quelle en fut la source, à Paris comme à Saint-Pétersbourg? la *rumeur publique*.

Autant donc la *renommée* me semble d'un grand poids pour protéger l'innocence d'un accusé, autant la *rumeur publique* est insignifiante et dangereuse pour fonder une accusation.

Page 323, ligne 13. *Des tortures.*

6. Les tortures, dit notre auteur, sont un lieu commun des plus controversés. Dieu merci, ce n'en est plus un pour nous, et ce mot affreux de *tortures* est depuis long-temps rayé du code de notre jurisprudence criminelle. La raison et l'humanité ont enfin aboli ce moyen aussi odieux qu'impuissant, par lequel on prétendait découvrir la vérité.

Je me suis toujours étonné que cette coutume barbare, léguée aux sociétés modernes par les législations de l'antiquité, ne fût pas tombée, avec l'esclavage dont elle était née, sous l'influence du christianisme qui s'est annoncé au monde par tant de bienfaits.

Page 337, ligne 12. *A plus forte raison faut-il être en garde contre ceux* (les témoins) *qui offrent de la trahir* (la vérité).

7. L'honnête et vertueux Rollin ne peut se résoudre à prêter à Quintilien des préceptes qui ne s'accorderaient pas avec une sévère probité, et fait, au sujet de ce passage, la réflexion suivante : « Videtur Fabius non repudiare testimonia eorum qui se dicturos quæ falsa sunt, pollicentur; quod esset hominis parum probi. *Sed idem paulo post monet se facere mentionem ejusmodi pessimarum artium, non ut fiant, sed ut vitentur.* »

Après avoir relu attentivement tout le chapitre *de Testibus*, je me suis convaincu qu'il y avait indulgence ou préoccupation de la part de Rollin. Le paragraphe de Quintilien, qui se termine par ces mots : *Quorum mentionem habui, non ut fierent, sed ut vitarentur**, s'applique, non pas aux préceptes qu'il a donnés sur la manière de tirer parti des témoins, dans l'intérêt de la cause qu'on défend, mais seulement à ces manœuvres honteuses de suborner un témoin et de le faire passer sur les bancs de la partie adverse, pour que, de là, il soit plus à portée de nuire, etc. (*Voyez* pages 345 et 347).

Il m'en coûte de me montrer plus sévère que Rollin à l'égard d'un écrivain pour lequel je professe une sincère estime ; mais je ne puis m'empêcher de reconnaître, avec Spalding, que tout ce chapitre sur l'art d'endoctriner les témoins, de les préparer, de les éprouver, de les interroger, n'est pas empreint d'une morale bien scrupuleuse.

Page 361, ligne 27. *Quand la lune est rouge, elle annonce du vent ; la corneille…. appelle la pluie.*

8. Virgile a consacré, dans le premier livre des *Géorgiques*, une centaine de vers à l'explication de tous les signes ou présages qui annoncent les divers changemens de temps ; ce qui amène, par la transition la plus naturelle et la plus heureuse, le magnifique épisode sur les prodiges de toute espèce qui précédèrent ou suivirent la mort de César : épisode qui est dans la mémoire de tous les amateurs de beaux vers ; et quels vers que ceux de Virgile !

Ovide a fait aussi un récit de ces prodiges** ; mais on sent, en comparant ces deux morceaux, combien il y a loin des sons spirituellement cadencés du chantre de Sulmone, aux accens si graves, si vrais, si harmonieux et si purs du cygne de Mantoue.

Page 365, ligne 7. *Quant à l'épichérème, Valgius lui donne le nom d'agression.*

9. Ce Valgius Rufus était un grammairien et un rhéteur qui vivait du temps d'Auguste, auquel il dédia un livre intitulé *de Herbis*. Il était disciple d'Apollodore et avait traduit en latin les préceptes de son maître sur la rhétorique.

J'ai profité de la rencontre que j'ai faite de ce nom, pour

---

* Et non *vitarent*, comme on l'a mis fautivement dans le texte.
** *Métamorph.*, liv. xv, v. 17.

donner sur ce Valgius, d'après Spalding, une légère notion qui aurait dû être placée dans les notes du livre III, où il est, pour la première fois, question de cet écrivain.

Page 367, ligne 26. *Aussi trouve-t-on dans Virgile* argumentum ingens, *à propos d'un ouvrage de l'art.*

10.   At levem clypeum, sublatis cornibus, Io
      Auro insignibat, jam setis obsita, jam bos
      (*Argumentum ingens*)............
                              (*Æneid.*, lib. VII, v. 789.)

Ovide emploie le même mot en parlant des ouvrages que font à l'envi, l'une de l'autre, Arachné et Pallas :

   Illic et lentum filis immittitur aurum
   Et vetus in tela deducitur *argumentum.*
                              (*Metamorph.*, lib. VI, v. 68.)

Ligne 31. *Tous noms exprimant la même chose, selon Celsus..*

11. Je me suis prévalu d'une note de Spalding, pour citer ici Celsus, quoiqu'il n'en soit nullement parlé dans le texte, attendu qu'il est implicitement question d'un rhéteur qui désignait l'argument, sous les divers noms de preuve, indice, conviction, point d'attaque; ce qui donne lieu, de la part de Quintilien, à l'observation critique qui suit immédiatement : *parum distincte, ut arbitror.*

« Regius, dit Spalding, est le premier qui se soit aperçu qu'il manquait ici un nom propre, et qui ait conjecturé fort ingénieusement que ce nom devait être celui de Celsus, à placer quelque part. Quelques-uns des plus récens éditeurs se sont rangés à cet avis... Quant aux livres, manuscrits ou imprimés, les plus anciens, ils n'offrent rien qui s'accorde avec cette leçon, et l'on ne voit pas d'ailleurs comment il y aurait moyen d'intercaler un nom quelconque. En effet, qui a jamais dit : *Sempronius argumentum facit probationem....ejusdem rei nomina ?* C'est cependant ainsi qu'on est forcé de construire la phrase, si l'on veut donner à *facit* le sens de *appellat, denominat*; et toutefois il est évident d'abord qu'il y a ici quelqu'un de désigné; ensuite qu'il s'agit d'un rhéteur romain, et non d'un rhéteur grec, puisque deux lignes plus loin Quintilien dit : *Signum autem, quod* ille.

indicium *vocat.* Or, je ne doute pas que ce rhéteur ne soit Celsus. C'est lui, en effet, que Quintilien cite le plus souvent dans le cours de son ouvrage, et presque toujours pour le réfuter.

    Page 371, ligne 14. *Voilà pourquoi Aristote....*
        jusqu'à la fin du paragraphe.

    12. Aristote, dans le second livre de sa *Rhétorique*, chap. 1 à xvii, après avoir établi que la connaissance des passions est nécessaire à l'orateur, passe d'abord en revue les diverses affections de l'âme; puis il les définit, et signale les personnes qui les éprouvent ou qui les font naître chez les autres; ensuite, il s'occupe des mœurs et des habitudes, et fait voir ce qu'elles sont dans la jeunesse, dans l'âge viril, dans la vieillesse, et enfin dans diverses conditions de la vie, comme chez les grands, chez les nobles, chez les riches, etc.

Quintilien, suivant son habitude assez fréquente de citer de mémoire, fait dire ici à Aristote des choses qu'on ne trouve nullement dans le livre ii de sa *Rhétorique*, dont je viens de parler. Spalding, qui avait été fort désappointé en y cherchant en vain tout ce qu'énumère Quintilien, s'en est vengé en citant un passage de Victorius, où ce commentateur, qui ne laisse passer aucune occasion de décocher quelque trait malin contre notre rhéteur, le traite assez ironiquement sur sa légèreté. Voici ce passage, que je fais suivre de sa traduction : « Exponendum videtur quod mihi sæpe in mentem venit, ac non parum molestum fuit : Quintilianus enim quinto libro ubi de *Argumentis* disputat, ostendit Aristotelem plenius uberiusque hunc locum tractasse, ac multa ad naturam, moresque hominum pertinentia exposuisse, quæ nunc hic nullo modo leguntur. Verba ejus hæc sunt : *Ideoque.... appeti soleat* et quæ sequuntur : ubi enim hic agitur de *ambitu*, aut *superstitione?* Quod verbum ab Aristotele factum est de *militibus* aut *rusticis?* Quid igitur dicemus? hanc hujus libri partem laceram ac fractam esse? eaque omnia desiderari, quæ a Quintiliano significantur, an *magnum illum rhetorem* lapsum esse? et quæ tractari hic credebat, quum in manibus librum non haberet, non quæ vere traderentur, nominasse? omnino res dura : neque enim in hoc libro hiatus ullus apparet, sed contra, continuata rerum series admirabilis : nec temere debemus, non omnino contemnendum scriptorem, tantæ negligentiæ condemnare, quamvis quædam hic a philosopho tradantur quæ in ea re explicanda omittere ipse non debuit : quare ut illa imprudenter præteriit, ita potuit alia, quæ minime hic tractata unquam fuerunt, nominare, et quasi pro ipsis supponere. » — « Je crois devoir exposer ici ce qui m'est souvent venu à l'esprit et m'y a laissé une impression assez pénible. Il résulte clairement de ce que dit Quintilien dans son livre v, où il traite des *Argumens*, qu'Aristote aurait beaucoup plus approfondi et développé cette matière, et qu'il se serait livré, en ce qui regarde les caractères et les mœurs, à une foule de considérations, dont il n'existe aujourd'hui aucune trace dans sa *Rhétorique*. Voici les propres termes de Quintilien : *Ideoque Aristoteles.... appeti soleat*[*], et tout ce qui suit. Or, où est-il question, dans l'endroit cité par Quintilien, et d'*ambition* et de *superstition?* où est-il dit un mot des gens de guerre et des campagnards ? Que croire donc ? ou que cette partie du livre d'Aristote a été lacérée, anéantie, et que tout ce qui est exprimé ici par Quintilien est maintenant perdu, ou que ce *grand rhéteur* s'est trompé, et qu'il a mentionné, n'ayant pas le livre sous les yeux, tout ce qu'il croyait devoir y être, au lieu de ce qui s'y trouvait réellement. C'est une chose de tout point fâcheuse ; car, d'un côté, il n'existe certainement aucune lacune dans ce livre de la *Rhétorique* d'Aristote, et tout s'y enchaîne, au contraire, avec un ordre merveilleux ; de l'autre, nous ne devons pas légèrement taxer de négligence un écrivain qui n'est pas tout-à-fait méprisable (notez qu'il vient de l'appeler, par dérision, un grand rhéteur), quoique cependant il n'eût pas dû omettre, en parlant des argumens, quelques-unes des vues du philosophe grec sur ce sujet. Donc, comme il a omis certaines choses par mégarde, il a bien pu en nommer d'autres qu'Aristote n'a jamais dites, et les supposer vraies. »

Ce n'est pas la seule fois, ajoute Spalding, que nous surprenons et que nous surprendrons encore Quintilien, mis en défaut par sa mémoire, et rapportant peu exactement des passages de certains livres.

---

[*] *Voyez* le texte, page 370, depuis la ligne 9 jusques et compris la ligne 16.

Il était sans doute du devoir de Victorius de relever la citation malencontreuse de Quintilien ; mais sa critique n'eût rien perdu de son prix, à n'être pas assaisonnée d'une aussi amère ironie.

Page 373, ligne 23. *Qu'ainsi, par exemple, on chercherait vainement dans nos parages le* sarget *ou tel autre poisson*.

13. Le texte porte : « Nec helopem nostro mari, aut scarum ducas. » *Helops* ou *elops*, suivant Pline (*Hist. natur.*, IX, 27), serait le nom que quelques personnes donnent à l'esturgeon, *acipenser*. Il était, dit ce naturaliste, regardé des anciens comme le premier des poissons. On n'en fait plus de cas aujourd'hui, et je m'en étonne, car il est rare.

Le sarget, ou plutôt le scare, *scarus*, était, au contraire, très-estimé du temps de Pline. Ce poisson, dit son élégant traducteur M. Guéroult, abonde surtout dans la mer Carpathienne*. Jamais il ne passe de lui-même au delà du promontoire de Lecte, en Troade. Sous Claude, Optatus Elipertius, commandant de la flotte, en fit apporter de cette mer, et les répandit le long des côtes, depuis Ostie jusqu'à la Campanie. Pendant cinq ans, on eut soin que ceux qui étaient pris fussent rendus à la mer. Depuis ce temps, on en trouve beaucoup sur les rivages de l'Italie, où l'on n'en voyait pas auparavant.

Comment concilier ce fait de l'importation du *scare* dans les mers d'Italie, avec ce que je fais dire à Quintilien, qu'on y *chercherait* vainement ce poisson ? Je ne vois qu'un moyen, c'est d'avouer sans détour que j'ai fait dire à mon auteur ce qu'il n'a pas dit. Quelle est en effet la phrase de Quintilien ? *Nec helopem nostro mari, aut scarum* DUCAS ; ce qui signifie, non pas : on *chercherait* en vain le scare dans nos parages, mais bien : on tenterait en vain d'*attirer*, de *conduire* le scare dans nos parages ; et cela, loin d'être en contradiction avec le fait rapporté par Pline, confirme encore son observation, que le scare ne passe jamais, *de lui-même*, le promontoire de Lecte.

Les notes sont bonnes à quelque chose ; car si je n'avais pas eu occasion de rapporter ce passage de Pline, il est probable que je n'aurais pas relevé ma bévue.

* Mer de Scarpanto, qui tire son nom d'une île de la mer Égée.

Page 375, ligne 11. *Or, voici ce qui y donne lieu. La naissance, etc., la nation, etc.*, jusqu'au deuxième paragraphe de la page 381.

14. Rollin, dans son édition abrégée de Quintilien, a pris la peine d'indiquer tous les endroits des œuvres oratoires de Cicéron, qui offrent des exemples d'argumens tirés *des personnes* ou *des choses*, en suivant, pied à pied, toutes les circonstances exprimées par notre rhéteur. Ceux de mes jeunes lecteurs qui voudront recourir à ces sources, se trouveront bien d'un pareil exercice.

Page 383, ligne 19. *Ainsi dans Ovide, Ajax s'écrie :* Quoi ! c'est à la vue de nos vaisseaux qu'Ulysse ose me disputer les armes d'Achille !

15. . . . . .Agimus, proh Jupiter, inquit,
Ante rates causam, et mecum confertur Ulysses!
(*Metamorph.*, lib. xiii, v. 5.)

Page 387, ligne 3. *Un homme est cité en justice comme un corrupteur de la jeunesse, sur ce fait qu'il a acheté une belle femme condamnée autrefois comme adultère.*

16. Le texte porte : « Quod speciosam adulterii damnatam quamdam emerit; » ce qui donne lieu à beaucoup de difficultés.

Je vais traduire ici une note de Spalding, où ce savant cherche, avec sa conscience et sa sagacité ordinaires, à répandre quelques lumières sur ce passage :

« Je balance, dit-il, à admettre cet exemple : *Quod speciosam adulterii damnatam quamdam emerit.* Qu'est-ce en effet qu'être cité.... pour avoir *acheté* une femme flétrie d'adultère par un jugement ? Cette femme était donc dans l'état de servitude ? mais on ne condamnait pas les femmes de cette condition pour adultère. C'étaient le maître ou la maîtresse qui pouvaient être accusés ou condamnés comme adultères, quand ils avaient eu commerce avec un esclave; or, comment celle en question aurait-elle été vendue ? Il y avait bien un sénatus-consulte rendu sous Claude, qui réduisait à l'état de servitude, la femme qui, à l'insu du maître, avait cohabité avec un esclave; mais cela n'est pas applicable ici, car on ne pouvait pas dire qu'une pareille femme fût *condamnée pour adultère*, puisque la loi embrassait tout le sexe en général, et non les femmes mariées en particulier. Serait-ce que cette femme, venue de quelque contrée barbare, aurait été précédemment condamnée dans son propre pays? ou bien, perdue de réputation, par suite de son adultère, se serait-elle volontairement soumise à la condition d'esclave? on peut, à cet égard, se livrer à diverses conjectures. Quant au seul article du droit romain qui aurait quelque analogie avec le point qui nous occupe : « Adulterii damnatam si quis *duxerit* uxorem (*Dig.*, XLVIII, 5, 29, 1), il ne saurait être invoqué ici; car le mot *emit* ne peut s'entendre de cet achat fictif, *coemptio*, qui résultait de la cérémonie nuptiale, et je m'étonne que Gédoyn ait traduit : *Il a épousé cette femme, quoiqu'elle ait été convaincue d'adultère.*

« Reste donc à interpréter ce mot *emit*, qu'on tenterait vainement de changer (car il est trois fois dans le texte, et il ne peut pas avoir été altéré trois fois), et à lui donner le sens de *conduxit*, c'est-à-dire d'une sorte de marché honteux pour trafiquer des charmes corporels; encore quand ce trafic avait pour objet une femme qui n'était pas ce que les Romains appelaient *materfamilias* (titre honorable qui se perdait par la condamnation d'adultère), celui qui faisait ce trafic ne pouvait pas être accusé pour cause de corruption, *lenocinii reus agi non poterat.*

« Toutefois, ajoute Spalding, ce sens s'accorderait assez avec les leçons de quelques manuscrits qui, après ces mots, *reo lenocinii*, ajoutent *speciosæ marito*; car alors la pensée de Quintilien pourrait s'expliquer ainsi : « Celui qui a fait marché avec une femme condamnée pour adultère, est suspect de corruption, *lenocinii*, par cela seul que la femme est belle. »

Au surplus, Spalding termine par reconnaître, d'après l'avis de célèbres jurisconsultes, qu'on chercherait vainement dans les dispositions pénales de la jurisprudence romaine sur l'adultère, rien de ce qu'énonce Quintilien dans l'exemple qu'il propose, et il en conclut que c'est un thème d'école, *thema scholasticum*, dont il ne faut pas demander l'explication au droit romain.

Page 395, lignes 17 et 19. *On se fonde sur l'espèce, parce qu'en effet nous reconnaissons deux formes de mariage.*

17. Il y avait deux sortes de mariage chez les Romains. Le premier avait lieu, *per coemptionem*, lorsque la femme était livrée

aux mains de son mari, *in manum viri*, et se mettait sous sa puissance : c'était ce qu'on appelait le mariage légitime, *nuptiæ legitimæ*, et ce qui conférait le titre de mère de famille, *materfamilias*. Le second se faisait sans coemption, *citra coemptionem*, et n'établissait qu'un droit de cohabitation : c'était une sorte de concubinage légal. (Note de TURNÈBE.)

Page 399, ligne 19. *C'est ce que fait Cicéron dans la défense d'Oppius.*

18. M. Aurelius Cotta, proconsul en Bithynie, avait renvoyé son questeur P. Oppius, comme suspect à la fois et de péculat et de tentatives contre les jours du proconsul. Il fut bientôt mis en accusation pour ce dernier fait, et défendu par Cicéron. Ce que cite ici Quintilien est le seul fragment qu'on ait encore trouvé de ce plaidoyer. (Note de SPALDING.)

Page 415, ligne 1. *Quiconque*, dit la loi, *refusera des alimens à ses parens, sera mis aux fers.*

19. Cette loi existait autrefois en Grèce. On l'appelait *Pelargica**, parce qu'elle obligeait les enfans à nourrir leurs père et mère dans leur vieillesse, à l'imitation de la cigogne qui, dit-on, nous donne cet exemple. Solon amenda cette loi pour les Athéniens, et il n'imposa ce devoir de piété filiale qu'à ceux qui avaient reçu de leurs parens une éducation libérale.
(Note de TURNÈBE.)

TOME III.

Page 7, ligne 25. *Ainsi, en disant que Denys, sous prétexte d'avoir une garde...., voulait en effet se créer des complices pour s'emparer du pouvoir suprême, on pourra citer l'exemple de Pisistrate qui y parvint par les mêmes moyens.*

20. Cette similitude est empruntée à Aristote, liv. 1er de sa *Rhétorique*, chap. 2, 19. Voici le passage : Οἷον, ὅτι ἐπεβούλευε τυραννίδι Διονύσιος, αἰτῶν τὴν φυλακήν· καὶ γὰρ Πεισίστρατος πρότερον ἐπιβουλεύων, ᾔτει φυλακὴν, καὶ λαβὼν ἐτυράννησε. «Comme si, pour

---

* Du mot grec πελαργός, cigogne.

prouver que Denys aspirait à la tyrannie, puisqu'il demandait une garde, on disait : Pisistrate, voulant s'emparer du gouvernement d'Athènes, demanda d'abord une garde, et aussitôt qu'il l'eût obtenue, il se saisit des rênes de l'état. »

(Traduction de M. Gros.)

Page 9, ligne 4. *Si de simples joueurs d'instrumens qui s'étaient éloignés de Rome par humeur, y furent ramenés....*

21. Voici comme Tite-Live raconte ce fait : « Les joueurs de flûtes, mécontens de ce que les derniers censeurs leur avaient interdit de manger dans le temple de Jupiter, privilège dont ils avaient toujours joui jusque-là, se retirèrent en masse à Tibur ; de sorte qu'il ne se trouva plus personne pour préluder au chant, dans les sacrifices. Cet objet, qui touchait à la religion, émut le sénat, qui envoya des députés à Tibur, avec mission de faire tous leurs efforts pour ramener les fugitifs. Les Tiburtins promirent de bonne grâce de s'y employer, et les ayant rassemblés tous au Palais, ils les exhortèrent à se rendre aux vœux des Romains. Voyant qu'ils ne pouvaient les y déterminer, ils s'avisèrent d'un expédient qui attaquait ces hommes par leur endroit sensible. Un jour de fête, on les invita dans différentes maisons, sous prétexte de chanter pendant les repas ; et à la suite de copieuses libations à Bacchus, que des musiciens ne savent guère refuser, ils tombèrent dans un profond assoupissement, dont les Tiburtins profitèrent pour les jeter dans des chariots et les transporter à Rome. Ils ne s'aperçurent de leur transmigration que lorsque, les chariots qui les amenaient étant arrêtés au milieu de la place publique, le jour vint les surprendre, encore appesantis par les fumées du vin qu'ils avaient bu la veille. Il se fit bientôt autour d'eux un grand concours de peuple ; on obtint qu'ils resteraient, et on leur accorda, comme faveur, de se promener chaque année, pendant trois jours, à travers la ville, vêtus de longues robes, chantant et s'abandonnant à cette licence qui, aujourd'hui encore, est une de nos solennités. On rétablit en outre, pour ceux qui préludaient dans les sacrifices, le droit de manger dans le temple de Jupiter. » (Liv. IX, chap. 30.)

Voyez, pour le même fait, Ovide, *Fastes*, VI, 653 - 692 ; et Valère-Maxime, II, 5, 4.

Page 9, ligne 14. *L'exemple d'Horace et de Torquatus ferait moins d'impression sur lui, que l'exemple de cette femme qui tua Pyrrhus de sa main.*

22. « Au siège d'Argos, Pyrrhus, ayant été atteint par une javeline qui avait percé sa cuirasse, quoique sa blessure ne fût ni mortelle, ni grave, tourna ses armes contre celui qui l'avait frappé. C'était un Argien, mais non des plus distingués, car il était fils d'une pauvre et vieille femme. Celle-ci, comme les autres femmes de la ville, voyait le combat, du haut des maisons. Dès qu'elle eût reconnu que c'était son fils qui était aux prises avec le roi, alarmée du danger qu'il courait, elle saisit une tuile dans ses deux mains, et la lança contre Pyrrhus. La tuile, en tombant sur la tête de ce prince, au défaut de son casque, lui brisa, vers la base, les vertèbres du cou : ses yeux se fermèrent aussitôt, et ses mains laissèrent échapper les rênes de son cheval, d'où étant renversé, il alla tomber près du tombeau de Licymnius, sans que le plus grand nombre sût qui c'était. » (PLUTARQUE, *Vie de Pyrrhus*.)

Ligne 17. *Il vaudrait mieux lui citer Lucrèce que Scipion et Caton.*

23. Deux suicides à jamais célèbres ont ouvert et fermé l'ère de la liberté pour les Romains. Elle poussa son premier cri chez eux à la vue du poignard dont s'était frappé Lucrèce; et elle rendit son dernier soupir dans les bras de Caton, lorsque ce grand homme se donna la mort à Utique.

P. Cornelius Scipion, adopté par Q. Cécilius Metellus Pius, et connu dans l'histoire sous le nom de Metellus Scipion, était beau-père de Pompée et avait suivi son parti. Sa mort, qui précéda celle de Caton, est le seul acte par lequel il se soit montré digne de ses ancêtres. Vaincu à Thapsus par César, il fuyait sur un navire pour se rendre en Espagne. Obligé par les vents contraires de relâcher à Hippone, et se voyant sur le point de tomber entre les mains de ses ennemis, il se perça de son épée. Entendant demander autour de lui, par ceux qui étaient maîtres de son vaisseau, *où était le général? — Il est en sûreté!* répondit-il, *imperator bene se habet*; et il expira. « Tantum eloqui valuit, dit Valère-Maxime, quantum ad testandam animi fortitudinem æternæ laudi satis erat. »

Page 11, ligne 19. Depuis ces mots : *C'est avec un exemple contraire qu'il blâme... la conduite des censeurs, en faisant l'éloge de Scipion l'Africain*, jusqu'à ces mots : *Quoique Scipion eût déclaré qu'il appuierait l'accusation.*

24. La revue des chevaliers romains se passait chaque année, aux ides de juillet (le 15). « Scipion l'Africain étant censeur, et voyant s'avancer C. Licinius Sacerdos, qui avait été cité à son tribunal, lui reprocha de s'être parjuré dans les formes, ajoutant que, si quelqu'un voulait l'accuser, il y ajouterait son propre témoignage. Personne ne s'étant présenté pour cela : — « Passe « avec ton cheval, lui dit-il, et ne tiens aucun compte de la cen- « sure dont tu as été l'objet, car je n'ai pas envie de faire ici le « rôle d'accusateur, de témoin et de juge. » (VAL.-MAXIME, liv. IV, chap. 1er, § 10.)

Page 15, ligne 4. *On connaît ce fameux apologue..... à l'aide duquel Menenius Agrippa parvint, dit-on, à réconcilier le peuple avec le sénat.*

25. Dans les premiers temps de la république romaine, le peuple, aigri par sa misère, et en révolte ouverte avec les patriciens, s'était retiré sur le mont Sacré. Menenius Agrippa, homme de ressource, et qu'on présumait devoir être cher à la multitude, parce qu'il était d'origine plébéienne, fut député par le sénat vers les mécontens, pour essayer de les fléchir. Il se borna, dit Tite-Live, à leur réciter cet apologue : « Dans le temps que tous les membres du corps humain ne voulaient pas, comme aujourd'hui, concourir à un même but, mais où chacun d'eux prétendait se gouverner et agir à sa guise, il arriva que les autres parties du corps se révoltèrent contre l'estomac, au profit duquel tout se faisait, disaient-elles, par leurs soins, leurs travaux et leur ministère; tandis que lui, tranquille au milieu d'elles, ne songeait qu'à jouir des plaisirs qu'on lui procurait. En conséquence, elles conspirèrent toutes : la main refusa de porter la nourriture à la bouche; celle-ci se ferma pour ne rien laisser passer de ce qu'on lui offrait, et les dents n'eurent plus à broyer. Mais que résulta-t-il de cette conspiration par laquelle les autres membres voulaient affamer l'estomac? c'est qu'eux-mêmes et le corps tout entier tombèrent dans le marasme et la consomp-

tion. Ils ne tardèrent pas alors à s'apercevoir que l'office de l'estomac n'était pas aussi nul qu'ils l'avaient imaginé, et que s'il était nourri par eux, il les nourrissait à son tour, en renvoyant dans toutes les parties du corps, par des canaux où il circule élaboré par la digestion, ce sang qui fait notre vie et notre force. »

Cet apologue, dont l'application était facile à saisir, frappa la multitude, qui rentra aussitôt dans le devoir; et, après quelques concessions mutuelles, la concorde se rétablit entre le peuple et le sénat.

Page 35, ligne 1. *Q. Varius dit qu'Émilius Scaurus a trahi les intérêts du peuple romain; Émilius Scaurus le nie.*

26. L'ordre des chevaliers était, de temps immémorial, en possession des jugemens à Rome, et ils avaient fini par faire un si criminel abus de cette puissance, que les sénateurs, encore émus de la condamnation récente de Rutilius, résolurent de s'affranchir de cette tyrannie, et jetèrent les yeux, dans ce dessein, sur le tribun M. Livius Drusus, jeune homme d'une haute naissance, plein de courage et de talens.

Celui-ci entra complètement dans leurs vues, et songea d'abord à gagner la faveur du peuple, en proposant des partages de terres, des établissemens de colonies, des distributions de blé, etc.; puis, flattant les alliés d'Italie de l'espoir de leur faire obtenir le droit de bourgeoisie, il les mit dans ses intérêts et parvint, avec leur assistance, à faire passer ces diverses lois, qui n'étaient que le prélude des coups qu'il voulait porter aux chevaliers. Bientôt en effet, et malgré l'opposition de ceux-ci, il fit rendre une loi qui ordonnait que les compagnies des juges seraient, à l'avenir, mi-partie de sénateurs et de chevaliers, et qui autorisait à poursuivre tout juge qui aurait prévariqué dans ses fonctions.

Drusus ne survécut pas long-temps à ces succès, et mourut peu de jours après, frappé, en rentrant chez lui, par un assassin qui se cacha dans la foule et qu'on ne put découvrir.

Sa mort fut suivie d'une violente réaction. Le consul Philippe, qui lui avait toujours été opposé, fit casser toutes ses lois, par un décret du sénat, sous prétexte qu'elles avaient été rendues contre les auspices, et les chevaliers rentrèrent dès-lors dans la plénitude de leur puissance judiciaire.

C'était pour eux une belle occasion de se débarrasser de leurs ennemis ; et comme la mort de Drusus avait été précédée d'une révolte des alliés, qui s'étaient vus frustrés du droit de bourgeoisie, les chevaliers firent proposer, l'an de Rome 661, par le tribun Q. Varius, homme tout à leur dévotion, une loi portant que « l'on informerait contre ceux qui, par de mauvaises pratiques, avaient forcé les alliés à recourir aux armes ; » espérant ainsi atteindre ceux des sénateurs qui avaient eu des liaisons avec Drusus, et par lui avec les alliés.

Cette loi fut autorisée par les suffrages du peuple, malgré les efforts du sénat. Déjà plusieurs patriciens en avaient été les victimes ; déjà Calpurnius Bestia, Aurelius Cotta et Memmius avaient été sacrifiés à la vengeance des chevaliers, et s'étaient volontairement exilés, plutôt que d'attendre leur condamnation : un homme illustre restait encore à frapper, c'était M. Émilius Scaurus, prince du sénat. Mais la considération dont il jouissait, et sa fermeté, firent tourner à la honte de ses ennemis l'accusation qu'ils lui intentaient. Cité par le tribun Varius devant l'assemblée du peuple, ce vénérable vieillard, qui relevait de maladie, sourd aux conseils de ses amis qui ne voulaient pas qu'en cet état il vînt braver la foule, et n'écoutant que son courage, descendit tranquillement dans le Forum. Là, après avoir écouté l'accusation, et quand il put parler à son tour : « Romains, dit-il, Q. Varius de Sucrone dit que M. Émilius Scaurus, prince du sénat, a appelé les alliés aux armes ; M. Scaurus, prince du sénat, le nie. Il n'y a point de témoins : auquel des deux ajouterez-vous foi ? » Ces simples mots changèrent tellement les dispositions de la multitude, que le tribun lui-même, forcé de céder aux acclamations du peuple, déclara qu'il se désistait. (FREINSHEM., *Suppl.*, liv. LXXI, ch. 9 à 42.)

Page 35, ligne 4. *On dit qu'Iphicrate se défendit à peu près de même.*

27. Iphicrate, général athénien, ayant été dénoncé par Charès, son collègue, parce qu'il avait, dans l'expédition contre Byzance, refusé d'attaquer les ennemis, se défendit devant ses juges avec

intrépidité; et apostrophant l'orateur Aristophon, qui l'accusait de s'être laissé corrompre à prix d'argent : « Répondez-moi, lui dit-il; auriez-vous commis une pareille infamie ? — Non certes, répondit l'orateur. — Et vous voulez, reprit-il, qu'Iphicrate ait fait ce qu'Aristophon n'aurait pas osé faire ! » (*Voyage d'Anach.*, ch. LX.)

Iphicrate était fils d'un cordonnier, et gendre de Cotys, roi de Thrace. Un certain Harmodius lui reprochant la bassesse de son origine : « Ma maison commence par moi, lui dit-il, mais la tienne finit en toi. » Il rendit de grands services, surtout par l'exacte discipline qu'il introduisit parmi les troupes : sa sévérité était telle, que faisant une ronde de nuit, et trouvant une sentinelle endormie, il la perça de son épée; et comme on se récriait sur cette cruauté : « Je l'ai laissée, dit-il, comme je l'avais trouvée. » On raconte le même fait d'Épaminondas.

(*Voyez* PLUTARQUE, *Apopht.*; CORN. NEP., *in Iphicr.*; FRONT., *Strategem.*, lib. III.)

Page 71, ligne 4. *Vibius Crispus qui avait de la grâce et de l'enjouement dans l'esprit......*

28. Il avait été dans sa jeunesse le compagnon de débauche de Vitellius. Il était, dit Tacite, *pecunia, potentia, ingenio, inter claros magis quam inter bonos*[*].

Juvénal le représente comme un vieillard enjoué, d'un caractère facile, et qui avait des mœurs aussi douces que son éloquence :

>.....Venit et Crispi jucunda senectus,
>Cujus erant mores, qualis facundia, mite
>Ingenium.   (Sat. IV, v. 81.)

Il avait la repartie piquante et vive. C'est de lui cette réponse à quelqu'un qui demandait s'il n'y avait personne avec Domitien : « Personne, pas même une mouche. » Or, cet empereur, dit Suétone, se renfermait tous les jours dans son cabinet, et y passait son temps à prendre des mouches qu'il perçait avec une aiguille. (SUÉTONE, *Domitien*, ch. III.)

---

[*] *Historiarum* lib. II, cap. 10.

Page 93, ligne 14. *Aussi s'arrogent-ils l'invention et le jugement dont ils ont fait deux parties distinctes sous les noms de* topique *et de* critique.

29. On appelle *topique* cette partie de la dialectique qui, au moyen de certains exemples qu'elle propose, enseigne l'art de trouver des argumens. La *critique* consiste à soumettre ces mêmes argumens à des formes d'argumentation telles qu'on ne puisse jamais s'égarer, et que la conclusion soit toujours complète et rigoureuse. « *Topice* dicitur ea pars dialectices quæ, propositis certis locis, methodum docet argumenta inveniendi. *Critice* vero quæ argumenta ipsa in certas argumentationum formas redigit, ut nunquam aberremus, et propositum conficiamus et colligamus. »

(Note de Turnèbe.)

FIN DES NOTES DU CINQUIÈME LIVRE.

NOTES
DU LIVRE SIXIÈME.

(TOME III.)

Page 101, ligne 2. *Déjà dans le temps où j'avais entrepris l'ouvrage que j'ai publié sur les Causes de la corruption de l'éloquence.*

1. Ce livre composé par Quintilien est-il vraiment perdu, ou est-ce le même qu'on attribue à Tacite, et qu'on donne à la suite des œuvres de ce célèbre historien, sous ce titre : *de Oratoribus, sive Dialogus de causis corruptæ eloquentiæ ?* C'est une question qu'on agitera long-temps encore.

J'avoue, quant à moi, que je ne le crois pas plus de l'un que de l'autre, et que je ne retrouve dans ce dialogue ni la manière de Tacite, ni celle de Quintilien.

Il serait trop long d'énumérer ici les considérations morales, littéraires, chronologiques, d'après lesquelles on serait fondé à penser que l'auteur du dialogue *de Oratoribus* reste encore à découvrir. Tacite en est en possession de fait; et il a d'ailleurs tant d'autres titres à l'immortalité, que sa gloire est tout-à-fait désintéressée dans la question. Pour Quintilien, qui peut aussi se consoler avec son *Institution oratoire*, de la perte de son autre ouvrage, je renvoie à une note de Spalding*, où ce savant me parait établir, par des rapprochemens fort judicieux tirés du *Dialogue* et de l'*Institution*, que le premier ne peut être de Quintilien.

Ligne 14. *Ne suis-je pas la preuve qu'aucune providence ne veille sur les choses de ce monde?*

2. Cette boutade d'impiété aurait lieu de surprendre de la part de Quintilien, surtout après une sorte de profession de foi, toute

---

* *Quintilien*, de la Collection Lemaire, tome II, pages 382-384.

contraire, qu'on a pu remarquer dans le livre qui précède*, si l'on ne savait combien la morale religieuse des anciens était vague, indécise et relâchée. Rien de plus ordinaire, en effet, que de les voir alternativement nier ou admettre une providence, selon qu'ils croyaient avoir à se plaindre ou à se féliciter de leur destinée, selon que les affaires d'ici-bas allaient ou n'allaient point à leur gré. Ainsi, par exemple, la vertu était-elle aux prises avec le malheur? *Il n'y a point de dieux!* Les méchans subissaient-ils la peine due à leurs crimes? *Il est des dieux!* s'écriaient-ils tour-à-tour. Ces déclamations abondent dans Tite-Live, et se reproduisent, sous mille formes, chez les philosophes et les poètes.

Le flambeau de la révélation pouvait seul dissiper ces ténèbres de l'esprit humain, en lui montrant l'unique voie où il ne court plus risque de s'égarer. Grâce à ses dogmes consolans et sublimes, le philosophe chrétien, au milieu des plus rudes adversités, loin de nier la divinité qu'il honore et qu'il sert, sait que sa providence n'éclate pas moins dans les maux qu'elle nous envoie, que dans les dons qu'elle nous dispense. Habitué à placer ses espérances dans un monde meilleur, il ne se fait point illusion sur les avantages et les biens de celui-ci, et, toujours disposé à les rendre au dieu de qui il les tient, il est prêt à s'écrier avec Job : *Dominus dedit, Dominus abstulit.* Plein de foi dans la sagesse éternelle de ce Dieu qui gouverne et qui règle tout, il s'incline devant ses arrêts; plein de confiance dans sa justice, il subit, sans murmurer, les tribulations qui lui arrivent, comme un châtiment, ou les accepte, avec résignation, comme une épreuve.

Page 107, ligne 13. *On n'est long-temps malheureux que par sa faute.*

3. *Nemo nisi sua culpa diu dolet.* Cette maxime implique la faculté de se débarrasser de la vie quand elle est à charge. C'est une des mille hérésies dont la morale du paganisme était infectée. Les stoïciens surtout l'avaient accréditée, et elle était à peu près commune à toute l'antiquité. Aussi beaucoup d'hommes célèbres, dans toutes les sectes, ont-ils mis en pratique cette monstrueuse

---

* *Voyez* tome III, liv. v, page 39, lignes 16 à 19.

doctrine. La liste en serait longue depuis les philosophes Cléanthe, Zénon, Empédocle, etc., jusqu'à l'épicurien Atticus. On est surtout frappé de la frivolité des motifs qui les portèrent la plupart à quitter la vie : la vanité ou l'ennui, tels furent leurs principaux mobiles.

Lactance, qui mérita d'être appelé le Cicéron des chrétiens, ne craint pas d'attribuer même le suicide de Caton à l'ostentation stoïcienne, et il dit en propres termes qu'il semble s'être donné la mort moins pour échapper à César, que pour obéir aux maximes du Portique dont il était un zélé sectateur. « Nam Cato videtur mihi causam quæsisse moriendi, non tam ut Cæsarem fugeret, quam ut stoicorum decretis obtemperaret, quos sectabatur. (*Inst. div.*, lib. III, *de Falsa sapientia*.)

Saint Augustin dit que ce fut la honte de tomber entre les mains victorieuses de César qui le poussa à cet acte, bien plus que la lecture de Platon. (*De Civ. Dei*, cap. XXIII.)

Malgré d'aussi imposantes autorités, je ne puis me résoudre à voir tout-à-fait du même œil la fin héroïque de cet inflexible républicain. Caton, que la nature avait doué d'une trempe d'âme si extraordinaire, qu'on eût dit qu'il résumait en lui toute la liberté romaine, se donna la mort dans des circonstances si graves, et cette mort a eu un si grand retentissement dans le monde, que, tout en déplorant la funeste erreur qui l'égara, je ne puis m'empêcher de l'admirer avec Delille :

> Tenant, entre ses mains, un poignard et Platon,
> Parlant et combattant et mourant en grand homme,
> Et seul, resté debout, sur les débris de Rome.
> (Poëme de l'*Imagin.*, chant V, vers 68-70.)

Page 107, ligne 15.... *Croyons-en les sages qui tous ont regardé les lettres comme l'unique refuge dans l'adversité.*

4. C'est ainsi, dit Turnèbe, que Cicéron, après la mort de sa chère Tullia, chercha dans la philosophie un adoucissement à ses peines, et écrivit son traité *de la Consolation*. « Sic Cicero, mortua Tulliola, consolationem a philosophia petivit, ac librum *de Consolatione* conscripsit. »

Page 117, ligne 26. *C'est ainsi que Calvus, plaidant contre Vatinius.*

5. C. Licinius Calvus était un orateur contemporain de Cicéron, et dont celui-ci fait souvent mention avec éloge.

Il plaidait contre Vatinius accusé de brigue pour obtenir la préture, où il avait eu pour compétiteur Caton, à qui il avait été préféré. Ce Vatinius était le *Marat* de son temps, quoiqu'un peu moins hideux, peut-être, au physique et au moral, que le fameux démagogue de ce nom.   (Extr. de notes de Spalding.)

Page 119, ligne 16. *Je fus frappé du trait d'un avocat qui plaidait contre Cossutianus Capiton.*

6. Nous ignorons quel fut l'accusateur de Capiton ; voici quelques passages des anciens qui ont trait à cette cause. On lit dans Tacite (*Annales*, liv. XIII, ch. 33) : « Cossutianum Capitonem Cilices detulerant maculosum fœdumque, et idem jus audaciæ in provincia ratum quod in Urbe exercuerat. Sed pervicaci accusatione conflictatus, postremo defensionem omisit, ac lege repetundarum damnatus est. » — « Les Ciliciens avaient porté une dénonciation contre Cossutianus Capiton, homme couvert d'infamie et de bassesse, et qui avait cru pouvoir se permettre dans le gouvernement de sa province, l'audace qu'il avait déployée dans Rome. Mais poursuivi, harcelé par une accusation implacable, il renonça enfin à se défendre, et fut condamné comme concussionnaire. »

Juvénal parle de ce même homme dans sa satire VIII, v. 92-94 :

. . . . Quam fulmine justo
Et *Capito* et Numitor ruerint, damnante senatu,
Piratæ Cilicum !

« Fut-il coup de foudre plus juste que celui qui tomba sur Capiton et Numitor, quand ces déprédateurs de la Cilicie furent condamnés par le sénat ? »   (Note de Spalding.)

Ligne 18. *Il parlait en grec.*

7. « Quis..... huic consuetudini, qua nunc græcis actionibus aures curiæ exsurdantur, januam patefecit? ut opinor, Molo rhetor qui studia M. Ciceronis acuit. Eum namque ante omnes

exterarum gentium, in senatu, siné interprete, auditum constat. Quem honorem non immerito cepit, quoniam summam vim romanæ eloquentiæ adjuverat. » (VAL. MAX., lib. II, 2-3) — « Quel fut le premier à qui l'on dut l'usage des plaidoyers grecs qui aujourd'hui assourdissent les oreilles de nos sénateurs? ce fut, je crois, le rhéteur Molon, auprès de qui Cicéron perfectionna ses études ; car il est constant qu'il fut le premier d'entre les étrangers qui se fit entendre au sénat, sans interprète : honneur qu'il s'attribua d'ailleurs à juste titre, par les services qu'il avait rendus à l'éloquence romaine. »

Sous les Césars, au rapport de Suétone, on faisait un usage très-fréquent de la langue grecque, même dans l'administration de l'état.

Page 121, ligne 23. *Ainsi Démosthène fait ressortir l'indignité de l'affront qu'il a reçu de Midias....*

8. « Pendant les fêtes de Bacchus, dit l'abbé Barthélemy, Démosthène, en qualité de chorège de sa tribu, était à la tête d'une troupe de jeunes gens qui disputaient le prix de la danse. Au milieu de la cérémonie, Midias, homme riche et couvert de ridicules, lui en donna un des plus vigoureux, en lui appliquant un soufflet, en présence d'un nombre infini de spectateurs. Démosthène porta sa plainte au tribunal. L'affaire s'est terminée à la satisfaction de l'un et de l'autre. Midias a donné de l'argent ; Démosthène en a reçu. On sait à présent qu'il n'en coûte que 3,000 drachmes*, pour insulter la joue d'un chorège. » (*Voyage d'Anach.*, ch. LXI.)

Page 129, ligne 10. *On ne se borne pas à tirer des larmes par le pathétique du discours*, etc.

9. Tout ce que dit ici Quintilien de l'empire qu'exerce sur l'imagination la vue de certains objets qui excitent en nous la pitié, l'enthousiasme, l'indignation, la fureur, est confirmé, à chaque pas, par l'expérience. Depuis la robe ensanglantée de César dont Antoine se servit si habilement pour soulever le peuple de Rome

---

* 2700 liv. C'était 18 sous la drachme.

contre les meurtriers du dictateur, jusqu'à ce drapeau tricolore déployé, de nos jours, sur les côtes de la Provence, et qui par un effet électrique, *vola de clocher en clocher jusqu'aux tours de Notre-Dame de Paris*, combien d'exemples attesteraient, au besoin, la puissance des signes extérieurs sur l'esprit des hommes! C'est ce qui avait fait dire à Horace :

> Segnius irritant animos demissa per aurem,
> Quam quæ sunt oculis subjecta fidelibus, et quæ
> Ipse sibi tradit spectator.
> (*De Art. poet.*, v. 179.)

Mais si le poëte et le rhéteur s'accordent dans ce précepte également applicable à la scène et au barreau, l'un et l'autre y ont mis de sages restrictions qu'on ne saurait enfreindre sans tomber dans le ridicule ou dans l'horrible.

Ainsi Quintilien blâme, avec raison, l'abus qu'on faisait de son temps, des moyens artificiels à l'aide desquels des avocats sans talens cherchaient à émouvoir les juges. Ainsi Horace, immédiatement après ce que je viens de citer, ajoute :

> . . . . Non tamen intus
> Digna geri, promes in scenam, multaque tolles
> Ex oculis.

> Mais il est des objets que l'art judicieux
> Doit offrir à l'oreille et reculer des yeux.
> (Boileau, *Art poét.*, chant III, v. 53.)

On se joue aujourd'hui de ce précepte, on s'attache même systématiquement à le violer, comme tant d'autres. Je ne sais où cela nous mènera; mais ce que je sais bien, c'est que jusqu'à présent cette licence effrénée de la scène n'a pas porté d'heureux fruits; c'est qu'on a dégradé l'art en voulant le réformer, qu'on l'a rapetissé en voulant l'agrandir. En vérité, ce n'était pas la peine de tant médire des règles, pour n'aboutir, en s'en passant, qu'à d'aussi tristes résultats.

Page 129, ligne 28. *Je n'approuve pas pour cela.... qu'on retrace aux juges dans un tableau ou sur le rideau suspendu devant eux....*

10. *Depictam in tabula* sipariove *imaginem rei.....* C'est une chose avérée; quoiqu'à cet égard les témoignages des anciens

soient peu nombreux, qu'il était d'usage de suspendre au Forum et devant le tribunal même, un voile appelé *siparium* à cause de son analogie avec le rideau du théâtre, derrière lequel se tenaient les juges, et qui servait de barrière à la foule, toujours prête à faire irruption dans l'enceinte. Ce voile, ainsi que les autres accessoires qui servaient dans les jugemens, se louait aux plaideurs, pour en tirer le parti qui leur convenait : ainsi sur ce rideau, *siparium*, ils faisaient peindre ce qu'ils croyaient de nature à intéresser dans la cause qui allait se plaider.

(Extrait d'une note de SPALDING.)

Les Italiens appellent encore *sipario* le rideau qui cache la scène.

« Tous nos manuscrits, disent les éditeurs de *Quintilien*, dans la Collection de M. Lemaire, au lieu de ce mot, *sipariove*, portent *supra Jovem*. Si l'on admet cette leçon, ajoutent-ils, il faut entendre par là une statue de Jupiter, qui était à Rome dans le Forum. »

Page 133, ligne 6. *C'est vouloir donner à un enfant le masque et la chaussure d'Hercule.*

11. Cette comparaison ingénieuse a été empruntée à notre rhétheur par Longin dans son traité *du Sublime*, chap. XXX : Ὡς εἴ τις τραγικὸν προσωπεῖον μέγα παιδὶ περιθείη νηπίῳ. « Comme si l'on appliquait sur le visage d'un jeune enfant un large masque de théâtre. »

Page 155, ligne 15. *Il y a deux sortes d'envie, celle que l'on excite et celle que l'on ressent.*

12. Cicéron a dit dans ses *Tusculanes*, Disp. IV, 7 : « Quoniam invidia non in eo, qui invidet, solum dicitur, sed etiam in eo, cui invidetur. »

Page 157, ligne 31. *Le moyen le plus sûr d'émouvoir les passions, jusqu'à la fin du chapitre* II.

13. Tout ce morceau sur l'art d'émouvoir les passions, est certainement très-remarquable; on est fâché seulement de l'espèce d'emphase avec laquelle Quintilien nous annonce, quelques lignes plus haut, qu'il va nous révéler ce que l'art a de plus mystérieux, et nous dévoiler des *secrets* qu'il ne doit, dit-il, au secours d'au-

cun maître, *non aliquo tradente.* Eh! quoi, Cicéron n'avait-il pas déjà révélé ces secrets? et Quintilien démontre-t-il mieux la nécessité pour l'orateur de se pénétrer de tous les sentimens qu'il veut inspirer aux autres, que ne le fait l'auteur des dialogues *de Oratore*, quand il s'exprime ainsi par la bouche d'Antoine : « Non mehercule unquam apud judices, aut dolorem, aut misericordiam, aut invidiam, aut odium excitare dicendo volui, quin ipse in commovendis judicibus, iis ipsis sensibus ad quos illos adducere vellem, permoverer. Neque enim facile est perficere ut irascatur ei cui tu velis judex, si tu ipse id lente ferre videare : neque ut oderit eum quem tu velis, nisi te ipsum flagrantem odio ante viderit; neque ad misericordiam adducetur, nisi ei tu signa doloris tui, verbis, sententiis, voce, vultu, collachrymatione denique ostenderis. Ut enim nulla materies tam facilis ad exardescendum est, quæ nisi admoto igni ignem concipere possit, sic nulla mens est tam ad comprehendendam vim oratoris parata, quæ possit incendi, nisi inflammatus ipse ad eam et ardens accesseris. » — « Je n'ai, en vérité, jamais eu la prétention d'exciter chez les juges la douleur, la pitié, l'indignation ou la haine, sans m'être pénétré moi-même, pour les toucher, des divers sentimens où je voulais les amener. Est-il facile, en effet, que le juge se mette en colère, à votre gré, pour un fait qui paraîtra peu vous émouvoir? qu'il prenne de la haine pour celui que vous voulez lui faire haïr, s'il ne vous en a vu d'abord profondément animé? qu'il soit accessible à la pitié, si tout dans votre langage, dans vos pensées, dans votre accent, et dans les traits de votre visage, ne trahit une véritable douleur, si enfin vous ne pleurez avec lui? Car, de même qu'aucune matière n'est assez combustible pour s'enflammer spontanément, sans le contact du feu, ainsi le cœur n'est jamais tellement disposé à s'identifier avec des paroles qu'il puisse aussi s'embraser, si l'orateur ne lui communique le feu dont il est lui-même consumé. »

Horace, dans son *Épître aux Pisons* (v. 101-104), n'avait-il pas appliqué le même précepte aux poètes :

>Ut ridentibus arrident, ita flentibus adflent
>Humani vultus. Si vis me flere, dolendum est
>Primum ipsi tibi; tunc tua me infortunia lædent,
>Telephe, vel Peleu.

Qui a donc pu engager notre rhéteur à se proclamer le révélateur de mystères que Cicéron et Horace avaient déjà pénétrés, si tant est qu'il y ait rien de mystérieux dans un précepte fondé sur la nature même? Il est vrai qu'il ne se borne pas à faire voir ce que doit être l'orateur pour émouvoir son juge; qu'il indique encore par quels moyens il peut devenir tel, et qu'il y a quelque chose d'ingénieux et de neuf dans le rôle qu'il fait jouer à l'imagination (φαντασία) pour nous représenter vivement les objets, et nous mettre pour ainsi dire à la place de ceux pour qui nous parlons. J'ajouterai qu'il a réuni fort habilement l'exemple au précepte, par le pathétique qu'il a répandu d'un bout à l'autre sur ce sujet. Mais tout cela n'aurait rien perdu de son prix, à n'être pas précédé d'une annonce fastueuse qui répugne à la simplicité et à la candeur habituelles de Quintilien; et certes, il suffisait à sa gloire, sans rien dissimuler de ce qu'il empruntait à la doctrine des maîtres qui l'avaient précédé, de fortifier cette doctrine par des idées qui lui étaient propres et qu'il avait puisées dans son expérience et des études profondes sur son art.

Page 165, ligne 26. *On convient généralement que ce talent (de faire rire) a manqué à Démosthène, et que Cicéron en a abusé.*

14. Longin, dans son traité *du Sublime*, ch. XXXIV, en comparant Hypéride et Démosthène, caractérise le style de celui-ci, et dit, entre autres choses : Ένθα μέντοι γελοίος εἶναι βιάζεται καὶ ἀστεῖος, οὐ γέλωτα κινεῖ μᾶλλον, ἢ καταγελᾶται. « Quand parfois il s'efforce d'être plaisant, il se rend ridicule plutôt qu'il ne fait rire. » C'était une chose reconnue, que cet orateur, si admirable dans les autres parties de son art, n'avait pas le don de la plaisanterie. Cicéron, au contraire, abusait de sa facilité en ce genre; il déridait jusqu'à la gravité de Caton, qui s'écria un jour : « O le plaisant consul que nous avons là ! »

Page 167, ligne 12. *A l'égard de ces pointes frivoles, de ces allusions un peu froides contre Verrès, il serait injuste de les lui imputer.*

15. Juste-Lipse (*Variar. lectt.* II, 17) cite, pour la justification de Cicéron, ce passage des *Verrines*, I, 46 : « Quæ ego non commemorarem (neque enim perfacete dicta, neque porro hac

severitate digna sunt), nisi vos illud vellem recordari, istius nequitiam et iniquitatem tum in ore vulgi, atque in communibus proverbiis esse versatam. » — « Je ne ferais pas mention de ces quolibets, qui n'ont pas d'ailleurs un grand sel, et qui contrastent avec la sévérité de cette cause, si je ne tenais, messieurs, à vous rappeler combien la perversité et l'iniquité de cet homme (de Verrès) étaient connues du public et devenues, pour ainsi dire, proverbiales. »   (Note de SPALDING.)

Page 169, ligne 24. *Des jeunes gens de Tarente..... jusqu'à ces mots: Cette plaisanterie fit tomber toute la gravité de l'accusation.*

16. Valère-Maxime et Plutarque, qui ont rapporté ce fait, ont prêté au jeune Tarentin une réponse moins piquante et moins vive. Voici ce que lui fait dire le premier : « Nisi vinum nobis defecisset, ista quæ tibi relata sunt, præ iis quæ de te locuturi eramus, lusus ac jocus fuissent. » — « Si le vin ne nous eût manqué, ce qu'on vous a rapporté de nous, sire, n'aurait été qu'une bagatelle, en comparaison de ce que nous aurions dit. » La réponse qu'on trouve dans Plutarque est à peu près la même, avec le mérite d'être plus courte : Πλείονα δ' ἂν τούτων εἰρήκειμεν, εἰ πλείων παρῆν οἶνος ἡμῖν. « Nous en aurions dit bien davantage, si nous avions eu plus de vin. » Gesner, en rapprochant ces réponses de celle donnée par Quintilien, fait cette réflexion, que si le Tarentin de Valère-Maxime et celui de Plutarque méritaient qu'on leur laissât la vie, celui de Quintilien méritait, en outre, qu'on lui fît présent d'un trépied en or. (Tiré d'une note de SPALDING.) Il fallait, en effet, être presque inspiré, pour faire une réponse aussi hardie que celle-ci : « Nisi lagena defecisset, *occidissemus* te. »

Page 173, ligne 24. *Lorsque Catulle dit, en parlant d'une femme: « Il n'y a pas un grain de sel dans tout ce* GROS *corps. »*

17. Voici l'épigramme de Catulle qui contient ce trait :

IN QUINTIAM ET LESBIAM.

Quintia formosa est multis : mihi candida, longa,
  Recta est. Hoc ego : sic singula confiteor.
Totum illud, formosa, nego. Nam nulla venustas,
  Nulla in tam magno est corpore mica salis.

Lesbia formosa est; quæ quum pulcherrima tota est,
Tum omnibus una omneis surripuit Veneres.

Si j'avais recouru à cette épigramme avant de traduire le *tam magno*, j'aurais mis ce *grand* corps, et non ce *gros* corps, car il s'agit ici, comme on le voit, d'une femme qui était blanche, *longue* et *droite*, et qui, malgré ces avantages auxquels Catulle rend justice, avait un ensemble, *totum illud*, qui ne lui plaisait pas, parce qu'elle manquait de grâces, *nam nulla venustas*. Or, les épithètes de *longa* et *recta* excluent toute idée d'embonpoint excessif.

Page 175, ligne 11. *C'est encore le sens de ces paroles........ jusqu'à ces mots : Molle atque facetum Virgilio.*

18. Cicéron, dans beaucoup d'endroits, emploie le mot *facetum*, comme synonyme d'urbanité, pour exprimer l'élégance et la grâce qui règnent dans tout un discours, et il distingue ce mérite de la dicacité. Horace caractérise aussi les grâces de Virgile, de manière à ne pas laisser de doute sur la véritable acception de *facetum* :

.... Molle atque facetum
Virgilio annuerunt gaudentes rure Camenæ.
(Lib. I, *Sat.* x, v. 44.)

Ligne 16. *La plaisanterie proprement dite* Jocus.

19. Cicéron, dans son traité *de Officiis*, établit qu'il y a deux sortes de plaisanterie, l'une grossière, effrontée, obscène, qui ne respecte rien; l'autre élégante, ingénieuse et polie, comme celle qu'on rencontre si souvent, dit-il, non-seulement dans notre *Plaute* et dans l'ancienne comédie d'Athènes, mais même dans les livres des philosophes qui sont sortis de l'école de Socrate. « Duplex omnino est jocandi genus : unum illiberale, petulans, flagitiosum, obscenum; alterum elegans, urbanum, ingeniosum, facetum : quo genere non modo *Plautus noster* et Atticorum antiqua comœdia, sed etiam philosophorum socraticorum libri referti sunt. » (*De Offic.*, lib. I.)

Quoique les plaisanteries de Plaute effarouchent souvent nos oreilles, le jugement qu'en porte Cicéron doit nous rendre un peu moins difficiles, et nous aurions mauvaise grâce à n'y point souscrire. Rappelons-nous que notre Molière a hasardé aussi, dans certaines pièces, des traits de gaîté d'un sel un peu gros, et qu'il n'en est pas moins resté le modèle éternel de la bonne et fine plaisanterie.

Page 175, ligne 19. *La dicacité qui n'est autre que la raillerie...*

20. Ces traits vifs, imprévus et piquans qui font rire aux dépens d'autrui et qui constituent proprement la *dicacité*, demandent une main adroite et légère, pour ne point dépasser le but. Un orateur qui prend quelque soin de sa dignité doit toujours calculer la portée de ses railleries, et éviter qu'elles ne dégénèrent en une basse bouffonnerie, ou en sarcasmes amers et en personnalités offensantes. Un succès même coûte trop cher à ce prix, et nulle part, à la tribune, au barreau, dans la polémique même, la vérité n'a besoin de pareils auxiliaires pour triompher.

Ligne 22. *Ainsi on accorde à Démosthène l'urbanité, on lui dénie la dicacité.*

21. Cicéron, qui se connaissait en *dicacité*, dit dans une lettre à Brutus : « Demosthenes vero urbanus est, quia in perpetuitate dicendi suavis est, non autem dicteriis et scommatibus jaciendis. » Voilà de quoi consoler les orateurs qui n'ont pas le talent de railler, pour peu que l'absence de ce talent soit compensée chez eux par quelques-unes des heureuses qualités qui brillaient dans l'orateur athénien.

Page 177, ligne 15. *Le consul Isauricus avait brisé la chaise curule du préteur M. Célius.*

22. P. Servilius Vatia, surnommé Isauricus, parce qu'il avait dompté les Isaures, peuples de la Pamphylie, est célèbre par ses débats avec le préteur M. Célius. Le fait rapporté par Quintilien a été reproduit par Freinshemius, dans ses *Supplémens* à Tite-Live (CXI, ch. 20).

Ligne 20. *Telle est l'histoire de la* BOITE *donnée à Clodia par Célius.*

23. L'histoire de cette boîte est une énigme dont aucun commentateur ne nous donne la clef. On la chercherait vainement

dans l'oraison de Cicéron *pro Cœlio*. On ne sait à quel orateur Quintilien fait ici allusion.

Page 183, ligne 27. *Importuné des criailleries d'Helvius Mancia*, prenez-garde, *lui dit-il*, *que je ne fasse voir qui vous êtes..... et il montra du doigt l'image hideuse d'un Gaulois....*

24. La même plaisanterie est rapportée par Cicéron (*de Orat.*, liv. II, chap. 66); c'est César qui parle : « Ut meum illud in Helvium * Manciam : Jam ostendam cujus modi sis. — Quum ille, ostende, quæso : — Demonstravi digito pictum Gallum in *Mariano* scuto cimbrico, sub nodis distortum, ejecta lingua, buccis fluentibus. Risus est commotus; nihil tam Manciæ simile visum est. » — « Telle fut ma plaisanterie à l'égard d'Helvius Mancia : Je ferai voir, lui disais-je, quel homme vous êtes. — Eh bien, reprit-il, faites-le voir, je vous prie. — Alors j'indiquai du doigt un bouclier cimbre sur lequel était peint un Gaulois, enchaîné, qui faisait une horrible grimace, la langue tirée et les joues pendantes. Chacun se prit à rire, tant ce gaulois ressemblait à Mancia. »

Le bouclier en question servait d'enseigne à l'une des boutiques qui entouraient le Forum. Les commentateurs ne sont pas d'accord sur l'origine de cette enseigne. Les uns disent qu'elle rappelait le gaulois tué en combat singulier par T. Manlius, et les autres n'y voient qu'une allusion à la défaite des Cimbres par Marius, ce que semblerait confirmer l'épithète de *Marianus* donnée par Cicéron à ce bouclier.

Pline attribue à l'orateur Crassus la plaisanterie que Cicéron et Quintilien mettent sur le compte de César.

Page 185, ligne 30. *Un dauphin complaisant..... l'avait transporté..... comme un nouvel Arion.*

25. Arion, au rapport d'Hérodote, faisant la traversée de Tarente à Corinthe, fut précipité dans la mer par les matelots; mais un dauphin l'ayant reçu sur son dos, le transporta sain et sauf jusqu'au promontoire de Ténare.   (Note de Turnèbe.)

---

* Les livres de Cicéron portent *Helmium*.

Page 187, ligne 9. ......*Du genre de celle que rapporte Cicéron....*
à propos de Crassus, plaidant contre Brutus.

26. Autant qu'on le peut conjecturer de l'oraison *pour Cluentius*, Crassus, en parlant contre la loi relative *à la colonie narbonnaise*, avait fait de fréquentes sorties contre les sénateurs; et le même orateur, dans un discours pour la loi *Servilia*, avait fait un pompeux éloge de ce corps.   (Note de Turnèbe.)

Brutus n'eut pas lieu de s'applaudir d'avoir ainsi mis Crassus en opposition avec lui-même; car la récrimination de Crassus fut sanglante, puisqu'elle exposa son adversaire à l'aveu déshonorant d'avoir aliéné son patrimoine.

Ce Brutus, dont Cicéron dit, dans son traité *des Devoirs*[*], qu'il avait fait tort à sa réputation, en méritant le surnom d'*accusateur*, était fils d'un jurisconsulte célèbre qui, au rapport de Pomponius, avait écrit un ouvrage en sept livres sur le droit civil.
(Note de Turnèbe.)

Page 189, ligne 8. *A la manière des Atellanes.*

27. C'étaient de petites comédies latines remplies de plaisanteries innocentes, qui roulaient le plus souvent sur des jeux de mots qu'on ne pouvait deviner sans quelque effort.

On les appelait *Atellanes*, de la petite ville d'Atella, en Campanie, où elles avaient pris naissance.   (Tiré de divers.)

Page 191, ligne 28. *Supposer des noms en altérant les véritables,* jusqu'à ces mots: *Et qu'un Tullius était devenu Tollius, parce que c'était un fripon.*

28. Ce genre de plaisanterie qui consiste à travestir des noms, était familier à Voltaire. On sait, entre autres, le nom qu'il donnait à l'abbé Morellet, qu'il n'appelait jamais autrement que *Mords-les*, et l'épithète injurieuse qu'il accolait au nom de Cogé.

Page 197, ligne 20. *Pedon disait d'un gladiateur qui en serrait un autre de près sans le frapper....*

29. *Pedo de* mirmillone *qui* retiarium *consequebatur, nec feriebat.* On appelait *mirmillones* certains gladiateurs armés d'un

---
[*] Liv. ii, ch. 50.

bouclier et d'une faux, qui portaient sur le sommet de leur casque l'effigie d'un poisson. Les Romains leur donnaient le surnom de *Galli*.

Retiarii (les *rétiaires*) étaient une autre espèce de gladiateurs, ainsi appelés parce qu'ils tenaient de la main gauche des filets (*retia*), et de la droite une fourche. Ils combattaient vêtus de la tunique, et poursuivaient les *mirmillons* en criant: *Non te peto, Galle, sed piscem*; « Ce n'est pas à toi que j'en veux, Gallus, c'est à ton poisson. » En effet, ils cherchaient à envelopper de leurs filets, le casque du mirmillon, au haut duquel brillait le poisson, objet de leurs attaques. (Note des éditeurs du *Quintilien* dans la Collection Lemaire.)

Je serais assez tenté de croire que la plaisanterie de Pedon, *vivum capere vult*, s'appliquait au poisson même, plutôt qu'au gladiateur.

Page 199, ligne 2. *Un chevalier romain buvait au spectacle...*

30. Dans les premiers temps de Rome, on n'attachait aucune honte à boire et manger en public: peu à peu, et lorsque le luxe s'y fut introduit, on n'osa plus le faire.

Ce ne fut qu'après le siècle d'Auguste qu'on toléra l'usage de boire au théâtre; et comme le peuple y restait quelquefois des jours entiers, le prince accordait une certaine somme aux différentes classes d'assistans, pour leur acheter du vin qu'ils buvaient pendant le spectacle. (Tiré de diverses notes.)

Ligne 21. *On annonçait à M. Vestinius la mort de quelqu'un. Il va donc cesser, dit-il, de sentir mauvais.*

31. Ce passage est extrêmement altéré dans le texte. Je me suis attaché à l'hypothèse la plus vraisemblable, et la seule qui pût amener la réponse de Vestinius. Quelques commentateurs ont lu *pluere* au lieu de *putere*, et en ont tiré un sens qui m'a paru forcé.

Page 201, ligne 9. *Cicéron disait d'un homme démesurément long, « que sa tête touchait à la voûte de l'arc de Fabius. »*

32. Ce mot est de Crassus, et il est rapporté par Cicéron (*de Orat.*, II, 66), non comme une hyperbole sur la haute stature de

Memmius, mais comme un trait de caractère; ce qui lui donne un tour beaucoup plus piquant. « Memmius, dit Crassus, se persuadait à lui-même qu'il était si grand, que lorsqu'il descendait au Forum, il baissait la tête en passant sous la voûte de l'arc de Fabius. » *Ita sibi ipsum magnum videri Memmium ut in Forum descendens, caput ad fornicem Fabii demitteret.*

Voilà encore une de ces citations hasardées qu'on peut, avec raison, reprocher à Quintilien, d'autant plus qu'il y a ici une double inexactitude.

Page 201, ligne 26. *Julius a dit, par antonomase, qu'Accius Navius avait coupé du fer.*

33. Il est assez difficile de reconnaître ici ce trope, appelé *antonomase*, qui consiste à substituer un nom commun à un nom propre, ou un nom propre à un nom commun, comme lorsqu'on dit : *Le vainqueur de Pharsale*, pour désigner César; ou bien lorsqu'on dit d'un prince qui protège les gens de lettres : *C'est un Mécène*. J'avoue donc que la phrase de Quintilien, telle que je l'avais donnée, ne rappelle ni l'une ni l'autre de ces antonomases. J'ai lu tous les commentaires auxquels cette phrase a donné lieu, et je n'en suis guère plus avancé. Capperonier, avec quelques autres, lit : *Emphasi Livius dixit, ferro cotem Accium Navium incidisse*; et traduit : « C'est par *emphase* que Tite-Live a dit que l'augure Accius Navius avait coupé un caillou avec un fer (un rasoir). » Je ne puis admettre cette leçon. Tite-Live n'a point prétendu faire un trope en racontant ce fait; il l'a donné tout simplement et sans emphase, d'après les annales des pontifes, comme il en a donné tant d'autres, qui ne sont ni moins merveilleux ni moins incroyables.

Voici maintenant la conjecture de Spalding, celle qui m'a paru la plus ingénieuse, sauf la difficulté de la concilier avec la perturbation du texte.

Il soupçonne que le mot *ferrum*, que l'on s'accorde généralement à lire, est employé ici, par antonomase, pour signifier un homme quelconque, ou le dieu Mars, qui, comme un fer (*ferri instar*), serait tombé sur quelqu'un, ou l'aurait moissonné (sive *in* alium, sive *alium* inciderit), selon que l'on fera brève ou longue l'antépénultième du mot *incidisse*. La difficulté, ajoute-t-il, réside peut-être dans le nom tronqué, quel qu'il soit, ou de Tuccius, ou d'Accius Navius, ou de tout autre. Quant aux explications qu'on a voulu tirer de l'histoire de l'augure Attius Navius, racontée par Tite-Live (liv. 1, chap. 36), elles lui sont démontrées complètement fausses.

Voici une autre interprétation des éditeurs du *Quintilien* de M. Lemaire, qu'on pourra comparer avec celle de Spalding.

« Si, disent-ils, on admet la leçon donnée par Valla : Julius dixit *ferrum in Accium Nævium incidisse*, le sens sera : « Julius a dit qu'Accius Névius, *en plaidant*, ne s'était pas moins nui à lui-même qu'à son adversaire ; » c'est-à-dire que le *fer*, dont il s'était servi pour nuire à son adversaire, s'était tourné contre lui-même. Ce sens est raisonnable, sans doute ; mais je vois là une métaphore plutôt qu'une *antonomase*.

S'il m'était permis de hasarder aussi ma conjecture, je ne serais pas éloigné de croire que Julius, jouant sur le nom d'un de ses contemporains (Navius), ait voulu comparer son éloquence au fer de l'augure Navius. Dans cette hypothèse, la phrase : *Antonomasia Julius dixit*, *ferrum*, *Accium Navium incidisse*, pourrait se traduire ainsi : « Julius a dit, par antonomase, qu'Accius Navius, comme le fer (de l'ancien augure de ce nom), taillait, coupait (*incidisse*) tout ce qu'il attaquait. »

Si cette idée pouvait un jour mettre un habile homme sur la voie, pour éclaircir ce qu'a d'obscur, dans sa concision, la phrase de Quintilien, je me consolerais de l'avoir si mal traduite.

Page 203, ligne 25. *Car il y a* TRENTE *ans que je vous l'entends dire.*

34. Lisez : « Car il y a *vingt* ans que je vous l'entends dire. »

Page 207, ligne 9. *Les Gaulois avaient fait présent à Auguste*, jusqu'à ces mots : *J'aimerais mieux t'accorder la couronne civique.*

35. Dolabella dut être fort désappointé de la reponse d'Auguste ; car il visait à quelque chose de plus solide que la couronne de chêne.

Le comédien Dominique Biancolelli fut plus heureux. Il assistait au souper de Louis XIV. Ce prince s'aperçut qu'il dévorait des yeux un plat de perdrix : « Qu'on porte ce plat chez Dominique, dit-il. — Quoi! sire, et les perdrix aussi? — Oui, dit le roi, qui le comprit fort bien, et les perdrix aussi. » Elles étaient dans un plat d'or.

Page 211, ligne 14. *Un marchand consultait Cascellius, en lui disant:* « *Je veux partager mon vaisseau. — Vous le perdrez,* » *lui dit-il.*

36. Q. Fabius Labéon, au rapport de Valère-Maxime, interpréta le mot *dividere* de la même manière que le jurisconsulte Cascellius. Antiochus, qu'il avait vaincu, devait, d'après le traité, lui livrer la moitié de ses vaisseaux. Labéon, pour priver ce prince de toute sa flotte, exigea que chaque vaisseau fût partagé par la moitié. « Labeonem ferunt, quum a rege Antiocho, quem bello superaverat, ex fœdere icto dimidiam partem navium accipere deberet, medias omnes secuisse, ut eum tota classe privaret. » (Lib. VII, cap. 3, 4.)

Page 213, ligne 10. *Mes amis, dépêchons-nous, car je soupçonne qu'il y a sous la table des gens qui dînent avec nous.*

37. Galba dînait sans doute chez quelque amphitrion, qui traitait ses convives avec la même parcimonie que Tibère. Celui-ci, suivant Suétone, dans les repas les plus solennels, faisait souvent servir des mets de la veille, des viandes entamées, une moitié de sanglier, disant que tout cela était aussi bon ainsi morcelé que dans son entier. « Solemnibus ipse cœnis pridiana sæpe ac semesa obsonia apposuit, dimidiatumque aprum ; affirmans, omnia eadem habere, quæ totum. » (Suet., *Tib.*, cap. XXXIV.)

Page 215, ligne 7. *Pauvre petit moineau! rends toujours ce que tu dois.*

38. « Et dispensatori, qui, *quum ad reliqua non responderet,* dicebat subinde, Non comedi panem et aquam bibo : *Passer, redde quod debes.* »

Spalding me fournit plusieurs remarques sur cette phrase. *Respondere ad reliqua,* c'est l'action de solder un compte, ou de balancer la recette par la dépense. Ainsi l'intendant d'Afer, *qui non ad reliqua respondebat,* lui rendait un compte infidèle; et comme il voulait passer aux yeux de son maître pour un agent intègre : « Je mange à peine du pain, disait-il hypocritement, et je ne bois que de l'eau. » Afer, qui n'était pas sa dupe, mais dont l'humeur était accommodante et douce, le raille agréablement sur sa sobriété, et l'appelle *pauvre petit moineau*. C'est ainsi que nous disons d'un homme qui vit de peu : *Il mange comme un oiseau*.

Spalding remarque toutefois que cette comparaison d'un homme très-sobre avec un moineau, ne se trouve nulle part ailleurs chez les anciens, et que la plaisanterie d'Afer eût été beaucoup plus intelligible, s'il eût dit : CIGALE, *rends toujours ce que tu dois ;* car on sait que la cigale se nourrit de rosée, ce qui a fait dire à Théocrite :

..........Μὴ πρῶκας σιτίζεται, ὥσπερ ὁ τέττιξ.
Non rorem pascit, sicut cicada.

(*Idyl.* IV, v. 16.)

Page 215, ligne 26. .....*Ovide avait composé un livre contre les mauvais poètes avec tous quatrains tirés du poëme de Macer.*

39. Émilius Macer, contemporain de Virgile, de Tibulle, d'Ovide, avait sans doute composé un poëme appelé *Tétrastique*, qui consistait en épigrammes détachées par *quatrains ;* et cependant ce poëme, ainsi que la parodie qu'Ovide en aurait faite, ne nous sont connus que par ce témoignage de Quintilien. Il paraît qu'Ovide, en entremêlant de vers ceux de Macer qu'il laissait intacts, avait donné à son livre un tout autre sens. Ce Macer a encore écrit sur les oiseaux, sur les herbes, sur les serpens. On lui attribuait aussi les *Paralipomènes* ou omissions d'Homère ; mais Maffei, dans sa *Verona illustrata*, II, 19, distingue, non sans quelque apparence de vérité, l'auteur des *Paralipomènes*, du Macer qui a chanté les herbes. (Traduit d'une note de SPALDING.)

Page 217, ligne 30. *On demandait à un esclave de Dolabella, si son maître avait fait afficher sa vente ;* Il a vendu sa maison, *dit-il*.

40. Ce Dolabella était le gendre de Cicéron. Criblé de dettes, il fut acheté par Antoine pour suivre son parti, comme autrefois Curion l'avait été par César. C'est donc certainement sur lui que tomba la réponse de l'esclave : *Il a vendu sa maison*. Réponse assez fine, dit un commentateur ; car comment aurait-il affiché une vente, celui à qui il ne restait plus rien ? (Tiré de diverses notes.)

Page 219, ligne 4. *Dans une affaire,... jusqu'à ces mots :* Mon client aurait mieux fait de vous blesser au côté.

41. C'est-à-dire : « Mon client aurait mieux fait de vous blesser de manière à ce que vous n'en pussiez pas revenir; car vous ne déposeriez pas aujourd'hui contre lui. »

Ligne 26. *Domitius Marsus.*

42. Domitius Marsus était un poète et un écrivain fort élégant du siècle d'Auguste. Ovide le place parmi les grands épiques de son temps; il avait composé des épigrammes, et c'est à ce titre qu'il est cité par Martial. (Tiré de diverses notes.)

Page 225, ligne 11. *Tel est encore ce que Cicéron écrit à Cerellia...*

43. C'était une dame romaine qui était fort adonnée aux sciences et à la philosophie. Cicéron entretint avec elle une étroite familiarité, et même un commerce de lettres; il ne reste de cette correspondance que le fragment cité par Quintilien. Quoique cette femme n'eût pas moins de soixante-dix ans à l'époque où Cicéron, déjà vieux lui-même, se lia avec elle, on prétendit qu'il en était amoureux, et l'historien Dion accrédita cette calomnie, qui se réfute suffisamment, et par les mœurs de Cicéron qu'on sait avoir toujours été pures, et par l'âge de sa prétendue maîtresse. (Voyez la *Vie de Cicéron*, par Middleton, liv. XII.)

Page 241, ligne 5. *C'est ainsi que Cicéron aima mieux abréger les délais dans l'affaire contre Verrès....*

44. Cicéron s'apercevant que l'on voulait enlever le jugement de cette affaire au préteur Glabrion et à ses assesseurs, qui avaient toute autorité pour la juger, et pressentant que le coupable échapperait l'année suivante par le crédit d'Hortensius et de Metellus désignés-consuls, s'attacha à déconcerter ce plan par la vivacité de ses attaques, « et au lieu d'employer le temps à faire briller son éloquence, il ne pensa qu'à produire les informations et les témoins, et à demander instamment qu'ils fussent examinés. La nouveauté de cette conduite et la notoriété des crimes qui se trouvèrent prouvés tout d'un coup par les dépositions, con-

fondirent Hortensius jusqu'à lui ôter le courage de prononcer un seul mot pour la défense de son client; et Verrès, perdant tout espoir, prit le parti de prévenir son jugement par un exil volontaire. » (*Vie de Cicéron*, par Middleton, liv. II.)

FIN DES NOTES DU SIXIÈME LIVRE.

NOTES

DU LIVRE SEPTIÈME.

(TOME III.)

Page 265, ligne 22. *C'est une femme, c'est sa femme même qui l'a tué, voilà une proposition propre.*

1. Cette proposition était un thème de déclamation très-fréquent dans les écoles, et qui faisait allusion au meurtre d'Alexandre, tyran de Phères, en Thessalie, qui fut tué par sa propre femme. Ce fait est rapporté par Cicéron, en ces termes : « Alexandrum qui apud Phereos in Thessalia tyrannidem occupaverat, uxor sua, cui Thebe nomen fuit, noctu quum simul cubaret, occidit. » (*De Inv.*, lib. II, c. 49.) — « Alexandre, tyran de Phères, en Thessalie, fut tué par sa femme Thébé, la nuit, pendant qu'ils étaient couchés ensemble. » Valère-Maxime attribue ce meurtre à la jalousie : « Alexandrum enim Thebe, *pellicatus* ira mota interemit.*» Plutarque lui donne un motif plus honorable ; Thébé n'aurait fait que céder aux conseils de Pélopidas, qui lui fit entrevoir quelle gloire ce serait pour elle de délivrer son pays d'un odieux tyran**. On peut, à cet égard, consulter le *Voyage d'Anacharsis* (chap. XXXV). L'abbé Barthélemy donne toute l'histoire du tyran de Phères, d'après Plutarque, et il cite même en note Quintilien, ce qui prouve qu'il regardait l'exemple allégué par notre rhéteur, quoique sans désignation de nom, comme se rapportant au meurtre d'Alexandre par sa femme.

Page 275, ligne 1. *....A qui nous paraissons ridicules de donner tant de soins au petit nombre de causes dont nous nous chargeons.*

2. *Circa lites raras sollicitiores*. Cette épithète de *raras* a été diversement interprétée par les commentateurs. J'ai suivi le sens

---

* VAL.-MAX., liv. IX, ch. 13, extr. 3.
** PLUT., *Vie de Pélopidas.*

qu'y attachait Rollin. En relisant les remarques de Spalding sur ce mot, ma conscience de traducteur a été alarmée, et j'ai regretté d'avoir trop tôt cédé à l'autorité de notre savant recteur.

« On voit clairement, dit Spalding, que la cause proposée pour exemple par Quintilien [*], n'est pas une de ces causes comme on en plaide tous les jours au barreau, mais une cause extraordinaire, *rare*. Or, c'est dans ces sortes de causes que les orateurs prudens et qui ressemblent à Quintilien, se font un devoir de tout examiner, tout peser, et de ne rien laisser passer sans l'avoir étudié; c'est précisément cette sollicitude dont se moquent les hommes prétendus éloquens, comme d'un soin superflu, là où, selon eux, les raisons et les argumens se présentent en foule et sans qu'on se donne la peine de les chercher. Ici donc *raras lites* est suffisamment motivé, et l'on peut se passer de la conjecture d'Obrecht, qui veut lire *paratas lites*, comme pour désigner d'une manière plus forte encore la manie reprochée aux orateurs prudens qui se montrent timides et méticuleux jusque dans les causes les plus faciles et les plus claires, *in paratis litibus*: ce qui serait matière à reproche, et ne rend pas la pensée de Quintilien. Quant à ce que croit Rollin, qu'il faut entendre par *raras lites* le petit nombre d'affaires dont se chargent ceux qui, plaidant consciencieusement, n'entreprennent pas autant de causes que des orateurs légers et insoucians, je ne puis l'admettre. Je n'aime pas non plus la définition de Gesner, qui, par *causes rares*, veut qu'on entende un choix fait parmi certains genres de causes qu'on aborde rarement dans les écoles, et qui n'occupent guère, hors de leur enceinte, que les méditations des hommes éprouvés dans les luttes du barreau; car, au contraire, les *causes rares*, dans ce sens, sont plus du ressort des écoles que du barreau; et c'est à propos de ces causes que les déclamateurs se déchaînent tant contre ces orateurs circonspects et exacts qui, au milieu d'une matière débordant de toutes parts, aiment mieux parcourir chaque point de la cause et scruter ce qu'elle renferme de caché que d'abuser, pour prodiguer de grands mots, des argumens tout faits qu'elle leur présente et qui nagent, pour ainsi dire, à sa surface. »

---

[*] *Voyez* page 273, lignes 17 et suivantes.

Ces raisonnemens de Spalding me paraissent concluans, et je n'hésite plus à reconnaître que j'aurais dû traduire ces mots : *Quibus nos circa lites raras sollicitiores, ridiculi videmur,* par ceux-ci : *A qui nous paraissons ridicules de nous donner tant de peine pour des causes qu'on a rarement occasion de plaider.*

Page 285, ligne 31. *A plus forte raison ici, où l'un ne réclame que sa moitié.....*

3. *Quum alter* SEMISSEM *vindicaret.* Quand les Romains voulaient diviser un tout, comme un héritage ou quelque autre chose, ils appelaient ce tout du nom d'*as*, et les parties de ce tout, onces, *unciæ ;* car l'as contenait douze onces. Ainsi celui qui était seul héritier était héritier *ex asse,* et l'héritier pour moitié, *ex semisse.* (Note de ROLLIN.)

Page 289, ligne 5. *Le monde a-t-il été fait par le concours fortuit des atomes ?*

4. C'était l'opinion de Démocrite remaniée ensuite par Épicure, qui enseignait que le monde a été créé par le concours fortuit d'atomes invisibles. (Note de TURNÈBE.)

Ligne 7. *Doit-il (le monde) un jour périr ?*

5. Ces mêmes philosophes croyaient, ainsi qu'Héraclite, que le monde périrait un jour. Aristote le croyait éternel.

(Note de TURNÈBE.)

Ligne 27. *Comme le cas supposé où l'on s'enquiert à Lacédémone si les Athéniens élèvent actuellement des murailles.*

6. Ceci rappelle une circonstance de la vie de Thémistocle. Les Athéniens rétablissaient, d'après son conseil, les murs de leur ville, qui avaient été détruits par les Perses. Les Lacédémoniens en ayant pris de l'ombrage, envoient des députés à Athènes pour s'y opposer. A leur arrivée, les travaux cessent, et l'on convient d'en faire l'objet d'une ambassade spéciale à Lacédémone. Thémistocle se fait nommer l'un des ambassadeurs, et part seul, en recommandant à ses collègues de ne se mettre en route que lorsque les murs seront à une assez grande élévation. Cependant on déploie à Athènes une activité prodigieuse ; esclaves, citoyens,

tout le monde met la main à l'ouvrage ; partout, dans les lieux sacrés ou profanes, privés ou publics, on enlève les matériaux jugés propres à la construction de ces murs.

Thémistocle arrive à Lacédémone, et au lieu de se présenter aux éphores, s'attache à traîner le temps en longueur, sous prétexte qu'il ne peut rien faire sans ses collègues. Ceux-ci viennent enfin, et dès qu'il est assuré par eux que les murs sont presque achevés, il va trouver les éphores, soutient en leur présence que tout ce qu'on a rapporté, au sujet du rétablissement des murs, est faux, et propose d'envoyer à Athènes trois Lacédémoniens des plus honorables et des plus dignes de foi, pour s'assurer du fait, offrant de rester lui-même en ôtage. On se rend à son avis, et l'on fait partir trois députés revêtus des plus hautes fonctions. Thémistocle persuade à ses collègues de les accompagner, après leur avoir fait promettre de ne relâcher les députés lacédémoniens, que lorsque lui-même aura reçu son audience de congé. Cela fait, et lorsqu'il juge que l'on doit être arrivé à Athènes, il se présente de nouveau aux éphores et au sénat, et là il déclare ouvertement que c'est par son conseil que les Athéniens, usant d'un droit commun à toutes les nations, ont garanti par de hautes murailles, eux, leurs temples et leurs maisons, contre les attaques des ennemis; qu'il croit, en cela, avoir rendu service à la Grèce, puisqu'Athènes est un véritable boulevard opposé aux Barbares, et contre lequel déjà deux fois leurs flottes avaient échoué; que les Lacédémoniens se montreraient injustes, s'ils envisageaient ce qui est utile à leur domination plutôt que ce qui convient à l'intérêt général de la Grèce, et qu'en conséquence, s'ils tenaient à ravoir les députés qu'ils avaient envoyés à Athènes, ils eussent à le laisser aller; qu'autrement ces députés ne reverraient jamais leur patrie. On jugea à propos de ne point s'opposer à son départ. (CORN. NEPOS, *Thémist.*, ch. VII et VIII; et JUSTIN, liv. II, ch. 15.)

Page 291, ligne 18. *Le soleil est-il plus grand que la terre?*

7. Ératosthène établit que le soleil est vingt-sept fois plus grand que la terre. (TURNÈBE.)

Ligne 19. *N'y a-t-il qu'un ou plusieurs mondes?*

8. Aristote pensait qu'il n'y avait qu'un monde. Démocrite et

Épicure soutenaient qu'il y en avait d'infinis, qui naissaient et mouraient chaque jour. (Turnèbe.)

Page 291, ligne 21. *Quelle est la plus considérable de la guerre de Troie ou de celle du Péloponnèse?*

9. Thucydide, dans la préface de son *Histoire*, liv. 1er, compare ces deux guerres, et prouve par beaucoup de raisonnemens que celle du Péloponnèse fut plus importante. (Turnèbe.)

Ligne 23. *N'y a-t-il eu qu'un Hercule?*

10. Cicéron, dans son traité de *la Nature des dieux*, liv. III, chap. 6, compte jusqu'à six Hercules. (Turnèbe.)

Page 303, ligne 2. *Ainsi dans la cause de Névius Arpinianus.*

11. Tacite raconte, dans ses *Annales* (liv. IV, ch. 22), qu'un certain Plautius Silvanus, préteur, avait, pour des raisons qu'on ignore, précipité sa femme Apronia par la fenêtre, et que traduit pour ce fait devant l'empereur Tibère, par Apronius son beau-père, il se troubla, et répondit que sans doute pendant son sommeil et à son insu, sa femme se serait donné volontairement la mort, etc.

Quelques commentateurs, trompés par la ressemblance de ce fait avec celui dont parle Quintilien, ont pensé que notre rhéteur rappelait ici un sujet de *déclamation* par lui traité, et dont cette ancienne cause *d'Apronia* aurait été le sujet; mais Juste-Lipse démontre fort bien qu'il s'agit d'un crime semblable, mais non du même. Celui que rapporte Tacite eut lieu sous Tibère, l'an 24 de l'ère chrétienne; et d'après les calculs de Dodwell (§ 17 *Ann. Quint.*), ce fut en l'an 70 que Quintilien, alors âgé de 28 ans, plaida la cause de Névius Arpinianus. Ce qui rend la méprise impardonnable, c'est que tout dans le texte de Quintilien indique un véritable plaidoyer, *actionem*, et non un sujet d'école, *declamationem*, et qu'il cite un peu auparavant ce genre de cause (quand on attribue la mort à la volonté même de la victime) comme se rencontrant souvent non-seulement dans les écoles, mais au barreau. « Id autem genus.... non solum in scholis sæpe tractatur, sed etiam in foro. »

(Extrait en partie d'une note de Spalding.)

Page 3o5, ligne 1. *Il est parvenu à gagner l'Italie, et est arrivé dans son pays.... Pollion dit que Figulus a servi à Pisaure.*

12. Le texte porte : *Tandem in Italiam ac patriam suam* Mar‑
ginos *venisse.* Je n'ai pas cru devoir indiquer ce pays par son nom, parce qu'on ne le trouve dans aucun dictionnaire de géographie ancienne. Voici ce qu'en dit Burmann : « Ce lieu m'est tout-à-fait inconnu, et j'ai vainement cherché dans l'Italie une ville de ce nom. Il y avait, dans le pays des Picentins (en Campanie), une ville appelée *Marcina,* dont parle Cluverius dans ses *Ital. Antiq.,* liv. IV, ch. 6. »

Pisaure est aujourd'hui Pesaro.

Page 323, ligne 3o. *Celui qui nie que Dieu soit un esprit répandu également dans toutes les parties de l'univers.*

13. C'était l'opinion de Pythagore, qui considérait Dieu comme un *souffle* ou un esprit, *spiritum,* qui animait tout.

(Note de Turnèbe.)

Page 339, ligne 24. *....Afin d'en donner une idée exacte à la jeunesse dont l'avancement m'occupe toujours.*

14. « Quo sit manifestius adolescentibus meis, *meos* enim sem‑
per *adolescentes* putabo. » Quintilien, qui avait si long-temps donné des leçons à la jeunesse, ne peut même après sa retraite, *post impetratam quietem* [*], se défendre de l'intérêt qu'elle lui inspire encore; il la regarde comme ce qu'il a de plus cher, *meos adolescentes.* Voilà évidemment l'explication la plus naturelle de cette épithète *meos.* Comment Gesner a-t-il pu croire que Quintilien avait ici en vue ses propres enfans, dont il déplore la perte au commencement de son VIe livre ?

Page 359, ligne 25. *Je sais que ce n'est pas l'avis de certaines gens, qui ne se font pas scrupule de blesser les pères d'une manière indirecte, par figures.*

15. « A quo dissensuros scio qui libenter *patres figura* lædunt. » Voici, dit Spalding, la correction la plus importante peut-être

---

[*] *Voyez* l'Exorde de l'ouvrage.

qu'on ait faite au texte de Quintilien ; elle est due à Gesner, ce commentateur dont nous venons de parler. On lisait avant lui *patris figuram*, ce qui présentait un sens ridicule et forcé. « Notre rhéteur, dit-il, a parfaitement exposé dans son IX° livre (ch. 2.) ce qu'on doit entendre par *figure*. Il arrive souvent que les rhéteurs *blessent un père d'une manière détournée, par figure*; c'est-à-dire, qu'ils lancent contre lui quelque chose qui n'a rien d'injurieux au premier aspect, mais qui fait soupçonner quelque désordre intérieur et caché. » — « Quid esset *figura* pulchre exposuit noster (IX, 2 65 seqq.). Sæpe multumque accidit, ut rhetores *patrem figura lædant*, h. e. jaciant in illum aliquid prima specie non criminosum, sed cui occultior insit flagitii significatio. »

Page 365, ligne 24. *Celle* (la cause) *d'un homme qui rend compte au sénat des motifs qui le portent à se donner la mort.*

16. C'était un thème de déclamation dans les écoles, tiré d'une loi des Marseillais, chez lesquels on conservait dans un dépôt public, un poison à l'usage de ceux qui avaient fait connaître au sénat les motifs qui leur faisaient désirer la mort.

Voici ce que dit Valère-Maxime de cette loi : « Venenum cicuta temperatum in ea civitate (Massiliensium) publice custoditur, quod datur ei, qui causas Sexcentis (id enim senatus ejus nomen est) exhibuit, propter quas mors sit illi expetenda : cognitione virili benevolentia temperata, quæ nec egredi vita temere patitur, et sapienter excedere cupienti celerem fati viam præbet; ut vel adversa, vel prospera nimis usis fortuna (utraque enim finiendi spiritus, illa, ne perseveret, hæc ne destituat, rationem præbet) comprobato exitu terminetur. » (Lib. II, cap. 6, extr. 7.) — « On conserve publiquement dans cette ville du poison mélangé avec de la ciguë, pour quiconque a justifié aux Six-Cents (c'est le nom qu'on donne au sénat) des causes qui le portent à se donner la mort. Cette complaisance de la loi a son correctif dans le jugement qui la sanctionne, et qui ne permet pas de sortir légèrement de la vie, en même temps qu'il abrège le chemin à celui qui a de justes raisons pour la quitter; en sorte que ceux qui ont éprouvé avec excès la bonne ou la mauvaise fortune (car c'est la crainte de voir cesser l'une et durer l'autre qui fait rechercher la mort), ceux-là, dis-je, peuvent terminer leur existence avec l'approbation de tout le monde. » C'était sans doute une singulière coutume, que celle qui légalisait ainsi le suicide; il faut convenir cependant que dans un temps où l'absence de tout frein moral et religieux rendait cette manie si fréquente, une pareille législation pouvait avoir le bon effet d'arrêter quelques malheureux sur le penchant de l'abime, et d'adoucir pour les autres leurs derniers momens, en substituant le témoignage d'une conscience, égarée sans doute, mais tranquille, aux sombres angoisses du désespoir.

Page 367, ligne 3. *Même chose arrive, lorsque des parens au même degré aspirent à la main d'une orpheline.*

17. C'est encore un thême de déclamation des écoles, tiré d'une loi d'Athènes, où l'on appelait ἐπίκληρος, une fille unique qui, par la mort de ses père et mère, héritait de tous leurs biens; le plus proche de ses parens avait le droit de la demander en mariage. (Note de TURNÈBE.)

Page 389, ligne 5. *Une femme condamnée pour inceste est précipitée du haut de la roche Tarpéienne.*

18. Jadis, chez les Romains, les femmes condamnées pour inceste, étaient enfouies toutes vives, ou précipitées du haut de la roche Tarpéienne, ce qui était chez eux une peine solennelle. (Note de TURNÈBE.)

Ligne 15. *Il est défendu de resevoir une charrue en gage.*

19. Par une disposition qui témoigne de la douceur du droit romain, on ne pouvait exiger à titre de gages des objets qui, étant d'un léger interet pour le créancier, causaient un préjudice notable au débiteur; de ce nombre était la charrue, si nécessaire au laboureur pour soutenir son existence et celle de sa famille. (Note de TURNÈBE.)

Ligne 17. *Il est défendu d'exporter des laines de Tarente....*

20. Columelle (liv. 11) dit que les brebis grecques qu'on appelle *tarentines*, ont la toison la plus fine et la plus délicate. Il

se peut donc que les Tarentins, dans le temps où ils florissaient et n'étaient point encore sous la domination romaine, étant très-recherchés dans leur luxe, eussent défendu par une loi expresse l'exportation de leurs laines ; peut-être aussi cette loi n'est-elle qu'une fiction des déclamateurs. (Note de Turnèbe.)

FIN DES NOTES DU SEPTIÈME LIVRE

NOTES

DU LIVRE HUITIÈME.

(TOME IV.)

Page 5, ligne 12. *Les principes ne sont ni obscurs ni rebelles à l'intelligence.*

1. « Sunt autem neque obscura, neque ad *percipiendum* difficilia. » Quelques éditions portent « neque ad *præcipiendum* difficilia, » et cette leçon me paraît, comme à Spalding, beaucoup meilleure. La première n'est en effet qu'une oiseuse redondance; car que signifie cette distinction : *ni* obscurs, *ni* difficiles à comprendre? La seconde, au contraire, offre deux idées distinctes et qui motivent la répétition : *ni* obscurs, *ni* difficiles à *enseigner*.

Page 21, ligne 18. *C'est ainsi que la vieille femme d'Athènes reconnut Théophraste pour étranger.*

2. Ce Théophraste était de Lesbos. Il vint à Athènes pour y suivre les leçons d'Aristote. Le nom de Théophraste lui fut donné à cause de son éloquence divine; il s'appelait, avant, Tyrtamus. (TURNÈBE.)

Ligne 23. *Pollion Asinius trouve dans Tite-Live.....
une certaine* PATAVINITÉ.

3. Ce goût de terroir que Pollion trouvait à Tite-Live, a été reproché à notre rhéteur par un philologue du xve siècle ; Philelphe, qui dit que Quintilien a quelque chose d'espagnol dans son style, *redolere hispanitatem*. (TURNÈBE.) Cela paraîtrait mieux dit de Sénèque, et surtout de Lucain.

Page 23, ligne 13. *Témoin cet avocat qui se serait probablement entendu tout seul, en parlant dans son plaidoyer* DES HERBES D'IBÉRIE, *si*, *etc*.

4. La pruderie de cet avocat, qui n'osait nommer du jonc par son nom, rappelle une jolie scène de la comédie du *Cercle*, où un docteur à la mode, pour ne point effaroucher les oreilles de sa malade avec ce vilain mot de *manne*, lui ordonne un purgatif de *miel aérien*. Un médecin de nos jours avait continué cette galante pharmacologie, et entre autres métamorphoses qu'il avait fait subir à la langue médicale, il avait déguisé les lavemens sous le nom prétentieux de *douches ascendantes*.

Ligne 26. ....*Que j'ai trouvée annotée par Cicéron dans un discours de Dolabella*.

5. Cicéron donnait des leçons d'éloquence à Dolabella qui, à son tour, lui en donnait de gastronomie. On le voit par ce passage d'une lettre de l'orateur romain à Pétus : « Hirtium ego et *Dolabellam* dicendi discipulos habeo, cœnandi magistros. Puto enim te audisse.... illos apud me declamitare, me apud eos cœnitare. » (*Ad Fam.* lib. IX, epist. 16.)

Page 25, ligne 1. *Et quelques autres qui conservent encore des partisans*, *comme* DECERNERE, VERBA CECIDERUNT.

6. On chercherait vainement à définir ce que ces mots ont d'impropre. A l'égard du mot *decernere*, peut-être était-ce quand on l'employait simplement pour *pugnare*, que Quintilien le blâmait; mais *verba cadentia* ont toujours signifié des termes tombés en désuétude, *obsolescentia*. Serait-ce que quelques personnes se servaient du mot *cadere*, pour *proferre*, et qu'ils disaient *verba cadentia* pour exprimer des mots qu'on laissait tomber négligemment? A défaut d'exemples, tout cela est fort énigmatique. Peut-être aussi les mots sont-ils altérés. (SPALDING.)

Lignes 3 et suivantes. Depuis ces mots : *Cependant tout terme....* jusqu'à ceux-ci : *D'où suit la nécessité de recourir au trope appelé catachrèse*.

7. « Les langues les plus riches, dit Du Marsais, n'ont point un assez grand nombre de mots pour exprimer chaque idée parti-

culière, par un terme qui ne soit que le signe propre de cette
idée; ainsi l'on est souvent obligé d'emprunter le mot propre de
quelque autre idée, qui a le plus de rapport à celle qu'on veut
rendre. » (*Tropes*, ch. XI.)

C'est par suite de cette disette de mots propres, commune à
toutes les langues, que les Latins étendaient le mot *jaculari*, qui
veut proprement dire *lancer un javelot*, à la même action appliquée à une balle ou à un pieu, et le mot *lapidare*, *jeter des
pierres*, à celle de jeter des mottes de terre ou des tuiles. C'est
ainsi (pour me servir de quelques-uns des exemples que me fournit le même grammairien) que nous disons par catachrèse, des
chevaux *ferrés* en argent, aller *à cheval* sur un bâton, etc., et
que nous appelons *parricide* celui qui a tué sa mère, ou quelqu'un
de ses parens, ou enfin quelque personne sacrée, etc.

Page 27, ligne 3. *Comme Nænia, qui est le nom d'une déesse, et qu'on
donne à ces chants funèbres où l'on célèbre plusieurs dieux.*

8. Par une extension du même genre, M. Casimir Delavigne a
donné le nom de *Messéniennes* aux chants que lui ont inspirés les
évènemens désastreux qui précédèrent parmi nous la restaura-
tion. Marivaux avait un style, une tournure d'esprit maniérés;
par extension, nous disons des ouvrages qui rappellent ce style
et cette manière, c'est du *marivaudage*. Je pourrais citer beaucoup
d'autres exemples, mais ceux-là suffiront, je pense, pour bien
faire entendre ce troisième genre de propriété dans les mots, dont
parle ici Quintilien.

Page 29, ligne 14. *Comme si.... on allait fouiller dans les annales
des pontifes.*

9. Tous les ans, à Rome, le grand pontife inscrivait ce qui
s'était passé de remarquable dans le cours de l'année, et le récit
en était exposé chez lui, pour que le peuple pût en prendre
connaissance. Cet usage fut en vigueur depuis le roi Numa jusqu'au dictateur Sylla. (Note des éditeurs de *Quintilien* dans la
Collection Lemaire.)

Page 29, ligne 22. *Comme ce vent de la Pouille appelé* ATABULUS, *et cette espèce de navire chargé de sacs, appelé* SACCARIA, etc.

10. Le vent *Atabule* est nommé par Horace dans sa satire 5, livre 1, vers 77 :

> Incipit ex illo montes Appulia notos
> Ostentare mihi, quos torret *Atabulus*......

C'était, comme l'indique le mot *torret*, un vent brûlant, qui pourrait bien être le même que les habitans de la Pouille désignent aujourd'hui sous le nom de *Scirocco*, ou *Scilocco*.

Navis saccaria. Les interprètes, dit Turnèbe, expliquent ces mots par *navis quæ saccos fert*, navire qui porte des sacs. Je crois plutôt, ajoute-t-il, qu'il faut entendre un navire qui porte des aromates dans des sacs. — Ces deux explications peuvent fort bien se concilier. Le navire partait des ports d'Italie avec un chargement de sacs, et revenait des contrées où se faisait le commerce des aromates ou des épices, avec ces mêmes sacs remplis. Dans un cas comme dans l'autre, c'était toujours *navis saccaria*. Seulement, comme on peut mettre dans des sacs tout autre chose que des aromates, il est probable que l'épithète de *saccaria* désignait spécialement le vaisseau qui faisait le commerce des parfums et des épices. C'est sans doute aussi dans ce sens qu'Apulée a dit *saccariam facere*, faire le commerce des sacs, c'est-à-dire d'épices ou parfums en sacs.

In malacco sanum. Ces mots sont dans le texte après *navis saccaria*. J'ai cru devoir les omettre dans la traduction, car il m'aurait été impossible de leur donner le moindre sens. *Hariolando tempus teritur*, dit Spalding à cette occasion. J'ai suivi son avis, je n'ai pas voulu perdre le mien à deviner.

Page 33, ligne 16. « *A merveille! je n'y ai rien compris moi-même.* »

11. TANTO MELIOR : *ne ego quidem intellexi*. Ce comparatif au masculin paraît dur à Spalding. Pourquoi pas *melius*, dit-il? M. Dussault, qui a ajouté quelques nouvelles leçons et des notes au *Quintilien* de la Collection Lemaire, fait remarquer, d'après les notions qu'il a recueillies d'un Allemand très-érudit, M. Schæfer, que cette locution *tanto melior* (qu'il faut prendre comme

un adjectif au vocatif) est très-latine, et qu'on la retrouve dans le *Panégyrique de Trajan*, ch. LXXI, où on lit en effet: «Quod factum tuum a cuncto senatu quam vera acclamatione celebratum est! TANTO MAJOR, TANTO AUGUSTIOR!» Cette formule de louange, ajoute M. Dussault, est absolument la même que celle dont les Italiens se servent encore aujourd'hui quand ils applaudissent au théâtre, avec cette exclamation, *bravo* ou *brava*, suivant le sexe de l'artiste. Or, cette distinction même démontre que c'est une appellation et non un adverbe. On a donc bien fait de ne rien changer au texte de Quintilien.

Page 39, ligne 25. *Le discours ne doit admettre qu'une parure mâle, chaste et sévère.*

12. Pétrone a dit dans le même sens: «Grandis et, ut ita dicam, pudica oratio, non est maculosa nec turgida, sed naturali pulchritudine exsurgit.» — « Un style véritablement grand et que j'appellerai chaste, n'a ni taches ni enflure; il se soutient et s'élève par sa propre beauté.»

Page 41, ligne 15. *Quoi de plus flatteur à l'œil que le quinconce qui, de quelque côté qu'on le regarde, est toujours droit et aligné?*

13. Cette comparaison dont se sert Quintilien pour prouver que le beau et l'utile sont presque toujours inséparables, semble empruntée à Virgile, qui recommande de planter la vigne dans un ordre régulier, soit en *carré*, soit en *quinconce* (les commentaires varient à cet égard), et qui ajoute que ce n'est pas seulement pour le vain plaisir des yeux, mais afin que la terre nourrisse également chaque tige.

Omnia sint paribus numeris dimensa viarum;
Non animum modo uti pascat prospectus inanem,
Sed quia non aliter vires dabit omnibus æquas
Terra, neque in vacuum poterunt se extendere rami.
(*Georg.*, lib. II, v. 284.)

Page 43, ligne 24. *Mais dans les jugemens d'arbitres, dans ces affaires de peu d'importance, comme on en voit tant.*

14. *Paucorum.... calculorum.* On entend généralement par là le petit nombre des juges, ou des *suffrages* qui se donnaient, en

effet, par le moyen de petits cailloux, *per calculos*. Mais, comme dans les divers passages où il emploie cette expression, Quintilien y attache toujours une signification de calcul ou de jeu, j'aime mieux, dit Spalding, rapporter ces mots, *paucorum calculorum*, à l'exiguité de la somme qui forme le litige, d'autant plus que la parenthèse qui les sépare (*ut frequenter accidit*) semble indiquer ce sens, puisqu'il arrive souvent qu'on plaide pour une petite somme.

On voit qu'en traduisant par *affaires de peu d'importance*, je ne me suis point écarté du sens de Spalding.

Page 43, ligne 27. *N'aurait-on pas quelque honte... à se passionner à propos de gouttières?*

15. Voici ce que dit Cicéron, dans son *Orateur* : « Quam enim indecorum est, de stillicidiis, quum apud unum judicem dicas, amplissimis verbis et locis uti communibus; de majestate vero populi romani summisse et subtiliter? »—« Quelle inconvenance, en effet, que d'employer des mots pompeux, ou de brillans lieux communs, en plaidant devant un seul juge, sur la chute d'une gouttière; et de parler, au contraire, d'un style simple et rampant, de la majesté du peuple romain? »

Rien n'était plus commun, à en juger par beaucoup de passages des anciens écrivains latins, que ces procès sur l'écoulement des eaux pluviales : cela tenait sans doute à quelques vices dans la construction des maisons, d'où résultaient des incommodités pour les voisins, et partant des contestations judiciaires.

Ligne 29. *A suer sang et eau pour la rédhibition d'un esclave?*

16. Il y avait, chez les Romains, des cas rédhibitoires pour les esclaves, comme nous en avons pour les chevaux. Par une ordonnance des édiles, dit Turnèbe, lorsque quelqu'un avait vendu un esclave reconnu vicieux ou malade, il était obligé de le reprendre et d'en rendre le prix.

Page 45, ligne 28. *Quant à ceux* (les termes) *qui sont brillans et hardis, c'est à nous à juger si notre matière les comporte.*

17. « Clara illa atque sublimia... materiæ modo cernenda sunt. » Spalding fait la réflexion, qu'on voit rarement le mot *cernere*

exprimant, comme ici, la puissance de démêler, de discuter, *vim dignoscendi, excutiendi*. Il soupçonne donc que cette fois il faut l'entendre dans le sens de *cribler* plutôt que dans celui de *voir*, d'autant plus que cette ancienne acception de *cernere*, synonyme de *cribrare* (d'où est venu *cribrum*, crible), a été conservée par les écrivains les plus polis, comme Ovide et Pline.

Page 47, ligne 13. *Nous nous moquâmes naguère.... d'un poète qui avait dit :*

Prætextam in cista mures rosere Camilli;

et nous admirons le SÆPE EXIGUUS MUS *de Virgile.*

18. Voilà, comme le remarque Spalding, l'emploi du même mot, qui est ridicule chez un poète, et admirable chez un autre. La raison s'en explique facilement. Le premier est tombé dans la trivialité la plus basse, en nous montrant des souris qui rongent une robe, sans même nous faire grâce de l'armoire où était renfermée cette robe. Virgile, au contraire, se borne à peindre la souris, en lui donnant une épithète si juste et si bien appropriée à ce petit animal, qu'elle fait oublier, par la surprise agréable qu'elle cause, et surtout par la chute du monosyllabe *mus*, tout ce qu'il y a de peu poétique dans l'animal lui-même. Aussi Horace a-t-il imité Virgile dans ce vers :

Parturient montes, nascetur *ridiculus mus*.
(*De Arte poet.*, v. 139.)

La Fontaine a dit d'après lui :

La montagne en travail enfante une souris.

Ligne 28. *Vous .... dont toute la famille se fait traîner* DANS UNE CHARRETTE ?

19. *Quum tibi tota cognatio sarraco advehatur.* Ces mots sont rapportés parmi les fragmens de l'oraison *contre Pison*, dont on n'a conservé qu'une partie. La bassesse est dans le mot *sarracum*, terme vil, et que Cicéron employait à dessein. Burmann, pour rendre plus claire cette image de toute une famille entassée sur une charrette, cite ces deux vers de Tibulle :

Rusticus e lucoque vehit, male sobrius, ipso
Uxorem plaustro, progeniemque domum.
(Lib. 1, eleg. xi, v. 51.)

« au retour du bois sacré, le villageois, chancelant d'ivresse, ramène avec lui sa femme et ses enfans, sur le même chariot. »

(SPALDING.)

On appelait *sarracum* une voiture destinée à transporter de lourds fardeaux. (TURNÈBE.)

Page 49, ligne 7. *Cn. Flavius a crevé les yeux aux corneilles.*

20. Pour l'intelligence de ce proverbe, on n'a qu'un passage de Properce (l. IV, 5, 15), invoqué par Burmann, et dont personne, que je sache, n'avait encore fait l'application. Non-seulement ce poëte nous apprend que les yeux des corneilles étaient employés dans les opérations magiques, mais encore, d'après ses propres termes, l'impudique sorcière *arrachait avec ses ongles les yeux à des corneilles*, pour pouvoir aveugler les maris vigilans et rusés:

Posset ut intentos astu cæcare maritos,
Cornicum emeritas eruit ungue genas.

Ainsi, cette action de la magicienne avait pour but de rendre un mari aveugle sur les menées de sa femme adultère. De là est venue cette locution proverbiale, *crever les yeux à une corneille,* pour dire, tromper le plus fin. (SPALDING.)

Ligne 28. *Ces mots* OLLI, QUIANAM, MIS, PONE, *etc., brillent dans ses vers, et y répandent ce vernis d'antiquité qui a tant de charme aussi dans la peinture, et que l'art ne saurait imiter.*

21. *Olli* pour *illi, pone* pour *post* et *retro*, se trouvent souvent dans Virgile; *quianam* dans le sens de *cur, quare*, se lit dans le Ve livre de l'*Énéide*, vers 13, et dans le Xe, vers 6. Quant au mot *mis*, on ne le trouve nulle part dans ce poète, et je ne serais point étonné qu'ici la mémoire de Quintilien l'eût trahi, et qu'il eût attribué à Virgile ce qu'il aurait lu ailleurs. Forcellini, dans son lexique, traite de ce mot avec plus d'étendue que Gesner, dans son *Thesaurus*, qui ne cite pas même *son* Quintilien [*].

---

[*] Gesner, qui a donné une édition du *Thesaurus linguæ latinæ* de Robert Estienne, en avait donné, avant, une de Quintilien avec des commentaires.

La similitude, tirée de la peinture, est fort élégante, et si on la rapproche de la digression assez longue qu'on lit sur la peinture et la statuaire dans le xiie livre de cet ouvrage, ch. 10, on sera porté à croire que Quintilien était grand amateur des arts, et peut-être même un fin connaisseur. (SPALDING.)

Page 51, ligne 20. « *Ce partisan maudit d'argot corinthien.* »

22. Je ferai grâce à mes lecteurs des commentaires sans nombre auxquels a donné lieu le texte latin de cette épigramme, qui fait partie d'un recueil de petites poésies attribuées à Virgile et désignées sous le nom de ses *catalectes*. Le sens d'ailleurs n'en est point équivoque, malgré l'obscurité de quelques détails.

Virgile, d'après les conjectures les plus probables, l'avait composée contre un certain C. Annius Cimber, rhéteur bizarre, prétentieux, obscur, lardant son langage de termes étrangers ou inusités, et qui, en outre, passait pour avoir empoisonné son frère. Tout le mordant de cette épigramme consiste donc à présenter, par un rapprochement aussi ingénieux qu'inattendu, le salmigondis oratoire de Cimber et ses mixtions verbeuses, comme la substance même du poison à l'aide duquel il avait consommé son fratricide.

Virgile l'appelle CORINTHIORUM *amator verborum*, par allusion à l'airain de Corinthe qu'on disait composé de divers métaux, parce que Cimber affectait d'employer des mots appartenant à divers idiomes; il en fait un Thucydide breton, *Thucydides Britannus*, soit parce qu'il avait accompagné César dans son expédition en Angleterre, soit parce qu'il avait écrit une relation de cette guerre, avec la prétention de rivaliser l'historien grec; il le dit atteint de la fièvre attique, *febres atticæ*, parce qu'il était tourmenté de la manie de faire du style attique, quoique cette fièvre n'aboutît chez lui qu'à des compositions froides, sans nerf et sans couleur. A l'égard de ce vers :

Tau Gallicum, min, Al, spinæ male illisit,

qui a donné tant de tablature aux commentateurs, c'est une allusion à ce mélange d'idiomes qu'affectionnait Cimber. Virgile dit qu'il a broyé, méchamment, *male illisit*, des mots gaulois, celtiques ou autres, *Tau gallicum, min, al*, et qu'il les a mêlés ensemble pour en présenter un breuvage empoisonné à son frère :

Ita omnia ista verba miscuit fratri.

Voilà ce que j'ai recueilli de plus clair et de plus probable sur cette épigramme. Je crois en avoir bien conservé le sens dans ma traduction.

Page 53, ligne 19. *Je me souviens que, dans ma jeunesse....*

23. *Nam memini juvenis.* Rollin remarque que cette construction *memini juvenis* n'est pas usitée. La grammaire voudrait, en effet, *memini, me juvene;* mais il faut pardonner cette hardiesse à Quintilien : Cicéron était son auteur favori, et Cicéron a dit : « Ego L. Metellum *memini puer....* ita bonis esse viribus extremo tempore ætatis, ut adolescentiam non requireret. » (*De Senect.*, cap. IX.)

Ligne 20. *Il s'éleva de graves discussions entre Pomponius et Sénèque.*

24. Ce *Pomponius* était, sans aucun doute, L. Pomponius Secundus, à la fois homme d'état et poète tragique que Pline appelle *consularem poetam*[*]. C'est le même dont parle Quintilien dans sa revue littéraire du liv. x, et qu'il met à la tête des poètes tragiques de son époque.

Le Sénèque qui discutait avec Pomponius était probablement l'auteur de tragédies, plutôt que le rhéteur, à moins que ces deux personnages n'en fassent qu'un, comme on le croit assez généralement. (Tiré d'une note de Spalding.)

Ligne 23. *Cependant les anciens n'ont pas craint de dire* expectorat; *et notre* exanimat *est certainement de la même famille.*

25. Dans les *Tusculanes* (liv. IV, ch. 8), Cicéron cite ce passage d'Ennius : « Tum pavor sapientiam omnem mihi exanimato *expectorat*; c'est-à-dire, *e pectore expellit*.

Exanimat se trouve plusieurs fois dans Horace. *Cur me que-*

---

[*] Ut in Pomponio, poeta consulari, nunquam ructasse. (*Hist. nat.*, lib. VII, cap. 18.)

relis exanimas tuis, dit-il à Mécène, livre II, *Ode* 16; et dans la 12ᵉ du liv. III : *exanimari* metuentes patruæ verbera linguæ.

(DUSSAULT.)

Page 53, ligne 30. *Non-seulement aussi on a fait des noms avec des verbes, mais encore des verbes avec des noms*, comme SULLATURIT, etc.

26. Dans une lettre à Atticus[*], Cicéron, pour exprimer que Pompée paraît avoir envie de marcher sur les traces de Sylla, forge le mot *Sullaturit*, qui répond à notre locution française : « Il fait le Sylla. »

La Fontaine, du nom de Quinault, avait fait *enquinauder*, et Molière, dans l'un de ses chefs-d'œuvre, *Tartufe*, non content d'avoir créé le nom du principal personnage, l'a transformé en verbe, en faisant dire si plaisamment à Dorine, quand elle lutine sa jeune maîtresse :

> Non, *vous serez*, ma foi, *tartufiée*.
> (Acte II, scène 3.)

Page 55, ligne 3. *On a emprunté beaucoup de mots nouveaux à la langue grecque.*

27. Si les Latins ont fait à la langue des Grecs de nombreux emprunts, il faut convenir que nous l'avons encore plus largement mise à contribution. Ce serait chose curieuse, que la liste de tous ces noms, fabriqués depuis quarante ans avec l'idiome d'Homère, et appliqués tant aux procédés industriels qu'aux découvertes des sciences et des arts : beaucoup resteront sans doute, mais beaucoup aussi auront le sort de ces mots si bizarrement grécisés par Ronsard, qui, comme dit Boileau :

> Vit, dans l'âge suivant, par un retour grotesque,
> Tomber de ses grands mots le faste pédantesque.
> (*Art poét.*, chant Iᵉʳ, v. 127.)

Ligne 24. *Selon Cécilius, on n'avait encore vu que dans Sisenna cette expression* : ALBENTI CŒLO.

28. Cette expression *albenti cœlo* avait été remarquée, dit Spalding, par le rhéteur Cécilius, dans l'historien Sisenna; elle

[*] Lib. IX, ep. 10.

fut depuis employée par César lui-même, et passa enfin dans le langage ordinaire. C'est de là que les Italiens ont tiré leur *alba*, et nous notre *aube*. Racine a dit :

Mais du temple déjà l'*aube* blanchit le faîte.
(*Athalie*.)

Page 57, ligne 26. *J'en excepte toutefois les mots crûment obscènes.*

29. Boileau, dans son *Art poétique*, chant II, vers 178, intente un grave procès à la langue latine, quand il dit :

Le latin, dans les mots, brave l'honnêteté.

A Rome, cependant, tous ceux qui prisaient la chasteté et la pudeur, étaient choqués d'entendre des mots obscènes, comme on le voit par ce passage de Quintilien, et par beaucoup d'autres. Voici ce que dit Cicéron dans ses *Offices*, liv. I, chap. 35 : « Nec vero audiendi sunt cynici, aut si qui fuerunt stoici pæne cynici, qui reprehendunt et irrident, quod ea, quæ turpia re non sint, nominibus ac verbis flagitiosa ducamus; illa autem quæ turpia sint, nominibus appellemus suis…. Nos autem naturam sequamur et ab omni, quod abhorret ab oculorum auriumque approbatione, fugiamus. » — « N'écoutons pas ces philosophes cyniques, ou ces stoïciens, leurs dignes émules, qui s'écrient avec ironie : Quoi! attacher de la honte à des mots dont le sens est innocent! et, par un préjugé contraire, appeler par leurs noms des actions réellement honteuses !…… Pour nous, suivons la nature, évitons ce qui peut offenser les oreilles et les yeux. » (Trad. de M. STIÉVENART.)

Page 83, ligne 21. *Lorsque Ménélas dit que les Grecs* DESCENDIRENT *dans le cheval de Troie.*

30. La mémoire de Quintilien l'a encore trahi dans cette citation, comme le fait observer Spalding. Ce n'est point Ménélas qui dit cela, c'est Ulysse, dans son entretien aux enfers, avec Achille :

Αὐτὰρ ὅτ' εἰς ἵππον κατεβαίνομεν……
(*Odys.*, lib. XI, v. 523.)

Page 83, ligne 26. *Le même poète* (Virgile) *semble avoir mesuré la taille du Cyclope sur l'échelle de son repaire, quand il le montre* ÉTENDU À TRAVERS SON ANTRE IMMENSE.

31. Cet épisode de Polyphème, emprunté d'Homère, est un des plus beaux morceaux du iiie livre de l'*Énéide*. Virgile y a déployé toutes les ressources de son génie poétique. Rien de plus achevé que le tableau où il peint l'affreux géant, ivre et gorgé de chair humaine, cédant au sommeil, *étendu dans son antre* :

> Nam simul expletus dapibus vinoque sepultus
> Cervicem inflexam posuit, jacuitque per antrum
> Immensus, saniem eructans ac frusta cruento
> Per somnum commixta mero........

Delille, dans la traduction de ce passage, me paraît bien inférieur à son modèle :

> A peine ivre de vin et gorgé de carnage,
> Sous le poids du sommeil, *qui seul dompte sa rage*,
> Il a courbé sa tête, et, *tombant de langueur*,
> De son corps monstrueux déployé la longueur;
> Tandis que rejetés par ce géant *farouche*
> La chair, le vin, le sang, jaillissent de sa bouche....

L'hémistiche que j'ai indiqué en italique, dans le second vers, est évidemment du remplissage, et n'est pas dans l'original. *Tombant de langueur* se dira bien d'un homme épuisé de fatigue, mais je doute qu'ici l'image soit juste; j'aime bien mieux le *cervicem inflexam posuit* à quoi s'est borné Virgile, et que son traducteur avait suffisamment rendu par ces mots : *il a courbé sa tête*. « Jacuitque per antrum *immensus* ; » cet *immensus* rejeté au commencement de l'autre vers, et qui produit un si bel effet, ne paraît pas compensé par ce vers :

> De son corps monstrueux déployé la longueur.

Quant à l'épithète de *farouche* dans l'avant-dernier vers, elle est, je crois, un contre-sens de situation amené par le besoin de la rime.

Le talent de Delille, si souple, si étonnant d'ailleurs, échoue, en général, dans ce qui demande de la vigueur et de la concision.

Mais n'oublions pas que si quelques taches déparent certains passages de la traduction de l'*Énéide*, de nombreuses beautés les rachètent, et qu'il n'appartenait qu'à celui qu'avait si heureusement inspiré la muse didactique de Virgile, de se soutenir à côté de lui dans l'épopée.

Page 99, ligne 27. *Les chefs des Troyens, dans l'Iliade, ne croient pas qu'il soit indigne d'eux ni des Grecs de souffrir tant de maux... à cause de la beauté d'Hélène.*

32. Priam était assis avec quelques vieillards sur la tour des portes Scées, lorsque Hélène se dirigea de leur côté. Dès que ces vieillards l'aperçurent, frappés d'admiration, ils se dirent les uns aux autres : « Faut-il s'étonner que les Grecs et les Troyens souffrent tant de maux, et depuis si long-temps, pour une beauté si parfaite ! elle ressemble en tout aux déesses immortelles. » (*Iliade*, liv. III, v. 145 et suivans.)

Page 109, ligne 12. « *Est-il donc à ce point malheureux de mourir ?* »

33. Usque adeone mori miserum est?..........

Ce vers est de Virgile, dans le XIIe livre de l'*Énéide*, v. 646. Néron le récita, dit-on, en se donnant la mort. Un poète tragique, Legouvé, dans sa tragédie d'*Épicharis et Néron*, fait dire à ce tyran, dans la scène où il s'essaie, en tremblant, à se tuer :

Un poignard ! voilà donc dans sa chute profonde,
Ce qui reste à Néron de l'empire du monde !

Ligne 17. *Quel mouvement lui donne Ovide, quand il fait dire à Médée :*

Eh quoi ! tu me demandes
Si je pourrai le perdre, ayant pu le sauver ?

34. Servare potui, perdere an possim, rogas ?

Ce vers est tiré de la *Médée* d'Ovide.

Quintilien parle de cette tragédie avec des éloges qui doivent nous faire regretter sa perte : « Ovidii Medea videtur mihi ostendere, quantum ille vir præstare potuisset, si ingenio suo temperare, quam indulgere, maluisset. » (Vol. V, p. 54.)

Page 115, ligne 4. *Tel est encore ce passage de la lettre d'Africanus à Néron.*

35. L'orateur désigné ici, est Julius Africanus qui vivait du temps de Néron, et que Quintilien cite parmi les grands orateurs qu'il a connus dans sa jeunesse (voyez liv. x, ch. 1er). Pline le Jeune rapporte un mot de Crispus Passienus d'où l'on pourrait induire qu'Africanus ne savait pas toujours se tenir dans de justes proportions. Passienus l'ayant entendu un jour plaider fort éloquemment une très-petite cause : «*Bien*, dit-il, *en vérité, bien; mais à quoi bon si bien ?* »— *Bene, mehercule, bene, sed quo tam bene ?* (Lib. vii, epist. 6.)

Ligne 29. *J'ai bien qui* FUIR, *je n'ai pas qui* SUIVRE.

36. C'est Cicéron qui dit cela dans une lettre à Atticus, en faisant allusion à César et à Pompée. Après s'être beaucoup plaint de ce dernier à son ami, « Je vois bien, lui écrit-il, que vous pensez que je devrais l'accompagner ; pour moi, je sais bien qui *fuir*, mais je ne sais pas qui *suivre.* » — *Ego vero, quem fugiam, habeo ; quem sequar, non habeo.* (Lib. viii, epist. 7.)

Page 117, ligne 11. *C'est le trait de celui qui..... fait dire à son client*
AD DIGITUM PUGNAVI.

37. Cette locution, *ad digitum pugnavi,* ne se retrouve, selon la remarque de Spalding, que dans une ancienne épigramme attribuée à Martial; ce qui suffit, sans doute, pour la maintenir, mais non pas pour l'expliquer, car Martial ne nous fait pas plus connaître que Quintilien, ce qu'on entendait par *pugnare ad digitum*. Quelques commentateurs ont pensé que cela signifiait combattre, jusqu'à ce que l'un ou l'autre des gladiateurs s'avouât vaincu, en élevant le doigt, *exerto digito*.

Page 119, ligne 3. *Un débauché paraissait résolu à mettre fin à ses jours.....*

38. *In luxuriosum qui* ἀποκαρτέρησιν *simulasse dicitur.* Ἀποκαρτέρησις signifie l'action de se *laisser mourir de faim*. Je n'aurais pas dû omettre cette circonstance, remarquable dans un débauché, et qui amène le conseil qu'on lui donne de préférer à cette

mort indigne de lui, la corde ou le poison : la corde, pour se venger de son gosier qui lui a fait commettre tant d'excès ; le poison, pour finir comme il a vécu, la coupe en main.

Page 121, ligne 11. *C'est ainsi qu'un nœud, une bande de pourpre mise à sa place....*

39. On appelait *clavi purpurei* certains nœuds de pourpre, en forme de têtes de clous, qui ornaient les tuniques des sénateurs romains. C'est de là qu'est venue l'expression de *laticlaves,* pour désigner les robes de ces sénateurs qui étaient bordées sur le devant d'une bande de pourpre, avec de larges nœuds (*latis clavis*) de la même étoffe.

Par les mots *clavus* et *purpuræ*, Quintilien a peut-être voulu désigner le *laticlave* et la *prétexte*.

Page 127, ligne 29. *C'est par nécessité que les gens de la campagne appellent* GEMMA *le bourgeon de la vigne.*

Voici ce que dit, à ce sujet, Du Marsais dans ses *Tropes* : « Cicéron, Quintilien, et M. Rollin qui pense et parle comme ces grands hommes, disent que c'est « par emprunt et par métaphore qu'on « a appelé *gemma*, le bourgeon de la vigne, parce qu'il n'y « avait point de mot propre pour l'exprimer. » Mais, si nous en croyons les étymologistes *, *gemma* est le mot propre pour signifier le bourgeon de la vigne, et ç'a été ensuite par figure que les Latins ont donné ce nom aux perles et aux pierres précieuses. En effet, c'est toujours le plus commun et le plus connu qui est le propre et qui se prête ensuite au sens figuré. Les laboureurs du pays latin connaissaient les bourgeons des vignes et des arbres, et leur avaient donné un nom, avant que d'avoir vu des perles et des pierres précieuses ; mais comme on donna ensuite, par figure

---

* « Gemma est id quod in arboribus tumescit, quum parere incipiunt, a *geno*, id est *gigno* : hinc margarita et deinceps omnis lapis pretiosus dicitur gemma....... quod habet quoque Perottus, cujus hæc sunt verba : « Lapillos « gemmas vocavere a similitudine gemmarum quas in vitibus sive arboribus « cernimus ; gemmæ enim proprie sunt pupuli quos primo vites emittunt, et « gemmare vites dicuntur dum gemmas emittunt. » (*Martinii Lexicon*, voce GEMMA.)

et par imitation, ce même nom aux perles et aux pierres précieuses, et qu'apparemment Cicéron, Quintilien et M. Rollin ont vu plus de perles que de bourgeons de vigne, ils ont cru que le nom de ce qui leur était plus connu, était le nom propre, et que le figuré était celui de ce qu'ils connaissaient moins. (*Des Tropes en général*, Réflexions sur le sens figuré, § 2.)

Page 131, ligne 13. *Lorsqu'on donne une âme et des sens à des objets purement matériels; telle est cette belle métaphore :*

L'Araxe mugissant sous un pont qui l'outrage.

41. . . . . .Pontem indignatus Araxes.
(*Æn.*, lib. VIII, v. 728.)

Racine a imité cette hardiesse dans ce vers si connu :

Le flot qui l'apporta recule épouvanté.

Heureux larcin fait à la muse de Virgile, qui, dans l'admirable récit d'Évandre sur la défaite de Cacus, peint ainsi le fracas du roc lancé par Hercule sur la caverne de ce brigand :

. . . . .Impulsu quo maximus insonat æther :
Dissultant ripæ; *refluitque exterritus amnis.*
(*Æn.*, lib. VIII, v. 239.)

Page 141, ligne 9 :

*La pâle mort soumet à de communes lois
La chaumière du pauvre et le palais des rois.*

42. « C'est du même pied, dit Horace, que la mort vient heurter à la chaumière du pauvre et au palais des rois : »

Pallida mors æquo pulsat pede
Pauperum tabernas
Regumque turres. . . . .
(Lib. I, *Od.* 4.)

Par une figure plus hardie et plus belle encore, Malherbe a dit :

Le pauvre, en sa cabane où le chaume le couvre,
Est sujet à ses lois,
Et la garde qui veille aux barrières du Louvre
N'en défend pas nos rois.

Page 153, ligne 20. *Quel détroit, quelle mer offre, à votre avis, autant de mouvemens ?*

43. *Quod fretum, quem* EURIPUM, *tot motus,* etc. On appelle *euripus*, un bras de mer resserré dont les flots vont et viennent sans cesse. Ce mot, chez les Latins, désignait spécialement le détroit qui sépare l'île d'Eubée de la Béotie et de l'Attique, et qui offre un flux et reflux continuel. Quelques-uns disent qu'Aristote se précipita dans ce détroit, de dépit de ne pouvoir deviner la cause de ce flux et reflux. (Note de DUSSAULT.)

Page 155, ligne 4. *Se mesurer avec quelqu'un, serrer son adversaire à la gorge, lui faire une saignée,* etc.

44. Le texte porte : *Pedem conferre, et jugulum petere, et sanguinem mittere.*

Pedem conferre, se dit des orateurs, lorsqu'ils entreprennent de réfuter les argumens de leurs adversaires; *jugulum petere*, lorsqu'ils leur opposent quelque raisonnement sans réplique. « Dicuntur oratores *pedem conferre*, quum argumenta adversariorum confutare aggrediuntur; *jugulum petere*, quum valido aliquo argumento utuntur. » (REGIUS.)

Sanguinem mittere, signifie affaiblir son adversaire en détruisant ses objections. C'est une métaphore tirée de la saignée, dont l'effet est d'ôter les forces. Érasme croit qu'elle est prise d'un ancien usage par lequel on flétrissait les soldats en leur tirant du sang. « Id significat (*sanguinem mittere*) debilitare maxime adversarium, et ejus argumentationes solutionibus frangere. Metaphora ducta est a venæ incisione, quæ debilitat. Erasmus putat duci a militibus quibus olim, ignominiæ causa, sanguis mittebatur. » (TURNÈBE.)

Ligne 12. *Beaucoup d'exemples peuvent être cités d'une manière allégorique, comme cet adage des Grecs :* DENYS EST A CORINTHE.

45. Philippe, enflé de ses victoires, menaçait les Lacédémoniens d'une guerre. Ceux-ci lui firent pour toute réponse : *Denys est à Corinthe.* C'était assez lui rappeler l'inconstance et les vicissitudes de la fortune; car Denys, tyran de Syracuse, chassé de son trône, avait été réduit à enseigner les lettres et la musique à Corinthe. (TURNÈBE.)

Page 157, ligne 8. *Parce qu'il est vrai....* QU'ON PEUT BLAMER SOUS FORME D'ÉLOGE, ET LOUER SOUS FORME DE BLAME.

46. Cette double simulation se trouve dans le trait suivant que Gesner cite fort à propos à l'appui du genre d'allégorie défini par Quintilien, et qui est, à proprement parler, l'ironie.

Le duc d'Ossone, vice-roi de Naples, visitant les chiourmes, interrogea plusieurs galériens sur les causes qui les avaient envoyés aux galères; c'était à qui protesterait de son innocence. Un seul lui avoua ingénument qu'il était un scélérat, et qu'il avait mérité pis que son sort. « Coquin ! lui dit le duc, tu n'es pas digne de rester sur un bâtiment du roi; sors-en au plus vite : tu m'aurais bientôt gâté tous les honnêtes gens qui sont ici. »

FIN DES NOTES DU HUITIÈME LIVRE.

NOTES

DU LIVRE NEUVIÈME.

(TOME IV.)

Page 169. *En quoi les figures diffèrent des tropes.*

1. Après avoir traité des tropes dans le dernier chapitre du livre qui précède, et nous en avoir donné des exemples depuis la métaphore jusqu'à l'hyperbole, Quintilien passe aux *figures*, et explique en quoi elles diffèrent des tropes.

« Le *trope*, dit-il, est une façon de parler que l'on détourne de sa signification naturelle et principale, pour lui en donner une autre, dans la vue d'embellir le style; ou, comme le définissent la plupart des grammairiens, c'est un mot qu'on fait passer du lieu où il a son acception propre, dans un lieu où il ne l'a pas. »

« La *figure*, ainsi que l'indique son nom, est une forme de langage éloignée de la tournure ordinaire et de celle qui se présente d'abord à l'esprit. » — « Figura, sicut nomine ipso patet, est conformatio quædam orationis, remota à communi et primum se offerente ratione. » Arrêtons-nous à cette dernière définition, qui, jusqu'à Du Marsais, avait, pour ainsi dire, passé de main en main à tous les rhéteurs, et qu'on regardait jusqu'à lui comme un axiome. « Bien loin, dit ce grammairien, que les figures soient des manières de parler éloignées de celles qui sont naturelles et ordinaires, il n'y a rien de si naturel, de si ordinaire et de si commun que les *figures* dans le langage des hommes; et, ajoute-t-il plus loin, je suis persuadé qu'il se fait plus de figures un jour de marché, dans les halles, qu'il ne s'en fait en plusieurs jours d'assemblées académiques. Ainsi, bien loin que les figures s'éloignent du *langage ordinaire*, ce seraient, au contraire, les façons de parler sans figures qui s'en éloigneraient, s'il était possible de faire un discours où il n'y eût que des expressions non figurées. » Après avoir ensuite démontré par des exemples combien de figures se glissent dans le langage le plus naïf et le plus simple, Du Marsais arrive à cette définition : « Les figures sont des manières de parler *distinctement des autres par une modification particulière*, qui fait qu'on les réduit chacune à une espèce à part, et qui les rend ou plus vives, ou plus nobles, ou plus agréables que les manières de parler qui expriment le même fond de pensée, sans avoir d'autre modification particulière *. »

Je ne conteste pas la justesse de cette définition, mais je me demande si elle est la conséquence bien rigoureuse de ce qui précède, et si « des manières de parler *distinctement des autres, par une modification particulière,* n'ont pas beaucoup d'affinité avec une forme de langage *éloignée de la tournure ordinaire ?* Que ces manières de parler soient naturelles, communes même, et qu'il se fasse autant et plus de figures au marché qu'à l'Académie, cela ne prouve pas que les figures soient du langage ordinaire, mais seulement que tous les hommes, à quelque classe qu'ils appartiennent, grossiers ou polis, ignorans ou doctes, savent fort bien se faire un langage figuré (et qui n'est plus le langage ordinaire) lorsque leur imagination est fortement frappée, lorsque la pitié, l'indignation, la colère, l'intérêt, la haine, l'amour, ou toute autre passion les domine.

Au surplus, ce qui importe ici, et ce que Du Marsais reconnaît avec tous les rhéteurs, c'est qu'il y a deux langages distincts: l'un, figuré, qui, au moyen d'une modification particulière, rend la pensée ou plus vive, ou plus noble, ou plus agréable ; l'autre, non figuré, c'est-à-dire privé de cette modification particulière, ce que Quintilien énonce avec autant d'élégance que de clarté quand il dit ** : « Mais si l'on ne doit appeler *figure* que cette manière de s'exprimer qui donne une *attitude* et, pour ainsi dire, des *gestes* au langage, il faudra reconnaître qu'elle consiste éminemment dans un tour oratoire ou poétique qui relève les pensées les plus simples et les plus communes; et dès-lors il sera

---

* *Voyez* les *Tropes*, ch. 1, Idées générales des figures.
** Page 175, lignes 20 à 29.

vrai de dire qu'il y a deux sortes d'oraisons, l'une dénuée de figures, et l'autre figurée. »

Après la définition des figures, Quintilien discute les opinions des divers rhéteurs, tant sur la valeur de ce mot même que sur les genres et les subdivisions qu'il comporte ; et, s'arrêtant à l'opinion la plus généralement reçue qui admet deux sortes de figures, les unes de *pensées*, et les autres de *mots*, il fait ressortir tout ce que ces figures jettent d'éclat sur le discours : doctrine esquissée à grands traits par Cicéron, dans les deux passages que Quintilien transcrit littéralement.

Page 199, ligne 30 :
Mais, vous, quels sont vos noms ? de quels lieux venez-vous ?

2. Sed vos qui tandem ? quibus aut venistis ab oris ?

C'est la question que fait Vénus à Énée (*Én.*, liv. 1, v. 373) et à son compagnon Achate, lorsque cette déesse se présente à eux, sous la figure d'une chasseresse, dans un bois près de Carthage.

Page 201, ligne 17 :
Quels lieux à mon exil, seigneur, prescrivez-vous ?

3. . . . . Quas peti terras jubes ?

Ce fragment de vers est tiré de la *Médée* de Sénèque. Racine semble l'avoir imité dans ce qu'il fait dire par Hippolyte à Thésée son père :

Quel temps à mon exil, quel lieu prescrivez-vous ?
(*Phèdre*, acte IV, sc. 3.)

J'ai cru ne pouvoir mieux faire que d'emprunter ce vers à Racine, pour traduire la citation de Quintilien.

Ligne 20 :
O sort, ô désespoir !
Quelles mers, quels pays voudront me recevoir ?

4. Heu ! quæ me tellus, inquit, quæ me æquora possunt
Accipere ? . . . .

On reconnaît ici l'une de ces exclamations hypocrites que le perfide Sinon accumule avec tant d'art, pour gagner la confiance des Troyens, et préparer le succès de la ruse qui devait consommer leur ruine. *Voyez* l'*Énéide*, liv. II, v. 57-144.

Page 201, ligne 29 :

Eh! qui d'un vain encens
Fera fumer encor' mes autels impuissans!

5. Dans l'introduction de son poëme, Virgile nous représente Junon exhalant son dépit à la vue des Troyens qui, sous la conduite d'Énée, naviguent paisiblement pour chercher en Italie les brillantes destinées qui leur étaient promises. Son orgueil est surtout blessé de se voir obligée de guerroyer si long-temps avec un seul peuple, elle, la reine des dieux, la sœur et l'épouse de Jupiter !

Ast ego, quæ divum incedo regina, Jovisque
Et soror et conjux, una cum gente tot annos
Bella gero ; *et quisquam numen Junonis adorat?*
(*Æn*., lib. 1, v. 46.)

Page 203, ligne 2 :
Que ne peut sur les cœurs l'ardente soif de l'or!

6. Rien n'est plus touchant que l'histoire de Polydore racontée par Énée, au commencement du livre III de l'*Énéide* (v. 49). Victime de la basse cupidité du roi de Thrace, près duquel Priam, son père, l'avait envoyé, avec de grands trésors, pour soustraire sa jeunesse aux dangers du siège de Troie, il avait été égorgé par ce tyran, qui s'était emparé de son or.

Hunc Polydorum auri quondam cum pondere magno
Infelix Priamus furtim mandarat alendum
Threïcio regi ; quum jam diffideret armis
Dardaniæ, cingique urbem obsidione videret.
Ille, ut opes fractæ Teucrum, et fortuna recessit,
Res Agamemnonias victriciaque arma secutus,
Fas omne abrumpit : Polydorum obtruncat et auro
Vi potitur. *Quid non mortalia pectora cogis,*
Auri sacra fames? . . . .

Qui n'a lu les vers où Virgile décrit le double prodige de ces arbustes sanglans qu'Énée arrache avec effort du sol, et de cette voix lamentable qui sort du tombeau de Polydore, pour supplier le héros troyen de ne pas violer son dernier asile?

.... Jam parce sepulto;
Parce pias scelerare manus............

Quoi de plus attendrissant que ces honneurs suprêmes rendus à Polydore par les fugitifs d'Ilion?

.... Animamque sepulcro
Condimus, et magna supremum voce ciemus.
(*Æn.*, lib. III, v. 67.)

Page 203, ligne 5:

Il fuit! et mes sujets ne s'arment point encore!
Ils ne poursuivent point un traître que j'abhorre!

7. Non arma expedient, totaque ex urbe sequentur.

Ce vers appartient à l'un des passages les plus remarquables du liv. IV de l'*Énéide*, de ce livre qui avait arraché à saint Augustin des larmes dont il s'accusait.

Didon qui a vu, du haut de son palais, la flotte d'Énée fuyant loin des rives de Carthage, ne pouvant plus douter de son malheur, se livre au plus violent désespoir. Elle voudrait associer tout son peuple à sa vengeance.

.... Proh Jupiter! ibit
Hic, ait, et nostris illuserit advena regnis!
Non arma expedient, totaque ex urbe sequentur,
Diripientque rates alii navalibus? ite,
Ferte citi flammas, date vela, impellite remos.

Delille me semble avoir lutté d'énergie et de mouvement avec Virgile dans la traduction de ces deux derniers vers:

Partez, courez, volez, montez sur ces vaisseaux:
Des voiles, des rameurs, des armes, des flambeaux!

Page 209, ligne 13. *Quelquefois, sous la forme de* COMMUNICATION, *nous cachons quelque proposition inattendue, ce qui est en soi une véritable figure.*

8. En voici un exemple dans la réflexion pleine de finesse et de malice qui termine la fable du *Rat qui s'est retiré du monde* :

>Qui désigné-je, à votre avis,
>Par ce rat si peu secourable?
>Un moine? Non, mais un dervis;
>Je suppose qu'un moine est toujours charitable.

Page 211, ligne 28. *Quoi de moins figuré que la vraie liberté? et pourtant la plus fine adulation peut se cacher sous son voile.*

9. Tibère étant entré un jour dans le sénat, l'un des flatteurs de ce tyran se leva, et dit, qu'il convenait à des hommes libres, comme ils l'étaient tous, de s'exprimer sans déguisement et sans crainte, et de ne rien taire de ce qui pouvait être utile. Après avoir ainsi excité tous les sénateurs à parler, aucun d'eux ne rompant le silence, et Tibère paraissant prêter l'oreille..... « Écoute, César, lui dit-il, ce que nous blâmons tous, et ce que personne n'a le courage de te dire ouvertement : tu négliges ta santé, tu te fatigues, tu t'épuises en soins et en veilles à cause de nous, ne prenant de repos ni le jour, ni la nuit. » Après qu'il eut débité ainsi beaucoup d'autres choses de cette force, on prétend que le rhéteur Cassius Severus dit ironiquement : *Voilà une audace qui coûtera cher à cet homme!*

A la suite de cet exemple tiré de Plutarque et cité par Gesner, j'en vais donner un qui ne sera pas pris dans les annales de la tyrannie et de la bassesse, mais dans celles de la loyauté et de la vivacité françaises.

Henri IV proclamait hautement Crillon le plus brave de son armée. Celui-ci, lui frappant sur l'épaule : *Vous en avez menti, sire, c'est vous!* La plus fine adulation aurait-elle pu plaire au Béarnais, autant que cette brusque et singulière apostrophe?

Page 213, ligne 12. *Il est une figure plus hardie encore.... c'est la* PROSOPOPÉE, *ou fiction de personnes.*

10. En est-il une plus touchante et plus belle que celle que Ra-

cine a prêtée à Phèdre, lorsque cette malheureuse victime de l'amour, dans l'accès d'un vertueux remords, s'écrie :

> Où me cacher? Fuyons dans la nuit infernale.
> Mais, que dis-je? Mon père y tient l'urne fatale.
> Le sort, dit-on, l'a mise en ses sévères mains :
> Minos juge aux enfers tous les pâles humains.
> Ah! combien frémira son ombre épouvantée,
> Lorsqu'il verra sa fille, à ses yeux présentée,
> Contrainte d'avouer tant de forfaits divers,
> Et des crimes peut-être inconnus aux enfers!
> Que diras-tu, mon père, à ce spectacle horrible?
> Je crois voir de ta main tomber l'urne terrible :
> Je crois te voir, cherchant un supplice nouveau,
> Toi-même, de ton sang devenir le bourreau.
>
> (*Phèdre*, acte IV, sc. 6.)

Page 219, ligne 22. *A l'égard de la figure, qui... place les objets mêmes sous nos yeux... jusqu'à ces mots: D'autres l'appellent* HYPOTYPOSE.

11. L'hypotypose, ainsi que l'indique son nom[*], consiste à peindre les faits dont on parle, comme si ce qu'on dit était actuellement devant les yeux; en un mot, c'est montrer ce qu'on raconte, c'est faire un tableau plutôt qu'une narration. Le récit de la mort d'Hippolyte, dans la *Phèdre* de Racine, et l'épisode de la Mollesse, dans *le Lutrin* de Boileau, sont de belles hypotyposes.

Page 229, ligne 20. *La figure que ce même orateur appelle* RÉTICENCE....

12. Cette figure, comme le remarque Quintilien, trahit différentes affections de l'âme. Ainsi, dans la tragédie de Britannicus, lorsqu'Agrippine énumère à Néron tout ce qu'elle a fait pour lui assurer l'empire, et qu'en parlant des gouverneurs qu'elle lui a choisis, elle dit :

> J'appelai de l'exil, je tirai de l'armée
> Et ce même Sénèque et ce même Burrhus
> *Qui depuis....* Rome alors estimait leurs vertus.

---

[*] Du mot grec ὑποτυπόω, je décris, je représente.

Cette réticence dévoile assez combien ses dispositions sont changées à l'égard de ces deux personnages. C'est un dépit concentré qui éclate malgré elle, comme la colère dans le *quos ego....* de Neptune.

Page 233, ligne 3. *Comme dans ce passage de* l'Eunuque *de Térence :* je ne savais, en vérité....

13. Ce passage est cité par Quintilien comme un exemple de la figure appelée *éthopée*, parce que Phédria, dit Turnèbe, ne fait que répéter ici les propres paroles de Thaïs. (Voyez *l'Eunuque*, acte 1, sc. 2.)

L'éthopée est proprement l'imitation des mœurs d'autrui. Tantôt elle peint des actions, et alors elle se rapproche de l'hypotypose ; tantôt elle ne s'attache qu'aux paroles, et c'est le cas de l'exemple que nous venons de rappeler. La comédie embrasse l'éthopée, sous ces deux rapports.

Page 235, ligne 30. *L'emphase compte aussi parmi les figures, quand il y a un sens caché sous les paroles.*

14. La Phèdre de Racine, en proie, comme la Didon de Virgile, à un amour qu'elle ne peut dompter, s'écrie dans son délire :

> Dieux ! que ne suis-je assise à l'ombre des forêts !
> Quand pourrai-je, au travers d'une noble poussière,
> Suivre de l'œil un char fuyant dans la carrière ?
> (Acte 1, sc. 3.)

Mais on voit trop que ces vœux innocens sont bien loin de son cœur, et qu'elle cherche en vain à se donner le change sur la déplorable passion qui la consume. Phèdre fait donc entendre ici autre chose que ce qu'elle dit : c'est le propre de l'*emphase* considérée comme figure, et qu'il faut bien se garder de confondre avec le défaut du même nom qui consiste dans une pompe ridicule et affectée de style ou de prononciation.

Page 253, ligne 23. *Thémistocle conseilla, dit-on, aux Athéniens de* mettre leur ville sous la garde des dieux

15. Lors de la seconde expédition des Perses contre le Péloponnèse, dix ans environ après la bataille de Marathon, les

Athéniens, qui étaient particulièrement menacés, envoyèrent consulter l'oracle de Delphes sur le parti qu'ils avaient à prendre. L'oracle répondit « qu'ils eussent à se renfermer dans des murailles de bois, » *ut mœnibus ligneis se munirent*. Thémistocle, qui depuis long-temps, dans la prévision d'une guerre, avait fait construire une flotte considérable, interpréta le sens de ces paroles, comme un conseil aux Athéniens de se retirer sur leurs vaisseaux. Un incident ménagé par lui acheva de faire goûter cette interprétation. « Des prêtres annoncèrent que le serpent sacré nourri dans le temple de Minerve, venait de disparaître. La déesse abandonne ce séjour, s'écrient-ils; que tardons-nous à la suivre? Aussitôt le peuple confirma ce décret proposé par Thémistocle : que la ville serait mise sous la protection de Minerve; que tous les habitans en état de porter les armes passeraient sur les vaisseaux; que chaque particulier pourvoirait à la sûreté de sa femme, de ses enfans et de ses esclaves. » (*Voyage d'Anacharsis*, Introduction, part. II, sect. II.)

Page 253, ligne 26. *Un autre qui voulait qu'on payât les frais de la guerre avec des statues d'or massif représentant la Victoire, fit passer sa proposition en disant qu'il fallait* PROFITER DE CES VICTOIRES.

16. On ne dit pas quel est le conquérant qui usa de ce détour pour tirer parti de ces statues. Quoi qu'il en soit, ce détour, ainsi que le décret de Thémistocle, cité plus haut, rentrent dans la figure appelée euphémisme qui a pour objet, dit Du Marsais, de déguiser des idées désagréables, odieuses ou tristes, sous des noms qui ne sont point les noms propres de ces idées.

Voici un euphémisme du même genre rapporté, à cette occasion, par Gesner :

Le prince Christian de Brunswick, après la prise de Paderborn, ayant trouvé dans cette ville des statues des Apôtres, en argent, les fit transporter à son hôtel des monnaies, disant « que les Apôtres avaient reçu de leur maître mission de courir par tout le monde. » *Ire jussos a magistro suo Apostolos per terrarum orbem.*

Page 267, ligne 10 :

..........Qui *non risere parentes*,
Nec deus hunc mensa, dea nec dignata cubili est.
(Virg., *Bucol.*, ecl. IV, v. 62-63.)

17. Quintilien trouve ici une figure de mots, en lisant *qui* au nominatif pluriel avec ce sens : *qui pueri non risere* ; *hunc*, c'est-à-dire *hos* (par énallage ou changement de nombres) *nec deus mensa dignatur, nec*, etc.

Le P. De la Rue, dans son édition de Virgile, *ad usum Delphini*, n'admet pas la figure, et paraphrase ainsi ces deux vers : « Cui parentes non arrisere, hunc nec deus ad mensam, nec dea in lectum, excipere dignata est. » Il suit, en cela, la leçon de Servius, qui lit aussi *cui*, au datif singulier, ou *quoi*, comme écrivaient les anciens Latins, jusque dans l'enfance de Quintilien, ainsi qu'il l'atteste lui-même (liv. 1, ch. 7); mais alors la figure dont parle notre rhéteur, disparaît totalement.

Ceux qui tiennent pour *qui* au nominatif pluriel, veulent, les uns que *parentes* soit au vocatif, *ô parentes* : c'est l'opinion de Politien ; les autres que ce mot soit à l'accusatif.... *qui non risere ad parentes* : c'est le sentiment de Jos. Scaliger, qui cite une phrase de Plaute où l'on retrouve la même ellipse : *quasi muti silent neque* me rident, pour *mihi* ou *ad me arrident*. (*Capt.*, act. III, sc. 1, v. 21.)

Spalding pense que la citation de Quintilien est fautive, et qu'il aura été induit en erreur par le manuscrit de quelque *libraire* ignorant, qui aura altéré le vieux mot *quoi* en *qui* ; il ajoute que notre rhéteur, plus occupé de la figure qu'il voulait désigner, que du sens même des vers, se sera trop hâté de s'en emparer comme d'un exemple.

Ligne 16 :

..........*Et nostrum istud vivere triste
Aspexi*..........

18. L'emploi de l'infinitif pour le substantif a souvent beaucoup de grâce en français, comme dans ce vers de Voltaire :

Le *raisonner* tristement s'accrédite.
(*Ce qui plaît aux dames.*)

Page 271, ligne 17. *Catulle a dit, dans un épithalame :*

...... Dum innupta manet, dum cara suis est.

19. Je lis dans plusieurs éditions de Catulle :

...... Dum *intacta* manet, *tum* cara suis. Sed....

Quintilien se serait-il encore trompé ici, en répétant la conjonction *dum*, pour le plaisir de trouver une figure de mots?

Au surplus, je profiterai de cette citation pour mettre à la fois sous les yeux de mes lecteurs et le morceau charmant de poésie où se trouve ce vers, et l'imitation non moins jolie qu'en a faite l'Arioste.

Voici les vers de Catulle :

> Ut flos in septis secretus nascitur hortis,
> Ignotus pecori, nullo contusus aratro,
> Quem mulcent auræ, firmat sol, educat imber,
> Multi illum pueri, multæ optavere puellæ :
> Idem, quum tenui carptus defloruit ungui,
> Nulli illum pueri, nullæ optavere puellæ :
> Sic virgo, dum intacta manet, tum cara suis. Sed,
> Quum castum amisit polluto corpore florem,
> Nec pueris jucunda manet, nec cara puellis.
> (*Carmen nuptiale*, LVIII, v. 39-47.)

Voici ceux de l'Arioste :

> La verginella è simile alla rosa
> Ch'in bel giardin su la nativa spina,
> Mentre sola e sicura si riposa,
> Nè gregge nè pastor se le avvicina;
> L'aura soave e l'alba ruggiadosa,
> L'acqua, la terra al suo favor s'inchina,
> Giovani vaghi, e donne innamorate
> Amano averne e seni e tempie ornate.
>
> Ma non si tosto dal materno stelo
> Rimossa viene e dal suo ceppo verde,
> Che quanto avea da gli uomini, e dal cielo,
> Favor, grazia e bellezza, tutto perde.

> La vergine che 'l fior, di che più zelo
> Che de' begli occhi e de la vita aver dè,
> Lascia altrui corre, il pregio ch' avea inanti,
> Perde nel cor di tutti gli altri amanti.
>
> (*Orl. fur.*, canto 1º, octav. 42 et 43.)

Il me semble que le poëte italien, sans omettre aucun des traits les plus gracieux du poëte latin, a su y ajouter encore.

Page 271, ligne 22. *On change aussi les cas, comme Horace dans le vers suivant :*

> ..... Nec ciceris, nec longæ invidit avenæ.
> (Lib. II, *Sat.* 6, v. 83.)

20. Horace, dans ce vers, a employé le génitif pour l'accusatif, à l'imitation des Grecs, chez lesquels le verbe φθονέω, ῶ, *je porte envie*, régit le datif de la personne et le génitif de la chose, comme on le voit par ces paroles de César, rapportées par Plutarque : ὦ Κάτων, φθονῶ σοι τοῦ θανάτου· καὶ γὰρ ἐμοὶ σὺ τῆς σαυτοῦ σωτηρίας ἐφθόνησας. « O Caton! je t'envie ta mort, et tu m'as envié ta conservation (c'est-à-dire l'honneur de te sauver). »

Tous les commentateurs d'Horace ont pris plaisir à signaler les nombreux hellénismes de tout genre dont il a enrichi son style. (Tiré d'une note de Gesner.)

Page 277, ligne 17. *Virgile a réuni la parenthèse et l'apostrophe dans le passage qui suit :*

Non loin de là, etc.

21. Ce supplice de Metius fait partie de la description du bouclier d'Énée. *Voyez* le livre VIII de l'*Énéide*.

Je me serais bien gardé de donner des vers de ma façon après ceux de Delille, si je n'avais été obligé de le faire ici pour conserver les deux figures de la *parenthèse* et de l'*apostrophe*, qui ne se retrouvent, ni l'une ni l'autre, dans sa traduction.

Page 279, ligne 15. *Quand la répétition se fait après quelque interjection, elle a un peu plus de force.*

22. C'est par une répétition semblable que Voltaire, dans la *Henriade*, ouvre le récit d'un des plus affreux épisodes de la

famine horrible qui désola Paris, lors du siège de cette ville par Henri IV :

> *Une femme* (grand Dieu ! faut-il à la mémoire
> Conserver le récit de cette horrible histoire ?),
> *Une femme*...................
> (Chant X.)

Page 279, ligne 22. *La répétition est encore plus pressante et plus vive.. au commencement des incises d'une phrase.*

23. *Voyez*, dans *le Lutrin*, le discours de la perruquière, lorsque la Renommée vient lui apprendre que son époux,

> .... D'un faux zèle conduit,
> Pour placer un lutrin doit veiller cette nuit.

> Oses-tu bien encor, traître, dissimuler ?
> Dit-elle ; et *ni* la foi que ta main m'a donnée,
> *Ni* nos embrassemens qu'a suivi l'hyménée,
> *Ni* ton épouse, enfin, toute prête à périr,
> Ne saurait donc t'ôter cette ardeur de courir ?
> (Chant II.)

Page 281, ligne 28. *On fait aussi correspondre le milieu, soit avec le commencement,.... soit avec la fin....*

24. Si les répétitions donnent de l'énergie à la pensée, c'est surtout lorsqu'elles portent sur le sujet même de la phrase, comme dans ces vers de Virgile :

> *Te*, dulcis conjux, *te* solo in litore secum,
> *Te* veniente die, *te* decedente canebat.
> (*Georg.*, liv. IV, v. 465.)

Je m'étonne que Quintilien, qui paraît tant apprécier Virgile, puisqu'il lui emprunte un si grand nombre d'exemples, n'ait pas songé à celui-ci, qui était, sans contredit, le plus heureux qu'il pût choisir.

Delille n'a garde d'omettre cette belle répétition :

> Chère épouse ! c'est *toi* qu'appelait son amour,
> *Toi* qu'il chantait la nuit, *toi* qu'il chantait le jour.

Page 293, ligne 13. *Dans la figure appelée* GRADATION, κλῖμαξ, *l'art se montre plus à découvert.*

25. Aux divers exemples de *gradation* que Quintilien donne d'après Démosthène et Cicéron, j'en joindrai un fort beau qui se compose de trois mots que Racine met dans la bouche d'Agamemnon, lorsque celui-ci, obsédé des emportemens d'Achille, lui dit:

> Fier de votre valeur, tout, si je vous en crois,
> Doit *marcher*, doit *fléchir*, doit *trembler* sous vos lois!

Marcher, fléchir, trembler; comme cette gradation est savamment observée! La prose la plus concise atteindrait à peine à cette vigueur.

Page 295, ligne 9. *Les figures qui se font par* RETRANCHEMENT *tirent leur attrait de la brièveté....*

26. Cette figure était très-familière à Salluste. En voici un exemple entre cent: « Sed postquam L. Sulla, armis recepta republica, bonis initiis malos eventus habuit; rapere omnis, trahere: domum alius, alius agros cupere: neque modum, neque modestiam victores habere, fœda crudeliaque in civis facinora facere. » (*Bellum Catilinarium*; cap. XI.) A partir de la première incise de cette phrase, toutes les autres ne procèdent que par des infinitifs, *rapere*, *trahere*, *cupere*, etc. Il y a de sous-entendu, *cœperunt*.

C'est la même figure dans ce vers de La Fontaine, tiré de la fable des *Animaux malades de la peste*:

> Ainsi dit le Renard, et flatteurs d'applaudir.

Page 299, ligne 18. *De ce nombre est la* PARONOMASE....

27. Le rapport de sons qui existe entre des mots dont la signification est différente, et que l'on fait, pour ainsi dire, jouer ensemble, constitue la *paronomase*. Elle se fait, dit Rollin, au moyen d'une ou de plusieurs lettres qu'on ajoute, qu'on retranche, qu'on transpose ou qu'on change. Il en donne les exemples latins suivans; par *addition*: « Tibi erunt parata verba, huic homini verbera. » (TERENT., *Heaut.*, act. II, sc. II, v. 115.) Par *retran-*

chement : « Res mihi invisæ visæ sunt. — O fortunatam, natam me consule Romam! » (Cic.) Par *transposition :* « Consul autem ipse parvo animo et pravo ; facie magis quam facetiis ridiculus. » (Cic., *ad Att.*, lib. 1, 10.) Enfin, par *changement :* « Ex oratore, arator factus. » (Cic., *Phil.* iii, 9.)

Il ne serait pas difficile non plus de présenter des exemples de cette figure en français. Bornons-nous à un petit nombre, car, en définitive, la paronomase, qui n'est qu'un jeu de mots, ne mérite pas qu'on s'y arrête trop long-temps.

Molière fait dire à Dorine (*Tartufe*, acte v, sc. 4) :

Ce monsieur *Loyal* porte un air bien *déloyal.*

Le même fait dire à Chrysale, dans *les Femmes savantes* (acte ii, sc. 7) :

Raisonner est l'emploi de toute ma maison,
Et le *raisonnement* en bannit *la raison.*

Voilà deux paronomases : l'une d'addition, l'autre de retranchement.

On en ferait encore une d'addition, si, parlant d'un ouvrier qui se serait lancé dans la finance, on disait que d'*artisan* il est devenu *partisan* ; et on la ferait de retranchement, si l'on renversait la proposition. Il en existe aussi qui ont lieu par *transposition* ou par *changement* de lettres ; mais elles frisent tellement le *calembourg*, que je crois devoir m'en tenir à ce que j'ai cité.

Page 301, ligne 4. *Proculeius reprochait à son fils d'*ATTENDRE *sa mort.*

28. Tout le sel de cette réponse est dans la double signification du mot *exspectare*, qui veut dire *attendre* et *désirer.*

Page 307, ligne 21. *La quatrième enfin consiste à partager une période en membres égaux.*

29. La phrase citée par Quintilien est prise de l'exorde de l'oraison *pour Cécinna* ; elle forme ce qu'on appelle *une période carrée.* C'est, dit-on, la seule que Cicéron se soit permise. On doit, dit l'auteur d'une excellente logique, M. Hauchecorne[*],

---

[*] Ancien professeur de l'Université, auteur d'une Vie de Michel-Ange,

l'employer le plus rarement possible, parce qu'elle est trop étudiée, trop compassée, et qu'elle sent l'affectation.

Page 311, ligne 5. « *Je ne vis pas pour manger, mais je mange pour vivre.* »

30. Cette sentence est attribuée à Socrate. Molière l'a exploitée d'une façon fort comique, dans *l'Avare*, sc. 5.

Page 329, ligne 24. *Pour Hérodote, où tout est si coulant, à mon avis, le dialecte dont il s'est servi a tant de charmes*, etc.

31. On sait qu'Hérodote a écrit dans le dialecte ionien, qui passe pour avoir le plus de douceur et de gravité.

Page 341, ligne 23. *Cette même lettre* M, *etc.*

32. Ce que Quintilien nous apprend ici sur la prononciation de la lettre *m*, est tellement éloigné de notre manière de prononcer le latin, qu'il nous est aujourd'hui impossible de définir quelle était la consonnance de cette lettre à la fin d'un mot, quand le mot suivant commençait par une voyelle. Nous savons par les règles de la versification latine, que cette lettre s'élidait; mais disparaissait-elle tout-à-fait comme notre e muet ? cela est au moins douteux, puisque Quintilien dit « qu'elle rend presque le son d'une nouvelle lettre, car, *ajoute-t-il*, on ne la supprime pas, mais elle est pour ainsi dire obscurcie (*obscuratur*), et ne fait que l'office d'une note placée entre deux voyelles, pour empêcher qu'elles ne se confondent. »

Quel mérite n'ont donc pas les vers de Virgile, pour que nous y soyons sensibles, aussi peu initiés que nous le sommes dans les secrets de la véritable prononciation latine ?

d'un Traité d'anatomie philosophique et comparée *pour servir d'introduction à l'histoire naturelle*, d'une Philosophie écrite en latin, et d'une Logique française. C'était un homme d'un savoir immense, dont la modestie égalait le mérite. Il est mort, il y a quelques années. J'ai vainement cherché son nom dans nos biographies.

Page 343, ligne 7. *Plusieurs monosyllabes de suite déparent aussi la composition.*

33. Ce précepte peut être vrai pour la langue latine ; mais il a reçu, dans la nôtre, un éclatant démenti par ce vers de Racine, non moins harmonieux que doux, et qui n'est composé que de monosyllabes :

> Le jour n'est pas plus pur que le fond de mon cœur.
> (*Phèdre*, acte IV, sc. 2.)

Page 353, ligne 14. *Et le comble de l'art est d'atteindre ce but, sans paraître avoir sacrifié à l'unique plaisir d'arranger des mots.*

34. Le texte porte : *Atque is optime componet, qui hoc solum componendi gratia facit.* C'est précisément le contraire de ce que je lui fais dire ; mais j'ai pour moi la triple autorité de Rollin, de Gédoyn, mon devancier, et de Spalding, qui, tous les trois, ont reconnu qu'on devait lire : « Qui *non* hoc solum componendi gratia facit ; » et non-seulement ce sens est conforme à ce qui précède, mais tout autre répugnerait à la doctrine si souvent émise par Quintilien, de ne jamais laisser apercevoir l'art et le travail. Je citerai, entre autres preuves, les mots qui terminent ce chapitre de la composition, et qui en sont en quelque sorte le résumé : « Dissimulatio curæ præcipua, ut numeri sponte fluxisse, non arcessiti et coacti esse videantur. »

Spalding avoue cependant qu'il n'a trouvé la négation *non* dans aucune édition ni dans aucun manuscrit. Mais qu'importe ? ne vaut-il pas mieux l'y mettre en traduisant, que de faire dire à Quintilien ce qu'il n'a pas pu dire ?

Page 359, ligne 22. *Un vers entier ou une portion de vers fait toujours un détestable effet dans la prose.*

35. Je crois qu'il est peu d'écrivains en prose à qui il ne soit échappé des hémistiches ou même des vers entiers. Mais ces larcins faits involontairement à la versification, se remarquent peu dans notre langue, beaucoup moins accentuée que celle des Latins, à moins qu'ils ne se détachent tellement du corps de la phrase, qu'ils n'aient (qu'on me passe cette singulière association

de mots qui peut seule rendre ma pensée) une *harmonieuse* discordance avec le reste.

Spalding, qui avait des yeux de lynx, a pris notre auteur en défaut sur son propre précepte. Il a relevé un vers hexamètre complet au commencement du chapitre 3 du livre VII : ut dicat, non id fecisse quod objiciatur. (*Voyez* tome III, page 320.)

Page 369, ligne 18 :

Astra tenet cœlum, mare classes, area messem.

36. Ce vers alexandrin, retourné, produit, dit Quintilien, un vers sotadéen.

Le voici retourné :

Messem area, classes mare, cœlum tenet astra.

Reste à connaître la constitution métrique de ce vers. Spalding en donne pour exemple, d'après Héphestion, le vers grec suivant, qu'il divise en quatre mesures :

Ηρην ποτε | Φασιν Δια | τον τερπικε | ραυνον

Le vers latin nous donne en effet les mêmes pieds et les mêmes mesures :

Messem area, | classes mare, | cœlum tenet | astra.

Ainsi, le vers sotadéen se composait de quatre mesures, dont les trois premières à six temps, et la quatrième, tronquée ou incomplète, car il lui manquait deux temps, qui font un pied ; c'était ce qu'on appelait un tétramètre brachycatalecte.

Ce qui m'embarrasse à présent, c'est de concilier cette combinaison du vers sotadéen, avec ce qu'en dit Spalding[*], dans une note fort intéressante d'ailleurs du livre Ier, où il énumère, d'après Héphestion, les variétés que comporte le vers sotadéen, dans les trois premières mesures. Ce sont, dit-il, ou deux trochées -ᴗ,-ᴗ, ou un anapeste et un pyrrhique ᴗᴗ-,ᴗᴗ, ou un tribraque et un trochée ᴗᴗᴗ,-ᴗ, ou une longue et quatre brèves, -,ᴗᴗᴗᴗ, ou six brèves, ᴗᴗᴗᴗᴗᴗ. N'est-il pas singulier qu'aucune

---

[*] *Voyez* le *Quintilien* de la Collection Lemaire, tome I, page 202, note 4.

de ces diverses combinaisons ne se retrouve dans le vers que Quintilien nous donne pour exemple, ni dans le vers grec d'Héphestion? Cela méritait d'autant plus, ce semble, d'être remarqué, que le vers sotadéen cité deux lignes plus bas par Quintilien, offre, dans sa première mesure, l'une des combinaisons rappelées ci-dessus, l'anapeste et le pyrrhique:

Căpŭt exĕrŭ | ĭt mōbĭlĕ | pīnŭs rĕpĕ | tītă.

Page 399, ligne 19:
En impero Argis, sceptra mihi liquit Pelops.

37. « Ce vers, dit Spalding, est tiré de quelque ancienne tragédie, peut-être de l'*Atrée* d'Accius. Il est composé de spondées et d'iambes (à l'exception du quatrième pied, qui est un tribraque), et c'était probablement cela qui lui donnait un caractère de forfanterie et d'arrogance. Sénèque, qui rapporte aussi ce vers, dit: « Ille qui in scena elatus incedit, et hæc resupinus dicit: *En impero......* servus est, etc. » — « Celui qui marche si fièrement sur la scène, et qui dit d'un ton solennel: *Je règne enfin....*, n'est qu'un esclave, etc. »

Ligne 26:
Quid igitur faciam, non eam, ne nunc quidem?

38. Ce vers ouvre la première scène de l'*Eunuque* de Térence. Quintilien l'oppose au vers tragique que nous venons de citer, et, quoiqu'il soit, dit-il, composé de six pieds, comme l'autre, il acquiert en célérité ce qu'il perd en gravité, grâce aux trochées (ou tribraques) et aux pyrrhiques dont il se compose; c'est ce qu'il appelle *senarius trochaicus*. Spalding ne voit aucune difficulté dans le vers de Térence que Quintilien cite pour exemple, quoiqu'il n'ait qu'un *tribraque*, parce que, dit-il, ce tribraque, qui commence le vers, frappe davantage l'oreille, et que le dactyle, qui vient immédiatement après, peut, dans le mètre comique, n'être évalué que pour trois temps.

Ainsi ce vers devrait se scander ainsi:

Quĭd ĭgĭ | tŭr făcĭ | ăm, nŏn | ĕăm? | nĕ nŭnc | quĭdĕm |?

Page 399, lignes 29 et 30 :

> *Quis hoc potest videre, quis potest pati,*
> *Nisi impudicus, et vorax, et aleo?*

39. Voilà deux vers entièrement composés d'ïambes. Ce mètre passait pour être éminemment mordant et satirique. Aussi Catulle (*in Cæsarem, de Mamurra*, XXVI.) l'a-t-il employé dans une virulente épigramme contre César, d'où sont tirés ces mêmes vers.

FIN DES NOTES DU NEUVIÈME LIVRE.

NOTES
DU LIVRE DIXIÈME.

(TOME V.)

Page 9, ligne 10. *Cela est si vrai, que des enfans élevés dans la solitude, et confiés... à des nourrices muettes, restèrent privés de l'usage de la parole, bien qu'on prétende qu'ils aient proféré certains mots.*

1. Quintilien fait ici allusion à un trait de Psammitique, roi d'Égypte, rapporté par Hérodote au commencement du livre II. Ce prince avait ordonné qu'on élevât quelques enfans dans la solitude, et qu'on leur donnât des nourrices muettes. Parvenus à l'âge de deux ans, ils exprimèrent le besoin de manger par le mot *beccos*, qui, en langue phrygienne, voulait dire, *pain, nourriture*.

Comme il est bien certain que les sourds de naissance restent également muets, parce que n'entendant pas parler, ils ne peuvent imiter aucuns sons, on peut, je crois, sans scrupule, regarder comme un conte la dernière partie du récit d'Hérodote.

Page 13, ligne 5. *Qu'on rencontre même de ces louangeurs gagés décidés à trouver bon tout ce qui déplaît.*

2. Au temps de Quintilien, l'art de la parole était exploité au barreau romain, comme l'est aujourd'hui l'art dramatique dans nos théâtres; les applaudissemens s'achetaient. Il y a une lettre fort curieuse de Pline le Jeune, qui dévoile tout le manège des avocats et la turpitude de ces louangeurs à gages qu'on appelait *laudicœni*, parce qu'on les payait le plus souvent avec un repas qui leur était distribué au milieu de la basilique où se tenaient les audiences, aussi ouvertement qu'on aurait pu le faire dans une salle à manger. Ces *claqueurs*, ainsi que les nôtres, formaient une milice régulière qui reconnaissait un chef. Celui-ci se tenait au milieu d'eux, comme un maître de chœur, μεσόχορος, et au si-

gnal qu'il donnait, les cris d'admiration et les trépignemens partaient de toutes parts. On remplissait le reste de la salle de recrues qu'on enrôlait moyennant trois deniers (environ vingt-quatre sous de notre monnaie). Voilà ce qu'il en coûtait alors pour être un parfait orateur, *tanti constat ut sis disertissimus.*

C'était un certain Largius Licinius qui avait le premier amené la mode de se faire applaudir, mais il se bornait à rassembler un auditoire à sa dévotion. Peu à peu cette mode s'étendit, se perfectionna, et devint une véritable industrie où chacun trouva son compte, hormis l'éloquence, qui ne tarda pas à s'anéantir chez les Romains, comme s'anéantira infailliblement chez nous l'art dramatique, si l'on ne parvient à détruire la honteuse industrie de nos entrepreneurs de succès. Les mêmes causes doivent produire les mêmes effets. (*Voyez* PLINE LE JEUNE, liv. II, *Épît.* 14.)

Page 17, ligne 4. *Cicéron trouve que Démosthène s'endort parfois, Horace en dit autant d'Homère lui-même.*

3. Cicéron, dans son *Orateur*, après avoir défini ce qu'on doit entendre par la véritable éloquence, passe en revue la plupart de ses plaidoyers et de ses oraisons, où se trouve, dit-il, sinon la perfection, du moins une image de cette perfection et la trace des efforts que j'ai faits pour y atteindre. Puis il ajoute : « Nec enim nunc de nobis, sed de re dicimus : in quo tantum abest ut nostra miremur, ut usque eo difficiles ac morosi simus, ut nobis non satisfaciat ipse Demosthenes : qui quamquam unus eminet inter omnes in omni genere dicendi, tamen non semper implet aures meas : ita sunt avidæ et capaces, et semper aliquid immensum infinitumque desiderant! » — «Car ce n'est pas de moi qu'il s'agit ici, c'est de l'art; et loin d'être en admiration devant mes propres ouvrages, je suis, au contraire, tellement difficile et sévère, que Démosthène lui-même ne me contente point. Non, cet orateur, si supérieur à tous les autres dans tous les genres d'éloquence, ne remplit pas toujours mes oreilles, tant elles sont avides, tant elles ont de capacité, tant elles aspirent sans cesse à quelque chose d'immense et d'infini! » (*Orat.*, chap. XXIX.)

Horace a dit, dans son *Épître aux Pisons*, v. 357 :

.... Et idem
Indignor quandoque bonus dormitat Homerus.

Page 17, lignes 18 à 26. *Théophraste dit que la lecture des poëtes est très-importante pour un orateur.... aussi Cicéron recommande-t-il beaucoup cette lecture.*

4. Dans son oraison *pour Archias*, Cicéron exprime ainsi les obligations qu'il a à la poésie, dans la personne de son client : « Quæres a nobis, Grati, cur tantopere hoc homine delectemur? Quia suppeditat nobis, ubi et animus ex hoc forensi strepitu reficiatur, et aures convicio defessæ conquiescant. An tu existimas aut suppetere nobis posse quod quotidie dicamus in tanta varietate rerum, nisi animos nostros doctrina excolamus; aut ferre animos tantam posse contentionem, nisi eos doctrina eadem relaxemus. » — « Vous me demanderez, Gratius, en quoi cet étranger peut m'être si cher? C'est que je trouve en lui un charme dont la douceur me fait oublier le tracas des affaires, et repose agréablement mes oreilles fatiguées par les criailleries du barreau. Croyez-vous, en effet, que nous puissions suffire à cette variété infinie de plaidoiries qu'il nous faut prononcer chaque jour, si notre esprit n'était cultivé par l'étude, et que notre esprit pût supporter une aussi rude application, s'il ne trouvait quelque relâche dans l'étude elle-même? »

Cicéron avait encore un autre motif pour recommander la lecture des poëtes : il était poëte lui-même, et pouvait s'écrier, comme le Corrège : *Ed anche io son pittore !* Il avait, dans sa jeunesse, traduit le poëme d'Aratus, sur *les Phénomènes*, en vers latins, dont nous avons quelques fragmens, et composé, en l'honneur de Marius, son compatriote, un poëme qui fut admiré, et relu souvent par Atticus. (*Voyez* MIDDLETON, liv. 1, p. 27.) Ce qui nous reste de ce dernier ouvrage est le récit d'un augure mémorable que reçut Marius, par la victoire d'un aigle sur un serpent. Ce morceau est connu des littérateurs :

> Hic Jovis altisoni subito pinnata satelles
> Arboris e trunco, etc.

Voltaire l'a traduit en déclarant son impuissance à égaler la terrible énergie de l'original.

C'en est assez, je pense, en ajoutant encore à cela les témoignages de Pline le Jeune* et de Plutarque**, pour ne pas contester à Cicéron ses talens poétiques, et pour expier le ridicule du fameux vers :

O fortunatam natam me consule Romam!

Page 17, ligne 18. *Comme Aratus croit devoir débuter par Jupiter, etc.*, jusqu'à la page 31.

5. Dans son poëme des *Phénomènes*, Φαινομένων, Aratus débute ainsi : Ἐκ Διὸς ἀρχώμεσθα, *ab Jove incipiamus*. Quintilien ne pouvait saisir une allusion plus heureuse, en commençant par Homère, la série des poètes grecs dont il recommande la lecture aux jeunes orateurs. C'est avec autant de justesse et d'à-propos qu'il applique à Homère lui-même ce que ce grand poète dit du vaste Océan, « d'où sortent tous les fleuves, toutes les mers, toutes les fontaines et toutes les sources : »

Ἐξ οὗπερ πάντες ποταμοὶ καὶ πᾶσα θάλασσα,
Καὶ πᾶσαι κρῆναι, καὶ φρείατα μακρὰ νάουσιν.
(*Iliad.* lib. xxi, v. 196.)

En général tout ce morceau est écrit sous l'inspiration d'un enthousiasme aussi vrai qu'éclairé.

Mais si l'on veut mesurer toute la hauteur du géant de l'épopée, si l'on veut bien apprécier tous ses titres à une admiration que près de trente siècles n'ont point fatiguée, il faut lire le magnifique éloge que lui a consacré notre savant Barthélemy, dans la première partie de son introduction au *Voyage d'Anacharsis*. C'est un des plus beaux hymnes qu'on ait chantés à la gloire d'Homère, et jamais peut-être le talent, le goût et l'érudition réunis n'ont célébré le génie dans un style plus ravissant d'élévation, de grâce et de pureté.

Delille, dans le chant v de son poëme de l'*Imagination*, a aussi payé son tribut à la muse vénérable du chantre de l'*Iliade*

---

* Liv. vii, épître 4.
** *Vie de Cicéron.*

et de l'*Odyssée*. J'en vais transcrire ici quelques passages. En parlant de l'épopée, il s'écrie :

>Salut ! toi le plus cher de tous ses favoris,
>Vieil Homère, salut ! de tes divins écrits
>Tous les talens divers empruntent leur puissance.
>C'est toi que l'on peignait ainsi qu'un fleuve immense,
>Où, la coupe à la main, venaient puiser les arts.
>Virgile, sur toi seul, attachait ses regards :
>Bouchardon des héros t'empruntait les modèles ;
>Ta muse à Bossuet prêta souvent ses ailes ;
>Phidias, sur le tien, tailla son Jupiter.
>Tel qu'on nous peint ce dieu, sur le trône de l'air,
>Bien loin des autres dieux qui devant lui s'abaissent,
>Ainsi tous tes rivaux devant toi disparaissent :
>Ou, tel que tu peignais ce souverain des cieux
>De sa puissante main enlevant tous les dieux,
>Les maîtres du pinceau, les rois de l'harmonie,
>Tu les suspendis tous à ton puissant génie.
>. . . . .
>. . . . .
>Tes vers, que la nature a marqués de son sceau,
>Comme elle, en vieillissant, ont un charme nouveau.
>L'antiquité crédule a perdu ses miracles ;
>Tous ces dieux que tu fis, leur culte, leurs oracles,
>Tout est anéanti : tes autels sont debout ;
>Tu n'eus point de tombeau, mais ton temple est partout.

Page 31, ligne 10. HÉSIODE *s'élève rarement*.

6. Hésiode, que l'on croit avoir été le contemporain d'Homère, si même il ne l'a précédé, a décrit dans sa *Théogonie*, les généalogies des dieux. Il a fait aussi quelques autres ouvrages qui sont moins célèbres. On vante la douceur et l'harmonie de son style. Cicéron le jugeait propre, par la sagesse de ses maximes, à orner la mémoire des enfans.

Hésiode était né en Béotie, cette contrée de la Grèce où l'esprit était, dit-on, si rare, et qui n'en a pas moins donné le jour encore à d'autres personnages illustres, comme Épaminondas, Corinne, Pindare. C'est ainsi que la Champagne, frappée, parmi nous, du même anathème, a produit beaucoup d'hommes distingués dans divers genres, et s'énorgueillira à jamais de son La Fontaine.

Page 31, ligne 15. ANTIMAQUE, *au contraire, se distingue par la force et la solidité.*

7. Antimaque de Colophon, en Ionie, était à la fois poète et grammairien. On a de lui quelques fragmens d'élégies et d'un poëme dont le sujet était la Thébaïde. C'était l'auteur favori de l'empereur Adrien, qui eut la sacrilège velléité d'abolir les poëmes d'Homère et de leur substituer celui d'Antimaque, pour être lu et expliqué dans les écoles. Mais il n'est pas au pouvoir des princes de satisfaire toutes leurs fantaisies; heureusement, il était plus facile de dresser des autels à Antinoüs, que de renverser ceux d'Homère.

Ligne 23. *On croit que* PANYASIS *tient de ces deux poètes.*

8. Panyasis, contemporain d'Antimaque, qu'il avait eu, dit-on, pour esclave, était d'Halicarnasse. Il avait fait un poëme sur les travaux d'Hercule.

Ligne 27. APOLLONIUS *n'est point classé par les grammairiens, parce qu'Aristarque et Aristophane n'ont compris dans leur liste aucun écrivain de leur temps.*

9. Apollonius, natif d'Alexandrie, était appelé le Rhodien parce qu'il avait enseigné les lettres à Rhodes. De tous les ouvrages qu'il avait composés, il ne reste que son poëme sur l'*Expédition des Argonautes* que Valerius Flaccus a imité.

Aristarque, le plus célèbre des critiques, né à Samos. Il florissait sous le roi Ptolémée Philométor. Il passa sa vie à corriger et à rétablir les ouvrages de Pindare, d'Aratus, et surtout d'Homère, dont il revit toute l'*Iliade*, qu'il divisa en vingt-quatre chants.

Aristophane, dit le Byzantin, grammairien et bibliothécaire d'Alexandrie sous Ptolémée Évergète. Ce fut lui qui imagina les accens de la langue grecque.

Page 33, ligne 1. *La matière d'*ARATUS *ne comporte pas de mouvement.*

10. Aratus, de Soles en Cilicie, est auteur de ce poëme sur les *Phénomènes* qui, comme nous l'avons dit dans une des notes précédentes, avait été traduit par Cicéron. Il vivait dans la familiarité du roi de Macédoine Antigone Gonatas, et ce fut sur ses instances qu'il composa son poëme.

Ligne 6. THÉOCRITE *est admirable dans son genre....*

11. C'est celui qui, avec Virgile, auquel il servit de modèle, a le plus illustré la muse pastorale. Il était né à Syracuse, et florissait dans le IIIe siècle avant notre ère.

Boileau, dans son *Art poétique,* en traitant de l'églogue, ne sépare point ces deux noms :

> Que leurs tendres écrits, par les grâces dictés,
> Ne quittent point vos mains, jour et nuit feuilletés.
>
> (Ch. II, v. 27.)

Lignes 10 à 13. *Quoi! dira-t-on,* PISANDRE.... *et* NICANDRE.... *et* EUPHORION....

12. Pisandre, né à Camire, ville de Rhodes, était auteur d'un poëme sur Hercule, dont il n'est rien resté.

(Note de SPALDING.)

Nicandre. C'est seulement par ce passage de Quintilien que nous apprenons que Virgile ait imité ce poëte : personne, que je sache, ne l'avait encore dit. A la vérité, Athénée parle très-souvent d'un poëme de Nicandre *sur l'Agriculture,* dont Virgile aurait pu faire usage. On doit d'autant plus regretter qu'il ne nous soit pas parvenu quelques fragmens de cet ouvrage, qui auraient pu faire reconnaître les imitations du poëte latin. Macrobe, dans ses *Saturnales,* ne compte pas parmi les poètes grecs Nicandre dont Virgile a tiré parti. (Note de SPALDING.)

Euphorion. Vossius fait remarquer avec raison que c'est l'avis des autres et non le sien que Quintilien donne ici, au sujet de cette estime que Virgile aurait eue pour Euphorion : ce n'est pas en effet Quintilien qui reconnaît de lui-même qu'Euphorion était prisé par Virgile, ce sont les gens qui voulaient passer pour doctes, et qui s'étayaient de l'autorité de Virgile pour imposer la lecture d'*Euphorion*. On voit assez que c'est à son corps défendant que notre rhéteur mentionne cet écrivain, ainsi que les deux qui précèdent : aussi se contente-t-il de dire qu'il *n'en désapprouve pas la lecture.*

Cet Euphorion, dont il ne reste rien, était né à Chalcis dans l'Eubée. Cicéron n'en faisait aucun cas, mais en revanche Tibère l'estimait beaucoup. (Extrait d'une note de SPALDING.)

Page 33, ligne 16. *Et* TYRTÉE, *est-ce en vain qu'Horace le met immédiatement après* HOMÈRE?

13. On ne possède que trois fragmens des compositions de Tyrtée. Ce qu'Horace dit de ce poète ne paraît pas trop fort, s'il faut croire ce que les historiens racontent des prodiges de sa muse, dont les accens belliqueux enflammèrent les Lacédémoniens, et rehaussèrent tellement leur courage, qu'ils terminèrent par une victoire éclatante leur guerre avec les Messéniens qui durait depuis dix-huit ans.

On croit que Tyrtée était né dans l'Attique, et qu'il a vécu vers le VIIe siècle avant Jésus-Christ.

Ligne 31. *Alors aussi il sera temps de faire connaissance avec l'élégie, où* CALLIMAQUE *tient le premier rang et* PHILÉTAS *le second, de l'avis de tous les critiques.*

14. Callimaque, né à Cyzène en Libye, vivait au temps de Ptolémée Philadelphe. Du nombre incroyable d'ouvrages qu'il avait composés, on n'a conservé que ses hymnes. Philétas, son contemporain, grammairien et poète, avait été précepteur du même Ptolémée.

Ces deux poètes, dont il ne nous est rien parvenu, s'étaient surtout distingués dans l'élégie, et sont souvent mentionnés par Properce.

Page 35, ligne 10. ARCHILOQUE *est le seul qui soit éminemment propre à développer cette* FACILITÉ.

15. Ce poète, né à Paros vers le commencement du huitième siècle avant Jésus-Christ, « a offert, dit Barthélemy, l'assemblage

heureusement rare des talens les plus sublimes unis au caractère le plus atroce et le plus dépravé. » Comparable par ses ouvrages aux plus beaux génies de la Grèce, proclamé même le premier après Homère, il ternit tant de gloire par l'infamie et la lâcheté de sa conduite, et fut en horreur à ses contemporains. Le temps n'a respecté que de faibles débris de ses compositions. Sa honteuse célébrité lui reste tout entière.

Page 35, ligne 18. *Des neuf lyriques*, PINDARE *est, sans contredit, le premier.*

16. Ce prince des poètes lyriques naquit à Thèbes, en Béotie, l'an 522 avant Jésus-Christ. Bien différent du poète dont nous venons de parler, il fut aussi recommandable par ses vertus que par la beauté de son génie, et vécut heureux et plein de gloire.

L'impétuosité et la magnificence du style, l'éclat et la profondeur des pensées, l'accumulation des images, voilà les principaux caractères de sa poésie : les plus nobles sentimens, l'amour de la patrie et l'enthousiasme de la gloire, voilà ce qui anime et vivifie tous ses chants, et ce qui l'a fait regarder comme le modèle inimitable du genre lyrique.

Pindarum quisquis studet æmulari, etc.
(HORAT., lib. IV, *Carm.* 1.)

Ligne 24. STÉSICHORE *avait aussi un génie vigoureux.*

17. Il y a eu deux poètes de ce nom, tous deux nés à Himère, en Sicile. Le premier a vécu dans le septième siècle avant Jésus-Christ, et le second dans le cinquième. Il est ici question du premier, auteur d'un grand nombre de poésies, et particulièrement de poëmes épiques. On n'a que de bien faibles débris de ses divers ouvrages, et l'éloge qu'en fait Quintilien doit inspirer des regrets pour le reste.

Page 37, ligne 3. *On a donné à* ALCÉE *un archet d'or, et il le mérite.*

18. Alcée était de Mitylène, dans l'île de Lesbos, et contemporain de la célèbre Sapho. Ils florissaient, l'un et l'autre, dans le septième siècle avant l'ère chrétienne. Son génie était varié. Il avait, dit Barthélemy, exhalé dans ses premiers écrits sa haine

contre la tyrannie; il chanta, depuis, les dieux et surtout ceux qui président aux plaisirs : il chanta ses amours, *ses travaux guerriers, ses voyages et les malheurs de l'exil.*

Et te sonantem plenius *aureo,*
Alcæe, *plectro,* dura navis,
Dura fugæ mala, dura belli.
(Horat., lib. II, *Od.* 13.)

Page 37, ligne 10. Simonide *a peu de consistance......*

19. Simonide naquit à Céos, l'an 558 avant Jésus-Christ. C'est, au rapport de Denys d'Halicarnasse, celui qui a le mieux connu l'art d'attendrir les cœurs et de faire couler les larmes. On cite surtout ses *Thrènes,* ou lamentations, genre d'élégie dans lequel il eut pour émule, mais non pour égal, Pindare lui-même. Il eut encore l'honneur de vaincre Eschyle dans une pièce dont l'objet était de louer ceux qui avaient succombé à Marathon, sujet proposé pour prix dans les jeux Olympiques. Nul écrivain aussi, suivant le même rhéteur, ne se montra plus scrupuleux sur le choix des mots et l'arrangement de la composition. Quelques épigrammes et quelques fragmens de poésies sont tout ce qui nous reste de lui.

Enfin il passe pour avoir ajouté une huitième corde à la lyre, et complété l'alphabet grec, en y ajoutant quatre lettres.

Ligne 24. *Beaucoup de poètes s'y sont distingués* (dans la comédie). *Les principaux sont* Aristophane, Eupolis *et* Cratinus.

20. Aristophane, célèbre comique grec, né à Athènes, dans le cinquième siècle avant notre ère. Il fut contemporain de Socrate, et bafoua indignement ce sage et ses doctrines dans sa pièce des *Nuées.* Ce fut un peintre fidèle des mœurs et du gouvernement de son pays, mais il mit trop de fiel et trop de cynisme dans ses peintures. Heureux s'il eût été irréprochable sous ce rapport, comme il le fut sous le rapport de son style que Platon trouvait plein de grâce! De cinquante-quatre pièces qu'il avait composées, il ne nous en est parvenu que onze. C'est sa pièce intitulée *les Guêpes* que Racine a imitée dans *les Plaideurs.*

Eupolis et Cratinus vécurent dans le même temps. On n'a que quelques fragmens de ces poètes, qui rivalisèrent avec Aristophane d'amertume et de licence, mais lui furent inférieurs en talens.

Horace, voulant combattre les préventions que certaines gens avaient contre la satire en général, cite pour sa justification l'exemple des trois comiques dont je viens de parler :

> *Eupolis* atque *Cratinus, Aristophanesque* poetæ
> Atque alii, quorum comœdia prisca virorum est,
> Si quis erat dignus describi, quod malus aut fur,
> Quod mœchus foret, aut sicarius, aut alioqui
> Famosus, *multa cum libertate notabant.*

Dans son livre I, épître 19, il nous apprend que Cratinus n'avait pas foi dans l'avenir des poètes buveurs d'eau; ce qui prouve que ce n'est pas d'aujourd'hui que date l'alliance, tant prônée par nos chansonniers, de Bacchus avec Apollon.

> Prisco si credis, Mæcenas docte, Cratino,
> Nulla placere diu, nec vivere carmina possunt,
> Quæ scribuntur aquæ potoribus.

Page 37, ligne 26. Eschyle *a, le premier, mis au jour de véritables tragédies.*

21. Ce poète illustre, qui fut le véritable fondateur et le père de la tragédie chez les Grecs, naquit dans l'Attique, vers la fin du sixième siècle, avant notre ère. Si l'on compare l'état du théâtre d'Athènes à l'époque où Eschyle parut, avec les améliorations qu'il y introduisit, et qui, depuis lui, ont servi à embellir les jeux de la scène dans toutes les nations civilisées, on ne peut assez admirer la fécondité, la grandeur et les ressources de son génie. Il créa tout, depuis les formes dramatiques dont ses compositions offrirent le premier modèle, jusqu'à ces accessoires qui ajoutent tant au prestige d'une représentation, les costumes, les décors et tout ce qui tient à la mécanique théâtrale. Sa verve s'était échauffée à la lecture des poésies d'Homère, l'étude de la philosophie avait élevé son âme, et l'enthousiasme belliqueux qui respire dans la plupart de ses pièces, il l'avait puisé dans les guerres contre les Perses, où il s'était signalé par sa valeur à Marathon, à Salamine, à Platée.

Vaincu par le jeune Sophocle dans l'art qu'il avait créé, il se retira de dépit en Sicile, où il fut tué, dit-on, par une tortue qu'un aigle avait enlevée, et qu'il laissa tomber sur la tête chauve d'Eschyle, pour en briser l'écaille.

Des soixante-dix ou quatre-vingts tragédies qu'il avait composées, sept seulement nous ont été conservées.

Page 37, ligne 30. *Aussi, dans la suite, les Athéniens établirent-ils un concours pour corriger ses pièces.*

22. Le texte porte : « Propter quod correctas ejus fabulas in certamen deferre posterioribus poetis Athenienses permisere. » Tout pénible qu'il me soit de multiplier les aveux de ma légèreté, je reconnais encore ici que j'ai fait dire à Quintilien plus qu'il n'a dit, et que j'aurais dû traduire tout simplement : « Aussi les Athéniens permirent-ils dans la suite aux poètes, d'apporter dans la lice (*in certamen deferre*) des pièces d'Eschyle, *retouchées*. » Que dirait Spalding, s'il me voyait transformer, en un *concours* spécial, la faculté accordée aux poètes de disputer le prix avec des pièces d'Eschyle, *retouchées*, lui qui prétend, sur l'autorité de Boeckh et d'Hermann, que jamais personne n'a rien avancé de semblable, excepté Quintilien, tandis qu'au contraire il est confirmé par les témoignages de quelques autres écrivains, que les *pièces mêmes* d'Eschyle, après la mort de ce poète, furent admises au concours et remportèrent le prix? Il cite à l'appui, 1° un passage de Philostrate (*Vie d'Apollon.*) où on lit : « Les Athéniens, qui regardaient Eschyle comme le père de la tragédie, l'appelaient, tout mort qu'il était, aux solennités des grandes Dionysiaques. Ses pièces, en effet, jouissaient, en vertu d'un décret du peuple, du privilège d'être remises au théâtre, et ce poète fut couronné de nouveau. » Ἀθηναῖοι πατέρα μὲν αὐτὸν τῆς τραγῳδίας ἡγοῦντο, ἐκάλουν δὲ καὶ τεθνεῶτα, εἰς Διονύσια· τὰ γὰρ τοῦ Αἰσχύλου ψηφισαμένων ἀνεδιδάσκετο, καὶ ἐνίκα ἐκ καινῆς. 2° Un passage de Suidas, au mot *Euphorion*, où ce fils d'Eschyle est dit « avoir vaincu quatre fois, avec des pièces de son père, qui n'avaient point encore été représentées. » Τοῖς τοῦ πατρὸς...... οἷς μήπω ἦν ἐπιδειξάμενος, τετράκις νικῆσαι.

Dans son chapitre LXX d'*Anacharsis*, Barthélemy dit « qu'un ancien décret du peuple permit à tout poète d'aspirer à la couronne, avec une pièce d'Eschyle, *retouchée* et *corrigée* comme il le jugerait à propos; » et il cite en note le livre x, chap 1 de

Quintilien, et le liv. VI, chap. 11 de Philostrate, dont je viens de donner le passage. Or, Quintilien dit bien que les poètes pouvaient présenter des pièces d'Eschyle, corrigées, *fabulas correctas;* mais Philostrate ne le dit pas, et son témoignage, dans cette circonstance, semble un peu légèrement invoqué par Barthélemy. Spalding paraît donc fondé à élever des doutes sur le fait rapporté par Quintilien, dont on a tant de fois, ajoute-t-il, vu la mémoire en défaut quand il parle des temps anciens.

Disons pourtant, à la justification de Barthélemy, que le savant Oléarius qui a donné une traduction latine de Philostrate, avec des commentaires, trouve que son auteur, dans le passage en question, donne à entendre la même chose que Quintilien : ce qui a bien pu induire Barthélemy à confondre ces deux témoignages.

Page 39, ligne 3. SOPHOCLE *et* EURIPIDE *sont ceux qui ont le plus illustré la tragédie.*

23. Sophocle naquit au bourg de Colone, situé aux portes d'Athènes, vingt-sept ans environ après la naissance d'Eschyle. Il s'était livré d'abord à la poésie lyrique; mais bientôt entraîné vers le théâtre, il y disputa la palme à Eschyle, et eut l'honneur de le vaincre. Ce triomphe fixa désormais sa vocation; il se livra exclusivement à la scène, l'enrichit d'un nombre prodigieux d'ouvrages, et porta la tragédie au plus haut degré de perfection qu'elle ait jamais atteint chez les Grecs. Comblé de gloire, admiré et chéri de ses concitoyens, il mourut dans la ville qui lui avait donné le jour, à l'âge de quatre-vingt-dix ans.

Euripide, né à Salamine quatorze ans après lui, sans s'être, au jugement des connaisseurs, élevé aussi haut dans son art, sut néanmoins se frayer une route nouvelle, et devint un digne rival de Sophocle. Retiré, pour des raisons qu'on ignore, auprès d'Archelaüs, roi de Macédoine, il périt dans un bois, dévoré par une meute de chiens, à l'âge de soixante-seize ans. Ses tragédies d'*Hippolyte* et d'*Iphigénie* ont inspiré le génie de Racine, et ont valu deux chefs-d'œuvre à la scène française.

On peut consulter avec fruit, sur les trois tragiques grecs dont nous venons de parler, sur le genre et l'étendue des progrès qu'ils ont fait faire au bel art de la tragédie, sur la diversité de leur génie et de leurs talens, tout le chapitre LXIX du *Voyage d'Ana-*

chàrsis. Quant à ceux de leurs ouvrages qui nous sont parvenus, La Harpe en a fait une savante analyse dans son *Cours de Littérature.*

Page 39, ligne 20. MÉNANDRE.

24. *Voir* page 196, note 36. — J'ajouterai qu'il fut le fondateur de la *nouvelle* comédie; que des cent huit ou cent neuf pièces qu'il avait composées, et dont huit seulement furent couronnées, il ne nous est resté que des fragmens. Plaute et Térence se sont attachés à l'imiter; mais ce qui doit nous donner la plus haute idée de son mérite, c'est qu'au jugement de César, Térence lui-même n'était qu'un *demi-Ménandre.*

Page 41, ligne 18. *Il y a cependant d'autres comiques....
et particulièrement* PHILÉMON.....

25. Philémon, contemporain de Ménandre, né en Sicile, s'était fixé à Athènes. Sa comédie intitulée *le Soldat*, dont Athénée nous a conservé un lambeau, fit, dit-on, périr Ménandre de chagrin, parce qu'elle obtint le prix. C'est peut-être à cette circonstance que Quintilien fait allusion, quand il parle de l'injustice que Ménandre éprouva de la part de son siècle.

Un sort bien différent attendait Philémon, car on prétend qu'il mourut dans les convulsions du rire, âgé de quatre-vingt-dix-sept ans.

Ligne 27. *L'un est* THUCYDIDE, *serré, concis*....

26. L'historien de la guerre du Péloponnèse naquit l'an 471 avant Jésus-Christ. Il a pris soin lui-même de nous apprendre qu'il était Athénien.

Il assistait, très-jeune encore, aux jeux Olympiques, où il entendit Hérodote lire ses ouvrages, ce qui éveilla en lui le noble désir d'égaler un jour la gloire de cet écrivain, à côté duquel il s'est en effet placé dans l'estime de la postérité, quoique par des qualités toutes différentes. Appartenant à l'une des premières familles d'Athènes, il eut l'avantage bien précieux pour un homme qui se destine à écrire l'histoire, d'être mêlé lui-même à la plupart des évènemens qu'il raconte. Ce fut pendant un exil de vingt ans subi à la suite d'un revers dans son expédition contre Brasidas, général lacédémonien, qu'il rassembla les matériaux de son ouvrage.

On ne sait pas au juste à quelle époque il mourut.

Page 41, ligne 28. *L'autre*, HÉRODOTE, *doux*, *clair*....

27. Hérodote naquit à Halicarnasse, en Carie, treize ans avant Thucydide.

Précédé par quelques écrivains qui s'étaient bornés à décrire les évènemens d'une ville ou d'une nation, « il eut, dit l'auteur d'Anacharsis, le mérite d'ouvrir aux yeux des Grecs les annales de l'univers connu, et leur offrit, sous un même point de vue, tout ce qui s'était passé de mémorable dans l'espace d'environ deux cent quarante ans. »

On l'a appelé *le père de l'histoire*, et c'est à bon droit, puisque nous lui devons le peu de connaissances qui nous sont parvenues sur l'origine, les usages et les mœurs de la plupart des peuples de l'Orient, et que, sans lui peut-être, on n'eut jamais pu nouer la chaîne des temps antiques, ni, par conséquent, embrasser un système d'histoire universelle.

La douceur et l'élégance de son style, et l'attrait, si puissant sur les Grecs, du merveilleux que ses récits empruntent des traditions ou des préjugés de tant de peuples restés inconnus jusqu'à lui : voilà peut-être la double cause qui exalta l'enthousiasme de ses contemporains, et leur fit donner les noms des Muses aux neuf livres qui composent l'ouvrage d'Hérodote.

Il mourut, dans un âge avancé, à Thurium, ville d'Italie où il s'était fixé.

Page 43, ligne 3. THÉOPOMPE.... *leur est inférieur*.

28. Il ne nous est rien resté de lui. Il avait continué l'ouvrage de Thucydide et entrepris une histoire de Philippe, roi de Macédoine.

Il était né dans l'île de Chio, vers l'an 358 avant Jésus-Christ, et avait été disciple d'Isocrate.

Ligne 7. PHILISTE *mérite aussi*....

29. Cet écrivain, né à Syracuse, avait suivi à Athènes les leçons d'Isocrate. De retour dans sa patrie, il s'y déshonora, en pré-

tant l'appui de sa valeur et de ses talens à la tyrannie des deux Denys. Il fut tué, ou, suivant quelques historiens, il se tua lui-même à la suite d'une bataille navale qu'il perdit contre Dion, lorsque celui-ci reparut en Sicile pour en chasser Denys le Jeune.

Il avait écrit une Histoire des antiquités de la Sicile, une Vie de Denys l'Ancien, et le commencement de celle de son fils. On n'a qu'un fragment de ses Antiquités de la Sicile, conservé par saint Clément d'Alexandrie.

Cicéron faisait cas de Philiste, comme écrivain. « Ce Sicilien, dit-il, est un homme de tête, plein d'idées, pénétrant, concis : c'est presque un petit Thucydide. » *Siculus ille capitalis, creber, acutus, brevis, pæne pusillus Thucydides.* (Cic., *ad Quint. Frat.*, lib. II, ep. 13.)

Page 43, ligne 11. EPHORE, *comme le disait Isocrate*....

30. Né à Cumes, en Éolie, vers l'an 363 de notre ère ; autre disciple d'Isocrate.

Il avait composé une Histoire du Péloponnèse en trente livres, dont il ne nous est rien parvenu.

Ligne 12. *On loue le génie de* CLITARQUE....

31. Contemporain d'Alexandre-le-Grand, sous lequel il avait porté les armes, il avait donné une relation des exploits de ce conquérant, dans laquelle auront sans doute puisé Diodore de Sicile et Quinte-Curce.

Ligne 14. *Long-temps après a paru* TIMAGÈNE....

32. Nous avons dit un mot de lui, note 52 du liv. I. — Outre une Histoire d'Auguste qu'il jeta, dit-on, au feu, lorsqu'il eut encouru la disgrâce de ce prince, il était auteur d'une Histoire d'Alexandre et de ses successeurs, et d'une Histoire des Gaules, ouvrages que le temps a détruits.

Ligne 20. *Au dessus d'eux s'élève à une grande distance,* DÉMOSTHÈNE....

33. Ce prince des orateurs naquit à Athènes, l'an 385 avant Jésus-Christ.

Orphelin de bonne heure et confié à des tuteurs infidèles, il plaida lui-même contre eux à l'âge de dix-sept ans, comme pour préluder aux luttes qui devaient signaler son orageuse carrière. Il gagna son procès : mais il faut croire qu'il ne le dut qu'à la justice de sa cause ou à l'intérêt qu'inspirait sa jeunesse; car, loin d'avoir alors des talens oratoires, il ne put, dit-on, se faire supporter à la tribune, quand plus tard il voulut s'y présenter, tant il choqua les Athéniens, et par les défauts repoussans de son débit, et par la fastidieuse prolixité de ses discours! Jamais enfin, si ce qu'on rapporte de lui est vrai, jamais orateur ne partit de si bas pour s'élever au plus haut degré d'éloquence que mortel ait jamais atteint.

Mais, chez les hommes qui ont l'instinct de leur supériorité, le courage s'irrite par les obstacles. Démosthène, qu'auraient pu décourager ces disgrâces, y puisa au contraire la généreuse résolution de recueillir et rassembler toutes ses forces, pour amener son organisation intellectuelle et physique à seconder l'ardeur de son âme. Une retraite profonde lui parut convenir à ce projet; il s'y résigna. Là, seul avec son courage et avec ses pensées, en même temps qu'il se renouvelait et se retrempait tout entier dans l'étude et la méditation, et qu'il formait son style par la lecture opiniâtre des grands modèles, il parvenait, en se livrant aux exercices les plus fatigans, en se soumettant aux épreuves les plus pénibles, à débrouiller et assouplir son organe. Enfin, il ne reparut à cette tribune où il avait naguère éprouvé d'humilians échecs, que pour en faire désormais le théâtre de ses plus éclatans triomphes.

Tel devint, par son courage et sa persévérance, l'orateur étonnant qui éclipsa les orateurs qui l'avaient précédé et ceux de son temps, subjugua l'admiration des Athéniens, et fut presque, pendant quinze ans, l'arbitre des destinées de toute la Grèce. Son patriotisme était au niveau de son éloquence. Onze de ses harangues (les *Philippiques* et les *Olynthiennes*) nous font connaître sa longue et mémorable lutte avec Philippe, roi de Macédoine; et les combats qu'il soutint à la tribune pour déjouer les projets ambitieux de ce prince, et empêcher l'asservissement de la Grèce. Le sort des armes trahit la noble cause que défendait Démosthène, mais sa gloire personnelle n'en est restée ni moins pure ni moins belle, et les palmes de l'orateur qui se dévoua à la liberté de son pays, ont cent fois plus de prix aux yeux de la postérité, que les lauriers du vainqueur qui accabla cette même liberté dans les plaines de Chéronée.

Après la mort de Philippe, Démosthène tenta encore, mais sans succès, de soulever les Grecs contre leurs dominateurs. Après celle d'Alexandre, menacé d'être livré à Antipater, il fut forcé de fuir; mais, poursuivi par les satellites de ce prince, il se réfugia dans l'île de Calaurie, et s'empoisonna aux pieds de la statue de Neptune, pour ne pas tomber vif entre les mains de ses persécuteurs. Ce grand homme était alors âgé de soixante-trois ans.

Page 43, ligne 26. ESCHINE *est plus plein, plus abondant*....

34. Ce rival de Démosthène était de deux ans plus âgé que lui. Engagé dans la même carrière, il y jeta quelque éclat, mais ne s'y comporta pas avec le même honneur. Il passait pour être aux gages de Philippe de Macédoine, et Démosthène l'en avait publiquement accusé : de là une haine irréconciliable qui, de la part d'Eschine, n'attendait qu'une occasion pour éclater. Elle se présenta.

Peu de temps après la bataille de Chéronée, Démosthène ayant persuadé aux Athéniens de réparer leurs murailles pour se mettre à l'abri d'un siège, avait été chargé de présider à cette réparation, et s'en était si généreusement acquitté, en y subvenant en partie de ses propres deniers, que Ctésiphon, son ami, proposa de lui décerner une couronne d'or. Eschine, au lieu de s'associer, comme il le devait, à la reconnaissance de ses concitoyens, n'écoutant que sa haine, ne rougit pas d'attaquer le décret proposé par Ctésiphon, et de faire de cette récompense même le texte d'une accusation en forme contre Démosthène. C'était à la voix de ce grand orateur que les Grecs s'étaient enfin levés contre Philippe, et les Grecs avaient succombé.... Quel beau champ pour les ennemis et les envieux de Démosthène! comme il paraissait facile, sur les ruines encore fumantes de la liberté, de faire retomber tous les malheurs de la guerre sur la tête de celui qui l'avait conseillée!

On sait quelle fut l'issue de ce fameux procès. La victoire resta au généreux défenseur de l'indépendance de son pays, à l'orateur éloquent qui lui avait sacrifié son repos et sa fortune, et dont les accens, plus fiers et plus nobles encore après la défaite, trouvaient une si vive sympathie dans le cœur des Athéniens.

Son accusateur fut confondu. Nous avons les plaidoyers d'Eschine et de Démosthène, connus sous le nom de *Harangues pour la Couronne*. La Harpe en a fait une très-belle analyse dans son *Cours de littérature**. J'y renvoie mes lecteurs.

Eschine, banni, alla cacher sa honte dans l'île de Rhodes, où il donna des leçons de rhétorique. De là il passa à Samos, où il mourut à l'âge de soixante-quinze ans.

Voir, sur ce même Eschine, la note 50 du liv. II.

Page 43, ligne 29. Hypéride *se recommande surtout....*

35. Il était contemporain de Démosthène et d'Eschine, et avait été disciple de Platon et d'Isocrate.

Il releva un beau talent oratoire par une grande probité politique qui lui valut d'être honoré de fonctions importantes. Fidèle à la cause de la liberté, il en mourut martyr. Livré à Antipater, ce tyran, après lui avoir fait arracher la langue, le fit périr de la main des bourreaux, l'an 322 avant notre ère, l'année même où Démosthène termina ses jours par le poison.

Page 45, ligne 1. Lysias, *qui les devança....*

36. Cet orateur, fils de Céphale, Syracusain, était né à Athènes l'an 459 avant Jésus-Christ. Il avait fait partie de la colonie qui fut envoyée à Thurium, dans la Grande-Grèce, et y avait suivi les leçons d'éloquence des rhéteurs Tisias et Nisias.

On le compte parmi les orateurs athéniens qui brillèrent vers le temps de la guerre du Péloponnèse. On a de lui un assez grand nombre de harangues.

Ligne 6. Isocrate.

Voyez la note 3 du liv. III.

Ligne 19. *J'avouerai même que ce* Demetrius de Phalère....

37. Orateur et philosophe péripatéticien. Il devait son surnom à Phalère, port de l'Attique. Il appartient au troisième siècle avant Jésus-Christ. Il avait composé des discours et des histoires qui ne

---

* Liv. II, sect. 4.

nous sont pas parvenus. Le livre de *la Rhétorique*, auquel on a mis son nom, est communément attribué à Denys d'Halicarnasse. Ce fut lui, dit Cicéron (*Brutus*, ch. ix), qui le premier fit déchoir l'éloquence. *Hic primus inflexit orationem.*

Page 45, ligne 29. *Qui doute que* PLATON....?

38. *Voyez*, sur ce philosophe, la note 68 et dernière du liv. 1.

Page 47, ligne 4. *Parlerai-je de* XÉNOPHON?

39. Xénophon, l'un des hommes les plus intéressans de l'ancienne Grèce, était né dans un bourg de l'Attique, l'an 445 avant Jésus-Christ.

Disciple de Socrate, il combattit à ses côtés à la bataille de Délium, et fut, dit-on, sauvé par lui. Sa vie se partagea entre les armes, la philosophie et les lettres. Il avait pris part à la guerre du Péloponnèse, et en a donné sept livres qui font suite à l'Histoire de Thucydide. La fameuse retraite qu'il opéra à la tête des *dix mille* Grecs auxiliaires envoyés à Cyrus le Jeune, et dont il a lui-même écrit la relation, l'a placé au rang des plus grands capitaines; et ce livre est encore étudié aujourd'hui par les militaires, comme un chef-d'œuvre de stratégie.

Sa *Cyropédie*, que Scipion l'Africain, au rapport de Cicéron, ne pouvait se lasser de lire, se distingue par un grand charme de style, et pourrait s'appeler l'école des rois. L'auteur y paraît avoir quelquefois sacrifié la vérité historique au désir d'offrir, dans la personne de Cyrus, le modèle d'un prince appliqué à rendre ses peuples heureux. C'est au moins le jugement qu'en porte Cicéron. « Cyrus ille a Xenophonte, non ad fidem historiæ scriptus, sed ad effigiem justi imperii. » (*Ad Quint. frat.*, lib. 1, ep. 1.)

On lui doit un recueil des paroles mémorables de Socrate, et l'apologie de ce philosophe : nobles distractions qu'il donna à sa douleur, lorsqu'il apprit, à son retour dans sa patrie, la fin déplorable de son vertueux maître.

Divers autres ouvrages, la *Vie d'Agésilas*, des traités didactiques et philosophiques, complètent ses titres comme écrivain.

Si l'on ajoute que la fermeté de son âme égalait l'aménité de ses mœurs, et que nul dans sa conduite et dans ses écrits n'a su donner à la sagesse une physionomie plus attrayante et plus aimable, on ne sera plus surpris de l'espèce de culte que les anciens rendaient à la mémoire de Xénophon. Il mourut à Corinthe, âgé de quatre-vingt-dix ans.

Page 47, ligne 11. *Que dirai-je... d'un* ARISTOTE....?

40. Ce célèbre fondateur de l'école péripatéticienne, est remarquable par le nombre, mais plus encore par la solidité et la profondeur de ses écrits. Il est peu de sciences qu'il n'ait abordées, et presque partout son génie a laissé des traces que le temps n'a point effacées.

Si ses arrêts en métaphysique ne sont plus des oracles devant lesquels on doive se prosterner; si sa philosophie, qui excita jadis tant d'engouement dans les écoles, est tombée depuis les découvertes et les progrès de la philosophie moderne; que de titres ne lui reste-t-il pas à la plus haute renommée !

Il est le premier qui ait remonté aux principes du vrai beau dans les arts, et qui, les appliquant à la poésie et à l'éloquence, en ait déduit ces préceptes et ces règles qui seront éternellement le code où la saine critique ira puiser, pour éclaircir ses doutes et confirmer ses décisions. Il est le véritable créateur de la logique; et quelle vigueur de tête ne lui a-t-il pas fallu pour imaginer ces formes rigoureuses et précises d'argumentation à l'aide desquelles on découvre la faiblesse ou la solidité d'un raisonnement !

Ses traités de morale et de politique ne démentent point cette sagacité, cette justesse de vues qui était le caractère dominant de son esprit; et, dans tous les temps, ils seront jugés dignes d'exercer les méditations du philosophe et de l'homme d'état.

Ce fut au milieu de tant d'élucubrations diverses qu'Aristote trouva encore le loisir d'élever à la science un de ses plus précieux monumens, dans son *Histoire des animaux*. Il est vrai que cette histoire fut entreprise sous les auspices d'Alexandre-le-Grand, dont Aristote avait dirigé l'éducation; il est vrai que ce conquérant mit à la disposition du philosophe des moyens extraordinaires, en lui fournissant près de cinq millions de notre monnaie, et en lui procurant les animaux les plus rares de toutes les parties de la terre : mais le génie de l'instituteur ne fut point au dessous de la munificence de l'élève; et Buffon, dont on ne récusera pas la compétence en pareille matière, a proclamé cet ouvrage *l'abrégé le plus savant qui ait jamais été fait.*

Accusé d'impiété par un prêtre de Cérès, et craignant le sort de Socrate, Aristote s'enfuit d'Athènes et se retira à Chalcis, en Eubée, où il mourut âgé de soixante-trois ans, deux ans après la mort d'Alexandre.

Voyez, sur ce philosophe, la note 4 du liv. III, et la note 43 du liv. VIII.

Page 47, ligne 17. Théophraste.

41. Ami d'Aristote, avec lequel il avait, dans sa jeunesse, suivi les leçons de Platon, Théophraste se fit le disciple du Stagyrite, lorsque celui-ci ouvrit le Lycée, et lui succéda plus tard dans la direction de cette célèbre école.

Ses connaissances étaient aussi variées qu'étendues, et son activité prodigieuse, à en juger par le nombre infini des matières qu'il avait traitées et des ouvrages qu'il avait composés. Diogène-Laërce en fait monter la liste à deux cent vingt-neuf.

Des écrits qui nous restent de lui, son livre *des Caractères* est le plus connu et le plus estimé. Recommandable aux yeux des connaisseurs par un élégant atticisme, il offre une suite piquante de portraits esquissés avec beaucoup de finesse : c'est une satire ingénieuse des vices des Grecs, et particulièrement des Athéniens. Ce livre a, comme on sait, servi de modèle à La Bruyère ; ce qui suffirait pour le recommander à notre intérêt, puisque nous lui devons un des plus beaux ouvrages dont s'honore la langue française.

Théophraste était né à Eresos, l'une des villes maritimes de l'île de Lesbos, l'an 371 avant Jésus-Christ. Il mourut à Athènes dans un âge fort avancé : saint Jérôme dit qu'il vécut cent sept ans.

Voyez, sur ce philosophe, la note 2 du liv. VIII.

Ligne 26. *Passons maintenant aux orateurs romains.... en commençant par* Virgile......

42. Ce poète, l'éternel honneur des Muses latines, vit le jour à Andes*, petit bourg près de Mantoue, l'an de Rome 684 (70 avant l'ère chrétienne). L'histoire de sa vie, si l'on en élague tout ce

---

* Aujourd'hui *Petiola*.

qu'un biographe apocryphe y a mêlé de merveilleux et de mensonger, peut se résumer dans celle de ses ouvrages.

Né de parens qui cultivaient leurs domaines, il quitta la vie des champs pour recevoir les bienfaits d'une éducation qui n'eut rien à envier à celle des Romains les plus distingués de son temps. Il vint à Rome après avoir achevé ses études, ne tarda pas à s'y faire remarquer par les grâces de son esprit, et y contracta ces liaisons, y acquit ces patronages qui, dans la suite, eurent tant d'influence sur sa fortune et sur son génie.

Il avait été dépouillé de son patrimoine lors de la distribution des terres d'au delà du Pô, faite après la bataille de Philippes, aux soldats d'Antoine et d'Octave; il y fut réintégré par la faveur de ce dernier (qui régnait seul alors sous le nom d'Auguste), aidé de la protection de Mécène et de l'amitié de Pollion : ce fut là le premier sujet de ses chants. Il consacra ce malheur et ce bienfait dans une de ses églogues, genre de composition par lequel il essaya ses forces, et où, sous le voile d'ingénieuses allégories empruntées à la muse pastorale de Théocrite, il se livre aux inspirations que lui suggèrent tour-à-tour, et les désastres au milieu desquels le sort l'a jeté, et sa reconnaissance envers d'illustres protecteurs, et son zèle à louer ses amis, et l'amour, et la philosophie; car on trouve de tout cela dans ses églogues. Il s'y proposait pour modèle le poète bucolique de Syracuse, et, s'il ne lui a pas enlevé la palme, il s'est montré digne de la partager avec lui.

Ce fut ainsi que Virgile préluda à ses *Géorgiques*, qui sont peut-être son plus beau titre de gloire, puisqu'en ce genre on peut dire qu'il n'eut point de modèle, et qu'il y est resté sans rival. Jamais, en effet, la poésie ne se montra plus savante à varier ses tons, à nuancer ses couleurs, à intéresser le cœur et l'esprit pour sauver la sécheresse d'un sujet didactique. Avec quel art les plus simples détails de l'agriculture sont relevés et embellis, tantôt par une expression, un tour pittoresque, tantôt par un trait exquis de sentiment! Quelle délicieuse peinture des douceurs de la vie champêtre! quelle verve, quel coloris, quelle étonnante profusion de beautés de tout genre, dans les épilogues, et particulièrement dans celui d'Aristée, auquel se rattache d'une manière si touchante le récit de la mort d'Eurydice et d'Orphée!

Virgile avait trente-quatre ans quand il composa cet ouvrage qu'il écrivit, comme il nous l'apprend lui-même, sous le beau ciel de Naples :

> Illo Virgilium me tempore *dulcis* alebat
> *Parthenope.*

Il l'avait entrepris à la recommandation de Mécène, et ce fut une pensée politique de ce favori d'Auguste, qui nous valut un des chefs-d'œuvre de l'esprit humain.

Après s'être soutenu à côté de Théocrite, dans ses *Bucoliques*, et avoir laissé loin derrière lui Hésiode, dans ses *Géorgiques*, Virgile voulut aussi se mesurer avec Homère, et il conçut l'*Énéide*. Il ne peut être ici question de comparer ces deux grands poètes. A Homère reste la gloire incontestable d'avoir ouvert la route et atteint, du premier pas, les limites de son art. Contentons-nous de remarquer que si le chantre de l'*Iliade* et de l'*Odyssée* est l'expression la plus naïve à la fois et la plus sublime des temps héroïques, le chantre de l'*Énéide* est le type le plus enchanteur et le plus parfait des âges civilisés. Autant la muse d'Homère nous apparaît imposante et fière par ses coups de pinceau hardis, ses mouvemens passionnés et impétueux, ses images gigantesques, autant celle de Virgile nous entraîne et nous charme par la suavité de ses formes, la grâce de ses contours, la teinte harmonieuse de ses couleurs. Delille me paraît avoir caractérisé, avec autant d'esprit que de justesse, les deux princes de l'épopée chez les anciens, dans ces vers qu'il adresse à Virgile :

> Homère, déployant sa force poétique,
> Dans sa mâle beauté m'offre l'Hercule antique ;
> Ta muse me rappelle, en ses traits moins hardis,
> De la belle Vénus les charmes arrondis.
> (*L'Imagination*, chant v.)

Virgile employa onze ans à composer l'*Énéide*, et la mort le surprit avant qu'il eût pu y mettre la dernière main. Il ne regardait encore son travail que comme une ébauche, et il ordonna, par son testament, de le livrer aux flammes. Mais ses héritiers, du nombre desquels était Auguste, ne tinrent aucun compte de cette disposition, et, se bornant à retrancher quelques vers imparfaits, ils publièrent ce poëme dans l'état où il nous est parvenu.

Virgile mourut à Brindes à l'âge de cinquante-un ans, et ses restes furent, d'après sa demande, transportés à Naples, où on lui érigea, sur le chemin de Pouzzoles, un tombeau dont la place se montre encore aujourd'hui.

Page 49, ligne 15. *Il est bon cependant de lire* MACER *et* LUCRÈCE.

43. *Voyez*, sur MACER, la note 39 du liv. VI.

Lucrèce naquit l'an de R. 659 (95 ans avant J.-C.), et fut le contemporain et l'ami d'Atticus, de Cicéron et de Catulle. Né dans l'ordre des chevaliers et d'une famille illustre, il eut pu aspirer aux honneurs; mais, soit que les scènes sanglantes des proscriptions de Marius et de Sylla, dont il avait été témoin, l'eussent guéri de toute ambition, soit que se sentant entraîné vers la culture des lettres et de la philosophie, rien ne pût le distraire de cette double étude : il se tint, à l'exemple d'Atticus, constamment éloigné des affaires publiques, et se retira à Athènes pour s'y livrer plus tranquillement à ses goûts.

Il étudia sous Zénon la philosophie d'Épicure, qui était alors fort en vogue, et quand il s'en fut bien pénétré, il écrivit son poëme *de Rerum natura*.

Cet ouvrage dépose en faveur du génie poétique de Lucrèce, et, tout en regrettant qu'il l'ait exercé sur un sujet aussi antipathique avec les Muses, on ne peut se lasser d'admirer la gravité et la pureté de son style, l'élévation de ses pensées, et l'harmonieuse douceur de sa versification. Ce parfum d'antiquité qu'on y respire semble ajouter encore au charme de sa poésie. On citera toujours comme des modèles la digression sur les maux qu'enfante la superstition, l'éloge d'Épicure, le tableau de la peste, et la belle invocation à Vénus, qui ouvre le poëme. Virgile professait une admiration sincère pour Lucrèce, qu'il appelait son maître et son modèle. On a remarqué que, par une singulière coïncidence, Lucrèce mourut le jour même que Virgile prit la robe virile.

On peut s'étonner, avec un célèbre philologue du seizième siècle (Denys Lambin), de la manière sèche dont Quintilien s'exprime sur le compte de Lucrèce. D'abord, est-il bien judicieux de le mettre en parallèle avec Macer? C'est, dit Lambin, comparer un éléphant à une mouche, *hoc est cum musca elephantum comparare.* Ensuite, comment Quintilien peut-il dire que la lecture de Lucrèce ne saurait former l'orateur à une belle élocution? Est-ce que l'on ne trouve pas dans ce poète, au plus haut degré, la propriété, la clarté, l'élégance? est-ce qu'il n'y a aucun fruit à retirer pour celui qui aspire à l'éloquence, d'un ouvrage où l'auteur a su, malgré l'aridité de son sujet déployer toutes les ressources de l'esprit, toutes les richesses de l'imagination? Mais peut-être la morale de Quintilien, que devaient scandaliser les doctrines d'Épicure, lui faisait-elle un devoir de glisser sur le mérite de son brillant interprète, et jugeait-il dangereux d'attirer sur son poëme l'attention de la jeunesse. En ce cas, respectons le scrupule de l'homme de bien, et pardonnons-lui d'avoir égaré le jugement du critique.

Page 49, ligne 20. VARRON D'ATACE *n'est pas non plus à dédaigner.*

44. *Voyez,* sur cet écrivain, la note 33 du liv. IV.

Ligne 24. *Révérons* ENNIUS....

45. Cet ancien poète était né à Rudies, en Calabre. Son style est âpre et raboteux; mais ses défauts, qu'il faut mettre sur le compte du siècle où il a vécu, sont amplement compensés par l'énergie de ses expressions et le feu de sa poésie. Ennius avait écrit en vers héroïques les Annales de la république romaine, et avait fait preuve d'un grand talent d'observation dans plusieurs compositions dramatiques et satiriques. Il mourut de la goutte, contractée par un fréquent usage des poisons, environ cent soixante-neuf ans avant l'ère chrétienne, dans la soixante-dixième année de son âge. Scipion, au lit de mort, ordonna que son corps fût enterré à côté de celui du poète qui avait été son ami. Ennius, plein de la conscience de son mérite, comme le premier poète épique de Rome, s'appelait lui-même l'Homère des Latins. Il ne nous est resté de tout ce qu'il a écrit que des fragmens qui ont été recueillis dans une collection sous le titre de *Corpus poetarum.* (Tiré du *Dictionnaire classique* de THOMAS BROWNE.)

Page 49, ligne 30. OVIDE.... *a trop sacrifié au clinquant*....

46. Ce poète ingénieux et brillant naquit à Sulmone, l'an de Rome 711 (avant notre ère 43). Destiné d'abord au barreau, un penchant irrésistible l'entraîna vers la poésie. La confraternité de goûts et de talens le lia avec Virgile, Tibulle et Horace, et, comme eux, il eut part aux faveurs d'Auguste; mais, moins discret ou moins heureux, il perdit ces faveurs, qui se changèrent pour lui en un rigoureux exil, dont on a vainement cherché à pénétrer les causes. Relégué à Tomes, à l'extrémité du Pont-Euxin, il charma son ennui par divers écrits, et notamment par ses élégies (*les Tristes* et *les Pontiques*), où il fit parler ses douleurs, sans pouvoir fléchir la sévérité de celui qui les lui avait infligées. Passer des délices de la vie de Rome dans les déserts de la Scythie, était une transition trop forte pour l'âme voluptueuse et tendre d'Ovide : le chagrin le conduisit au tombeau. Il mourut dans la cinquante-neuvième année de son âge, après avoir langui huit ans dans cet affreux séjour, où il n'avait pas même la consolation de se faire entendre :

Barbarus hic ego sum, quia non intelligor illis.

Des nombreuses compositions d'Ovide, on regrette les six derniers livres de ses *Fastes*, et sa tragédie de *Médée*, dont Quintilien parle avec éloge. Ses *Métamorphoses*, que Voltaire admirait, et qui sont incontestablement son chef-d'œuvre, lui ont assigné une place honorable parmi les grands écrivains du siècle d'Auguste.

La postérité a confirmé de tout point le jugement qu'a porté Quintilien sur cet auteur. Son génie abondant et facile dépasse trop souvent les limites du goût; il joue trop avec ses sujets, se laisse trop aller au plaisir de décrire, et manque souvent d'effet pour vouloir en trop produire. Mais, avec tous ces défauts, on l'aime, et il est peu de poètes dont la lecture fasse passer des heures plus agréables.

Page 51, ligne 3. *Pour* CORNELIUS SÉVÈRE....

47. Poète latin, contemporain d'Ovide. Il avait commencé un poëme sur la guerre de Sicile, et mourut avant de l'avoir terminé.

On a de lui un poëme sur l'Etna, qui d'abord avait été attribué à Virgile, et un fragment sur *la Mort de Cicéron*. On voit, par ce que dit Quintilien du mérite de Cornelius Sévère, que la mort prématurée de ce jeune poète a privé les lettres latines d'un nom qui les aurait honorées.

> Page 51, ligne 11. *Nous avons beaucoup perdu naguère dans la personne de* Valerius Flaccus.

48. Il avait fait un poëme sur l'*Expédition des Argonautes*, sujet qui, long-temps avant lui, avait été chanté par Apollonius de Rhodes. La mort l'empêcha de mettre à fin son ouvrage. Ce qui nous en est parvenu justifie, aux yeux de bien des littérateurs, les regrets que Quintilien exprime sur la perte de Valerius Flaccus, et l'on serait fondé à croire que La Harpe a mis un peu de légèreté dans le jugement qu'il porte de cet écrivain. Quelques biographies font mourir Valerius Flaccus la onzième année du règne de Trajan. Mais comment concilier ce fait avec le passage de notre rhéteur qui écrivait son *Institution oratoire* sous Domitien, et qui dit : *Multum in Valerio Flacco* nuper *amisimus* ?

> Page 51, ligne 12. Saleius Bassus *avait de la véhémence.*

49. Poète de mérite qui vivait sous Domitien. Il en est question dans le dialogue *de Oratoribus*, où l'un des interlocuteurs, Secundus, parle de lui dans les termes les plus honorables, et l'appelle *optimum virum et absolutissimum poetam.*

> Ligne 14. Rabirius et Pedon *ne sont pas indignes qu'on leur consacre quelques loisirs.*

50. Le premier appartient au siècle d'Auguste : il avait écrit un poëme sur la victoire que cet empereur remporta à Actium contre Antoine. Sénèque le comparait à Virgile pour l'élégance et la majesté. On voit que Quintilien ne partageait pas cet avis. D'autres écrivains le citent aussi avec beaucoup d'éloges. Ovide a dit de lui :

. . . . Magnique Rabirius oris.

et Velleius l'accole à Virgile, parmi les hommes de génie qui ont illustré son siècle. Il ne reste rien de lui.

Le second est un poète du même siècle qui a été loué aussi par Ovide. Il avait écrit des élégies, des épigrammes et un poëme héroïque intitulé *la Théséide*. Il ne reste de lui que deux élégies sur la mort de Drusus et sur celle de Mécène.

Page 51, ligne 16. LUCAIN *est ardent, impétueux*, etc.

51. Ce poète, né à Cordoue, en Espagne, l'an 38 de notre ère, fut amené fort jeune à Rome où il étudia la grammaire, les lettres et la philosophie. Placé par le crédit de Sénèque, son oncle, auprès de la personne de Néron, ses talens poétiques le rendirent agréable à ce prince, qui l'éleva à la dignité d'augure et de questeur, avant l'âge requis, et le combla de faveurs tant qu'il sut se renfermer dans l'office de panégyriste. Mais Néron avait de la prétention au bel-esprit, et Lucain eut bientôt, aux yeux de son maître, le tort de parler mieux que lui le langage des Muses, et surtout de l'avoir vaincu dans un concours solennel, en plein théâtre. Néron n'était pas homme à se contraindre long-temps : sa jalouse fureur éclata. Il fut interdit à Lucain de réciter, à l'avenir, ses vers en public, et cette défense fut suivie de mille outrages. Le jeune poète ulcéré, poussé à bout, se jeta en étourdi dans la conspiration de Pison. Arrêté avec ses complices, et condamné à périr, il n'eut que le choix du genre de mort, et se fit ouvrir les veines dans un bain chaud, où il expira, âgé de vingt-sept ans.

Telle fut la fin tragique et prématurée de l'auteur de la *Pharsale*. Cette fin semble demander grâce pour les taches nombreuses qui défigurent ce poëme, et qui, probablement, auraient disparu, au moins en partie, si Lucain eût assez vécu pour revoir son ouvrage, et pour émonder les jets luxurians de sa fougueuse imagination.

Telle qu'elle est, au surplus, et malgré les longueurs et la prolixité des détails, malgré la bizarre inégalité du style, malgré ce ton boursoufflé et déclamatoire qui s'y fait sentir presqu'à chaque page, la *Pharsale* étincelle de beautés d'un ordre si élevé, qu'elles ont assuré à Lucain, en dépit de tous ses défauts, une place à part dans l'estime des littérateurs.

Ne nous étonnons donc pas si notre Corneille, bon juge de ce qui était véritablement grand, s'est si souvent inspiré d'un poëme où l'on trouve les portraits si habilement tracés de César et de Pompée, la belle fiction de la patrie en alarmes apparaissant à César aux bords du Rubicon*; le tableau, d'une austérité si originale, des noces de Marcie avec Caton, et la peinture si stoïque des mœurs et du caractère de ce fameux Romain**; sa marche dans les déserts de la Libye, et les discours qu'il y tient aux soldats pour soutenir leur courage et réveiller en eux l'enthousiasme de la liberté***, et tant de traits enfin qui portent l'empreinte d'un esprit supérieur.

Page 53, ligne 8. TIBULLE *me paraît y avoir le mieux réussi*
(dans l'élégie).

52. Ce poète, *à qui l'amour dictait les vers qu'il soupirait*****, fut l'ami et le rival de gloire de Virgile, d'Ovide et d'Horace. Après avoir essayé de la guerre qui ne convenait ni à ses goûts ni à sa santé, il se livra aux douceurs de la retraite, où il cultiva en paix les plaisirs et les lettres. Il mourut jeune, après avoir perdu une partie de ses biens, lors du partage des terres, au temps des proscriptions; ce qui explique peut-être pourquoi l'on ne trouve pas dans ses vers le moindre mot sur Auguste et sur Mécène. Horace, dans une épître charmante qu'il adresse à Tibulle, nous apprend que ce poète possédait tout ce qui peut rendre heureux :

.....................Di tibi formam,
Di tibi divitias dederant artemque fruendi.
(Lib. 1, *Epist.* 4, v. 6.)

Nous avons de lui quatre livres d'élégies, qui sont des chefs-d'œuvre de grâce et de sentiment.

Ligne 8. *Quelques-uns lui préfèrent* PROPERCE.

53. Properce était fils d'un chevalier romain qui fut proscrit par Auguste. Il vint à Rome, où son esprit le fit distinguer. Mécène, Gallus et Virgile devinrent ses amis, et Auguste son protecteur. Mécène, qui avait une haute idée de ses talens, l'avait engagé, dit-on, à entreprendre une épopée dont l'empereur fût le

---

* Liv. 1er. — **Liv. 11. — ***Liv. 1x. — ****Boileau, *Art poét.*, chant 11.

héros; mais Properce, soit qu'il ne sentît pas le génie épique, soit qu'il lui répugnât de chanter le meurtrier de son père, s'y refusa, et se borna à célébrer ses amours. C'est ce qui nous a valu ses quatre livres d'élégies, où une dame romaine, *Cynthia*, est l'unique objet de ses chants. Il a plus de feu que Tibulle; mais il parle bien moins au cœur.

Page 53, ligne 10. GALLUS *est trop dur*.

54. Ce poète élégiaque était né à Fréjus. Investi de la préfecture d'Égypte, en récompense des services qu'il avait rendus à Octave dans la guerre d'Alexandrie, il se comporta avec tant de violence dans son gouvernement, qu'il fut rappelé, jugé par le sénat, et condamné à l'exil et à une amende. Ne pouvant surmonter la honte de cette condamnation, il se donna la mort à l'âge de quarante-trois ans. C'est à lui que Virgile a adressé sa dixième églogue.

Ses élégies sont perdues. Les fragmens qu'on donne sous son nom, et que les savans attribuent à un autre, ne semblent pas démentir le jugement de Quintilien.

Ligne 11. LUCILE *est le premier*....

55. Ce plus ancien des poètes satiriques latins naquit à Aurunca, environ cent quarante-neuf ans avant J.-C. Il était de l'ordre des chevaliers, et avait vécu dans l'intimité du premier Scipion l'Africain. Il mourut à Naples, âgé de quarante-six ans.

Il avait conservé, jusqu'au siècle d'Auguste et par-delà, des partisans très-passionnés, et Quintilien, sans partager tout-à-fait cet engouement, lui trouve aussi un mérite réel. On a, des trente livres de satires qu'il avait composés, des fragmens assez nombreux, où les connaisseurs distinguent, à travers la rudesse de son style, des pensées fortes et une certaine facilité de versification.

Juvénal le représente armé d'un glaive étincelant, et jetant l'effroi dans le cœur des pervers :

> Ense velut stricto quoties Lucilius ardens
> Infremuit, rubet auditor cui frigida mens est
> Criminibus, tacita sudant præcordia culpa.
> (Sat. 1, v. 165-167.)

Boileau a dit de lui, dans son *Art poétique*, en parlant de la satire :

> Lucile le premier osa *la* faire voir ;
> Aux vices des Romains présenta le miroir ;
> Vengea l'humble vertu de la richesse altière,
> Et l'honnête homme à pied du faquin en litière.
>
> (Chant II, v. 147.)

Page 53, ligne 21. HORACE *est plus châtié*...

56. Horace naquit à Venouse, petite ville entre la Pouille et la Lucanie, environ soixante-cinq ans avant l'ère chrétienne. Son père, quoique simple affranchi, lui fit donner une excellente éducation qu'il dirigea lui-même avec la plus tendre sollicitude, et l'envoya, à l'âge de vingt-deux ans, à Athènes, pour se perfectionner dans les lettres, et étudier la philosophie. S'étant lié dans cette ville avec Brutus, qui rassemblait alors des forces contre Octave, il prit parti dans les légions du général républicain, avec le grade de tribun militaire ; mais, après la bataille de Philippes, où il se conduisit en mauvais soldat, *relicta non bene parmula**, il quitta le métier des armes pour lequel il n'était pas né, et revint à Rome, où il s'adonna à la poésie, sa véritable vocation. Recommandé par Virgile et Varius à Mécène, et par ce dernier à Auguste, il fut admis dans l'intimité de l'empereur et de son principal ministre, et acquit, grâce à ce puissant patronage et aux libéralités qui en furent la suite, une honnête aisance, au sein de laquelle il put désormais se livrer, sans contrainte, à ses deux passions favorites, l'amour des plaisirs et celui des vers.

La gloire littéraire d'Horace, qu'il s'était si poétiquement prédite à lui-même **, est fondée sur des titres impérissables. Doué d'un génie souple et facile, il a excellé dans tous les genres qu'il a traités. Sublime ou gracieux dans ses odes, il manie tour-à-tour, avec un égal succès, la lyre de Pindare ou le luth d'Anacréon. Il fait briller dans ses satires un esprit enjoué et une malice ingénieuse, où il entre plus de gaîté que de fiel ; et dont les leçons

---

* Liv. II, *Ode* 6.

** Exegi monumentum ære perennius.

(Lib. III, *Od.* 28.)

deviennent plus piquantes par la forme dramatique qu'il y emploie souvent. Ses épîtres, modèles de finesse et d'urbanité, abondent en excellens préceptes de conduite et de philosophie pratique à l'usage de tous les temps, de tous les lieux, de toutes les saisons de la vie ; enfin, sous le titre modeste d'une *Lettre aux Pisons*, il a renfermé, dans un élégant précis, les règles des divers genres de poésie et les vrais principes de l'art d'écrire.

La philosophie d'Horace est une sorte d'éclectisme. N'étant attaché, comme il le dit lui-même*, à aucune secte, il prend de chacune ce qu'il y trouve de meilleur et de plus sensé. Épicurien par tempérament, sa haute raison le ramène, sans effort et quand l'occasion s'en présente, aux plus sévères leçons du Portique.

Horace mourut dans sa cinquante-septième année, peu de temps après Mécène, comme pour réaliser le vœu qu'il avait fait de ne pas lui survivre**, et fut enterré auprès du tombeau de celui qui avait été son protecteur et son ami.

Page 53, ligne 23. PERSE *s'est acquis beaucoup de vraie gloire.*

57. Ce poète satirique naquit à Volterre, ville de Toscane, l'an 34 de J.-C., sous le règne de Tibère, et mourut à peine âgé de trente ans, la huitième année du règne de Néron.

Ami et disciple du célèbre philosophe Cornutus, il avait embrassé avec ardeur les doctrines du stoïcisme, et y avait conformé sa vie, qui fut innocente et pure. Ses liaisons intimes avec les personnages les plus vertueux de son temps, et surtout avec l'illustre Thraséas, honorent sa mémoire. Suétone nous le représente comme se recommandant à la fois par les grâces de sa personne et l'aménité de ses mœurs.

---

* Nullius addictus jurare in verba magistri.
(Lib. 1, *Ep.* 1.)

** ....Non ego perfidum
Dixi sacramentum : ibimus, ibimus,
Utcumque præcedes, supremum
Carpere iter comites parati.
(Lib. 11, *Od.* 17.)

Ses satires ne furent publiées qu'après sa mort. Césius Bassus en fut l'éditeur. Quand elles parurent, dit le même Suétone, elles excitèrent l'admiration, et tout le monde se les arracha : *Editum librum continuo homines mirari et diripere cœperunt*. Quintilien, comme on l'a vu, n'en parle que pour en faire un magnifique éloge.

On cherche à s'expliquer ce qui a pu mériter à Perse une telle faveur, et les suffrages d'un critique aussi éclairé que Quintilien. Peut-être faudrait-il en chercher la cause dans des considérations tout-à-fait hors de la littérature. Quoi qu'il en soit, il est fâcheux qu'un mérite si hautement proclamé, et par des juges dont on ne saurait décliner la compétence, se dérobe si souvent à nos yeux, et ne nous apparaisse que par intervalles, et, pour ainsi dire, à travers une mystérieuse obscurité.

C'est là en effet le reproche le plus grave qu'on ait toujours fait à Perse, et s'il eût pris plus de soin de sa gloire, il l'aurait évité; car il gagne souvent à se faire entendre. On rencontre çà et là dans ses satires des vers d'une heureuse concision, et des morceaux où brillent de belles pensées exprimées avec une rare énergie.

Boileau semble avoir voulu plutôt caractériser sa manière que louer son talent, dans ces deux vers fameux :

> Perse, en ses vers obscurs, mais serrés et pressans,
> Affecta d'enfermer moins de mots que de sens.
> (*Art poét.*, chant II, v. 155.)

Page 53, ligne 26. *Il y a une autre espèce de satire..... dont* Terentius Varron.... *nous a laissé un modèle.*

58. Cet écrivain, d'une érudition immense, n'avait pas composé moins de cinq cents volumes, qui sont tous perdus aujourd'hui, excepté des portions assez considérables d'un traité *de Re rustica*, et d'un autre, *de Lingua latina*, dédié à Cicéron.

Il avait été lieutenant de Pompée dans sa guerre contre les pirates, et avait obtenu une couronne rostrale. Proscrit pendant les guerres civiles comme ami de Cicéron et de Pompée, il eut le bonheur d'échapper. Il mourut dans un âge fort avancé, environ vingt-huit ans avant l'ère chrétienne.

Voyez encore, sur ce même Varron, la note 63 du liv. I.

Page 55, ligne 4. *L'ïambe... a du mordant dans* Catulle, Bibaculus....

59. Catulle, né à Vérone, fut le premier poète romain qui imita les Grecs avec succès, et introduisit leurs différens mètres chez les Latins. Il a manié l'ïambe avec beaucoup de mordant, comme le dit Quintilien ; mais il y outrage trop ouvertement la pudeur. Il s'est essayé sur presque tous les genres de poésie, et a fait preuve d'un talent élevé et flexible. Nous avons cité un morceau charmant de lui dans le genre gracieux (*voyez* la note 19 du livre ix). Son chant, sur les noces de Pelée et de Thétis, atteste qu'il aurait pu s'élever aussi jusqu'à l'épopée.

Catulle, suivant l'opinion la plus commune, mourut à peine âgé de trente ans, environ cinquante-six ans avant J.-C.

Furius Bibaculus était contemporain de Catulle. Il avait écrit, en vers ïambiques, un poëme sur la guerre des Gaules, et des épigrammes, particulièrement dirigées contre César. Horace, dans sa satire 5, liv. ii, v. 41, critique le ton hyperbolique de ce poète :

Furius hibernas cana nive conspuet Alpes.

Bibaculus était né à Crémone, vers l'an 102 avant notre ère. On n'a de lui que quelques fragmens.

Ligne 11. *Si l'on veut lui adjoindre quelqu'un* (à Horace),
ce sera Césius Bassus.

60. Ami de Perse, qui lui dédia sa sixième satire :

Admovit jam bruma foco te, *Basse*, Sabino?

Ce poète lyrique mourut sous Titus, l'an 79 de notre ère, victime de l'incendie du Vésuve qui fit périr Pline l'Ancien.

Il ne reste, sous son nom, que de faibles débris recueillis dans le *Corpus poetarum* de Maittaire.

Ligne 15. *Nos tragiques anciens les plus célèbres sont*
Accius *et* Pacuvius.

61. Accius florissait environ cent quatre-vingts ans avant J.-C. Il avait traduit plusieurs pièces de Sophocle, entre autres

son *Philoctète*, dont on faisait cas encore dans le beau siècle de la littérature latine. On n'a conservé que les titres des sujets tragiques qu'il avait traités, et quelques vers épars çà et là dans Cicéron, qui se plaît souvent à le citer.

Pacuvius, contemporain d'Accius avec lequel il fut lié d'une étroite amitié, était né à Brindes. Il se distingua à la fois comme peintre et comme poète. Le *Théâtre des Latins*, publié par M. Levée, contient, dans le dernier volume, des fragmens de Pacuvius, avec la traduction.

Il mourut à Tarente, âgé de plus de quatre-vingt-dix ans.

Page 55, ligne 25. Le Thyeste de VARIUS.....
*La Médée d'*OVIDE.

62. Varius était un des beaux esprits du siècle d'Auguste, et partagea les faveurs de ce prince avec ses amis, Horace et Virgile. Il fut un de ceux qu'Auguste chargea de la révision de l'*Énéide*, après la mort de son auteur.

Horace vante son génie épique; Quintilien met sa tragédie de *Thyeste* à côté de ce que les Grecs ont fait de mieux : voilà certes de quoi nous faire regretter la perte des ouvrages de Varius.

Voyez encore, sur le *Thyeste* de Varius, la note 47 du liv. III, et, sur la *Médée* d'Ovide, la note 34 du liv. VIII.

Ligne 28. POMPONIUS SECUNDUS *l'emporte de beaucoup sur tous ceux que j'ai connus.*

63. Pomponius Secundus, poète tragique, fut ami de Pline l'Ancien, qui avait écrit sa vie en deux livres[*]. On l'appelait le *Pindare tragique*, à cause de l'élégance et de l'éclat de son style.

Page 57, ligne 4 à 17. CÉCILIUS,.... PLAUTE,....
TÉRENCE,.... AFRANIUS.

64. Cécilius Statius, poète comique, né dans la Gaule, avait été originairement esclave : il fut contemporain d'Ennius et de Térence. Ce dernier soumettait ses compositions à la critique de Cécilius, dont il estimait beaucoup le jugement. Cicéron lui trou-

[*] *Voyez* la nomenclature des OEuvres de Pline l'Ancien, note 19 du liv. III.

vait de l'esprit et de l'originalité, mais l'appelait *malum latinitatis autorem*.

De plus de trente comédies qu'il avait composées, il ne reste que de minces fragmens. Il mourut vers l'an 174 avant l'ère vulgaire.

Plaute, né à Sarsine, ville d'Ombrie, l'an 227 avant J.-C., est regardé comme le créateur de la comédie latine, et il en eût été la gloire, s'il avait su mieux régler son imagination, et la soumettre aux lois du goût et de la décence. Les Romains de son temps, qui n'étaient pas encore très-avancés dans l'art du théâtre, ni très-délicats sur les plaisirs qu'ils allaient y chercher, firent leurs délices des bouffonneries de Plaute, et s'abandonnèrent sans scrupule au rire fou qu'il excitait. Plus d'un siècle après lui, et quoique Térence eût accrédité un comique d'un tout autre ton, de graves Romains prisaient encore sa muse, et le docte Varron lui consacrait la stance suivante :

> Postquam morte captus est Plautus,
> Comœdia luget, scena est deserta;
> Deinde risus, ludus jocusque et numeri
> Innumeri simul omnes collachrymarunt*.

Mais, au siècle d'Auguste, on en pensa différemment, et Horace fut le premier à s'élever contre le mauvais goût qui avait applaudi aux pointes et aux équivoques grossières dont ce poëte a souillé son style étincelant d'ailleurs de verve et de gaîté.

Sur cent trente pièces que l'on attribuait à Plaute, Varron n'en reconnaissait que vingt-une comme authentiques, et il nous en est parvenu vingt. Notre Molière a imité son *Amphitryon*, et l'a

---

* Boileau disait avec bien plus de vérité et avec plus d'élégance, en déplorant la perte de Molière :

> ....Sitôt que d'un trait de ses fatales mains
> La Parque l'eut rayé du nombre des humains,
> On reconnut le prix de sa muse éclipsée.
> L'aimable comédie, avec lui terrassée,
> En vain d'un coup si rude espéra revenir,
> Et sur ses brodequins ne put plus se tenir.
> (*Épître à Racine*, v. 33.)

embelli : il a pris aussi dans *l'Aulularia*, ou *la Cassette*, quelques traits qu'il a prêtés à son *Avare*.

Plaute mourut âgé d'environ quarante-trois ans.

Térence, né en Afrique, vers l'an 192 avant l'ère vulgaire, fut vendu fort jeune, comme esclave, au sénateur romain Terentius Lucanus, qui, charmé de sa personne et de son esprit, le fit élever avec beaucoup de soin, l'affranchit de bonne heure, et lui donna son nom.

Il avait vingt-six ans lorsqu'il présenta la première de ses comédies, *l'Andrienne*. Voici ce que raconte à ce sujet Suétone : « Térence, ayant reçu ordre de lire sa pièce à l'édile Caerius, alla chez ce magistrat qu'il trouva à table. Celui-ci, voyant notre poète assez mal vêtu, le fit asseoir sur un banc à côté du lit où siégeaient les convives, et Térence lut ainsi le commencement de *l'Andrienne*; mais après qu'il en eut récité plusieurs vers, il fut invité à prendre place avec les autres, et il continua sa lecture, non sans exciter l'admiration de Caerius. »

L'Andrienne, reçue avec beaucoup de faveur, fut suivie de cinq autres pièces qui n'en obtinrent pas moins, à l'exception de *l'Hécyre* (la Belle-mère), qui ne put réussir qu'à une troisième représentation, parce que, comme nous l'apprend Térence dans son Prologue, la première fut troublée par l'arrivée subite d'une troupe de funambules, et qu'à la seconde, on abandonna la pièce à la fin du premier acte pour courir à un combat de gladiateurs. « C'est ainsi, dit M. Amar, dans la Préface de son élégante traduction de Térence, que bien des siècles après, et à une tout autre époque de civilisation, il fallut que le *fagottier* ramenât au *Misanthrope* des spectateurs que Molière n'avait pas encore rendus dignes de l'entendre. »

Les succès de Térence furent empoisonnés par l'envie et la malveillance qui s'emparèrent de ses liaisons avec Lélius et Scipion, pour insinuer que ces deux patriciens n'étaient point étrangers à ses compositions. Térence eut le bon esprit de ne pas chercher à se défendre de cette inculpation; mais peut-être y fut-il au fond très-sensible. Quoi qu'il en soit, étant à peine âgé de trente-cinq ans, il quitta Rome, pour n'y plus reparaître. S'étant retiré en Grèce, soit par dépit, soit pour y faire de nouvelles études sur son art, il en rapportait, dit-on, cent huit pièces traduites ou imitées de Ménandre, lorsqu'il périt dans un naufrage. Suivant d'autres, il mourut à Stymphale ou Leucade, en Arcadie, du chagrin que lui causa la perte de ses manuscrits.

Le jugement que Jules César a porté sur Térence, dans des vers que Suétone nous a conservés, contient l'appréciation la plus exacte des qualités et des défauts de ce poète. César, en l'appelant un demi-Ménandre, le met au premier rang des écrivains pour l'élégance et la pureté du style :

> Tu quoque, tu in summis, o dimidiate Menander,
> Poneris, et merito, puri sermonis amator.

Mais il regrette que sa force comique n'ait pas répondu à la douceur de ses écrits, et qu'en cela il n'ait pas mérité d'être comparé aux Grecs :

> Lenibus atque utinam scriptis adjuncta foret vis
> Comica, ut æquato virtus polleret honore
> Cum Græcis....................

La muse de Térence est si chaste, qu'on a dit de lui que ses courtisanes mêmes sont en général plus décentes que les matrones de Plaute. Enfin, le grand Bossuet, qui dans son zèle évangélique, a tant fulminé contre le théâtre, semble abjurer un moment la sévérité de ses doctrines en faveur de Térence, et dans la lettre où il expose au pape Innocent XI, son plan d'instruction pour le dauphin, fils de Louis XIV, il s'étend avec complaisance sur les qualités de ce poète; il loue sa grâce, son excellent ton, sa décence, et se plaint que les auteurs de son temps n'aient pas imité la retenue de Térence.

Afranius, contemporain de ce dernier, tenta de créer une comédie nationale, en ne s'attachant qu'à peindre les mœurs et les ridicules des Romains de son temps. C'était sans doute une heureuse idée; mais il ne fallait pas, comme il le fit, offrir le repoussant tableau des plus infâmes amours : il y avait là de quoi décréditer le plus beau talent. Ce fut par opposition aux pièces de ses prédécesseurs, qui étaient composées à l'imitation des Grecs, et que, pour cette raison, on appelait *palliatæ*[*], que les siennes,

---

[*] A cause du *pallium* ou manteau grec.

et toutes celles qui, depuis, s'attachèrent exclusivement au costume romain, reçurent le nom de *togatæ**.

Il existe quelques fragmens de ce poète, recueillis dans le *Corpus poetarum*.

Page 57, ligne 22. *Je ne craindrai point d'opposer* Salluste *à Thucydide.*

65. L'historien de la conjuration de Catilina et de la guerre de Jugurtha naquit à Amiterne, ville du pays des Sabins, quatre-vingt-cinq ans avant l'ère chrétienne.

Nul écrivain ne s'est jamais élevé avec plus d'énergie contre les vices; nul homme ne s'y abandonna avec plus d'effronterie. Ses déréglemens le firent chasser du sénat, où il ne rentra plus tard que par la faveur de César, dont il avait embrassé la cause. Nommé gouverneur de la Numidie, il s'y enrichit scandaleusement en opprimant ses administrés, et revint à Rome jouir du fruit de ses déprédations, dans un palais somptueux et de magnifiques jardins, qu'il avait fait élever sur le mont Quirinal.

Il avait épousé Terentia, femme divorcée de Cicéron, et ce fut, suivant quelques auteurs, l'origine de l'inimitié qui éclata entre l'historien et l'orateur. Cette inimitié nous explique l'étrange sécheresse avec laquelle Salluste s'exprime sur le compte de Cicéron, dans l'*Histoire de la conjuration de Catilina*, où la figure du consul romain devait avoir tant de relief, et où son nom n'est pour ainsi dire prononcé que pour l'intelligence indispensable des faits.

Comme écrivain, Salluste jouit de la plus haute estime, et il la mérite. Son style, concis et rapide, est d'une pureté parfaite, et contient presqu'autant de pensées que de mots; rien n'égale la vigueur et le coloris de ses portraits, l'éclat de ses harangues, la beauté de ses discours. Il a déployé, dans ses ouvrages, une grande connaissance du cœur humain, et dévoilé, avec beaucoup de discernement, les causes de la corruption chez les Romains. On peut lui reprocher cependant d'avoir donné trop de place à ces digressions, dans ses deux Histoires.

---

* De *toga*, toge, vêtement des Romains.

Salluste a été traduit par le célèbre Alfieri. Rien n'égale la force avec laquelle cet écrivain serre son modèle. On reconnaît l'homme qui a passé toute sa vie à retremper la langue italienne, et à lui rendre cette énergie dont elle semblait déshéritée depuis Machiavel.

Salluste mourut à l'âge de cinquante-un ans.

Page 57, ligne 23. *Je ne croirai point faire injure à Hérodote, en lui comparant* TITE-LIVE.

66. Ce célèbre historien naquit à Padoue, environ cinquante ans avant l'ère vulgaire.

Les particularités qu'on a sur sa vie se réduisent à peu de choses. On sait qu'il fut constamment aimé d'Auguste, et qu'il n'en conserva pas moins ses affections républicaines, en louant, dans son histoire, Brutus, Cassius et Pompée; ce qui lui valut, pour toute disgrâce de la part d'Auguste, le surnom de *Pompeïen*.

On ne doit point taire, comme une circonstance qui prouve à quel point Tite-Live était renommé, même de son vivant, qu'un Espagnol vint exprès de Cadix à Rome pour le voir, et s'en retourna après avoir satisfait sa curiosité. « Chose singulière, dit je ne sais quel auteur, qu'un étranger pût venir à Rome pour y voir autre chose que Rome elle-même! »

Tite-Live s'est immortalisé par son *Histoire romaine* qui ne comprenait pas moins de cent quarante livres, dont trente-cinq seulement sont venus jusqu'à nous. Elle commençait à la fondation de Rome, et était continuée jusqu'à la mort de Drusus en Germanie. Cette lacune a été comblée avec beaucoup de bonheur par Freinshemius, sans nous dédommager toutefois d'une pareille perte.

Tite-Live est aussi remarquable par son abondance que Salluste par sa concision, et quoique les qualités de ces deux historiens soient essentiellement différentes, la majestueuse diffusion de Tite-Live compte au moins autant de partisans que l'énergique brièveté de son rival. Son style est plein de clarté, élégant sans affectation, diffus sans être lâche, sublime sans enflure, et toujours parfaitement approprié aux évènemens qu'il raconte, ou aux hommes qu'il fait parler.

Tite-Live mourut à Padoue, sa ville natale, où il s'était retiré après la mort d'Auguste, à l'âge de soixante-seize ans.

Page 59, ligne 1. *J'ai entendu* SERVILIUS NONIANUS *dire....*

67. C'était, au rapport de Tacite, un homme aussi distingué par ses mœurs que par son esprit, et qui s'était fait un nom comme historien, après avoir joui long-temps d'une grande célébrité au barreau*. Perse l'honorait comme un père, dit Suétone**. Sa statue, en costume de consul, a été récemment découverte dans un tombeau de la voie Appienne, par les soins de Canova, aussi habile sculpteur qu'excellent homme, dont les arts ont naguère pleuré la perte. (Note de SPALDING.)

Ligne 6. BASSIUS AUFIDIUS....

68. Pline le Jeune, dans la nomenclature des œuvres de son oncle (*voyez* la note 19 du liv. III), parle d'une continuation de l'Histoire d'Aufidius Bassus, en trente-un livres.

Ligne 11. *Nous possédons encore, pour la gloire et l'ornement de notre siècle,* UN ÉCRIVAIN *digne de vivre dans la postérité, et dont le nom, que je laisse à deviner ici, sera cité un jour avec honneur.*

69. Ce passage de Quintilien a singulièrement intrigué les commentateurs. Juste-Lipse serait tenté de reconnaître Tacite dans l'écrivain que notre rhéteur ne nomme pas; mais il hésite, parce que, dit-il, l'*Institution oratoire* fut écrite du vivant de Domitien, et qu'à cette époque Tacite n'avait sans doute encore rien publié. Gesner croit, avec quelques autres, que c'est Pline l'Ancien qui est désigné dans ce passage. Burmann pense qu'il ne s'applique ni à l'un ni à l'autre, et c'est aussi l'avis de Gédoyn.

Spalding, dans une note très-étendue, discute ces diverses opinions avec la sagacité qui lui est ordinaire; et, après avoir exposé la sienne, sans dissimuler certains points qui ébranlent un

---

* Servilius diu foro, mox tradendis rebus romanis celebris, et elegantia vitæ. (*Ann.* lib. XIV, c. 19.)
** Coluit ut patrem Servilium Nonianum. (*Persii Vita.*)

peu sa conviction, il finit par déclarer que plus il réfléchit sur le passage en question, plus il se sent porté à croire que c'est Tacite dont Quintilien a voulu en quelque sorte promettre et annoncer la gloire à la postérité. « Quo magis hunc scriptoris mei locum animo revolvo, tanto facilius in eam concedo sententiam, ut Tacitum hic quasi posteris promissum et annunciatum putem. »

Rollin pensait de même. J'éprouve pour mon compte trop de plaisir à reconnaître Tacite dans l'écrivain mystérieux signalé à notre admiration par Quintilien, pour ne pas me rendre à cette double autorité.

Page 59, ligne 23. *Il n'est pas un de nos rivaux, quel qu'il soit, auquel je n'oppose hardiment Cicéron.*

70. L'orateur qui depuis dix-neuf siècles partage exclusivement avec Démosthène l'empire de l'éloquence, Cicéron, naquit à Arpinum l'an 647 de la fondation de Rome, cent sept ans environ avant l'ère vulgaire. Il était fils d'un chevalier romain.

Il annonça dès son enfance les brillantes facultés qui devaient l'illustrer un jour, et ses succès dans les écoles publiques furent le présage des triomphes qui attendaient son âge mûr sur un plus grand théâtre. Il prit les premières leçons de philosophie et de rhétorique sous les meilleurs maîtres, et Q. Mutius Scévola lui enseigna le droit public.

La jeunesse de Cicéron se passa ainsi au milieu des études les plus sérieuses auxquelles il faisait quelquefois diversion, en cultivant la poésie et en traduisant les plus beaux ouvrages des Grecs.

L'art militaire entrait nécessairement dans l'éducation romaine. Cicéron l'apprit, en servant comme volontaire, dans la guerre des Marses. Après cette campagne, il débuta avec éclat au barreau, étant âgé de vingt-six ans. Il en avait vingt-huit, lorsqu'il entreprit le voyage de Grèce et d'Asie, tant pour rétablir sa santé qui était alors fort altérée, que pour se perfectionner dans tous les genres d'études. Il fréquenta les savans, les philosophes, les rhéteurs, se fit admirer des étrangers comme il s'était fait applaudir de ses concitoyens, et reparut à Rome au bout de deux ans d'absence, pour y briguer les fonctions auxquelles son âge lui donnait droit d'aspirer, et qu'il se sentait digne d'honorer par ses talens. Nommé Questeur en Sicile, il y fit chérir son administration, et les Siciliens trouvèrent en lui un courageux vengeur, quand plus tard il eut à poursuivre l'odieux Verrès, qui les avait si indignement opprimés. Il devint successivement édile, premier préteur et enfin consul. Ce fut dans cette dernière dignité qu'il mérita le titre glorieux de *père de la patrie*, par l'activité et l'énergie qu'il déploya contre Catilina et ses complices. Il n'avait pas encore achevé son consulat, que la haine de Clodius, secondée par un parti puissant, le força de s'exiler. Rappelé l'année suivante, son retour fut en quelque sorte une marche triomphale dont tous les ordres de l'état vinrent orner la pompe. Bientôt après, il fut envoyé comme proconsul en Cilicie, y fit la guerre avec succès contre les Parthes, et fut salué par ses soldats du titre d'*imperator*.

Sa mission étant finie, Cicéron revint en Italie. La guerre civile venait d'éclater entre César et Pompée. Attaché au parti de ce dernier, il ne pressentit que trop l'issue qu'aurait la collision des deux rivaux, et s'en serait consolé peut-être dans le sein des lettres, après avoir fait sa paix avec le vainqueur, si la mort de César n'eût rallumé le feu des dissensions et ne l'eût jeté de nouveau au milieu des partis sanglans qui se disputaient l'héritage du dictateur. Cicéron tenta de généreux efforts pour que cette lutte tournât au profit de la république; mais la cause de la liberté était irrévocablement perdue, et sa chute devait entraîner celle du petit nombre d'amis qui lui restaient. Cicéron fut proscrit. Atteint par les satellites d'Antoine, au moment où il se faisait transporter à sa maison de Formies, il tendit sa tête au fer de Popilius, leur chef. Ce misérable, auquel l'éloquence de Cicéron avait jadis sauvé la vie, trancha sans pitié cette tête vénérable; et courut porter son affreux trophée à Antoine, qui lui donna pour salaire environ 200,000 livres de notre monnaie.

Ainsi périt, à l'âge de soixante-trois ans, l'un des citoyens les plus vertueux et les plus illustres de l'ancienne Rome, et l'orateur le plus éloquent dont elle se soit jamais glorifiée. « Les lumières que nous avons acquises, dit Voltaire, nous ont appris à ne lui comparer aucun des hommes qui se sont mêlés du gouvernement ou qui ont prétendu à l'éloquence. »

Le temps n'a pas respecté tous les ouvrages de Cicéron, mais ce qui nous en est parvenu, suffit pour lui assurer une de ces renommées littéraires qui grandissent avec les siècles. Comment n'être pas pénétré d'admiration, quand on songe que c'est au milieu de la vie politique la plus active et la plus agitée qui fut jamais, au milieu de tant d'évènemens qui ont fait de l'époque où il a vécu le drame le plus intéressant de l'histoire, et où il a joué lui-même un si grand rôle par l'ascendant de son nom et de ses talens, que Cicéron, sans cesse occupé des intérêts de l'état ou de ceux de ses cliens, et faisant continuellement retentir, au sénat, à la tribune, au barreau, les accens de son infatigable éloquence dont il nous reste de si éclatans monumens, a su encore trouver le loisir de se placer au premier rang comme écrivain et comme philosophe, et de produire, à ce double titre, ce qu'on aurait pu à peine attendre d'une vie qui se serait écoulée tout entière dans le calme de l'étude et de la méditation?

Page 63, ligne 27. *Il y a dans* ASINIUS POLLION *beaucoup d'invention.*

71. Nous n'avons de Pollion que trois *lettres* qui se trouvent parmi celles de Cicéron, et cependant il avait beaucoup écrit, car il fut l'un des plus célèbres orateurs du barreau romain, et de plus, historien et poète. Outre une Histoire des guerres civiles de Rome, en dix-sept livres, il avait composé des tragédies et des harangues.

Après s'être rangé d'abord sous les drapeaux de Pompée, il s'était attaché à la fortune de César et, après la bataille de Pharsale, à celle d'Antoine, qui lui donna le commandement des légions stationnées dans les environs de Mantoue. Ce fut là qu'il devint le protecteur de Virgile, qui le remercia en si beaux vers, de lui avoir conservé la fortune et la vie.

Plus tard, il fut admis dans la familiarité d'Auguste. Ce fut lui qui établit le premier dans Rome une bibliothèque ouverte à tout le monde. Il mourut dans sa maison de campagne de Tusculum, âgé de quatre-vingts ans, la troisième année depuis Jésus-Christ.

Voici le jugement que porte de son éloquence et de sa poésie l'un des interlocuteurs du dialogue *de Oratoribus*, attribué à Tacite : « Asinius quoque.... videtur mihi inter Menenios et Appios studuisse. Pacuvium certe et Accium, non solum tragœdiis sed etiam orationibus suis expressit; adeo durus et siccus est! » — « Asinius aussi... me paraît avoir étudié sous les Menenius et les Appius. Il rappelle certainement Pacuvius et Accius, non-seulement dans ses tragédies, mais même en ses discours, tant il est dur et sec. » (*Traduction de* M. PANCKOUCKE.) Quintilien dit aussi qu'il est si loin de Cicéron pour l'élégance et la grâce, qu'on croirait qu'il lui est antérieur d'un siècle. Il n'y a pas lieu, d'après cela, de regretter beaucoup les compositions oratoires ni les tragédies de Pollion.

Page 63, ligne 32. MESSALA *est brillant et poli.*

72. Il ne reste de lui que des souvenirs historiques. On sait qu'il appartenait à l'une des familles les plus anciennes de Rome, qu'il était l'ami de Brutus et combattit avec lui dans les deux journées de Philippes; que resté chef de toute l'armée républicaine, après la mort de son ami, il traita avec Antoine, et finit par abandonner ce dernier pour se soumettre à Octave, qui l'accueillit avec bienveillance et distinction. De brillantes expéditions militaires dans les Gaules lui valurent les honneurs du triomphe.

On estimait beaucoup son éloquence et les grâces de son esprit. Il était auteur de discours et de déclamations fort vantés, dont il ne nous est rien parvenu. Pline dit que Messala, dans sa vieillesse, avait perdu la mémoire au point qu'il ne se souvenait plus de son propre nom.

Page 65, ligne 2. *Pour* C. CÉSAR, *s'il se fût entièrement adonné au barreau, il est le seul des Romains qui eût pu disputer la palme à Cicéron.*

73. Il était dans les destinées de César d'aspirer et d'atteindre à tous les genres de gloire. Persuadé que l'art de *bien dire* ne déroge point à l'art de *bien faire,* suivant cette maxime de Salluste: *Pulchrum est bene facere, bene dicere etiam haud absurdum est,* il ne jugea pas indigne d'un génie comme le sien, d'associer aux qualités les plus éminentes de l'homme politique et du guerrier, les talens du grand écrivain. Envisagé ici sous ce dernier point de vue, César a droit à tous nos hommages. Ses *Commentaires* sont un modèle d'éloquence militaire. Le héros y

vit et y agit, pour ainsi dire, sous nos yeux : on le suit dans ses marches, dans ses campemens; on admire son activité, sa présence d'esprit, les ressources de sa tactique, l'art avec lequel il maintient la discipline parmi ses troupes; comme il sait, au besoin, relever le moral abattu des soldats ou les animer de son propre courage ; enfin on sent partout qu'il n'appartenait qu'à celui qui avait exécuté de si grandes choses, d'en transmettre le récit à la postérité. Aussi Cicéron disait-il que parmi les hommes qui avaient fait de l'étude des lettres l'unique occupation de toute leur vie, il n'en était pas un que l'on dût préférer à César pour l'élégance, la force et la magnificence du style.

Ce jugement d'un si grand maître ne paraîtra sans doute pas infirmé par celui qu'on trouve dans le dialogue *de Oratoribus*, déjà cité; il est vrai qu'il est dans la bouche de celui des interlocuteurs qui a pris le rôle de détracteur des anciens. Or, voici ce que dit cet interlocuteur, *Aper*[*] : « Concedamus sane C. Cæsari, ut propter magnitudinem cogitationum, et occupationes rerum, *minus* in eloquentia effecerit, quam divinum ejus ingenium postulabat. »—« Pardonnons à César si, à cause de la grandeur de ses pensées et des occupations de tant de choses, il a fait, en éloquence, *moins* que ne le demandait son divin génie. » (*Trad. de* M. Panckoucke.) Tenons-nous-en donc à nos propres impressions, et à l'autorité de Cicéron et de Quintilien, et n'envions pas à César, malgré l'éclat de tous ses autres titres, celui qu'il a su conquérir encore, d'un des plus éloquens écrivains de l'antiquité.

Page 65, ligne 9. Célius *a infiniment de naturel....*

74. Célius, chevalier romain, fort-décrié pour sa conduite et ses mœurs, avait été disciple de Cicéron, qui le défendit avec succès dans une accusation d'empoisonnement que lui avait intentée Clodia, sœur du fameux Clodius, avec laquelle il avait eu un commerce de galanterie.

Il ne reste de Célius que ses lettres à Cicéron, qui composent le huitième livre des *Lettres familières* de l'orateur romain. Ces lettres ne démentent point l'idée avantageuse que Quintilien nous donne de son éloquence : elles sont écrites avec beaucoup d'esprit.

---

[*] *De Oratoribus*, cap. xxi.

Célius n'avait ni plus de mesure ni plus de tenue en politique qu'en morale. Il s'attacha tour-à-tour au parti de César et à celui de Pompée, durant la guerre civile, se fit chasser de Rome comme un brouillon factieux, et fut tué, devant Thurium, à l'âge de trente-cinq ans, en parcourant l'Italie à la tête d'une troupe de bandits qui déshonoraient la cause de Pompée. Velleius Paterculus l'appelle *ingeniose nequam*.

Voyez encore, sur Célius, le dialogue *de Oratoribus*, cap. XXI.

Page 65, ligne 13. *J'ai trouvé des gens qui préféraient* CALVUS *à tous les autres orateurs.*

75. C'était un orateur fameux du temps de Cicéron, et qui ne mit pas moins d'ardeur à lui disputer la palme de l'éloquence, qu'il n'en mit à poursuivre César et Pompée de ses vers satiriques. Il était de petite taille et d'une constitution fort délicate. Il mourut jeune, épuisé par les fatigues du barreau.

Son éloquence était encore fort appréciée dans le siècle de Quintilien ; notre rhéteur lui trouve de belles qualités. Nous devons surtout regretter ses accusations contre Vatinius, où il paraît qu'il s'était surpassé lui-même. Cicéron dit au ch. LXXXII de son *Brutus*, que Calvus, à force de vouloir polir et châtier son style l'avait énervé : « Nimium.... inquirens in se, atque ipse sese observans... etiam verum sanguinem deperdebat. »

Ligne 20. SERVIUS SULPICIUS *a composé trois plaidoyers....*

76. Ces trois plaidoyers sont perdus. Quintilien en a cité un (*voyez* page 15), *pro Aufidia*.

Servius Sulpicius était contemporain de Cicéron et d'Hortensius.

Ligne 22. CASSIUS SEVERUS *peut servir de modèle dans bien des endroits.*

77. Cet orateur était du siècle d'Auguste. Sénèque le père, dans ses déclamations, dit que son éloquence était extrêmement soignée, et qu'il y avait beaucoup de solidité dans ses pensées. Il était d'ailleurs si mordant, que ses écrits avaient été supprimés par un sénatus-consulte, au rapport de Suétone (*Calig.*, ch. 16), et qu'il fallut l'autorité de Caligula pour les rétablir.

Page 67, ligne 1. *De tous ceux que j'ai connus, les plus remarquables sont* DOMITIUS AFER *et* JULIUS AFRICANUS.

78. Domitius Afer, né à Nîmes, vers l'an 15 avant J.-C., est très-souvent cité par Quintilien, qui avait étudié sous lui la rhétorique. Il se déshonora par ses délations, sous Tibère et ses successeurs, et fut fait consul sous Caligula. Il mourut dans un âge fort avancé, au milieu d'un repas où il avait mangé avec excès. « In cœna, ex nimia cibi repletione, » dit Eusèbe.

Julius Africanus était probablement, selon Spalding, fils de celui du même nom qui périt sous Tibère, au rapport de Tacite (*Ann.*, liv. VI, ch. 7), et qui était originaire de la ville de Saintes : *E Santonis, gallica civitate, oriundus.*

Il vivait du temps de Néron. *Voyez* encore, sur cet orateur, la note 35 du livre VIII.

Ligne 10. TRACHALUS *avait habituellement de l'élévation.....
mais il gagnait surtout à être entendu.*

79. Trachalus, un peu antérieur à Quintilien, avait un organe si plein, si sonore, qu'il avait donné lieu à ce proverbe : *Trachalo vocalior*, « avoir une plus belle voix que Trachalus. » Il y avait, en outre, chez lui, surabondance de tous les avantages extérieurs. J'ai ouï dire à des avocats qui avaient connu notre ancien barreau, que le célèbre *Gerbier* gagnait aussi beaucoup à être entendu, *auditus major*; tant sa bonne mine et la beauté de son organe donnaient de prix à tout ce qu'il disait !

Ligne 16. VIBIUS CRISPUS *était harmonieux et doux.*

80. *Voyez*, à la note 28 du livre V, ce que nous avons dit de cet auteur.

Ligne 19. JULIUS SECUNDUS *serait passé à la postérité.....
s'il eût fourni une plus longue carrière.*

81. C'était un des orateurs les plus renommés du barreau romain, dans le 1er siècle de notre ère. Il figure comme interlocuteur dans le dialogue *de Oratoribus*. Quintilien, dont il était l'ami, déplore sa perte prématurée qui l'a seule empêché, dit-il,

de passer avec gloire à la posterité. Dans un autre endroit*, il l'appelle *miræ facundiæ virum*.

Page 69, ligne 5. *Il y a de grands talens qui honorent le barreau....*

82. C'était le temps où florissaient Aper, Marcellus, Maternus, Messala, Cécilius, Pline et beaucoup d'autres. — Voyez *Dial. des Orateurs*.

Ligne 12. *Là* (dans la philosophie) *comme partout*, Cicéron *s'est montré le digne émule de Platon.*

83. Budée, dans ses *Commentaires de la langue grecque*, dit que Cicéron a si bien imité Platon, qu'il en a reproduit toute l'élégance et toute la suavité, dans ses ouvrages philosophiques.
(Note de Turnèbe.)

Ligne 13. Brutus *est parfait dans ses ouvrages philosophiques, supérieurs de beaucoup à ses compositions oratoires.*

84. L'auteur du dialogue *de Oratoribus*, fait la même réflexion, mais avec moins de ménagement. « Laissons, dit l'un des interlocuteurs, laissons Brutus à sa philosophie; car il fut, dans ses Oraisons, au dessous de sa réputation : ses admirateurs même en conviennent. » (*Trad. de* M. Panckoucke.) — « Brutum philosophiæ suæ relinquamus; nam, in orationibus minorem esse fama sua, etiam admiratores ejus fatentur. (Cap. XXI.)

Disons un mot de cet illustre romain dont les titres littéraires sont perdus, mais dont le nom a acquis une si grande célébrité. Il descendait de J. Brutus, qui chassa les Tarquins de Rome, et hérita de l'inflexibilité des principes républicains de son ancêtre. La première preuve qu'il en donna fut de s'attacher au parti de Pompée, quoique celui-ci eût fait assassiner Marcus Junius Brutus, son père, au siège de Modène; sacrifiant ainsi le ressentiment le plus légitime, à son amour pour la liberté. Ce même amour, qu'il poussa jusqu'au fanatisme, l'arma contre César, qui lui avait sauvé les jours à Pharsale et l'avait comblé de faveurs. On connaît l'exclamation touchante de ce héros, quand il reconnut Brutus parmi ses assassins : *Et toi aussi, mon fils!*

---

* Page 94, ligne 14.

Forcé par les évènemens qui suivirent ce meurtre de se retirer en Grèce, il y fut poursuivi par Antoine et Octave; et ayant été défait dans les plaines de Philippes, en Macédoine, il se donna la mort pour ne pas tomber entre les mains des vainqueurs. Antoine lui fit faire de magnifiques funérailles.

Brutus avait épousé Porcia, fille de Caton. Quand elle apprit le sort de son mari, elle se fit mourir en avalant, dit-on, des charbons ardens.

Page 69, ligne 17. CORNELIUS CELSUS.... *a laissé un grand nombre d'écrits....*

85. Médecin du temps de Tibère, qui a écrit huit livres sur la médecine, outre un grand nombre de traités sur l'agriculture, la rhétorique et l'art militaire (tiré du Dictionnaire de Browne). Il paraît, d'après ce que dit Quintilien, qu'il avait écrit aussi sur la philosophie. On n'a que ses ouvrages de médecine, dont les gens de l'art parlent avec éloge.

Cet écrivain donnera lieu ici à une remarque. Je lis avec beaucoup de commentateurs : « Cornelius Celsus *scepticos* secutus, etc., » et j'explique, dans une note au bas du texte français, ce qui me fait préférer cette leçon. Spalding en donne une autre, et au lieu de *scepticos*, il lit *Sextios*. Voici sur quoi il se fonde : il existait deux Sextius, savoir, Q. Sextius, père, qui refusa la dignité sénatoriale que lui avait offerte J. César, et Sextius, son fils, dont saint Jérôme rapporte qu'il naquit le même jour que Jésus-Christ : *Sextius pythagoricus philosophus nascitur*. Sénèque fait souvent mention des deux Sextius, dans ses *Épîtres* et dans ses livres *de la Colère*, ainsi qu'au chapitre dernier du livre VII des *Questions naturelles*. Après avoir rapporté cette note d'un ancien commentateur, Spalding ajoute : « C'est donc la secte de ces philosophes, émules de Pythagore, qu'avait voulu faire connaître ce Cornelius Celsus, qui a écrit, comme on le sait, sur presque toutes les sciences. » — « Horum igitur philosophorum sectam, Pithagoræ æmulam, scriptis exprimere conatus est is, qui omnis fere doctrinæ commentarios adornavit, Celsus. »

Je laisse à mes lecteurs à se décider, d'après cette explication de Spalding, pour *Scepticos* ou *Sextios*.

Page 69, ligne 19. PLANCUS *est utile à qui veut apprendre la doctrine des stoïciens.*

86. Il n'est pas parvenu d'auteur de ce nom qui ait écrit sur la doctrine des stoïciens. Il répugne de le reconnaitre dans le personnage dont il existe une correspondance avec Cicéron; et l'induction que quelques savans ont tirée d'une lettre de ce même Cicéron à Plancus (*voyez* Cic., *Lettres famil.*; liv. x, lett. 12), pour lui attribuer la qualité de stoïcien, paraît singulièrement forcée. Ce Plancus, qui passe pour le fondateur de la ville de Lyon, avait été disciple de Cicéron, et était lui-même un orateur distingué. Mais sa carrière politique n'annonce guère un disciple du Portique : car après avoir été l'ennemi d'Antoine, il devint son plus vil flatteur; et quand ensuite la fortune eut trahi Antoine, il se vendit à Auguste, sous lequel il fut fait consul.

Le savant continuateur de Spalding, Buttmann, remarque que Tacite nous apprend dans ses *Annales* (liv. xiv, ch. 57, 59) que le Rubellius Plautus qui touchait de près à la famille d'Auguste, et qui périt sous Néron, était attaché à la secte des stoïciens, et l'ami du philosophe Musonius; ce qui peut conduire à cette conjecture, que l'écrivain dont parle ici Quintilien, pourrait bien être *Plautus*, et non *Plancus*.

Ligne 20. CATIUS, *qui professait celle* (la doctrine) *d'Épicure, est un auteur assez léger de fonds.*

87. Philosophe épicurien, né dans l'Insubrie*. Il avait écrit un traité en quatre livres *sur la Nature des choses et sur le souverain bien*, et un précis de la doctrine et des préceptes d'Épicure. A l'occasion de la croyance où étaient les épicuriens, que pour penser à une chose, il fallait que la forme de cette chose, εἴδωλον, vînt se présenter à l'esprit, Cicéron, dans quelques-unes de ses lettres à Cassius, badine sur cette croyance, et cite le philosophe Catius. Voici le passage : « Nam, ne te fugiat, Catius, Insuber, epicureus, qui nuper est mortuus, quæ ille Gargettius, etiam

---

* L'ancienne Insubrie faisait partie de la Gaule Cisalpine : c'est aujourd'hui le Milanais et la Lombardie.

ante Democritus, εἴδωλα, hic spectra nominat. » — « Car, afin que vous le sachiez, ce que le vieillard de Gargette*, et, avant lui, Démocrite, appelait *des idoles*, Catius, d'Insubrie, philosophe épicurien, mort depuis peu, l'appelle *des spectres.* » (Cic., *Lettres famil.*, liv. xiv, lett. 16.)

Page 69, ligne 24. *J'ai réservé à dessein* Sénèque *pour le dernier.*

88. Sénèque naquit à Cordoue, en Espagne, l'an 2 ou 3 de Jésus-Christ. Il fut amené fort jeune à Rome par son père, manifesta un goût très-vif pour l'étude, et se voua d'abord au barreau, où il parut avec avantage; mais la crainte d'attirer l'attention de Caligula, à qui tous les genres de mérite faisaient ombrage, le détermina bientôt à quitter cette carrière pour se livrer à la philosophie. Ce fut la secte du Portique qu'il embrassa par choix. Victime des calomnies de Messaline, qui l'accusa d'adultère avec Julie, fille de Germanicus, il fut relégué en Corse, où il resta cinq ans. La disgrâce de Messaline et le mariage d'Agrippine avec Claude, mirent un terme à son exil. La nouvelle impératrice le rappela pour lui confier l'éducation de Néron, son fils, désigné comme successeur à l'empire. Sénèque s'acquitta d'abord de cet emploi, aux applaudissemens de Rome, et l'on put croire un moment que ses leçons avaient fructifié dans le cœur de son élève; mais le prestige ne fut pas de longue durée. Bientôt les vices de Néron se développèrent avec toute leur énergie, et Sénèque, impuissant à les arrêter, eut le tort d'y condescendre. La postérité lui pardonnera difficilement d'avoir reçu la confidence du parricide que méditait Néron, et de n'avoir rien fait pour l'empêcher, que dis-je? d'avoir composé la lettre que ce fils dénaturé écrivit au sénat pour se justifier. On ne peut dissimuler non plus que Sénèque avilit son caractère de philosophe, en accumulant des richesses dont la source eût dû le faire rougir, et surtout en acceptant les dépouilles de l'infortuné Britannicus. Il est vrai que plus tard il pressa Néron de reprendre ces mêmes richesses, et lui demanda, comme une faveur, de finir ses jours dans la retraite. Mais cette démarche était-elle dictée par le désintéressement? n'était-ce pas plutôt pour détourner l'orage qu'il voyait prêt à

---

* Surnom d'Épicure, parce qu'il était né à Gargettum.

fondre sur lui ? Quoi qu'il en soit, son astucieux élève se récria contre cette proposition et chercha même à rassurer Sénèque par de feintes caresses. Celui-ci connaissait trop bien Néron pour être sa dupe, et il prit le parti de se retirer à la campagne, sous prétexte de maladie. Malheureusement la conspiration de Pison éclata quelque temps après, et le nom de Sénèque ayant été prononcé par Natalis, Néron, qui épiait l'occasion de se défaire de son ancien maître, lui envoya l'ordre de mourir. Le philosophe reçut cet ordre avec une fermeté stoïque, et ne mit pas moins de constance à l'exécuter. Il se fit d'abord ouvrir les veines dans un bain; mais le sang coulant trop lentement à cause de son âge, il se fit donner du poison : enfin ce double moyen ne terminant pas sa vie assez vite au gré des soldats qu'on avait envoyés pour s'assurer de sa mort, il se fit transporter dans une étuve, et fut suffoqué par la vapeur. Il avait soixante-trois ans.

Les ouvrages de Sénèque étaient fort nombreux. Il nous reste de lui plusieurs traités sur divers sujets de morale, ses *Questions naturelles* en sept livres, des lettres à Lucilius Junior, au nombre de cent vingt-quatre, une satire contre Claude (l'*Apokolokyntose*), et quelques épigrammes. Quant aux tragédies qui sont aussi sous son nom, on en attribue une partie à Marcus, son père, plus connu d'ailleurs par ses *Déclamations*; et les commentateurs ne s'accordent pas sur celles de ces tragédies dont le philosophe est véritablement l'auteur.

Nous n'ajouterons rien ici aux considérations que nous avons eu occasion de présenter ailleurs sur Sénèque*; nous renverrons, pour de plus grands développemens, à l'excellent article que La Harpe lui a consacré dans son *Cours de Littérature***. C'est un des morceaux qui font le plus d'honneur à ce célèbre critique. Sénèque y est analysé et jugé avec autant de bonne foi que de talent. Ainsi que Quintilien, La Harpe rend hommage à ce qu'il y a parfois de noble et d'élevé dans le philosophe, d'ingénieux et de piquant dans le penseur; mais il signale sans ménagement ce que l'on rencontre trop souvent d'outré et de faux dans le moraliste, de prétentieux, de redondant et de puéril dans l'écrivain.

* *Voyez* la Notice sur Quintilien, tome 1, pages 11 et 12.
** Liv. III, ch. 2, 4.

Ce jugement a été celui des hommes éclairés de tous les temps, depuis Quintilien jusqu'à nos jours, et il ralliera constamment les esprits qui ne transigent point avec les principes de la saine philosophie et de la belle littérature.

Page 77, ligne 3. *Nous n'aurions rien en poésie au dessus de* Livius Andronicus....

89. C'est le plus ancien poète dramatique des Latins. Il florissait vers l'an 240 avant Jésus-Christ. Il fut le premier qui donna à la satire et aux vers fescennins la forme du dialogue et du drame. Il était l'affranchi de M. Livius Salinator, dont il avait élevé les enfans. Sa poésie était tout-à-fait passée de mode dans le siècle de Cicéron. On a conservé quelques-uns de ses vers dans le *Corpus poetarum*. (Traduit du *Dictionnaire classique* de Thomas Browne.)

Page 85, ligne 5. *La comédie ne se guinde pas sur le cothurne, et la tragédie ne chausse pas le brodequin.*

90. On reconnaît ici le précepte d'Horace :

Versibus exponi tragicis res comica non vult :
Indignantur item privatis, ac prope socco
Dignis carminibus narrari cœna Thyestæ.

(*De Arte poet.*, v. 89.)

Page 93, ligne 15. *Varus nous apprend que Virgile faisait très-peu de vers dans un jour.*

91. L'auteur de la *Vie de Virgile*, faussement attribuée à Donatus, et que, pour cette raison, l'on appelle Pseudo-Donatus, dit que lorsque ce poète composait ses *Géorgiques*, il dictait chaque jour plusieurs vers qu'il avait médités le matin, et qu'il les remaniait ensuite dans la journée pour les réduire à un plus petit nombre; disant agréablement qu'il faisait pour ses vers ce que la femelle de l'ours fait pour ses petits, qu'il les façonnait en les léchant.

Je n'ai pas le secret des grands poètes, mais je suis fort tenté de croire que ceux de leurs vers qui nous charment le plus ne sont pas ceux qui leur ont coûté le moins. Aussi Boileau se van-

tait-il, avec raison, d'avoir appris à Racine à faire *difficilement*
des vers *faciles*.

> Page 99, ligne 10. *C'est dire assez ce que je pense de ceux
> dont la paresse se plaît à dicter.*

92. Déjà du temps de Quintilien la paresse trouvait si bien son compte à *dicter*, qu'il n'y avait pas de personnage d'un rang tant soit peu élevé qui ne dédaignât de se servir de l'écriture. Cet usage prévalut tellement dans la suite, que les savans eux-mêmes passaient à *dicter*, le temps qu'ils employaient jadis à écrire. Sidoine Apollinaire, qui vivait dans le cinquième siècle, dit qu'il excelle dans les différentes manières de dicter, *se supergressum alios vario dictandi genere.* On lit dans Cassiodore, écrivain du même siècle, mais un peu postérieur, qu'un certain Ambrosius avait l'emploi de *dicter* auprès du roi Athalaric, et cela, à propos de la dignité de la questure, qui répondait exactement alors à ce que sont aujourd'hui les secrétaires intimes. Pourquoi donc répugnerait-on à croire que Charlemagne, prince si éclairé d'ailleurs pour son temps, ne savait point écrire, ainsi que des savans l'ont avancé? Quelques raisonnemens qu'on ait faits pour établir l'invraisemblance de cette assertion, peuvent-ils prévaloir sur les termes clairs et formels d'Éginhard? Or, voici comme il s'exprime en parlant de Charlemagne : « Tentabat et scribere, tabulasque et codicillos ad hoc in lectulo suo cervicalibus circumferre solebat, ut quum vacuum tempus esset, manum effingendis litteris assuefaceret. Sed parum prospere successit labor præposterus ac sero inchoatus. » — « Il s'essayait aussi à écrire, et, dans cette vue, il faisait placer çà et là sur des coussins, près de son lit de repos, des tablettes de différentes sortes, afin de pouvoir, dans ses momens de loisir, exercer sa main à former des caractères; mais ce travail, commencé trop tard, lui réussit peu. » Ajoutez qu'il est reconnu que, dans le siècle de Charlemagne, les plus grands personnages, sans en excepter les évêques, étaient généralement dans le même cas que cet empereur.

Il paraît, au surplus, très-facile d'expliquer comment l'art *matériel* d'écrire se sera insensiblement relégué dans les classes inférieures de la société, jusque vers les xie et xiie siècles, et même par delà, à la honte des grands et des savans eux-mêmes.

Le mal remonte, comme nous l'avons vu, au temps de Quintilien. Les deux Plines étaient aussi de ces paresseux qui se plaisaient à dicter; on le voit par plusieurs lettres de Pline le Jeune, qui révèlent ce péché favori de son oncle et le sien*. La mode s'en perpétua dans les âges suivans : nous avons cité en témoignage Sidoine Apollinaire et Cassiodore; et, attendu qu'une mode ne s'arrête jamais qu'elle n'ait accompli toutes ses phases, il est probable qu'on en vint peu à peu à regarder l'art de peindre sa pensée par l'écriture, comme une industrie qui ne devait pas entrer dans une éducation libérale : et de là cette ignorance qui nous parait aujourd'hui si extraordinaire, et qui, cependant, pouvait se concilier, comme cela s'est vu dans Charlemagne, avec beaucoup de connaissances et de lumières.

(Tiré en partie d'une note de Gesner, tome IV du *Quintilien* de la Collection Lemaire, page 143.)

Page 107, ligne 20. *Car.... LE STYLE n'agit pas moins quand il efface.*

93. Le *style*, pris ici au propre, était l'instrument dont les anciens se servaient pour écrire. Il était pointu d'un bout, pour tracer les lettres sur la cire; plat et large de l'autre, pour les effacer. C'est ce qui a fait dire à Horace : *Sæpe stilum vertas.*

Page 109, ligne 25. *Que le poète Cinna ait mis neuf ans à composer sa tragédie de Zmyrna.*

94. C. Helvius Cinna avait composé un poëme ou une tragédie de *Zmyrna*, et cette œuvre, qui lui avait coûté neuf ans, quoiqu'elle ne fût ni longue ni remarquable, inspira à Catulle l'épigramme suivante :

> Zmyrna mei Cinnæ nonam post denique messem,
> Quam cœpta est, nonamque edita post hyemem.

Gesner rappelle, à cette occasion, une épigramme qui fut faite sur le poëme de *la Pucelle d'Orléans* de Chapelain, non, comme

---

* *Voyez*, sur ce qui regarde son oncle, la lettre 5 du livre III, et sur ce qui le regarde, les lettres 36 et 40 du livre IX.

il le croit, par Ménage, mais par un M. de Momorin, maître des requêtes. La voici :

> Illa Capellani dudum exspectata puella,
> Longo post tandem tempore, prodit anus.
> (Note de SPALDING.)

On pourrait la traduire ainsi :

> La pucelle de Chapelain,
> Merveille si long-temps vantée,
> Quand à nous elle s'offre enfin,
> N'est plus qu'une vieille édentée.

Page 121, ligne 9. *C'est ce qui arriva, dit-on, à Porcius Latro, qui le premier se fit un nom distingué, comme professeur.*

95. Porcius Latro était un rhéteur qui vivait du temps d'Auguste. Il avait été le maître d'Ovide. Sénèque le père, dans l'épître à ses fils, qui sert d'introduction au 1er livre des *Controverses*, nous a laissé des détails assez curieux sur ce rhéteur; et, dans la préface du livre IV des mêmes *Controverses*, il raconte le fait rapporté ici par Quintilien, et le termine par cette réflexion : « Usque eo ingenia in scholasticis exercitationibus delicate nutriuntur, ut clamorem, silentium, risum, cœlum denique patinesciant. » — « Les esprits reçoivent dans les exercices de l'école une nourriture si délicate, qu'ils ne peuvent endurer ni le bruit, ni le silence, ni les éclats de rire, ni même le grand jour. »

Page 137, ligne 19. *Car l'éloquence vient du cœur et de la force du sentiment.*

96. On pourrait croire que Vauvenargues avait en vue cette réflexion de Quintilien, quand il a dit : *Les grandes pensées viennent du cœur;* car c'est presque la traduction de ces mots : *Pectus est quod disertos facit.* Au surplus, le philosophe aurait rendu service au rhéteur; car jamais la phrase de Quintilien n'a été plus citée que depuis que Vauvenargues en a donné une si belle imitation.

Page 139, ligne 22. *Plusieurs ont acquis cette facilité* (l'improvisation), *non-seulement en prose, mais en vers.*

97. Ce talent d'improvisation n'était pas très-rare chez les anciens. Cicéron, dans son traité *de Oratore* (liv. III, ch. 50), nous apprend qu'un certain *Antipater* de Sidon improvisait, à volonté, des hexamètres ou autres vers de tout rhythme et de toute mesure. « Solitus est versus hexametros aliosque variis modis atque numeris fundere ex tempore. » Et, dans son oraison *pour le poète Archias*, il se récrie sur l'admirable facilité avec laquelle ce poète récitait sur-le-champ, et sans préparation, un grand nombre de très-bons vers sur les matières dont on s'entretenait devant lui. « Quoties hunc Archiam vidi, quum litteram scripsisset nullam, magnum numerum optimorum versuum de his ipsis rebus, quæ tum agerentur, dicere ex tempore? »

Mais cette facilité n'a encore rien de comparable à ce dont nous avons été témoins. Il y a environ quinze ans que l'on a entendu à Paris un improvisateur italien *(il signor Sgricci)* déclamer, devant un public nombreux, avec le jeu et la verve d'un véritable acteur, une tragédie en vers, toute d'improvisation, sur un sujet tiré au sort entre vingt qui avaient été proposés; tragédie à laquelle il avait eu tout au plus une heure pour se préparer, c'est-à-dire pour en arrêter le plan, en combiner les scènes, en méditer l'exposition, le nœud et le dénoûment. Le sujet était, je crois, *Bianca Capello*. Je me souviens de l'effet que produisit cette improvisation, qui eut pour juges beaucoup d'hommes de lettres français et italiens, et à laquelle présida une espèce de comité dramatique où figurait notre célèbre Talma.

FIN DES NOTES DU DIXIÈME LIVRE.

NOTES

DU LIVRE ONZIÈME.

(TOME V.)

Page 155, ligne 27. *Scipion l'Africain...... se résigna à s'expatrier, plutôt que de descendre à repousser les imputations d'un obscur tribun du peuple.*

1. Scipion l'Africain, appelé en justice par Petilius Aleus, tribun du peuple, ou, suivant d'autres historiens, par Névius, pour répondre à l'accusation d'avoir frustré le peuple romain de l'argent qui était provenu de la défaite d'Antiochus, se retira à Literne, où il mourut.   (Note de Turnèbe.)

Ce fut au sujet de cette accusation, que ce grand homme, dédaignant de se justifier sur le crime de péculat auquel répondait assez victorieusement sa vie si glorieuse et si modeste, se contenta de s'écrier : « Romains, c'est aujourd'hui à pareil jour que j'ai vaincu, en Afrique, Annibal et les Carthaginois! allons au Capitole en rendre grâces aux dieux! » Et tout le peuple de le suivre.

Ce jour, dit Rollin, fut le dernier de ses beaux jours; car, prévoyant les démêlés qu'il lui faudrait avoir avec les tribuns du peuple, il profita du délai du jugement pour se retirer à Literne, bien résolu de ne plus comparaître pour se défendre.

Ligne 30. *P. Rutilius.*

2. Voyez, sur ce personnage, la note 4 du livre v.

« Ce vertueux romain, dit Valère-Maxime, à qui le triomphe de Sylla ménageait son retour dans sa patrie, aima mieux rester en exil que de rien faire contre les lois. Aussi assignerait-on bien plus justement le surnom d'*Heureux** à un personnage de mœurs

---

* Sylla avait été surnommé *Felix.*

aussi graves, qu'au guerrier qui ne sut jamais se modérer dans la victoire. Sylla usurpa ce titre, Rutilius le mérita. » — « Quum ei reditum in patriam Sullana victoria præstaret, in exilio, ne quid adversum leges faceret, remansit. Quapropter *Felicis* cognomen justius quis moribus gravissimi viri, quam impotentis armis assignaverit. Quod quidem Sulla rapuit, Rutilius meruit. » (VAL. MAX, lib. VI, c. 4.)

Page 159, ligne 20. *C'est un genre de reproche (la vanité) qu'on n'a pas ménagé à Cicéron, quoique dans ses discours il se soit plutôt glorifié de sa conduite, comme homme public, que de son éloquence.*

3. Plutarque n'est pas de l'avis de Quintilien sur ce point; dans son parallèle de Démosthène et de Cicéron, il dit, en parlant de l'orateur romain : « Enfin il ne vantait pas seulement sa conduite et ses actes, mais encore les discours qu'il avait prononcés et écrits; comme s'il eût eu à s'escrimer avec des sophistes tels qu'un Isocrate ou un Anaximène, et non à manier et à diriger un peuple comme le peuple romain. » Τελευτῶν δὲ, οὐ τὰ ἔργα καὶ τὰς πράξεις μόνον, ἀλλὰ καὶ τοὺς λόγους ἐπαινεῖ τοὺς εἰρημένους ὑπ' αὐτοῦ καὶ γεγραμμένους, ὥσπερ Ἰσοκράτει καὶ Ἀναξιμένει τοῖς σοφισταῖς διαμειρακευόμενος; οὐ τὸν Ῥωμαίων δῆμον ἄγειν ἀξιῶν καὶ ὀρθοῦν.

Tant de grandes qualités ont compensé ce travers dans Cicéron, qu'on peut en convenir sans que sa gloire en souffre beaucoup.

Page 167, ligne 7. *Tant est sensée cette maxime des Grecs,* que CHACUN PARLE COMME IL VIT!

4. On attribue cette maxime à Solon : Ὁ λόγος εἴδωλόν ἐστι τῶν ἔργων. (SPALDING.)

Page 171, ligne 11. *Un poète a dit, en parlant de César :*

Peu m'importe, César, que tu sois blanc ou noir.

5. Spalding ne peut digérer le mépris avec lequel Quintilien parle de l'auteur de cette épigramme, qu'il appelle *aliquis poetarum*. « Il ne pouvait avoir oublié, dit-il, qu'elle était de Catulle. » — Certes, Catulle n'était rien moins qu'un homme obscur, et nous avons vu, dans le livre X, que notre rhéteur le cite hono-

rablement parmi les poètes qui ont manié l'iambe avec le plus de succès. Mais, ici, c'est le faiseur d'épigrammes qu'il oppose à César, c'est-à-dire à l'homme le plus puissant de la république, et je ne vois pas qu'il y ait lieu de se récrier contre l'irrévérence de Quintilien.

Voici au surplus la première moitié de cette épigramme :

> Nil nimium studeo, Cæsar, tibi velle placere,
> Nec scire utrum sis, albus an ater homo.
> (*Carmen* LXXXVIII.)

Page 207, ligne 3. *Quoi de plus merveilleux? les idées les plus anciennes, que le temps devrait avoir effacées, etc.*

6. Quintilien a rassemblé ici en peu de mots les effets les plus singuliers et les plus bizarres de la mémoire; mais rien ne fait mieux connaître toute la puissance et toute l'étendue de cette faculté, que ce qu'en dit saint Augustin dans les chapitres 8 et suivans du livre x de ses *Confessions*. C'est comme un traité complet de la théorie de la mémoire, où ce savant docteur a déployé une métaphysique aussi lumineuse que profonde, avec la magie de ce style vif, animé, pittoresque, qui lui est propre.

Ligne 32. *Je trouve pourtant dans Platon, que l'usage des lettres est un obstacle à la mémoire.*

7. César (*Guerre des Gaules*, liv. VI, ch. 14), en parlant des Druides, qui défendaient expressément que leurs doctrines fussent écrites, émet la même opinion que Platon. « Ces prêtres, dit-il, ont, je pense, un double motif dans cette interdiction : c'est qu'ils ne veulent pas que leurs mystères soient connus du vulgaire; ni que leurs disciples, se fiant à ce qui est écrit, se montrent moins soigneux de cultiver leur mémoire : car, ainsi qu'on l'a souvent remarqué, cette faculté se relâche, et l'on devient plus paresseux à apprendre, lorsqu'on a le secours de l'écriture. » — « Id mihi duabus de causis (Druides) instituisse videntur; quod neque in vulgus disciplinam efferri velint, neque eos, qui discunt, litteris confisos, minus memoriæ studere. Quod fere plerisque accidit, ut præsidio litterarum, diligentiam in perdiscendo ac memoriam remittant. » (GESNER.)

Page 209, ligne 9. *On prétend que Simonide....*

8. Cette historiette sur Simonide, que Cicéron a rapportée aussi (*de l'Orateur*, liv. II, ch. 86), a pour objet de prouver ce que peut la mémoire, aidée des circonstances qui ont fait impression sur notre esprit.

La Fontaine, qui s'en est emparé, et qui sait, quand il lui plaît, donner une face nouvelle comme un nouvel attrait à tout ce qu'il imite, a envisagé cette fable sous un autre point de vue, et, s'attachant seulement à faire ressortir la reconnaissance de Castor et Pollux pour le poëte qui les avait chantés, il en tire cette moralité:

> On ne peut trop louer trois sortes de personnes:
> Les dieux, sa maîtresse et son roi.

Page 213, ligne 1. *Ils étudient les lieux les plus vastes, etc.*, jusqu'à la page 217.

9. Tous ces procédés artificiels pour aider la mémoire étaient fort en usage chez les anciens, qui en avaient fait un véritable art. Ce que Quintilien nous révèle ici de cet art, et ce que Cicéron en a dit avec plus de développement encore dans sa *Rhétorique à Herennius*, peut nous en donner une idée, et doit faire regretter qu'il ne nous en soit pas parvenu un traité *ex professo*: nous aurions pu juger de l'efficacité de cette mnémonique.

On a tenté de nos jours de la remettre en honneur; mais soit insuffisance des nouvelles méthodes, soit insouciance ou incrédulité de la part du public, ces tentatives ont eu peu de succès. J'avoue, pour mon compte, que tous les procédés artificiels pour donner de la mémoire à qui n'en a pas, ou pour l'augmenter chez celui qui en a déjà, me paraissent fort douteux, et que le plus sûr, dans les deux cas, est de recourir de bonne heure à l'exercice et au travail, ainsi que l'établit Quintilien dans ce chapitre très-remarquable.

Page 223, ligne 28. *Ne sait-on pas que Scévola, après avoir perdu une partie de dames, etc.*

10. Ce jeu est appelé dans le texte: *ludus duodecim scriptorum*, ou *scruporum*, comme on lit dans plusieurs manuscrits. C'était,

dit Gédoyn, un jeu qui se jouait avec de petites pierres plates, et qui était assez semblable à notre jeu de dames, mais pourtant plus difficile. Gédoyn, qui a probablement lu *scruporum* et non *scriptorum*, traduit par *jeu de cailloux*. Feu M. Andrieux, à qui nous devons une élégante traduction du traité *de l'Orateur*, en traduisant le passage de Cicéron où ce même Scévola est cité pour son habileté à ce jeu, l'appelle le *jeu des douze tables*. J'ai préféré dire le *jeu de dames*, comme pouvant seul offrir à des lecteurs français l'idée d'un jeu de combinaison.

Page 231, ligne 20. *Veut-on, au surplus, des exemples de ce que peut la mémoire aidée par la nature et par l'étude?*

11. Beaucoup d'auteurs, entre autres Valère-Maxime et Pline, ont rappelé ces exemples de mémoire chez des personnages célèbres. Je vais mettre ici sous les yeux du lecteur quelques passages empruntés au premier de ces écrivains.

« P. Crassus, quum in Asiam ad Aristonicum regem debellandum consul venisset, tanta cura græcæ linguæ notitiam animo comprehendit, ut eam in quinque divisam genera per omnes partes ac numeros penitus cognosceret. Quæ res maximum ei sociorum amorem conciliavit, qua quis eorum lingua apud tribunal illius postulaverat, eadem decreta reddenti. » — « P. Crassus, étant venu en Asie, en qualité de consul, pour faire la guerre au roi Aristonicus, acquit une connaissance si parfaite de la langue grecque, qu'il en possédait à fond les cinq dialectes dans toutes leurs parties ; ce qui le rendit extrêmement agréable aux alliés, parce qu'il prononçait ses jugemens dans l'idiome même où l'on avait porté plainte à son tribunal. » (VALÈRE-MAXIME, liv. VIII, ch. 7, n° 6.)

« Themistocles.... omnium.... civium suorum nomina memoria comprehendit : per summamque iniquitatem patria pulsus, et ad Xerxem, quem paulo ante devicerat, confugere coactus, priusquam in conspectum ejus veniret, persico sermoni se assuefecit ; ut labore parta commendatione, regiis auribus familiarem et assuetum sonum vocis adhiberet! Cujus utriusque industriæ laudem duo reges partiti sunt, Cyrus omnium militum suorum nomina, Mithridates duarum et viginti gentium quæ sub regno ejus erant, linguas ediscendo; ille, ut sine monitore exercitum salutaret; hic, ut eos quibus imperabat, sine interprete alloqui posset. » — « Thémistocle avait retenu les noms de tous ses concitoyens. Ayant été injustement banni et forcé de se réfugier à la cour de Xerxès, qu'il avait naguère vaincu, il ne se présenta devant lui qu'après avoir appris à parler comme les Perses, voulant se faire un titre de recommandation auprès de ce monarque, de ne lui faire entendre aucun son qui ne fût habituel et familier à ses oreilles. Deux rois se sont partagé la gloire de ce double mérite : Cyrus, qui savait les noms de tous ses soldats, et Mithridate, qui possédait les langues des vingt-deux nations soumises à son empire; en sorte que le premier pouvait se passer de *moniteur* pour saluer le moindre guerrier de son armée, et que l'autre n'avait pas besoin d'interprète pour communiquer avec ses sujets. » (VALÈRE-MAXIME, liv. VIII, ch. 7, étr., nos 15 et 16.)

Page 235, ligne 30. *Cicéron pense aussi....,* jusqu'à la fin du paragraphe.

12. Cicéron, dans son traité *de Oratore* * et dans ses dialogues intitulés *Brutus* **, s'étend beaucoup sur les avantages de l'*action* oratoire, et passe en revue les différens orateurs en qui ce mérite rehaussa une véritable éloquence, ou parut en tenir lieu. Hortensius, qui fut son rival et son ami, brillait surtout de ce côté. Il avait, dit Cicéron, une voix agréable et sonore, et l'on remarquait dans ses mouvemens et dans son geste, plus d'art peut-être qu'il ne sied à l'orateur d'en laisser apercevoir. « Vox canora et suavis, motus et gestus etiam plus artis habebat, quam erat oratori satis. » (*Brut.*, c. LXXXVIII.)

« Ce même Hortensius attachait tant de prix aux grâces extérieures, dit Valère-Maxime, qu'il donna plus de soin à cette partie qu'à l'éloquence elle-même; en sorte qu'on ne savait si la foule qui se portait autour de lui était attirée par le désir de l'entendre ou par celui de le voir. Il est constant, ajoute le même auteur, que les deux plus grands comédiens de son temps, Ésopus et Roscius, se mêlaient souvent à ses auditeurs, quand il plaidait, afin d'enrichir la scène de gestes qu'ils avaient étudiés au bar-

---

* Liv. III, ch. 56.
** Chap. XXXVIII, XLIII, LXVI, LXXXVIII, LXXXIX.

reau. » — « Q. Hortensius, plurimum in corporis decoro motu repositum credens, pæne plus studii in eodem elaborando, quam in ipsa eloquentia affectanda impendit; itaque nescires, utrum cupidius ad audiendum eum, an ad spectandum concurreretur.... Constat Æsopum Rosciumque ludicræ artis peritissimos viros, illo causas agente, in corona frequenter astitisse, ut foro petitos gestus in scenam referrent. » (Lib. VIII, c. 10, n° 2.).

Page 237, ligne 26. *Genre de reproche (l'affectation à imiter les anciens) que Cicéron faisait à L. Cotta?*

13. Voici ce que Cicéron fait dire à Crassus, à propos de l'élocution (*de l'Orateur*, liv. III, ch. 11) : « Rustica vox et agrestis quosdam delectat, quo magis antiquitatem, si ita sonet, eorum sermo retinere videatur : ut tuus, Catule, sodalis, L. Cotta, gaudere mihi videtur gravitate linguæ, sonoque vocis agresti, et illud, quod loquitur, priscum visum iri putat, si plane fuerit rusticanum. » — « Ce sont ceux qui se plaisent à un son de voix rude et grossier, comme celui des gens de campagne; ils s'imaginent que cela sent l'antiquité : tel est votre ami L. Cotta, mon cher Catulus; il semble rechercher un langage de paysan, parle d'une voix rauque, et croit que ses discours se rapprochent ainsi de ceux de nos ancêtres. » (Traduction de feu M. ANDRIEUX.)

Page 241, ligne 29. *Or, les qualités de la voix....* jusqu'à la ligne 19 de la page 245.

14. Tout ce que dit Quintilien dans ce paragraphe et dans le suivant, sur les moyens d'entretenir la voix et de lui faire contracter une vigueur et une souplesse capables de résister aux plus rudes épreuves, est fondé sur la plus saine physiologie. Cet organe, en effet, dans ceux qui sont appelés à en faire un usage violent et continu, exige de grands ménagemens et une hygiène particulière. C'est peut-être pour n'y avoir pas donné assez d'attention, que beaucoup d'hommes d'état, en Angleterre et en France, ont succombé, dans la force de l'âge, à la fatigue des luttes parlementaires.

Cicéron qui avait tant besoin de sa voix, en prenait un soin extrême. « Il était, dit le naïf traducteur de Plutarque, exquis et diligent au soing de sa personne, jusques à user de frottemens et de tours de promenemens en nombre certain. » Dans une lettre à Atticus, il s'excuse ainsi de ne pas la lui envoyer écrite de sa propre main: « Quum recreandæ voculæ causa necesse esset mihi *ambulare*, hæc dictavi *ambulans*. » — « Étant obligé, pour remettre ma voix, de faire de l'exercice, j'ai dicté cette lettre, en me *promenant*. » (Liv. II, lett. 3.) Gesner, à propos de ce passage, rapporte un fort beau commentaire de Grévius : « Breviter *ambulatio* digestionem ciborum juvat, *unctio* transpiratione nimia impedienda, vires continet, quare etiam phthisicis commendatur; veneris abusus, ut toti nervorum generi, sic his quibus ad vocem formandam opus est, inimicus : quare fibula imposita continebant cantores et actores suos magistri, etc. » — « Un exercice modéré aide la digestion; les frictions conservent les forces, en empêchant une transpiration trop abondante : voilà pourquoi on les recommande aux phthisiques; l'abus des plaisirs vénériens fatigue les nerfs qui servent à former la voix comme les autres, aussi soumettait-on à l'infibulation les chanteurs et les acteurs, pour les forcer à la continence, etc. »

Page 249, ligne 9. *C'est par là qu'on acquerra ce qu'Ennius loue tant dans Cethegus.... et qu'on évitera le reproche que Cicéron fait à certains orateurs qui* ABOIENT, *dit-il, au lieu de plaider.*

15. Dans le dialogue intitulé *Brutus*, ch. XV, l'orateur romain dit, au sujet de la douceur d'organe qu'Ennius vantait dans Cethegus : « C'est une qualité qui n'est pas si commune, car certains orateurs aujourd'hui *aboient* plutôt qu'ils ne parlent. » — « Quæ nunc quidem (suaviloquentia) non tam est in plerisque; *latrant* enim jam quidam oratores, non loquuntur. »

Dans le traité *de l'Orateur* (liv. III, ch. 34), passant en revue, par l'organe de Crassus, tous les hommes distingués par leur éloquence et leur savoir, que la Grèce a produits, il oppose la variété et l'étendue de leurs connaissances au peu d'études et de capacité qu'avaient, en général, les Romains de son temps, et il dit, en parlant de Périclès : « At hunc non clamator aliquis ad clepsydram *latrare* docuerat, sed, ut accepimus, Clazomenius ille Anaxagoras, vir summus in maximarum rerum scientia. » — « Or, Périclès n'avait pas eu pour maître un de ces *criards* qui déclamant à la clepsydre*, mais Anaxagore de Clazomène, homme qui réunissait dans un haut degré tous les genres de doctrine. » (Traduction de feu M. ANDRIEUX.)

Page 269, ligne 13. *Parlons d'abord du* GESTE....

16. Le geste étant le plus puissant auxiliaire de la parole, avec laquelle il est d'intelligence pour obéir aux impressions de l'âme, Quintilien a cru devoir donner beaucoup de développemens à cette partie essentielle de l'*action* oratoire. S'il nous a révélé les secrets d'une belle prononciation en homme qui avait bien étudié le mécanisme de la voix, qui en avait calculé les effets, perçu toutes les nuances, ce qu'il dit du *geste* décèle encore un observateur philosophe dont les vues s'étendaient au delà de celles d'un simple rhéteur. Quelques rapprochemens, que nous aurons occasion d'emprunter à l'histoire naturelle de l'homme par notre célèbre Buffon, en fourniront la preuve.

Page 271, ligne 10. *Mais la tête est à l'égard du maintien, ce qu'elle est à l'égard du corps lui-même, la partie principale.*

17. Quintilien, dans ce paragraphe, signale les diverses attitudes de la tête que l'orateur doit éviter, et il ajoute : « Nam et dejecto (capite) humilitas, et supino arrogantia, et in latus inclinato languor, et præduro ac rigente barbaria quædam mentis ostenditur. » Buffon dit : « La tête, en entier, prend dans les passions des positions et des mouvemens différens. Elle est abaissée en avant dans l'humilité, la honte, la tristesse ; penchée de côté dans la langueur, la pitié ; élevée dans l'arrogance, droite et fixe dans l'opiniâtreté, etc. » Ces mots ne sont-ils pas la traduction presque littérale du passage latin que je viens de citer ?

Page 273, ligne 11. *Mais c'est surtout le visage qui domine dans cette région supérieure....*

18. Quintilien, qui avait à traiter du visage dans ses rapports seulement avec l'éloquence, esquisse rapidement et à grands traits toutes les passions, toutes les affections qui s'y réfléchissent

---

* Horloge d'eau. *Voyez* la note au bas de la page 251 du tome v.

comme dans un miroir fidèle : « Hoc minaces, hoc blandi, hoc tristes, hoc hilares, hoc erecti, hoc summissi sumus, etc. » Buffon développe davantage cette réaction de nos sentimens intérieurs sur la partie la plus noble du corps humain : « Lorsque l'âme est tranquille, dit-il, toutes les parties du visage sont dans un état de repos : leur proportion, leur union, leur ensemble, marque encore assez la douce harmonie des pensées, et répond au calme de l'intérieur; mais lorsque l'âme est agitée, la face humaine devient un tableau vivant où les passions sont rendues avec autant de délicatesse que d'énergie, où chaque mouvement de l'âme est exprimé par un trait, chaque action par un caractère, dont l'impression vive et prompte devance la volonté, nous décèle et rend au dehors, par des signes pathétiques, les images de nos secrètes agitations. »

Page 275, ligne 3. *Ce qu'il y a de plus éloquent dans le visage, ce sont les yeux....*

19. « L'œil, dit Buffon, appartient à l'âme plus qu'aucun autre organe. Il semble y toucher et participer à tous ses mouvemens. Il en exprime les passions les plus vives et les émotions les plus tumultueuses, comme les mouvemens les plus doux et les sentimens les plus délicats; il les rend dans toute leur force, dans toute leur pureté, tels qu'ils viennent de naître; il les transmet par des traits rapides, qui portent dans une autre âme le feu, l'action, l'image de celle dont ils partent. L'œil reçoit et réfléchit en même temps la lumière de la pensée et la chaleur du sentiment : c'est le sens de l'esprit et la langue de l'intelligence. » — Voilà sans doute un tableau fait de main de maître; mais n'est-il pas à regretter que le peintre ait omis ici ce qui est l'attribut distinctif des yeux, ce qui rend leur langage si expressif, si touchant, et éveille en nous de si puissantes sympathies, *le don des larmes?* Je sais gré à Quintilien de ne l'avoir point oublié : « Quin etiam *lacrymas* his natura mentis indices dedit, quæ aut erumpunt dolore aut lætitia manant. » — « La nature leur a aussi donné les *larmes* qui trahissent les sentimens dont nous sommes agités, en s'échappant avec impétuosité dans la douleur, en coulant doucement dans la joie. »

Page 275, ligne 22. *Les paupières et les joues....., jusqu'à la fin du paragraphe.*

20. En parlant des diverses parties du visage qui concourent à l'expression de la physionomie, Quintilien fait remarquer combien les *sourcils* ajoutent à cette expression par leur mobilité. Buffon va nous expliquer le mécanisme auquel ils la doivent: « Les *sourcils*, dit-il, n'ont que deux mouvemens, qui dépendent *des muscles du front* : l'un par lequel on les élève, et l'autre par lequel on les fronce et on les abaisse en les rapprochant l'un de l'autre. »

Page 277, ligne 25. *Elles (les lèvres) ont mauvaise grâce aussi quand elles..... ne laissent passage à la voix que d'un côté.*

21. Cette manière de mouvoir les lèvres en parlant, rappelle, dit Gesner, les fumeurs qui serrent un coin de la bouche pour tenir la pipe, et ouvrent l'autre coin pour donner passage à la fumée du tabac : « Imitantur hoc gestu eos, qui altero labiorum angulo tubulum tenent nicotianæ, altero apertiore fumum efflant. »

Page 279, ligne 21. *Quant aux mains.... on compterait à peine les mouvemens dont elles sont susceptibles, etc.*

22. Tout ce que dit ici Quintilien sur la prodigieuse variété d'expressions qui sont à l'usage des mains, nous est pleinement démontré par les sourds-muets. Qui de nous n'a été témoin de la rapidité avec laquelle ces infortunés conversent entre eux et se communiquent leurs idées, sans autre secours que celui du geste? Reconnaissons donc, avec notre rhéteur, que les mains semblent former une sorte de langage commun à tous les hommes, *omnium hominum communis sermo*.

Ce langage a aussi ses lois et ses convenances. Chez ceux qui sont privés de la parole, comme il en est le supplément indispensable, il ne saurait pousser trop loin la fidélité à imiter; chez les comédiens, cette imitation a des bornes qu'ils ne doivent point excéder, sous peine de tomber dans l'exagération ; ces bornes sont encore plus étroites pour l'orateur, en qui le geste doit accompagner les paroles non pour les peindre, mais pour s'harmoniser avec elles.

Enfin le langage des gestes a, pour ainsi dire, sa grammaire et sa syntaxe, qui nous apprennent à régler nos mouvemens et à les coordonner. Il n'en doutait pas, ce sophiste nommé Polémon, qui, au rapport de Turnèbe, s'apercevant qu'un comédien ne mettait pas ses gestes d'accord avec ses paroles, le chassa du théâtre, en disant que sa *main* faisait continuellement des *solécismes*.

Page 309, ligne 9. *Le vêtement de dessus mérite quelques remarques.*

23. De tous les vêtemens qui étaient en usage chez les Romains, le plus remarquable était la longue robe appelée *toge*, qu'ils mettaient par dessus la tunique. Cette robe était blanche, et d'une forme ronde; elle passait dessous le bras droit, et se rejetait sur l'épaule gauche.

Les anciens, ainsi que le remarque Quintilien, n'avaient pas de robes à longs plis, et tenaient, en parlant, le bras caché sous la tunique, à la manière des Grecs. Au temps de Cicéron, comme il nous l'apprend lui-même, les jeunes gens admis à prendre la robe virile étaient tenus, au barreau, de porter le bras sous la toge pendant la première année. « Nobis quidem olim annus erat unus ad cohibendum brachium toga, constitutus. » (*Pro Cœlio Rufo*, c. v.) Sénèque le Rhéteur fait allusion à cet usage, quand il dit : « Apud patres nostros, qui forensia stipendia auspicabantur, nefas putabatur brachium extra togam exserere. » (*Controv.*, v, 6.) — Il n'était pas permis, chez nos pères, à ceux qui faisaient leurs premières armes au barreau, de porter la main hors de leur robe.

Cette austère disposition, dit M. Ch. Du Rozoir dans les notes qui suivent sa traduction de l'oraison *pour Célius Rufus*, a quelque chose d'analogue aux observances imposées jadis aux moines.

Ligne 17. *L'orateur qui n'a pas le droit de porter le* LATICLAVE, *doit se ceindre, etc.*

24. On appelait *clavus* la bande couleur de pourpre, taillée en forme de tête de clous, qui régnait, par devant, le long de la tunique. Cette bande était *une* et *large* pour les sénateurs et les magistrats du premier ordre, qui seuls avaient droit de la porter :

elle prenait alors le nom de laticlave, *latus clavus ;* elle était *double* et *étroite* pour les chevaliers et les magistrats du second ordre: on la nommait alors angusticlave, *angustus clavus.*

Quintilien recommande à ceux qui portent ce dernier ornement, de ceindre leur tunique de telle sorte qu'elle ne descende pas trop bas, ce qui a quelque chose d'efféminé, ni qu'elle ne soit pas trop relevée, ce qui donne un air militaire. Il ajoute : « Ut *purpuræ* recte descendant, levis cura est; notatur enim negligentia. » J'ai traduit : « Quant à la *robe*, si elle ne descend pas perpendiculairement, c'est une négligence qui se remarque. » Je me hâte de reconnaître que ma traduction n'est point exacte. Ce n'est pas de la robe qu'il s'agit ici, mais de ces bandes de pourpre (*purpuræ*) qui distinguaient la tunique chez ceux qui portaient l'angusticlave. C'est d'elles et non de la robe que Quintilien dit qu'elles doivent descendre perpendiculairement. Gédoyn ne s'y est pas trompé.

Page 309, ligne 24. *L'usage pour ceux qui portent le laticlave, est de se ceindre un peu plus bas.*

25. « Latum habentium clavum modus est, ut sit paulum cinctis summissior. » Voilà encore un détail relatif à la tunique, où je me suis mépris, faute d'avoir recouru aux sources dans lesquelles j'aurais pu puiser des connaissances exactes sur l'habillement des Romains. Il est vrai que la phrase du texte est susceptible de prendre diverses interprétations, suivant que l'on fera du mot *cinctis* un ablatif ou un datif; aussi a-t-elle exercé la sagacité des commentateurs. Les uns veulent que *cinctis* soit un ablatif dépendant du comparatif *summissior*, et ils concluent de cette opposition que la tunique laticlave n'avait point de ceinture, et que l'on mettait une sorte de faste à la laisser tomber en liberté. C'est le sens adopté par Gédoyn : « Comme on ne met point de ceinture par dessus le laticlave, dit-il, il descend un peu plus bas que l'angusticlave, *cinctis summissior*. » Les partisans de cette opinion la trouvent confirmée par un passage bien connu de Suétone (*Vie de César*, ch. XLV). Voici ce passage : « Etiam cultu notabilem ferunt; usum enim *lato clavo* ad manus fimbriato, nec ut unquam aliter quam *super eum cingeretur* et quidem fluxiore

cinctura : unde emanasse Sullæ dictum, optimates sæpius admonentis, ut male *præcinctum* puerum caverent.» — « On dit que César se faisait remarquer aussi par son habillement; car il portait le *laticlave avec des manches garnies de franges jusqu'aux mains*, et il n'avait jamais de *ceinture que sur cette partie du vêtement*; encore cette ceinture était-elle lâche, ce qui avait souvent fait dire à Sylla, par forme d'avertissement donné à quelques grands personnages : « Méfiez-vous de ce jeune homme qui noue si mal sa « ceinture.» — Ce passage, en effet, prouve deux choses : la première, que la tunique n'avait point de manches, puisque César se singularisait en en portant qui descendaient jusqu'aux mains; la seconde, qu'il n'était point d'usage de se ceindre sur la tunique laticlave, puisque César affectait de ne se ceindre précisément que sur cette tunique. Jusqu'ici, point de difficulté. Mais Macrobe, dans ses *Saturnales* (liv. II, ch. 3), dit, en parlant de la ceinture de César : « Ita *toga præcingebatur, ut trahendo laciniam* velut mollis incederet : adeo ut Sulla tanquam providus dixerit Pompeio : cave tibi illum puerum male præcinctum. » — Il ceignait sa robe de manière à en laisser traîner la queue; ce qui lui donnait, en marchant, des airs efféminés, etc. — D'après un texte aussi formel, plusieurs commentateurs, et notamment Grévius, dans ses notes sur le passage de Suétone que nous avons cité plus haut, ont pensé que la robe admettait aussi une ceinture, à laquelle on donnait le nom particulier de *præcinctura*, laquelle avait lieu, comme le dit Quintilien quelques lignes plus loin, au moyen d'une espèce d'écharpe (*balteus*) que l'on se faisait, en conduisant obliquement les plis de la robe de dessous l'épaule droite vers l'épaule gauche. Si l'on admettait cette explication, le mot *cinctis*, dans la phrase qui fait le sujet de cette note, pourrait être au datif, comme si Quintilien recommandait à ceux qui se ceignent de la sorte (*cinctis*) d'avoir la tunique un peu plus longue (*paulum summissior*), afin qu'elle pendît un peu au dessous du pli de la robe.

Mais Spalding n'admet aucune manière de ceindre la robe, si ce n'est celle qui était consacrée sous le nom de *cinctus gabinus*[*],

---

[*] Cette manière consistait à retrousser la robe, à s'en envelopper le bras gauche et à s'en faire une espèce de ceinture, comme pour se préparer au

et il veut, avec plusieurs savans, que, dans le passage de Macrobe que nous venons de rapporter, on substitue *tunica* à *toga*. Mais comment concilier ce changement avec ce que dit Macrobe des airs efféminés que se donnait César en laissant traîner la queue de sa robe, *laciniam trahendo?* Spalding s'en tire en disant que ce pouvait être le bas de sa tunique; car, ajoute-t-il, il n'était pas inouï que des tuniques descendissent jusqu'aux talons.

« Ainsi donc, dit-il en se résumant, ceux qui portaient le laticlave se ceignaient seulement sur les tuniques intérieures, mais jamais sur celle que décorait la pourpre; César, au contraire, affectait de ne se ceindre que sur la pourpre même, d'où il paraît que Quintilien appelle *cinctos* ceux qui avaient l'angusticlave. Enfin le laticlave, comme le remarque Gesner, descendait plus bas que l'angusticlave, par la raison même que celui-ci était relevé par une ceinture. »

Buttmann pense, avec Spalding, que les deux passages de Quintilien et de Suétone ont une si parfaite concordance, qu'il y aurait de la témérité à torturer leurs textes à cause de Macrobe: mais il n'accorde pas que, dans le passage cité de ce dernier, *toga* puisse être changé en *tunica;* et quant à cette extrémité de vêtement que César laissait, dit-on, traîner, *laciniæ quam traxisse Cæsar dicitur,* il déclare positivement qu'il est impossible que cela puisse s'entendre de la tunique.

La discussion, comme on le voit, roule sur le mot attribué à Sylla, qui appelait César *puerum male præcinctum*. L'appelait-il ainsi parce que, d'après Suétone, il attachait *négligemment la ceinture* de son laticlave, *fluxiore cinctura;* ou parce que, d'après Macrobe, il laissait traîner le bas de sa robe, *laciniam trahebat?* A cet égard, le témoignage de Suétone, qui vivait dans un temps où l'habillement des Romains avait encore peu changé, est d'un plus grand poids que celui de Macrobe, qui écrivait dans le cinquième siècle de notre ère.

Le véritable sens de la phrase de Quintilien est donc celui que lui a donné Gédoyn.

combat : c'était ce que l'on voyait faire aux Romains dans les temps de trouble et de sédition.

Page 309, ligne 29. *Il est bien que la robe fasse des plis un peu au dessus du bas de la tunique, mais jamais au dessous.*

26. Le texte porte : « Sinus decentissimus si aliquanto supra imam togam fuerit, nunquam certe sit inferior. » Mais comment s'expliquer un pli un peu au dessus de l'extrémité de la *robe*, et *jamais au dessous?*

Ferrarius pense que, vu l'extrême ampleur des toges romaines, on pouvait former tel pli qui excédât la longueur de la robe et qui pendît comme un sac, *instar sacci*, ce que Quintilien condamne comme un indice de mollesse. Un autre savant a imaginé que ce pouvait être un pli factice, adapté et cousu à la robe, comme les falbalas de nos dames. Mais ces explications n'ont pas paru satisfaisantes, et Spalding, avec quelques autres, proposent de lire *tunicam* au lieu de *togam*. Au moyen de cette substitution, le pli de la robe, que Quintilien appelle *sinus decentissimus*, descendrait jusqu'aux genoux, où finissait à peu près la tunique, et cacherait ainsi cette région du corps que César prit soin de couvrir de sa robe lorsqu'il tomba sous le fer de ses meurtriers.

FIN DES NOTES DU ONZIÈME LIVRE.

NOTES

DU LIVRE DOUZIÈME.

(TOME V.)

Page 343, ligne 3. *J'entends donc que mon orateur soit tel que le définit M. Caton,* UN HOMME DE BIEN, SAVANT DANS L'ART DE PARLER.

1. Quoique cette définition de l'orateur paraisse souffrir quelques exceptions, puisqu'on a malheureusement vu des hommes pervers posséder, à un très-haut degré, le talent de la parole, croyons toujours, avec Caton et Quintilien, que la vertu est inséparable de la véritable éloquence. C'est une maxime que l'on ne saurait trop accréditer pour la dignité de l'art en lui-même, et dans l'intérêt de la morale; elle était celle de notre illustre Fénelon. Voici en quels termes il caractérise la haute mission de l'orateur: « L'homme digne d'être écouté est celui qui ne se sert de la parole que pour la pensée, et de la pensée que pour la vérité et la vertu. » (*Lettre à l'Académie française, sur l'Éloquence, la Poésie, etc.*)

Page 357, ligne 8. *N'est-ce pas un pareil personnage que Virgile semble s'être complu à nous peindre comme modérateur d'une sédition populaire......*

2. Ces vers, où Virgile peint l'ascendant qu'exerce sur une multitude égarée la seule présence d'un homme recommandable par ses vertus et par ses services, nous rappellent ces beaux caractères qui ont honoré la magistrature française dans des temps de trouble, sous notre ancienne monarchie; ne semblent-ils pas particulièrement désigner, et cet Édouard Molé, qui, au milieu des fureurs de la Ligue, déploya un courage au dessus des plus grands dangers, et son fils, Mathieu Molé, qui, sous le despo-

tisme de Richelieu, comme pendant les excès de la Fronde, ne dévia jamais de la ligne de ses devoirs? Ce fut ce dernier qui, faisant ouvrir ses portes à une populace furieuse, la contint par son seul aspect :

> Tum pietate gravem ac meritis si forte virum quem
> Conspexere, silent..................

Aussi Delille le nomme-t-il, avec les Bayard, les L'Hôpital, les Sully, etc., parmi ces âmes sublimes, vrais types de la beauté morale :

> C'est *Molé* du coup d'œil de l'homme vertueux
> Calmant d'un peuple ému les flots tumultueux.
> (*Imagination*, chant v, v. 63-64.)

Page 365, ligne 31. *Quand Fabricius donna ouvertement son suffrage pour le consulat à Cornelius Rufinus......*

3. Ce fait est rapporté par Cicéron d'une manière plus piquante; car ce n'est pas à des tiers que Fabricius fait sa réponse, c'est à Cornelius Rufinus lui-même. « Celui-ci, dit Cicéron, remerciait Fabricius de lui avoir donné sa voix pour être consul, quoiqu'il fût son ennemi..... — Ne me remerciez pas, lui dit Fabricius, je l'ai fait parce que j'aime mieux être pillé que vendu. » — « Nihil est, quo mihi gratias agas, inquit, si malui compilari quam venire. » (*De Oratore*, lib. II, c. 66.)

Page 381, ligne 14. *Quelle est, parmi les sectes de philosophie, celle où il y a le plus à gagner pour l'éloquence ?*

4. Cette question est traitée assez au long par Cicéron (*de l'Orateur*, liv. III, ch. 17). Après une histoire abrégée des diverses écoles de la philosophie grecque, qu'il réduit à quatre principales, l'épicurienne, la stoïcienne, la péripatéticienne et l'académique, il passe rapidement en revue les doctrines de chacune de ces écoles, et examine quelle est celle qui convient le mieux à l'orateur. Il exclut d'abord la philosophie d'Épicure, qui, tout entière à la volupté, ne saurait former l'homme d'état appelé à gouverner ou à donner son avis dans les délibérations du sénat, devant le peuple ou dans les causes publiques. « Laissons, dit-il, cette phi-

losophie, à l'ombre de ces rians jardins, se livrer au repos, à l'indolence où elle se complaît, et cherchant à nous détourner du barreau, du sénat et de la tribune. » — « In hortulis quiescet suis, ubi vult, ubi etiam recubans molliter et delicate, nos avocat a rostris, a judiciis, a curia. » — Il décline ensuite les stoïciens : d'abord, parce que leur secte affiche un tel mépris pour l'espèce humaine, que l'orateur perdrait son temps à vouloir persuader une assemblée où, suivant eux, il ne saurait se trouver ni un être raisonnable, ni un homme libre, ni un vrai citoyen ; puis, parce que leur élocution, qui se ressent des idées étranges et outrées qu'ils se sont faites sur la morale, ne pourrait être entendue du plus grand nombre, et rebuterait par sa sécheresse autant que par son obscurité.

Passant aux péripatéticiens et aux académiques, Cicéron fait voir que leurs doctrines, et surtout celles des derniers, sont plus appropriées au génie de l'orateur, en ce qu'elles admettent le libre examen de toute chose, et que cette discussion, dont Socrate a le premier donné l'exemple, forme merveilleusement à l'éloquence.

Page 385, ligne 9. *Autant les Grecs sont puissans en préceptes, autant les Romains le sont en exemples.*

5. Cicéron avait dit déjà : « Ut virtutis a nostris, sic doctrinæ sunt ab illis (Græcis) exempla repetenda. » (*De Oratore*, lib. III, c. 34.) — « C'est chez eux qu'il faut prendre des exemples de science, comme chez nous des exemples de vertu. »

Cette opposition des actions et des paroles a fourni un beau mouvement à Ovide dans la dispute d'Ajax et d'Ulysse, au sujet des armes d'Achille. Le fils de Télamon, voulant mettre ses juges en garde contre l'éloquence du roi d'Ithaque, s'écrie :

> Tutius est fictis igitur contendere verbis,
> Quam pugnare manu : sed nec mihi dicere promptum ;
> Nec facere est isti ; *quantumque ego marte feroci,*
> *Quantum acie valeo, tantum valet iste loquendo.*
> (*Metam.*, lib. XIII, v. 9.)

(TOME VI.)

Page 3, ligne 2. *La connaissance du droit civil est nécessaire à l'orateur.*

6. Ce chapitre, assez curieux, nous fait connaître qu'au temps de Quintilien, peu d'avocats unissaient la science du droit et celle de la procédure au talent de plaider, puisqu'il recommande cette double étude à son orateur, afin qu'il ne soit point exposé à mettre en péril la cause qui lui est confiée. On y voit aussi que la profession de jurisconsulte n'était pas alors aussi appréciée qu'elle aurait dû l'être, ou au moins qu'elle n'obtenait pas toute l'estime à laquelle elle pouvait prétendre. Ce que nous regardons aujourd'hui comme le principal mérite dans un avocat, *la connaissance approfondie du droit*, n'était aux yeux des orateurs du barreau romain qu'un accessoire qu'il était bon de ne pas négliger, mais que l'intelligence la plus ordinaire pouvait facilement acquérir. Voyez comme s'en exprime Quintilien : « Quod si plerique, desperata facultate agendi, ad discendum jus *declinaverunt*; quam id scire facile est oratori, quod discunt qui, sua quoque confessione, oratores esse non possunt ! »

Cicéron n'en avait pas eu une plus haute idée. Voici comme il parle des jurisconsultes, dans son oraison *pour Murena*, ch. XIII : « Videntur plerique (jurisconsulti) initio multo hoc maluisse (ut oratores fierent); post, quum id assequi non potuissent, istuc potissimum sunt *delapsi*. Ut aiunt in græcis artificibus, eos aulœdos esse, qui citharœdi fieri non potuerint. » — « La plupart des jurisconsultes ont essayé d'abord d'être orateurs, ce qu'ils auraient de beaucoup préféré; mais, dans l'impuissance de le devenir, ils se sont rabattus sur l'étude du droit. C'est ainsi que ceux des artistes grecs qui ne peuvent pas réussir sur la lyre se font joueurs de flûte. » — Il avait dit, quelques lignes plus haut : « Si vous me poussez à bout, je vous déclare, tout occupé que je suis, que je me fais fort de devenir jurisconsulte *en trois jours.* » — « Si mihi, homini vehementer occupato, stomachum moveritis, *triduo* me jurisconsultum esse profitebor. » — Je sais qu'il ne faut pas prendre au sérieux ces exagérations oratoires dans la bouche de Cicéron, qui lui-même était habile jurisconsulte; je sais que dans la même oraison il s'amuse aux dépens des stoïciens, et qu'on aurait tort d'en conclure qu'il fût ennemi de la philosophie : cependant aurait-il hasardé ces sorties un peu légères contre la jurisprudence, aurait-il risqué ces fanfaronnades, si cette science eût joui, de son temps, de la considération qui s'y est attachée depuis et à si juste titre?

Page 9, ligne 6. *Cicéron, outre qu'en plaidant il ne fut jamais pris au dépourvu sur le droit, avait même ébauché un traité sur cette science.*

7. Ce même Cicéron, qui s'est égayé sur le compte des jurisconsultes, comme nous venons de le voir, avait commencé lui-même un traité sur le droit. Aulu-Gelle en parle (liv. 1, ch. 22), et nous en a conservé le titre : *De Jure civili in artem redigendo*. C'est tout ce qui nous en est parvenu.

Ligne 16. *Les uns.... se bornant à enregistrer les décisions des magistrats, ou à compiler des titres et des formules de lois et d'ordonnances, ont mieux aimé, comme dit Cicéron, être de simples praticiens, etc.*

8. Il y a dans le texte : « Quorum alii se ad *album* ac *rubricas* transtulerunt, et *formularii*, vel, ut Cicero ait, *leguleii* quidam esse maluerunt. » Cela était impossible à traduire littéralement, sous peine de ne pas se faire entendre.

Essayons, avec l'aide des commentateurs, de donner quelques notions sur la valeur des mots indiqués en italique.

On appelait *album* un tableau exposé en public sur lequel les préteurs faisaient inscrire leurs édits.

Rubricæ * étaient proprement les titres écrits en *rouge* des matières contenues, tant dans la loi des Douze-Tables que dans les lois rendues depuis, qui, avec les coutumes et les décisions des jurisconsultes, formaient le droit civil.

La procédure chez les Romains était, comme on le sait, extrêmement compliquée, et les actions judiciaires étaient assujéties à une marche, astreintes à des formules dont il n'était pas permis de s'écarter, sous peine d'échouer dans les demandes les plus

* C'est du singulier *rubrica* que nous avons fait le mot *rubrique*.

justes. De là la nécessité de bien savoir comment s'exerçaient ces actions, et dans quels termes elles devaient être formulées : étude aride et minutieuse qu'on abandonnait à des praticiens nommés *formularii, leguleii*, qu'il ne faut pas confondre avec les *jurisconsultes*. Ceux-ci donnaient des consultations, expliquaient, commentaient, éclaircissaient les points douteux du droit; ceux-là ne faisaient que tracer les erremens de la procédure, rappeler les textes des édits prétoriaux ou des lois qui devaient régir la matière, et servaient de guides aux avocats dans l'observation des formes. Leur ministère répondait à peu près, comme on le voit, à ce qu'est aujourd'hui chez nous celui des avoués.

Page 17, ligne 8. *On sait.... que Calvus, César, Pollion, se sont tous chargés de causes fort importantes, avant l'âge fixé pour la questure.*

9. Tacite, dans le *Dialogue des Orateurs* (ch. xxxiv), en rappelant ce qu'était l'éducation d'un jeune Romain chez les anciens, par opposition à celle que recevait la jeunesse de son temps, cite diverses causes qui furent plaidées avant la maturité de l'âge par des Romains de distinction : « Nonodecimo ætatis anno L. Crassus C. Carbonem, uno et vicesimo Cæsar Dolabellam, altero et vicesimo Asinius Pollio C. Catonem, non multo ætate antecedens Calvus Vatinium, iis orationibus insecuti sunt, quas hodieque cum admiratione legimus. » — « A dix-neuf ans L. Crassus attaqua C. Carbon; à vingt-un ans, César, Dolabella; à vingt-deux ans, Asinius Pollion, C. Caton; à peu d'années de plus, Calvus, Vatinius; et ils prononcèrent ces discours qu'aujourd'hui nous lisons avec admiration. » (Traduction de M. Panckoucke.)

Ligne 12. *César-Auguste, âgé de douze ans, prononça à la tribune aux harangues l'éloge de son aïeule.*

10. « Duodecimum annum agens, aviam Juliam defunctam pro concione laudavit. » (Suet., *Octav.*, c. viii.)

Page 21, ligne 24. *Il (Cicéron) s'attacha particulièrement à Apollonius Molon, de Rhodes.*

11. Cicéron, dans le *Brutus*, nous a laissé des détails pleins d'intérêt sur les études de sa jeunesse. Il nous apprend qu'au bout de deux ans d'exercice au barreau, et lorsque son nom y avait déjà acquis quelque célébrité, il fut forcé de quitter Rome, et d'entreprendre un voyage, d'après l'avis des médecins, pour rétablir sa santé, que le travail et les fatigues avaient épuisée. Il nous fait connaître les philosophes et les rhéteurs qu'il eut occasion de voir et de cultiver en Grèce et en Asie, et le fruit qu'il retira de ce commerce; il s'étend surtout sur les obligations qu'il eut au célèbre rhéteur Molon, qu'il avait déjà entendu à Rome, et dont il suivit de nouveau les leçons à Rhodes. Écoutons-le : « Is dedit operam (si modo id consequi potuit) ut nimis redundantes nos, et superfluentes juvenili quadam dicendi impunitate et licentia, reprimeret, et quasi extra ripas diffluentes coerceret. Ita recepi me biennio post, non modo exercitatior, sed prope mutatus; nam et contentio nimia vocis reciderat, et quasi deferverat oratio, lateribusque vires et corpori mediocris habitus accesserat. » (*Brut.*, c. xci.) — « Molon s'efforça surtout (et je ne sais s'il a réussi) à réprimer en moi cette surabondance, ce débordement où m'entraînaient la témérité et la licence naturelles à mon âge. Ce fut lui qui contint, dans ses rivages, ce torrent qui sortait de son lit. Aussi, lorsqu'après deux ans, je revins à Rome, j'étais plus exercé et presque entièrement changé; ma voix n'avait plus rien d'exagéré, mon style avait en quelque sorte cessé de fermenter, ma poitrine s'était renforcée, enfin mon corps avait pris une certaine consistance. » (Traduction de M. DE GOLBERY.)

Page 23, ligne 22. *Autant donc c'est une espèce de brigandage que de vivre, pour ainsi dire, d'accusations et de déférer des coupables à la justice dans la vue d'une récompense, autant, etc.*

12. Quintilien a ici en vue ces misérables délateurs auxquels la loi accordait le *quart* des biens confisqués à l'accusé, et que l'on appelait, par cette raison, *quadruplatores*. C'est à eux que s'applique cette énergique expression, *accusatoriam vitam vivere*.

Page 25, ligne 8. *C'est ce qu'ont fait les deux Catons, dont l'un fut appelé* SAGE; *pour l'autre, si on lui conteste ce nom, je ne sais à qui l'on pourra le donner.*

13. Quintilien désigne ici Caton le Censeur et son arrière-petit-fils, Caton d'Utique. La vie de ces deux grands personnages fut, comme on sait, un combat perpétuel en faveur des mœurs et de la liberté. Tout ce qui portait atteinte à l'antique constitution de la république, tout ce qui violait la sainteté des lois, tout ce qui blessait la majesté du peuple romain, trouvait en eux de rudes et implacables adversaires, et jamais ils ne reculèrent devant des accusations qu'ils mettaient au rang de leurs premiers devoirs.

L'éloge que Quintilien donne ici, dans la personne du dernier Caton, au plus ardent champion de la liberté, est regardé avec raison par les éditeurs de *l'Institution oratoire*, dans la Collection Lemaire, comme une sorte d'expiation des adulations serviles que notre rhéteur a prodiguées à Domitien dans le cours de son ouvrage : « Laus illa acerrimo libertatis propugnatori tributa, quasi expiat serviles istas adulationes quas Fabius Domitiano passim largitur. »

Page 27, ligne 8. *Doit-il* (l'orateur) *toujours plaider gratuitement?*

14. La loi Cincia, ainsi nommée à cause du tribun M. Cincius, qui la fit rendre, défendait de recevoir des présens pour un plaidoyer. Mais il est à observer que cette loi fut quelquefois rappelée sous les empereurs, et qu'on y introduisit des amendemens, au moyen desquels on pouvait accepter des dons rémunératoires dans une certaine mesure. (Note de Buttmann.)

Page 41, ligne 17. *C'était l'usage chez les anciens, de cacher l'éloquence; et M. Antonius en fait un précepte.*

15. Cicéron, au commencement du livre II des dialogues *de l'Orateur*, dit que Crassus et Antoine, renommés l'un et l'autre pour leur éloquence, mettaient une sorte de gloire à dissimuler ce qu'ils avaient d'instruction; mais c'était, dit-il, une tactique de leur part : « Sed fuit hoc in utroque eorum, ut Crassus non tam existimari vellet non didicisse, quam illa despicere, et nostrorum hominum in omni genere prudentiam Græcis anteferre;

Antonius autem probabiliorem hoc populo orationem fore censebat suam, si omnino didicisse nunquam putaretur; atque ita se uterque graviorem fore, si alter contemnere, alter ne nosse quidem Græcos videretur. » — « Mais ces grands hommes usaient tous deux d'un léger artifice. Crassus voulait faire croire de lui, non pas précisément qu'il ignorait les préceptes de la rhétorique, mais qu'il les dédaignait, et surtout qu'il regardait les Romains comme beaucoup plus habiles en tout genre que les Grecs. Antoine, de son côté, imaginait que ses discours seraient mieux accueillis par le peuple, si l'on pensait qu'il n'avait eu besoin de faire aucune étude; et tous deux se flattaient d'avoir plus de considération et d'autorité en paraissant, l'un mépriser les Grecs, l'autre ne pas même les connaître. » (Traduction de feu M. Andrieux.)

Page 45, ligne 29. *Périclès avait raison de souhaiter qu'il ne lui vînt jamais à l'esprit un mot qui pût choquer les Athéniens.*

16. « Périclès, dit le naïf traducteur de Plutarque, toutes les fois qu'il s'allait présenter à la tribune des harengues, pour prescher le peuple, faisait prières aux dieux qu'il ne luy eschappast de la bouche, sans y penser, aucune parole qui ne servist bien à la matière qu'il avait à traitter. » — « Ἀεὶ πρὸς τὸ βῆμα βαδίζων εὔχετο τοῖς θεοῖς μηδὲ ῥῆμα μηδὲν ἐκπεσεῖν ἄκοντος αὐτοῦ πρὸς τὴν προκειμένην χρείαν ἀνάρμοστον. »

Dans La Fontaine, le paysan du Danube, en parlant devant le sénat romain, débute par le même vœu que Périclès :

> Le député vint donc et fit cette harangue :
> Romains, et vous sénat assis pour m'écouter,
> Je supplie avant tout les dieux de m'assister,
> Veuillent les Immortels conducteurs de ma langue
> *Que je ne dise rien qui doive être repris !*

Page 51, ligne 18. *Comme les statues tuscanes diffèrent des statues grecques, et le style attique du style asiatique.*

17. « Recepta hodie est inter eruditos sententia, tuscanica quæ ab antiquis dicuntur opera, et ipsa revera græca fuisse, sed ad primordia illa artis referenda, quæ a Græcis in Italiam translata,

per colonias ejus gentis aliosque populos, Tuscos etiam, invaluerint. Hujus autem generis in statuaria non, perinde atque in architectonice, videtur potuisse permanere usus, quum in Italia quoque elaboratior illa et proprie sic dicta græca ars vigeret : neque infra in enumeratione sculptorum Quintilianus ejus generis auctores ponit, quamvis ipsa opera ut rudia verbo tangat. Nisi itaque meliora me artium historiæ periti edoceant, minus commodo hoc usum exemplo nostrum censebo; quum ratio ipsa et respondentia illa asianæ et atticæ eloquentiæ genera, hic etiam duo diversa quidem sed simul vigentia postulent quorumque non *amatores* modo, antiquissima quæque deosculantes, sed *auctores* etiam illis ipsis temporibus exstiterint. » (Note de BUTTMANN.) —
« C'est une opinion reçue aujourd'hui parmi les érudits, que les ouvrages appelés *toscans* par les anciens ne sont réellement que des produits du ciseau grec, mais qu'il faut rapporter à ces premiers essais de l'art que les Hellènes importèrent en Italie, et qui prévalurent parmi les colonies grecques et les autres peuples de ce pays, ainsi que chez les Toscans. Toutefois, il ne paraît pas que ce genre, appliqué à la statuaire ainsi qu'à l'architecture, ait pu s'y maintenir lorsque l'art plus avancé, l'art grec proprement dit, florissait en Italie ; aussi, dans l'énumération que Quintilien fait peu après des sculpteurs, il ne nomme aucun artiste du genre toscan, quoiqu'il dise en passant un mot des ouvrages, et les signale comme grossiers. A moins donc que les savans versés dans l'histoire des arts ne me donnent à cet égard des notions plus précises, je croirai que notre auteur n'a pas bien choisi son exemple; car la logique demandait qu'à ces genres qui se répondent d'éloquence asiatique et d'éloquence attique, il opposât deux genres différens, mais régnant simultanément, et qui comptassent encore, de son temps, non-seulement des amateurs affamés de tout ce qui est antique, mais des artistes travaillant dans les deux genres. »

Page 51, ligne 29. *Les premiers peintres qui acquirent de la célébrité.*

18. On peut consulter avec fruit, pour les peintres et les sculpteurs mentionnés ici, les livres XXIV et XXV de Pline l'Ancien.

Page 59, ligne 24. *Quelques auteurs, et notamment* Santra.

19. Santra était un grammairien distingué dont il est question dans la *Vie de Térence*, attribuée à Suétone. Festus en parle aussi.

Page 63, ligne 5. *Cela nous dispensera de* remonter *jusqu'à* Coccus *et* Andocide.

20. *Non igitur jam usque ad Coccum et Andocidem remittemur?* dit le texte. Il eût été plus exact de traduire : « Cela nous dispensera de nous rabattre jusqu'à Coccus et Andocide; » car le mot *remittemur* ne doit pas être pris ici dans un sens chronologique, mais dans un sens purement despectif. Quelle est, en effet, la pensée de Quintilien? il combat l'erreur de ceux qui ne reconnaissent pour attiques que les orateurs dont le style est simple et sans mouvement, et qui ne portent jamais, comme il le dit, la main hors de leur manteau, *semper manum intra pallium continentes*. « A ce compte, ajoute-t-il, quel sera l'écrivain attique? Lysias? Soit. Aussi bien, cela nous dispensera de nous rabattre (de descendre) jusqu'à Coccus et Andocide, c'est-à-dire jusqu'à ces écrivains *qui ont posé la limite du genre simple*. »

Il était d'autant plus essentiel de me rectifier ici, qu'en me servant improprement du mot *remonter*, je pouvais faire croire que Coccus était antérieur à Lysias; ce qui n'est pas, puisqu'il fut, au rapport de Suidas, élève d'Isocrate, lequel était lui-même un peu postérieur à Lysias.

Quant à Andocide, malgré le peu de cas que semble en faire Quintilien, il est compté par Plutarque au nombre des dix principaux orateurs d'Athènes.

Ligne 27. *Quand il* (Démosthène) *jure par les mânes des défenseurs de la république, moissonnés à Marathon et à Salamine, ce serment admirable ne décèle-t-il pas un élève de Platon?*

21. Démosthène, dans sa fameuse harangue *pour la Couronne*, voulant détruire la fâcheuse impression qu'avait laissée dans l'esprit des Athéniens la défaite de *Chéronée*, et leur montrer qu'ils n'avaient point failli en prenant les armes pour défendre la liberté de la Grèce, en jure par les mânes des héros morts à Ma-

rathon, à Platée, à Salamine. C'est surtout dans l'enthousiasme qui dicta ce serment, que Quintilien aime à reconnaître le disciple de Platon; mais il ne se révèle pas moins dans les nobles sentimens que l'orateur fait éclater d'un bout à l'autre de sa harangue, et dans ces belles considérations morales, où il établit, avec tant d'éloquence, que la conduite des Athéniens fut ce qu'elle devait être, et que lors même qu'on aurait pu prévoir les suites funestes de la bataille de Chéronée, il eût fallu encore faire ce qu'ils avaient fait. On voit là l'élan d'une grande âme formée à l'école d'une haute philosophie. L'homme, en effet, ne peut répondre que de ses intentions; les évènemens ne dépendent pas de lui. C'est ce qu'exprime, avec autant de concision que d'énergie, notre vieille devise française : FAIS CE QUE DOIS, ADVIENNE QUE POURRA.

Page 65, ligne 4. *Ménandre s'égaie sur cette fidélité du sol attique.*

22. Ménandre paraît avoir plaisanté sur le sol attique, qui rendait fidèlement, mais non avec usure, le dépôt qu'on lui avait confié. Il était reconnu que l'Attique était stérile et plus propre à élever des abeilles qu'à engraisser des moutons et des bœufs. C'est pour cette raison qu'on l'appelait la nourrice *de l'indigence et des arts.* (Note de GESNER.)

Quant au passage de Ménandre, un Allemand très-érudit, J. G. Schneider, l'a trouvé parmi les fragmens de la comédie intitulée Γεωργὸς, *l'Agriculteur.* Le voici : Ἀγρὸν εὐσεβέστερον γεωργεῖν οὐδένα οἶμαι· φέρει γὰρ ὅσα θεοῖς ἄνθη καλὰ, κιττὸν, δάφνην· κριθὰς τ' ἐὰν σπείρω, πάνυ δίκαιος ἀπέδωκεν ὁπόσας ἂν καταβάλλω. — « Je crois qu'il est impossible de cultiver un champ plus religieux, car il produit toutes les fleurs qui servent à honorer les dieux : le lierre, le laurier; et si j'y sème de l'orge, il me rend tout juste autant de grains que je lui en confie. » (Note des éditeurs de *Quintilien,* dans la Collection Lemaire.)

Page 77, ligne 7. *Que la robe de l'orateur ne soit pas d'une étoffe grossière, j'y consens; mais je ne la veux pas de soie.*

23. Tacite, dans le *Dialogue des Orateurs,* ch. XXVI, emploie la même métaphore : « Adeo melius, est oratorem vel hirta toga

induere, quam fucatis et meretriciis vestibus insignire. » — « Ne vaut-il pas mieux revêtir l'orateur de la toge la plus rude, que de le présenter avec le fard et la toilette d'une courtisane? »

(Traduction de M. Panckoucke.)

Si le dialogue en question et l'*Institution oratoire* présentaient beaucoup de rapprochemens de ce genre, il y aurait de quoi confirmer l'opinion de ceux qui ont attribué à Quintilien le premier de ces ouvrages : à moins qu'on ne vît la reproduction de la manière du maître dans l'écrit de son élève; car Tacite, suivant toutes les probabilités, avait suivi les leçons de Quintilien.

Page 85, ligne 9. *C'est là que l'orateur évoquera les ombres illustres, comme Cicéron évoque celle d'Appius Cécus.*

24. Des deux prosopopées que cite ici notre rhéteur, je ne rappellerai pas celle où Cicéron, dans sa première *Catilinaire*, se fait apostropher par la patrie en alarmes; elle est dans la mémoire de tous les jeunes gens un peu avancés dans leurs humanités. J'aime mieux leur mettre sous les yeux celle, beaucoup moins connue, où, dans l'oraison *pour Célius Rufus*, Cicéron fait apparaître, d'une manière si piquante, le plus illustre des ancêtres de *Claudia, Appius Cécus*, pour lui reprocher sa conduite. Ce vénérable vieillard, après avoir mis sous les yeux de Claudia tous les titres de gloire de sa famille, après l'avoir fait rougir du peu de soin qu'elle a pris de se montrer digne du sang dont elle est issue, termine ainsi sa verte réprimande : « Nonne te, si nostræ imagines viriles non commovebant, ne progenies quidem mea, Q. illa Claudia, æmulam domesticæ laudis in gloria muliebri esse admonebat? non virgo illa vestalis Claudia, quæ patrem complexa triumphantem ab inimico tribuno plebis de curru detrahi non passa est? Cur te fraterna vitia potius, quam bona paterna, et avita, et usque a nobis quum in viris, tum etiam in feminis repetita, moverunt? Ideone ergo pacem Pyrrhi diremi, ut tu amorum turpissimorum quotidie fœdera ferires? ideo aquam abduxi, ut ea tu inceste uterere? ideo viam munivi, ut eam tu alienis viris comitata celebrares? » (*Pro Cœlio*, c. XIV.) — « Si les images de tant de grands hommes, placées sous tes yeux, n'ont pu toucher ton âme, quoi! cette fille de mon sang, Quinta Claudia,

n'était-elle pas là pour t'exciter à devenir l'émule des vertus des femmes qui ont honoré notre famille? N'avais-tu pas encore pour modèle cette vestale Claudia qui, étreignant dans ses bras son père victorieux, sut empêcher qu'un tribun ennemi ne l'arrachât du char triomphal? Pourquoi cette sympathie pour les vices de ton frère plutôt que pour les exemples de ton père et de tes ancêtres, pour ces vertus héréditaires si fidèlement retracées depuis moi par tous les hommes et toutes les femmes de notre sang? N'ai-je donc rompu la paix avec Pyrrhus que pour que l'on te vît, dans tes amours infâmes, sceller chaque jour de nouveaux traités? n'ai-je donc amené des eaux à Rome, que pour servir aux ablutions de tes débauches incestueuses? n'ai-je donc construit une route impérissable, que pour que tu y attirasses sur tes pas le cortège lascif d'hommes qui te sont étrangers? » (Traduction de M. Ch. Du Rozoir.)

Page 111, ligne 1. *Enfin que dirai-je de plus, quand un* Cornelius Celsus, *doué d'ailleurs d'un esprit médiocre, etc.*, jusqu'à la fin du paragraphe.

25. Ce passage nécessite une petite discussion philologique dans laquelle je me trouve engagé comme traducteur.

Toutes les éditions de Quintilien, sans en excepter celle de Spalding que M. Lemaire a donnée dans sa Collection, portent: *Quid plura? quum etiam Cornelius Celsus,* mediocri vir ingenio, etc. Ce sens n'avait jamais paru faire difficulté, tant il se lie logiquement avec ce qui précède, et jamais on n'avait songé à le contester.

Mais, vers le milieu du siècle dernier, un *médecin* portugais, nommé Sanchès, scandalisé sans doute du *mediocri vir ingenio* appliqué à un écrivain qui a laissé un ouvrage estimé sur la *médecine*, a prétendu rétablir le vrai sens de ce passage, en substituant à ces mots, *mediocri vir ingenio*, ceux-ci : *med.*, c'est-à-dire, *medicus..... acri vir ingenio;* correction ingénieuse, s'il en fut, mais à l'occasion de laquelle un mauvais plaisant serait peut-être tenté de dire à son auteur : *Vous êtes orfèvre, M. Josse?*

A Dieu ne plaise, toutefois, que je veuille justifier le ton un peu dédaigneux de notre rhéteur envers Celse! Je suis prêt à convenir qu'il s'est trompé dans son jugement; nous avons déjà vu qu'il n'était pas toujours infaillible; je reconnaîtrai, si l'on veut, qu'il y a légèreté, injustice même de sa part. Mais ce n'est pas là qu'est la question : il s'agit de savoir si la substitution proposée par Sanchès est conforme à la pensée de Quintilien, si même elle est admissible en bonne logique. C'est ce que je ne crois pas.

Voulant établir que la réunion de plusieurs sciences n'est pas impossible, pour qui veut bien employer son temps; après avoir cité les hommes célèbres en tout genre qui tous ont fait preuve de connaissances aussi variées que profondes, Homère, Platon, Aristote, chez les Grecs; Caton le Censeur, Varron, Cicéron, chez les Romains; Quintilien, pour mieux encore démontrer sa thèse, se sert d'un raisonnement *a minori*, et s'écrie: *Quid plura?* A quoi bon multiplier ces exemples? qu'ai-je besoin de ces grands noms, quand un Cornelius Celsus même (*etiam*) homme d'ailleurs d'un génie médiocre (*mediocri vir ingenio*), nous a laissé tant de traités sur diverses sciences?

Que devient le *quid plura?* si nous admettons, avec Sanchès, un éloge au lieu d'une restriction, si nous lisons *medicus acri vir ingenio* au lieu de *mediocri vir ingenio?* La force du raisonnement disparaît; ce n'est plus qu'une oiseuse redondance. Serait-ce, en effet, ajouter à l'autorité des noms les plus imposans de la Grèce et de Rome, que d'y joindre celle de Cornelius Celsus, en le présentant même comme un écrivain d'un esprit actif et pénétrant, *acri vir ingenio?*

Que penser ensuite de cette phrase qui suit immédiatement, et où Quintilien semble insinuer qu'il était douteux que Celse possédât toutes les sciences sur lesquelles il avait écrit : *dignus, vel ipso proposito, ut eum scisse omnia illa* CREDAMUS? Est-ce là le langage d'un homme qui avait une haute idée du mérite de Celse? Ne suffirait-il pas pour confirmer, s'il en était besoin, la leçon suivie jusqu'à ce jour? Que dire enfin du silence de tous les commentateurs sur la leçon de Sanchès? A moins de supposer, ce qui serait fort étrange, que *tous* l'aient ignorée, ce silence ne serait-il pas encore une preuve en faveur de notre opinion?

J'ai cru devoir, à l'occasion de ce passage de Quintilien,

m'étendre un peu au delà des bornes d'une simple note, parce que j'ai lu, dans le volume des *Mémoires de l'Académie des Sciences, Arts et Belles-Lettres de Dijon*, publié en 1833, des Remarques sur ce même passage, où l'auteur (M. Antoine, docteur en médecine) cherche à faire prévaloir la leçon de Sanchès sur celle qui est unanimement adoptée. Je rends pleine justice à l'érudition que M. Antoine a déployée dans ses Remarques, ainsi qu'à l'excellent ton de critique qui y règne : mais elles me semblent plus propres à venger la mémoire de Celse du jugement de Quintilien, qu'à effacer la trace de ce jugement; et comme la vérité doit nous être plus chère que la gloire de Celse, j'avoue que je ne puis partager, avec M. Antoine, le vœu de voir accueillir la correction de Sanchès, dans la nouvelle édition de *Quintilien* que nous prépare M. Panckoucke.

FIN DU TOME SIXIÈME ET DERNIER.

TABLE DES MATIÈRES.

LIVRE DOUZIÈME.

(2ᵉ PARTIE.)

Chapitres	Pages
III. La connaissance du droit civil est nécessaire à l'orateur.	3
IV. La connaissance de l'histoire est nécessaire à l'orateur.	11
V. Quels sont les autres instrumens ou moyens qu'emploie l'orateur.	Id.
VI. Dans quel temps l'orateur doit commencer à plaider.	17
VII. Ce que l'orateur doit observer dans les causes qu'il entreprend.	23
VIII. Du soin que l'orateur doit mettre à étudier ses causes.	29
IX. De ce que l'orateur doit observer en plaidant.	39
X. Des genres d'éloquence.	51
XI. De la fin que doit faire l'orateur.	97

NOTES.

Livre Iᵉʳ.	118
Livre II.	146
Livre III.	176
Livre IV.	211

Notes   Pages

  Livre V. 224
  Livre VI. 243
  Livre VII. 264
  Livre VIII. 273
  Livre IX. 292
  Livre X. 312
  Livre XI. 371
  Livre XII. 387

www.ingramcontent.com/pod-product-compliance
Lightning Source LLC
Chambersburg PA
CBHW071855230426
43671CB00010B/1349